医療過誤の処罰とその制限

于　佳佳著

成　文　堂

Medical Malpractice: Criminalization and its Limitations

Yu, JIAJIA
Seibundo, 2017

はしがき

　本書は、2013年7月に東京大学に提出した博士論文に修正を加えたものである。医療領域が決して刑事法が介入してはいけない「聖域」ではないことを明らかにした上で、医療の質を確保するとともに適切に医療を行なっている医療従事者を刑事追訴の不安から解放することをも目指して、医療過誤の処罰範囲の明確化・適正化を図ろうとする。

　著者の研究は、修士論文執筆時には、英米で公表された医療過誤刑事事例を一件一件探し出して、それら事例に基づき両国における医療過誤への刑事法上の対応の歴史と現状を分析することからスタートした（そのエッセンスは刑事法ジャーナル2010年28号に公表した［佐伯仁志先生と共著］）。

　博士論文では、ドイツ刑法の部分を加え、日本刑法上の対応を3つの外国刑法上の対応と一緒に考えることを通じて刑法解釈の視野を拡大し、刑事過失論と刑事政策の両面においてどのような条件の下で医療従事者の行為が適切な医療行為ではなく犯罪となるかを議論した。

　卒業後、博士論文を出版するための作業が進行している間に、日本国内外における刑事司法の新動向と研究の新展開を追いかけて、旧稿の構成を部分的に改め、加筆訂正を施して、本書を完成させた。なお、筆者の立場は変わっていない。

　本書の出版に際して、恩師である佐伯仁志先生に心から感謝を捧げたい。2007年の秋、外国人研究生として先生の御指導を受け始めた。まず、自然な日本語を書けるよう、私の書いたもの（最初はメール、入学後はゼミ発表に使用するレポート、論文執筆時は定期的に提出した中間報告、論文作成時は論文の原稿、本書刊行の際はゲラ）を先生は読まれて、不明な点または不十分な議論について質問やコメントをしてくださるとともに、不自然な日本語を書き直してくださった。次に、ゼミ内外で御指導を賜わった。博士論文執筆時に一番印象深いのは、ドイツ刑法については、2回に分けて、それぞれ10篇の中間報告を提出したが、提出日の一週間後、必ず細部までコメントを付けて報告を返送してくださったことである。最後に、先生から受けた教育は刑法に限られない。

ii　　はしがき

日本の社会を深く理解できるよう、例えば、日本人の好き嫌いの一部を表現する夏目漱石の『坊ちゃん』を紹介してくださった。先生の御恩には、研究者としての生涯をかけて報いるつもりである。

　修士課程在学1年目には、山口厚先生の法学部での刑法総論・各論の授業を履修させていただいた。そのおかげで、日本刑法の基礎を固めることができた。博士課程在学2年目には、橋爪隆先生のドイツ刑法ゼミを受講させていただいた。そのおかげで、ドイツ語の論文の読解力を身につけることができた。博士課程在学3年目には、論文執筆の助力のため、樋口亮介先生はわざわざ刑事法専攻の院生と助手を集めて小規模の検討会を開いてくださった。博士論文の口頭審査段階に入って、本番に立つ前に、成瀬剛先生はリハーサルに付き合ってくださった。本書の刊行前に、米村滋人先生は、医学用語の使用と訳語が正しいかどうかを含めて原稿を丁寧にチェックして誤りを訂正してくださった。学位論文を完成でき本書を刊行できたのは、東大の先生方から多大な御支援・御鞭撻があったからこそである。心より厚く御礼申し上げる。

　それから、日中刑法学術交流に大きく貢献されている本郷三好先生（前日中刑事法研究会事務局長・現中国人民大学法学院外国籍専任教師）の御紹介と御推薦のおかげで、留学間に西原春夫先生を始め東大の先生以外の日本刑法学者に付き添い日中学術交流に関与するチャンスに数回恵まれた。研究が行き詰まったときに、それらの経歴を思い出して力が得られた。本書の原稿を成文堂に紹介してくださったのも、本郷先生である。多大な御支援に感銘を受け感謝する。

　本書の刊行について、出版してくださる成文堂の御厚意に深謝申し上げる。特に、原稿の作成をずっと待って、初校、二校、三校に付き合い、いろいろと配慮をしてくださった成文堂編集部の篠崎雄彦氏の御誠意に心より感謝申し上げる。

　最後に、佐伯先生の御指導を受けて今年の10月に10年になる。この10周年を迎える際に、本書を謹んで先生に捧げる。

　2017年夏　フライブルク　　　　　　　　　　　　　　于　佳　佳

目　　次　　iii

目　　次

はしがき

序　章　問題の所在 ……………………………………………………………… 1

第1章　日本法上の対応
第1節　早期の医療過誤に対する処罰 ………………………………………… 9
第2節　医療の前提条件の欠如 ……………………………………………… 14
　第1款　知識と能力の欠如 (14)

　第2款　人的・物的条件の欠如 (28)
第3節　診療中の怠慢 ………………………………………………………… 32
　第1款　診療自体に関する義務履行の怠慢 (33)

　第2款　診療の付随的行為に関する単純ミス (46)
第4節　医学的判断の誤り …………………………………………………… 61
　第1款　医療上の注意基準と医療慣行の関係 (61)

　第2款　比較衡量を決め手とする規範的評価 (65)

第2章　ドイツ法上の対応
　はじめに ………………………………………………………………………… 79
第1節　注意義務の捉え方 …………………………………………………… 84
　第1款　早期の状況 (84)

　第2款　20世紀30年代以降の状況 (87)

　第3款　20世紀80年代以降の状況 (99)
第2節　注意義務の標準 ……………………………………………………… 111
　第1款　医者の知識と能力 (111)

　第2款　人的・物的条件 (139)

　第3款　若干の検討 (150)
第3節　予見可能性の判断 …………………………………………………… 152

iv　目　次

　　　　第1款　予見可能性を緩やかに解する判決 (152)

　　　　第2款　高度な予見可能性を要求する判決 (169)

　　第4節　システム・エラー………………………………………………181

　　　　第1款　従来の対応の在り方への批判 (181)

　　　　第2款　下級審裁判例の新動向 (182)

第3章　イギリス法上の対応

　はじめに……………………………………………………………………185

　第1節　早期の対応状況………………………………………………187

　　　　第1款　裁判例から見た処罰基準 (187)

　　　　第2款　小　結 (191)

　第2節　刑事上の過失の定義…………………………………………192

　　　　第1款　判例法の起点 (192)

　　　　第2款　無謀の2つのテスト (193)

　　　　第3款　重大なネグリジェンスのテスト (195)

　第3節　刑事過失の類型別分析………………………………………197

　　　　第1款　医療の前提条件の欠如 (197)

　　　　第2款　診療中の怠慢 (206)

　　　　第3款　医学的判断の誤り (217)

　第4節　システム・エラー……………………………………………224

　　　　第1款　個人的答責への影響 (224)

　　　　第2款　医療組織への刑事罰 (226)

第4章　アメリカ法上の対応

　はじめに……………………………………………………………………231

　第1節　初期の刑事司法関与…………………………………………232

　第2節　医療上の注意基準……………………………………………235

　　　　第1款　一般的な判断基準 (235)

　　　　第2款　地域ルール (236)

　　　　第3款　学派ルール (240)

　第3節　メンズ・レアの判断…………………………………………248

第1款　医者の善意から治療の適切さへの移行 (248)

第2款　メンズ・レアの判断基準の変化 (252)

第3款　謀殺罪の適用 (267)

第4節　医学的判断の誤り………………………………………………273

第1款　自由裁量に関する民事裁判例 (274)

第2款　自由裁量に関する刑事裁判例 (281)

第5節　システム・エラー………………………………………………287

第5章　医療過誤の処罰のあり方

第1節　医療の前提条件の欠如…………………………………………291

第1款　知識と能力の欠如 (292)

第2款　人的・物的条件の欠如 (294)

第2節　診療中の怠慢……………………………………………………296

第1款　予見可能性の程度 (296)

第2款　単純ミスの可罰性 (299)

第3節　医学的判断の誤り………………………………………………300

第1款　外国での対応状況とその示唆 (300)

第2款　日本の刑事事例の再検討 (303)

第4節　システム・エラー………………………………………………307

第1款　日本の現状 (307)

第2款　外国法からの示唆 (309)

序　章　問題の所在

1　処罰の現状

　日本において、医師の行う診療行為をはじめとする医療行為は、業務上過失致死傷罪（刑法第211条）における「業務」にあたる行為とされている。医療従事者が患者を治療する過程において、注意義務違反によって患者を傷害あるいは死亡させた場合には、民法上の責任を問われるのみならず、業務上過失致死傷罪で刑法上の過失責任をも問われることがある[1]。富士見病院事件のように、故意傷害罪として評価される事例もあるが[2]、実際には医療過誤に関する刑事裁判例で故意犯が問題となったものは見当たらない。

　日本では、刑事医療過誤事件数の増加傾向が21世紀10年代の前半期まで続いていた。特に1992年の都立広尾病院誤点滴事件と1999年の横浜市大病

---

[1] 飯田英男・医療過誤に関する研究（法曹会、1974年）（以下、飯田・研究として引用する）、飯田英男＝山口一誠・刑事医療過誤（判タ社、2002年）（以下、飯田＝山口・医療過誤として引用する）、飯田英男・刑事医療過誤Ⅱ（判タ社、2006年）（以下、飯田・Ⅱとして引用する）、飯田英男・刑事医療過誤Ⅱ［増補版］（判タ社、2007年）（以下、飯田・Ⅱ［増補版］として引用する）と飯田英男・刑事医療過誤Ⅲ（信山社、2012年）（以下、飯田・Ⅲとして引用する）は、これまでの医療過誤刑事裁判例を網羅的に収録した貴重な文献である。

[2] 本件の民事判決として、東京地判平成11・6・30判タ1007号120頁がある。本件の事実は以下のようなものである。病院理事長が、医師資格等を有していないにもかかわらず、患者らに対し、超音波断層診断装置による「ME検査」を行い、「子宮筋腫・卵巣嚢腫」と誤診し、でたらめな判定などに基づいて患者の入院および手術を決定し、患者らにこれを承諾させ、勤務医師らが患者らに手術の必要性がないことを認識しながら、理事長の決定に何らかの異を唱えることなく、子宮や卵巣を摘出する手術を行った。病院理事長は被害者同盟により傷害罪で告訴され昭和55年9月に逮捕されたが不起訴に終った。不起訴の理由として、検察庁は「手術の目的の相当性に疑いが残る」ことを認めたものの、「病院という特殊な場での立件は困難」であったと記者会見で説明した。文献においては、医師らの「乱診・乱療」は傷害罪にあたる違法な行為と十分に評価されうると一般に考えられている。本件に関する刑事手続と民事訴訟については、前田雅英「医療過誤と過失犯の理論」唄孝一編・医療と法と倫理319頁注（1）と（2）（岩波書店、1983年）、米田泰邦・医療行為と刑法18頁（一粒社、1985年）、手嶋豊「判評」医事法15号162頁（2000）、平野哲郎「判評」別冊ジュリ183医事法判例百選231頁（2006）等参照。

2　序　章　問題の所在

院患者取り違え事件をきっかけに、1990 年代末以降の医療過誤刑事事件は激増してきた[3]。

　このような状況下で、無罪とされた事例が最近特に注目されている。2005年の東京女子医大心臓ポンプ誤作動事件の無罪判決、2006 年の杏林大学病院頭蓋内割箸看過男児死亡事件の無罪判決、2008 年の福島県立大野病院癒着胎盤剥離産婦死亡事件の無罪判決等が相次いで出た。

　文献において、列挙した事件がいずれも不可罰になった点を踏まえて、「国レベルおいて、医療事故における真相解明を、提訴や、警察や検察といった犯罪捜査機関に委ねることは妥当ではないことに気がつき始めた」という新たな動向がみられるという意見があるが[4]、そうは断言できないと思われる。列挙した事件の中で、2005 年の事件は、因果的メカニズムが医学上知られていなかったため、予見可能性要件が充足されるかがかなり疑問視された。2006 年の事件は夜勤をする専門外医師の誤診により惹起されたものであり、本件をきっかけに専門外治療を求められた医師がどの程度の注意を払うべきか、というこれまで刑事裁判であまり議論されていなかった問題が取り上げられた。2008 年の事件は、臨床実践において一般に採用されている医療措置の妥当性が正面から問題となる過誤に取り組むものであり、無罪という裁判

---

[3] 中山研一「医療事故刑事判例の動向」中山＝甲斐編著・刑事判例 3 頁は、「平成 11 年（1999年）以来、顕著な増加傾向が見られるようになった。……警察庁の調査によると、2003年に全国の警察に届出のあった医療事故は 284 件（前年比 135％）であるが、刑事事件として立件したのは 12 件（4.8％）となっている。また、警察に対する医療過誤事件の届出件数が増加し始めたのは 2000 年からであり、それ以前は年間 40 件以下であったことからすると、最近の届出件数の増加は注目に値する。」としている。そして、佐伯仁志「医療安全に関する刑事司法の現状」制裁論 316 頁（有斐閣、2009 年）は、飯田＝山口・医療過誤と飯田・Ⅱに収集されていた医療過誤刑事判決を集計して、「戦後から 1999 年 1月までに収集された裁判例の数は 137 件であったのに対して、1999 年 1 月から 2004 年4 月までに収集された裁判例の数は 79 件にのぼっている。1999 年 1 月までの 137 件のうち公判請求が 73 件、全体の 53％、略式命令が 64 件、全体の 47％なのに対して、1999年 1 月以降では 79 件のうち公判請求が 20 件全体の 25％、略式命令が 59 件、全体の 75％となっており、略式命令の割合が増えていることである。このことは、以前は起訴されていなかった軽微な過失事例まで略式命令で起訴されるようになっていることが考えられ、1999 年 1 月以前の略式命令の収集が必ずしも揃っていないことも考えられる。上述の統計から見る限り、最近、刑事責任の追及が急増していることは疑いない」と検討している。
[4] 根本晋一「判評」横国 17 巻 2 号 339 頁（2008）。

所の結論はおそらく学説においても認められるものであろう。以前であれば
そもそも起訴されていなかった過失事件まで起訴されるようになっており[5]、
医療過誤事件に警察や検察の関心が頻繁に寄せられるようになっていること
を考えると、医療の領域に刑事司法が介入する姿勢が変わったと言えるかに
ついては疑問が残ると思われる。通常の診療に起因する、事件性の判断が微
妙な事例について医師が起訴されると、結果的に無罪になったとしても、医
師個人の生涯が大きなマイナスの影響を受け、また、医療現場に萎縮医療を
もたらす懸念があるといった問題が生じる[6]。

　従来において、処罰の対象とされるのは基本的な知識または技術の欠如、
基本的な義務履行の懈怠（医療器具の消毒等の診療に付随する安全管理義務履行の懈
怠も含め）、単純ミスが主であった。そのような事例の中で問題となった治療
行為は注意義務の基準を下回ることが明白であったため、裁判では注意義務
の基準が何を意味しているか、どのように判断されるかまでの議論があまり
行われていなかった。刑法の学説においても、同問題についての詳しい検討
はなされてこなかった。しかし、最近では、問題となった治療行為が医師の
裁量を超えたと指摘された事例にまで刑事訴追の範囲が広がってきている。
医師の裁量が問題となる事例が過失犯として争われるようになったことに伴
い、注意義務の基準自体の意味とその判断基準が刑法上の問題となっている。
2001 年の帝京大薬害エイズ事件無罪判決と 2008 年の福島県立大野病院癒着
胎盤剥離産婦死亡事件の無罪判決がその議論のきっかけとなった。

2　理論的問題

　理論的問題としては、自動車運転事件における過失判断と比べて、医療事
件の場合は次のような困難な点がある[7]。注意義務の基準について、自動車運
転には明確な法律上のルールがあり、事故の再発防止のために、ルール違反

---

[5] 甲斐克則・医療事故と刑法 8 頁以下（成文堂、2012 年）。
[6] 甲斐・前掲注（5）9 頁。
[7] 稲垣喬・医療関係訴訟の実務と方法 32 頁（成文堂、2009 年）。「過失の構成は、交通事故
による過失と本質的には同様である」と主張する学者もいる（浦川道太郎ほか・医療訴
訟 305 頁（民事法研究会、2010 年））。

4　序　章　問題の所在

行為を処罰する必要がある。運転手においては、注意すべき事項を自由に判断する余地はあまりない。そして、日常生活から学んだ経験により、素人でも交通事故の態様から行為者がどのような注意を怠ったかを判断することができる。これに対して、医療には明確なルールはない[8]。

　まず、医師によって能力・経験・知識のレベルが画一的ではない。そして、医療資源の配分を考慮すると、大学附属病院等の大病院で経験を積み重ねられる専門医の注意基準と、小規模な診療所および開業医の注意基準を全国一律の基準として定めることは現実的ではない。このように、注意義務の基準を確定する際には多くの要素が絡んでおり、通常の医師という標準人間像を簡単に設定することができない。このことを感じた佐伯仁志は、「これらの差異を無視して、医療行為一般について刑事責任の有無を論じることは適切ではない。医療上の過失を論じる際には、個々の医療の特質に応じた過失判断の在り方の検討が必要であ」ると説いている[9]。

　また、医業上のルールの多くは、長期にわたる医療の実践と経験の蓄積に基づき形成されてきた慣行である。医療慣行とは、大多数の医師により一般に受け入れているものである。では、それと異なる少数派の意見は法的に是認されるのであろうか。特に、特殊な症例を扱うにあたって、慣行からの逸脱に伴う危険を知りながら、よりよい治療効果を求めるために特別な手段による治療を行い、そこから期待に反する結果が生じた場合に、慣行からの逸脱から直ちに結果回避義務違反を導き出すことができるのであろうか。

　さらに、医療行為は重大な危険を内包している行為でありながら、疾病の治療・予防を目的とする生命と健康の維持・増進に必要不可欠な行為でもあり、そのうえ、医的侵襲を伴う医療行為の実施は、原則として患者側の有効な同意を前提としている。したがって、医療行為はそれ自体が直接的に違法性を帯びることはない。この点で、医療行為は交通ルールから逸脱した暴走運転や、挙銃に弾が入っていることを不注意で認識せず、冗談で引き金を引いたような単純な侵害行為とは相違している[10]。したがって、医療行為の法的責任を判断する際には、予見可能性の問題だけで論じることはできない。

---

[8] 森山満・医療現場における法的対応の実務 20 頁（中央経済社、2012 年）。
[9] 佐伯仁志「医療の質の向上と刑事法の役割」ジュリ 1396 号 31 頁（2010）。

序　章　問題の所在　　5

合理的な根拠に基づき危険な治療を行うことは正当化されうるからである。

3　刑事政策的問題

　より大きな問題としては、医療の分野にどこまで刑事法が介入すべきかという問題がある。萎縮医療につながることを避けるために、医療過誤に処罰を科すのは故意犯、または重大な過失に限られるべきであるという意見もある[11]。医療過誤の処罰範囲を制限する方向で明確化させる旨で、厚生労働省は「医療版事故調」の設置を考え、2008 年 4 月の「医療の安全の確保に向けた医療事故による死亡の原因究明・再発防止等の在り方に関する試案——第三次試案」においては、調査委員会から捜査機関に通知を行う事例を、「医療事故が起きた後に診療録等を改ざん、隠蔽するなどの場合」、「過失による医療事故を繰り返しているなどの場合」と「故意や重大な過失があった場合」とするとともに、「ここでいう『重大な過失』とは、死亡という結果の重大性に着目したものではなく、標準的な医療行為から著しく逸脱した医療であ」ると示している。しかし、上記の通知制度は、「最終的刑事手続の発動の余地があったことなどが批判の対象となり、最終的に実現に至らなかった」[12]。その後、医療の安全確保と医療事故の再発防止を目標とする医療事故調査制度を設ける医療法の改正が、2014 年 6 月 18 日に成立し、その施行が 2015 年 10 月 1 日に始まった。しかし、新しい制度は始まった後も、医療事故が業務上過失致死罪等の捜査対象となり得るという状況は変わっていない[13]。

　2004 年に福島県立大野病院癒着胎盤剥離産婦死亡事件は発生した後、2006

---

[10] 比較的最近の文献として、押田茂実ほか・実例に学ぶ医療事故 75 頁（医学書院、2003年）、佐久間修「故意構成要件と過失構成要件——許された危険を契機として——」鈴木茂嗣古稀祝賀・論文集［上巻］385 頁以下（成文堂、2007 年）、土本武司「剥離か摘出か——大野病院事件判決」捜査研究 688 号 103 頁（2008）、稲垣・前掲注（7）32 頁、植木哲編・人の一生と医療紛争 400 頁（青林書院、2010 年）、米田泰邦・管理監督過失処罰 21 頁（成文堂、2012 年）等参照。

[11] 医療版事故調に関する議論について、前田雅英「医療過誤と重過失」都法 49 巻 1 号 83頁以下（2008）参照。

[12] 米村滋人「医療事故の法と事故調査のあり方」日臨床麻会誌 7 号 711 頁（2016）。

[13] 米村・前掲注（12）717 頁参照。新しい制度は、異常死体届出義務を医師に課している医師法第 21 条をそのままにしている点で批判を受けている。

6　序　章　問題の所在

年以降の刑事訴追の処分件数が急激に減少しているようである[14]。しかし、なお相当数の刑事訴追が行われており、新しい医療事故調査制度の施行によっても医療従事者の刑事訴追に対する不安は解消されていない。このような医療従事者の不安感を解消するためには、刑事医療過誤の判断基準を明確にすることが必要である。

　政策的対応のもう1つの課題として、正しい患者、正しいルート、正しい用量、正しい接続などを確認、点検せず施術したことに起因する、単純ミスによる事故の発生を未然に防止する上で刑罰をどのくらい使用すべきかをめぐる議論も活発化している。日本では、単純ミスによる事件が医療過誤刑事訴訟で大きな比率を占めており、因果関係や過失の立証が比較的容易であるので、そのほとんどが有罪とされてきた[15]。単純ミスはヒューマン・エラーとみなされると、人間は誰しも間違えるので、単純ミスを処罰しても、医療過誤の防止に効果がないという意見もある（後で見るように、英米では基本的にそのような考えが採られている）。また、システム・エラーに起因する単純ミスも多数存在する。システム・エラーによりミスが誘発された場合には、システム自体を改めない限り、事故の再発は防げないとする見方から、末端の現場に立っていた医療従事者を処罰するのではなく、事故の源泉となっているシステム・エラーこそを是正すべきであるという意見が主張されている[16]。近時、日本で上位者の刑事責任の追及が見られるようになっているのは、システム・エラーの問題に対応しようとしたものと言えるが、端的に組織自体の責任を追及すべきではないかという問題もある。

---

[14] この新しい動きは、飯田・Ⅲをもとに平成15年から23年までの処分件数（判決・略式命令）を対象として統計した結果（黒木俊郎、武市尚子「医療事故訴訟の現状（刑事編）」北海道医報1137号41頁（2013）に掲載されている）に示されている。

[15] 町野朔「判評」別冊ジュリ50医事判例百選53頁（1976）、泉正夫＝中山研一編・医療事故の刑事判例3頁（成文堂、1983年）、山崎学「構造的過失─(2)医療過誤」龍岡資晃編・現代裁判法大系［30巻］39頁以下（新日本法規出版、1999年）。

[16] 森山・前掲注（8）20頁、植木編・前掲注（10）400頁、山口徹「過失の追及と医療安全の推進」ジュリ1323号55頁（2006）、日山恵美「医療の安全確保における刑事過失論の限界──刑事医療過誤判決の分析から」医事法23号11頁（2008）参照。

4 本稿の構成

本稿は、医療過誤の処罰とその制限に関し、患者の死傷結果を生じさせる原因となった医療過誤が法律上の注意義務に違反したものと認められるか、また認められるとして、それが処罰に値するものと評価されるか、という問題を検討するものである。

このような問題は日本のみならず、各国に共通して生じる問題であるため、医療の分野にどこまで刑事法が介入すべきかという問題を検討する際には、比較法的研究が有益だと思われる。確かに各国で医療の実態も法律も異なるため、単純な比較はできないが、医療過誤に刑事法が介入しているのか、どのような類型について介入しているのか、それがどのように評価されているのかを知ることは日本のあり方を考える上でも参考になると思われる。

そこで、本稿では日本における医療過誤に対する刑法上の対応の現状を比較法的に検討するための対象として、日本の法学および医学に大きな影響を与えてきたドイツ、イギリス、アメリカを取り上げる。これらの国における医療過誤に対する刑事罰に関する状況を紹介する先駆的な研究はすでに存在しているが、その数は決して多くはなく、それぞれの国の状況を紹介する段階にとどまっている[17]。本稿は、これらの国を総合的に検討する本格的な比

---

[17] ドイツにおける医師の刑事責任については、砂川知秀「ドイツにおける医療過誤の現状」安田総研クオータリー 21 巻 5 頁以下（1997）、佐伯仁志「ドイツにおける刑事医療過誤」三井誠古稀祝賀・現代刑事法学の到達点 249 頁以下（有斐閣、2012 年）、山中敬一「医療過誤と客観的帰属」関法 62 巻 2 号 326 頁以下（2012）、山中敬一・医事刑法概論 I ［第 4 章、第 5 章］（成文堂、2015 年）。英米における医師の刑事責任については、井上祐司「現代英米刑事過失論について（その一）」法政研究 40 巻 2-4 号 253 頁以下（1974）、福田雅章「アメリカ医療過誤に関する刑事判例」中山研一・泉正夫編著・医療事故の刑事判例 282 頁以下（成文堂、1983 年）、佐伯仁志「医療過誤に対する法的対応のあり方について」神山敏雄古稀祝賀・過失犯論不作為犯論共犯論［第 1 巻］227 頁以下（成文堂、2006 年）〔制裁論（有斐閣、2009 年）所収〕、星周一郎「アメリカにおける医療過誤に対する刑事法的対応」首法 50 巻 2 号 187 頁以下（2010）、佐伯仁志＝于佳佳「英米における医療過誤への刑法上の対応」刑ジャ 28 号 29 頁以下（2011）、日山恵美「医療事故と刑事過失責任」甲斐克則編・医療事故と刑事法 237 頁以下（信山社、2012 年）参照。欧米医事刑法の動きを総合的に紹介する文献については、米田泰邦・医療者の刑事処罰 293 頁以下（成文堂、2012 年）参照。医療過誤への刑事的対応に関する日米比較研究については、例えば、R.B. Leflar「医療安全と法の日本比較」ジュリ 1323 号 17 頁以下（2006）、R.B. Leflar and Futoshi Iwata, Medical Error as Reportable Event, as Tort, as Crime：a Transpacific Comparison, 12 Widener L. Rev. 213（2005）参照。

較法研究という点で、これまでの研究を発展させることを目的としている。

　本稿では、第1章で日本法上の対応を検討する。第2章でドイツ法上の対応、第3章でイギリス法上の対応、第4章でアメリカ法上の対応を検討する。最後に、これらの検討を踏まえて、第5章で医療過誤の処罰とその制限のあり方について検討を行う。

第 1 章　日本法上の対応

第 1 節　早期の医療過誤に対する処罰

　戦前において、医療過誤が過失犯として争われた事例はごく少数である[1]。文献に散見される戦前の刑事医療過誤裁判例を考察する限りでは、当時の実務の刑事医療過誤の判断において、行為当時の状況から普通の医師ならどのような行動をとったかという基準が用いられていた。

　明治時代の下級審裁判例では普通の医師を基準に問題となった手術を適切なものと判断し、施術者の過失を否定した判決が出された。例えば、東京区判明治 40・12・23 司法研究 18 輯 286 頁では医師が胎盤剥離の施術をなすにあたり、胎盤が子宮に癒着していたにもかかわらず、既に剥離したものと誤診して胎盤とともに子宮を牽引して患者を死亡させたという理由から起訴されたが、これは無罪となった。控訴審判決である東京地判明治 41・4・28 司法研究 18 輯 288 頁は、「普通醫師トシテ斯ル場合其ノ診定ヲ誤マルモ過失ナ

---

[1] 丸山正次「医師の診療過誤に就て」司法研究 18 輯 4 号 87 頁以下 (1934) の紹介によれば、大正 12 年から昭和 7 年まで略式命令で処理された事例は 11 件ある。水戸区判大正 14 年、岐阜御嵩区判大正 14 年、高松区判大正 15 年、福岡小倉区判大正 15 年、大分佐伯区判大正 15 年、和歌山御坊区判昭和 2 年、岐阜御嵩区判昭和 2 年、釧路網走区判昭和 2 年、名古屋区判昭和 4 年、大分日向区判昭和 4 年、新潟区判昭和 5 年である。
　公判を開かれて有罪とされた事例は次の 5 件がある。大判大正 6・12・3 刑録 23 巻 1480 頁、大判大正 11・10・24 刑集 1 巻 585 頁、福島相馬区判昭和 5 年 (一審) = 福島地判昭和 5・4・23 司法研究 18 輯 289 頁 (控訴審) = 大判昭和 5・7・8 司法研究 18 輯 296 頁 (上告審)、福岡地判昭和 15・12・6 法律新聞 4698 号 466 頁、大判昭和 13・10・14 刑集 17 巻 759 頁である。
　公判を開かれて無罪とされた事例は次の 5 件がある。東京区判明治 40・12・23 司法研究 18 輯 286 頁 (一審) = 東京地判明治 41・4・28 司法研究 18 輯 288 頁 (控訴審)、東京区判昭和 6・3・18 司法研究 18 輯 306 頁、大決昭和 11・3・16 裁判例 (刑) 10 号 74 頁 = 大判昭和 11・11・9 裁判例 (刑) 10 号 76 頁、福岡小倉区判大正 13 年 (丸山・前掲注)、釧路網走区判昭和 5 年 (丸山・前掲注) である。

10　第1章　日本法上の対応

リト爲ス能ハス」とし、本件の状況において、「其ノ子宮全部飜轉ハ被告カ普通ノ醫師トシテ措置ヲ誤リタルモノト認ムルヲ得ス」として、控訴を棄却して無罪判決を維持した。

　医療過誤の有無が「普通の医師」を基準に客観的に判断されるべきであることは、大判昭和5・7・8司法研究18輯296頁で判示された。

　本件の事実は以下のようなものである。医師である被告人は分娩の困難に際し、子宮破裂が発生しその間隙から脱出した小腸を胎盤に接着した臍帯と誤認してひっぱり出したため妊婦を死亡させたとして、過失致死罪で有罪となり、控訴と上告のいずれも棄却された。

　被告人に要求される注意基準について、判決は、「醫師カ患者ヲ診察スルニ當リ用フルコトヲ要スル注意ノ程度ニ付キ……其ノ疾病ノ種類其ノ患者ノ病状ノ如何ニ對シ一般普通ノ醫師カ通常用フヘキ注意ノ程度（抽象的注意ノ程度）ヲ要求スルニ止マル……故ニ醫師ハ假ニ滿身ノ注意ヲ以テ診療スルモ其ノ疾病症状ニ對シ尚普通醫師トシテ用フヘキ注意ノ程度ニ充タサルトキハ不注意ナリト認メラルヘキ場合モアルヘシト雖特ニ卓絶シタル注意（具體的注意ノ程度）ヲ要求スルモノニアラサル」としている。上記の注意基準を本件に適用し、判決は、「其ノ産婦ノ症状カ平常ノ場合ニ於テ通常ノ醫師カ普通用フヘキ注意ヲ以テ覺知シ得ヘシトノ意ニ外ナラサルヘク本件證據明白ナルカ如ク産婦ノ症状極メテ急迫ヲ告ケ其ノ心臟呼吸ノ状態及ヒ衰弱ノ程度異常分娩繼續時間甚シク長キ場合等總合シ醫學上ヨリ見テ其ノ症状頗ル重篤危險ナルト産婆モ認メタル程ノ本件ノ場合ニ於テハ……其ノ生命ニ重キヲ置キ寸時モ早ク之ヲ除去シ其ノ危險ヲ除去セント防遏スルニ努ムヘキコト之亦普通醫師トシテ當然爲ササルヘカラサル」とした上で、被告人が上記の程度の注意を欠き、「漫然小腸ナルコトヲ覺知スヘキニ拘ラス業務上必要ナル注意ヲ怠リタリト判示シ之ヲ過失ナリト斷定シタル原審判決」を認め、被告側の上告を棄却した。

　このように、判決は、行為当時の具体的状況において普通の医師なら予見し得たであろう危険と普通の医師ならとったであろう行為を参照して、ひっぱり出されたものが小腸であったことを被告人が自覚しなかったことに過失を認めた。

第1節　早期の医療過誤に対する処罰　　11

　能力の不足、または技術の未熟のために必要な治療を行わなかった医師が
責任を問われるかも問題となりうる。例えば、開業医である被告人は、重症
患者に対して流産鉗子を使用して子宮内を操作する方法によって人工流産手
術を施す際に、子宮頚管部と直腸を損傷し、それによって患者が腹膜炎を発
症して手術後に死亡した。手術中の傷害は、「被告人ノ技術未熟ナルカ故ニ生
シタルモノ」であったことが専門家鑑定人から認められた。それにもかかわ
らず、東京区判昭和6・3・18司法研究18輯306頁は、被告人は本件患者の
ような「重症患者ヲ手術スル程度ノ技術ヲ有セサレトモ、當時迄ニ既ニ十數
名ノ患者ニ人工流産ノ手術ヲ行イタルコトハ」認め得るので、「被告人カ該手
術ヲ引受ケタルコト自體ハ又過失トシテ責ムヘキモノニ非ス」として無罪判
決を言い渡した。学説において、判決は被告人の過失に対して寛大に対応し
ているという見解がある[2]が、次のような解釈も可能であると思われる。つま
り、判決では、現に重症患者の治療に必要な技術が被告人の持っていた能力
を超えたが、これまでの類似した手術に成功した経験から手術を引き受ける
直前の時点で自分の技術が足りず、それによって患者を危険に晒すことが被
告人にとって必ずしも明白ではなかったことが考慮された。したがって、引
き受け過失が否定された。そのように解釈をすることが可能であれば、本判
決は引き受け過失の範囲を制限していることで注目すべきものと言える。
　戦前の裁判例の中では、普通医師基準を持ち出さなくても過失犯を肯定で
きる場合もあった。しかし、これらの事件のほとんどは危険を未然に防止す
るため、あるいは治療を正当化するために注意を払うべき基本的事項を守ら
なかったことに過失があるものである。
　例えば、無免許者が基本的な安全管理措置としての身体および医療器具消
毒を怠ったことについて、大判大正11・10・24刑集1巻585頁は、「藥品注
射ヲ為スニ當リテ醫術上身體及注射器ニ消毒ヲ施スヘキ義務アルニ拘ラス之
カ注意ヲ怠リ……注射ヲ為シタル處其ノ創口ヨリ連鎖状球菌浸入シ之カ為ヤ
スハ壊孔性丹毒症ヲ起シ」たとして、被告人を過失致死罪で有罪の原審判決

---

[2]前田雅英は、本判決は手術の際の医師の立場を過大に考慮したものであると指摘してい
　る。この指摘について、前田雅英「医療過誤と過失犯的理論」唄孝一編・医療と法と倫
　理373頁（岩波書店、1983年）参照。

12　第1章　日本法上の対応

を是認した。

　また、危険な薬剤を投与する前に適切な投与量を確認・検討すべき義務違反も同種の過失である。福岡地判昭和15・12・6法律新聞4698号466頁が参考になる[3]。

　本件の事実は以下のようなものである。医師である被告人は自宅診療室にやってきたこれまで面識のない患者からモルヒネおよびヘロインの注射を求められた際に、患者の言動等から慢性麻薬中毒患者であると診断し、またモルヒネの静脈注射を実施した後、同患者がさらにヘロインを強要したため、それらの挙動から同患者が注射量に堪える強度の慢性中毒者であると軽信し、患者の要求した量が薬局法の極量をはるかに超過したにもかかわらず、要求された量を投与した。その結果、患者は麻薬の過量投与により惹起された急性心臓衰弱で死亡した。

　被告人医師の注意義務違反について、判決は次のように判示している。医師は注射を求めた患者の生命・身体に対する危険を防止するために細心の注意を払い注射をなす必要があるかどうかを診断すべきであり、その診断をして注射の必要があると認定したとしても患者の要求した量を投与すべきではない。漫然患者の欲しがった量の麻薬を投与すると、急性中毒症状を発してその生命、身体に危険を及ぼす可能性があり、被告人はその危険を回避することに細心の注意をなすべき業務上の注意義務があるにもかかわらず、注射量に堪える強度の慢性中毒者であると軽信し、注射量の確定並びにその方法に関する業務上の注意義務を怠り、患者の求めに応じて麻薬を過量投与して死亡させたとして、業務上過失致死罪で有罪とされた。

　戦前の学説においては、医療過誤刑事責任に関する議論は少なかった[4]。当時の有名な刑事弁護士として知られた花井卓蔵は、医術上の過失とは「医学

---

[3]小倉区裁判所は、有罪判決を言い渡した。福岡地方裁判所は有罪判決を言い渡した。大審院は、原審判決を破棄して事件を差し戻した。本文で紹介した判決は本件の差戻判決である。

[4]医療と刑法に関する議論の多くは、医的侵襲の正当化をめぐり展開されたものである。この問題に関して当時の研究の先端に立っていたのが、藤木直「医師の手術と身体傷害罪の問題に就て(一)(二)」法学新報41巻2号1頁以下（1897）、3号71頁以下（1897）、丸山・前掲注（1）24頁以下である。

上の原則に反し術を施し、又必要な注意を怠ったことによって、病者の身体に危害を与える行為」を意味し、診断の誤りと療法の不合理により起こるものであって、刑法第211条に定められている業務上過失致死罪に該当すると論じるとともに、医学上の原則に反したかについては、素人が判断することはできず、「専門家の知識に訴へて其の鑑定を求めなければならない」とした。花井は、広義において、「学術上の過失（例之、現代に行はるる学理に背きて診断するの類）」も医術上の過失に包含されうるが、処罰の範囲からは除外されるべきであり、狭義に解釈される医術上の過失だけが処罰の対象と認められる。例えば、「①不注意に診断せるが為めに治術を誤れる場合、②不注意に治療して不良の結果を来したる場合、特に外科手術の場合、③薬物の分量を誤りたる場合」に刑事責任が問われると主張している。どのような注意を払うべきかについて、花井は、「専門の人々は知識の応用に警戒を加えるべき」であり、「最善の注意をもって患者に接」すべきであると説いた[5]。

　処罰の範囲を画定するという意味で、花井の見解は、医学的判断の誤りを処罰の範囲から排除したという点で、当時、およびその後の実務の傾向とも一致するものであり、先駆的見解として高く評価できると思われる。

　戦後、医療過誤の刑事事件数が増える傾向があったが[6]、過誤の類型からみると、処罰の対象は依然として必要な知識または技術の欠如、あるいは基本的事項の怠慢に限られていた。医師の裁量性が正面から問題となる過誤、つまり医学的判断の誤りが刑事事件として立件されることは1960年代末までほとんどなかった[7]。過失の類型によって裁判で扱われる争点が変わるので、

---

[5] 花井卓蔵「刑法と醫師」刑法俗論439頁以下（博文館、1912年）。

[6] 特に、1955年の下半期に国民健康保険制度が導入され、国民が平等に医師の治療を受けられるようになった社会背景の下で、医療事故による致死傷事例が増加し、国民の間で法的手段をもって医療紛争の解決を図る権利意識が高まったことも相まって、医療事故が裁判所に持ち込まれる増加した。刑事医療過誤裁判例の流れも、この全体の趨勢に合致し、事件数が増加するのみならず、過失責任を肯定する率も高まる傾向にあったと言われている。例えば、前田・前掲注（2）360頁は、医療過誤刑事事件の数を統計して（論文発表の1983年までに）、戦前の判例は13件にすぎないのに比し、戦後は107件を数えるとしている。松倉豊治・医学と法律の間36頁（判タ社、1978年）も、戦後、医療過誤事件の有罪率が戦前に比し高まったと指摘している。

[7] 藤木英雄「医療過誤と過失」ジュリ427号37頁（1969）。

14 第1章 日本法上の対応

以下の議論は医療過誤の類型をめぐり展開することにしたい。

第2節　医療の前提条件の欠如

医療の安全性を確保するために、医業を実践する者として一定の知識あるいは技術を持たなければならず、医療設備が備わった医療機構で診療を行わなければならない。これは医療の前提条件として要求されている。

第1款　知識と能力の欠如

第1項　客観性

医師として持つべき知識と技術は客観的基準で評価されており、医師本人の個別的事情（例えば、資格、専門、経験、精神弛緩の状態、病気[8]等）により左右されていない。

この要求は無資格者に対しても同じである。無資格者の薬剤過量投与致死事件に対する福岡高判昭和 25・12・21 高刑 3 巻 4 号 672 頁で認められた。判決は、「被告人は医師の免許を有せず、医療の知識経験がないのに、福江保健所医師と詐称して昭和二十四年九月十五日頃より福江町上町特殊喫茶店常盤事 T 方給仕婦 A 外十数名に対し、サルサバルサンとその他の注射をなして、医療行為を反覆していたものであることは、原判決挙示の証拠によってこれを認めるに充分であって、被告人の右行為が同条にいわゆる業務に該当することは、前段説示するところにより明らかであるといふべく、このように事実上医療行為に従事するものが塩酸モルヒネのような薬剤を注射する場合においては、生命に危険を及ぼさないようその薬量に深甚の注意を払わなければならないことは勿論であるから、原判決において、被告人が、右医療行為に従事中同月二十五日給仕婦 B の求めにより同人の子宮疾患による疼痛を

---

[8]林幹人は、医師が手術中に自ら脳障害のために手が震えるようなことが起こる恐れのあることをあらかじめ予見し得る場合には、そもそも手術を行ってはいけないと指摘している。林幹人「医師の刑事過失」法曹時報 58 巻 12 号 15 頁（2006）参照。

鎮めるため、塩酸モルヒネを注射するに当り右注意業務を怠り、相当酒酔しながら、薬量を量らず、漫然二回に致死量を超える約〇・五瓦の塩酸モルヒネを右Bに注射し、よって翌二十六日日同人を死亡するに至らしめた事実を認定し、これに対し刑法第211条を適用処断したことは洵に相当であ（る）」と判示した。本判決では、無免許、無経験、酩酊などの本人の個別的事情は、過失を否定する理由と認められていない[9]。

　また、内科医である被告人が蟯虫病と診断した患者に浣腸をしているとき、濃度不明の醋酸液を浣腸した後で醋酸中毒の症状を発見せず、患者を死亡させた事件に対する、田川簡決昭和31・3・13[10]は、「被告人は医学上許容されている浣腸用醋酸液の濃度について適確な知識なく、又従前に醋酸液浣腸をした経験は皆無であったから」、浣腸後、間もなく痙攣を起こし意識を失い虚脱状態に陥ったといった「患者の症状は、一応醋酸液浣腸により惹起された醋酸中毒と推定し、時を移さず醋酸中毒に対する療法をなすべきは、医師としての当然の注意義務であるのにかかわらず、被告人は不注意にも、醋酸中毒には全く思いを致さず」、適時に対応措置を行わなかったことに過失を認め有罪判決を下した。

　なお、医者に要求される知識と技術は、治療を成功させる程度に達するほどではない。このことは、東京高判昭和38・9・20が[11]触れている。本件では、産婦人科担当の医師が虫垂切除を行ったが、手術に時間がかかり、結局虫垂体を発見できず外科担当の医師に引き継いだが、患者は死亡した。判決は被告人が腹膜を切開せず2時間に渡り指等をいれ虫垂を探したが見当らなかったことについて、「……虫垂切除手術に於ては、［中略］名医と雖も時に相当時間のかかることあり、本件のような腹膜を開かなかったことは、医師としての注意義務を尽し、努力してもなお及ばざる未熟の結果と見られ、不注意により腹膜を開き得なかった、と見るべきものでない」と判示し、被告人を

---

[9] また、大阪地判昭和40・7・31医療過誤判例大系669頁（1969年）は、被害者に治療を求められた無資格者を、多量の劇薬を注射して死亡させたとして業務上過失致死罪で有罪としたものである。
[10] 石橋信・医事の基本課題と医療過誤の航跡205頁（高千穂書房、1973年）。
[11] 同上、214頁。

16   第1章   日本法上の対応

有罪とした原審判決を破棄して自判し無罪判決を言い渡した。文献において、本判決は、曖昧な意味で「名医」を使っており、「一般的医学水準からみた本件虫垂炎の手術行為の評価を示す」ものと理解する意見がある[12]。

　裁判例で示された立場は、戦後に形成された新過失犯論と修正された旧過失犯論からも支持された。戦後の学説に入る前に戦前の旧過失犯論を見てみたい。戦前の旧過失論では、結果の原因となった行為に出て、結果の予見可能性が認められれば、全て処罰されることになる。これに対して、結果の予見可能性が認められても、結果を回避するために義務付けられた、いわゆる「基準行為」を実施していれば過失犯は成立しないとする新過失論が戦後に形成されていく[13]。基準行為の設定においては、行為者の個人的経験・知識の不足は重要でないと解されている。

　例えば、新過失論の先駆的論者たる不破武夫は、「医師の誤診や手術上の過失に関し、自己の技術と経験とを以てしては其の不幸なる結果の発生は如何とも致し難かった、とする抗弁に対して」、「自己の経験と能力とを十分に顧慮せず軽々しく困難になる医療行為に着手した点に注意義務違反を認めざるべからざる場合があり得る」と解している[14]。新過失論の代表的論者である藤木英雄は、「医師が能力・経験が十分でないのにかかわらず困難な手術を試み、失敗して患者を死亡させた場合には、たといその際、最善を尽くしたとしても過失の責任を免れ得ないとする。この場合に非難されるのは、……当該行為が、いかに意識を集中してなされたとしても、当該事情のもとで適切さを欠いた無謀・軽率な行動であるということに存する」、つまり、非難に値するのは「行為の落度のあるもの、すなわち無謀・軽率な行動」なのであると主張している[15]。その後、内田文昭は、「未熟な医師が、『死』の危険を冒して手術を行ない、患者を死亡させたような場合には、医師の行為は過失致死

[12]前田・前掲注（2）374頁。
[13]日本で過失における注意義務の中心を結果回避義務に置いたという点を最も明確に提出したのが、井上祐司である（井上祐司・過失の實證的研究（日本評論社、1950年））。藤木英雄は、刑事過失における注意義務違反が意志緊張の欠如を意味するものではなく、客観的に落ち度のあることを意味するものであると強調している（藤木英雄「過失犯の考察㈠」法協74巻1号20頁以下（1957）参照）。
[14]不破武夫・刑事責任論195頁（弘文堂、1948年）。

第2節　医療の前提条件の欠如　　17

罪の型に合致しているといわざるをえまい。『危険性』『不注意』『相当因果性』のいずれをとっても、欠ける点がないからである。『不注意』の点が多少問題になるとしても、未熟な医師は、始めから危険な手術を行なうべきではないから、やはり『不注意』ということになろう。」と論じている[16]。

　他方で、新過失論は、医療行為が社会的に有用な行為として危険性を伴うことが否定できないので、例えば、手術の失敗による患者の死亡という結果を予見することが可能であり、それだけで医師の責任を追及するとすれば、医療活動は停止してしまうと指摘するとともに、医療の一般水準が基準行為の内容とされ、一般水準に従った治療行為であれば、たとえ患者の病状が悪化しても刑事責任が問われることはないと主張した[17]。医療行為の専門性・裁量性を尊重する態度は、戦後の過失論に最も影響を与えた許された危険論の実質的側面であると前田雅英はコメントしている[18]。この意味では、新過失論は具体化され、許された危険論によって医療過誤の処罰範囲を制限する論理として機能する。

　戦後、旧過失論を修正する見解も主張された[19]。修正旧過失論は、新過失論

---

[15] 藤木英雄・過失犯の理論 24 頁、27 頁（有信堂、1969 年）参照。稲垣喬「医師の診療をめぐる刑事過失の認定」鴨良弼古稀祝賀・刑事裁判の理論 426 頁以下（日本評論社、1979年）も、医療に関する過失認定の基準を、「一般的な医学・医療の水準を確定しそれからの離反の程度」に求めるべきだとしている。

[16] 内田文昭・刑法における過失共働の理論 299 頁（有斐閣、1973 年）。

[17] 不破・前掲注（14）169 頁以下は、はじめて許された危険を違法性の問題として導入した。団藤重光・刑法綱要総論（創文社、1957 年）159 頁以下と藤木・前掲注（13）26 頁以下を代表とする学説は、医療行為を鉱山労働、スポーツ、自動車の操縦等を同列に論じ、それらの行為がある限度で許された危険として社会相当性を認められるべきであるとしている。社会相当性行為を出発点とする議論は、伊藤寧「刑法における社会的相当行為の意義とその機能について」海上保安大学校研究報告 17 巻 1 号 3 頁以下（1971）も参考になる。これに対して、井上正治・過失犯の構造 67 頁（有斐閣、1958 年）、西村克彦「許された危険」警研 30 巻 11 号 3 頁以下（1959）、中義勝「過失犯における許された危険の法理・危険の分配」日沖憲郎博士還暦祝賀・過失犯 I（有斐閣、1966 年）、内田・前掲注（16）298 頁以下をはじめとする学説は、社会的効用を有する行為を一般的にその危険が許された行為と解することを拒否し、争点となった行為が許されたかを個別的に考慮すべきであるとしている。許された危険の法理はドイツ刑法から導入展開された概念である。その歴史の詳細については、篠田公穂「『許された危険』の学説史的考察(1)(2)」名法 61 号 100 頁（1974）、63 号 195 頁以下（1975）参照。

[18] 前田雅英「予見可能性の内容・程度と許された危険」研修 637 号 12 頁（2001）。

18　第 1 章　日本法上の対応

に対してその中核にある基準行為自体の判断基準が明確ではないと批判するとともに、予見可能性が認められただけで過失犯は成立するわけではなく、過失の実行行為は結果発生の実質的な危険を有する行為でなければならないとして、戦前の過失論を修正した。旧過失犯論も、知識あるいは技術の欠如を知っているのに、そのまま危険な治療を行うような場合には、予見可能性の要件が充足され、過失犯は成立しうるとしている。例えば、田川簡決昭和31・3・13 に対して、前田雅英は、「十分な知識もなしに乳児に醋酸液浣腸を行った行為自体に実行行為性を認め得るし、その時点で結果の予見可能性も認め得る」故に犯罪になるとコメントしている[20]。

第 2 項　流動性

医学の進歩につれて適切な医療に必要な知識と技術の水準は高まりつつあり、医者はこの水準に追いつく研鑽義務が命じられる。

戦後の裁判例の中で最初にこのことを明確に判示したのが静岡地判昭和39・11・11 下刑集 6 巻 11 = 12 号 1276 頁である。判決は、「医学は日日に進歩するが、医学の進歩によって一般水準は高まっていくところ、個々の医師が一般水準に追いつけなかったとしても、それを許すことはできないのであって、高まった一般水準を基準として過失の有無を認定しなければならない。尊い人命を預る医師としては、常に一般水準に追いついていく義務がある。」としている。この判示は、量刑判断の部分で述べられたものであるが、研鑽を前提とする医療上の注意基準がこの時期に定着されてきていることを示すものとして意義を有している。

「一般水準に追いついていく義務」に違反し、時代に遅れた医療処置を講じ

---

[19] 平野龍一「過失についての覚書」警研 24 巻 3 号 27 頁以下（1953）、同「過失犯の構造について」司研 1 号 1 頁以下（1972）。その後、修正した旧過失論の立場を基本的に支持する者として、内藤謙・刑法講義総論［下］1109 頁以下、1128 頁以下（有斐閣、1991 年）、西田典之・刑法総論［第 2 版］260 頁以下（弘文堂、2010 年）、山口厚・問題探究刑法総論 161 頁以下（有斐閣、1998 年）、同「過失犯の成立要件」法学教室 305 号 113 頁以下（2006）、前田雅英・刑法総論講義［第 6 版］202-203 頁（東京大学出版会、2015 年）等がある。

[20] 前田・前掲注（2）375 頁参照。

第2節 医療の前提条件の欠如 19

たことに刑事過失を認める判決も登場した。一般開業医である被告人が不適
切な注射部位に注射し、患者に傷害を生じさせた、いわゆるアミピロ注射腓
骨神経麻痺事件に対する大阪高判昭和43・12・17である[21]。昭和29年頃まで
は臀筋内注射の部位としてグロス三角部が多く用いられていたが、グロス三
角部の決定は煩雑であり、そのうえ坐骨神経を損傷する危険がある等の欠点
が存在する。戦後、抗生物質、鎮痛剤の使用が一般的となるにつれて、注射
に起因する神経麻痺の臨床例が現れたため、昭和36年以降の文献において
は安全に注射を行うために中臀筋内（臀部外上方4分の1区域内で腸骨稜から二横
指位下の部位）に注射すべきであるとする見解が支配的となった。本事件は昭
和38年に起こった。判決は、上述の状況を踏まえ、「被告人が本件アミピロ
注射に当ってグロス三角内ではあるが、上部腸骨稜寄り中臀筋内ではなく、
グロス三角下隅に注射したことは、注射部位として、誤りであるとはいえな
いとしても不適当な部位に注射したというを防げない」と判示し、業務上過
失傷害罪で被告人を有罪とした（昭和44年6月26日の最高裁判所決定は被告人上
告を棄却した）。本判決は、「専門文献においては注射部位の変化を呼びかける
意見が支配的となった」という事実によって注射部位に関する新水準を注意
義務の判断基準とした[22]。

　なお、新しい知識と技術を把握し、それをもって治療を行うのは無謀な治
療の試みまでも許されることを意味するわけではない。次の2件の判決は、
前例のない治療を無謀に行って人を死傷させた場合には、過失として非難さ
れうる旨を示したものとして重要な意義を持つ。

　第1件は、ウログラフィン・ビリグラフィン脊髄外腔注入事件に対する静
岡地判昭和39・11・11下刑集6巻11＝12号1276頁である。

　本件の事実は以下のようなものである。被告人は、患者らの脊髄硬膜外腔
に問題の薬品を注入して、3人を死亡させ、3人に重傷を負わせたとして業務
上過失致死傷で有罪となった。当時、ウログラフィンを脊髄外腔に注入する
ことは適応外ではないが、余り普及しておらず、その主な目的は脊髄硬膜外
の病変の診断のための脊髄硬膜外造影用であって、その治療的意義は明らか

---

[21] 飯田英男「判評」別冊ジュリ50号66頁（1976）。
[22] 同上。

20 第 1 章 日本法上の対応

ではなかった。ビリグラフィンは、毒性および刺激性が強く、人体組織に対する耐容性が劣り、副作用が存在し、かつ造影力が劣るため、脊髄外腔に注入することは行なわれていなかった。両薬剤の脊髄外腔注入は当時の医学において一般に認められていない異例の「新規な処置」であった[23]。

判決は、「いまだ一般に認められていない処置をとり、また、これまで自ら臨床経験をしたこともない新規な処置をとるには、あらゆる医学的調査研究乃至臨床試験を行った結果、それが診療に必要で、適当な処置であり、しかも生命、身体に危険な事態をひき起さないことを確認しなければならないのであって、そうすることがなく、安全度に確信のないのに、ひよつとしたらという成功の奇蹟を信じ、あるいは、万に一つの可能な危険を恐れないで、敢えて異例の診療上の処置をとることは、これを厳に回避しなければならない注意義務がある」と判示している。そして、被告人は、「臨床経験はなく」、「薬品の副作用や危険性を確認せず」、「薬品の知識もなく研究もせず」、「薬品の人体組織に対する耐容性についての観察も、過敏性テストも行わず」、脊髄内腔に直接に注入したとして、著しい軽率であり無知であると認められ、本件事故は明らかに重大な過失によるものであるとされている[24]。

第 2 件は、ストロンチウム美容的治療障害事件に対する大阪高判昭和 41・6・29 高刑集 19 巻 4 号 407 頁である。

本件の事実は以下のようなものである。被告人は美容的治療の目的で、皮膚疾患を有する患者に対し、ストロンチウム 90 によるベーター線照射治療（放射性同位元素による治療）を行ったことによって放射線皮膚炎に罹患させた。

---

[23] 争点であった治療行為は、治療ないし造影目的で一般に認められていない異例の新規な処置であることには疑いはないが、「実験的医療」の範疇に属する処置であるかについては、学説において議論がある。原審判決と控訴審判決の判決文には、「実験的医療」という用語は出てこない。新村繁文「判評」別冊ジュリ 140 医療過誤判例百選［第 2 版］177 頁（1996）は、本件で「たまたま使用しようとした別の薬剤がなかったから手持ちの本件薬剤を代わりに用いた被告人に、本件薬剤の治療効果を『実験』しようという意図があったかは、かなり疑わしい」という意見を述べながら、その疑問が残るにもかかわらず、「『実験的医療』として許容されるための一定の要件を判示した先駆的な判例だといえる」とコメントしている。そして、甲斐克則・医事刑法への旅 115 頁（成文堂、2006年）は、本件を臨床試験の範疇のケースと解している。

[24] 控訴審判決である、東京高判昭和 40・6・3 下刑集 7 巻 6 号 1159 頁は原審判決を維持した。

本件発生当時（昭和 31 年 4 月ごろ）ストロンチウム 90 によるベーター線外面照射治療は開発途上にあり、その適応症の範囲およびその症状に応じた照射線量の程度について臨床医学的に何らかの見るべき研究成果がなかった。

判決は、「ストロスチューム九〇によるベーター線照射治療にあたって、十分な知識経験もなく、当時右照射治療は初期研究の段階であって、臨床医学的にも見るべき研究成果もなく放射性燐の研究資料を参考にするほかなかったのであるから、医師として、これを人体に応用するに当っては、ストロンチューム九〇によるベーター線照射の皮膚に及ぼす影響など十分研究し、治療目的と合せ考え、その目的に反する放射線障害を起させないように細心の注意を払って、慎重に治療すべき業務上の注意義務がある。もとより医療の進歩は医家の創意と研究とによる新技術の発見にまたなければならないが、放射線のような危険を伴う物質による新療法を導入するに当っては、十分な知識と経験とを有すると同時に、慎重戒心し事故の発生を防止するために最善の努力をしなければならないのであって、いやしくも青年男女の顔面を実験台に供することは許されないことである。」と述べている。被告人は、「十分な知識と経験はなく」、「照射線の人体への影響を研究せず」、「治療目的を考慮せず」、「分割照射によって反応を見ながら施療を進める方式を採らず」、大量の放射線照射を行ったことに過失が認められている。

上述の 2 つの判決は、先駆的・試行的な医療行為が問題となった場合に、過失の有無を判断するための行為基準が存在しないわけではなく、新規治療を安全に遂行するために療法、または技術自体の特性・用法などについての基本的な知識の把握、当該医療的処置の「必要性・適応性・安全性」の確認およびそれに関連する医学的調査研究ないし臨床試験の前置が施術者に要求されることを示唆している。安全のために新規治療は条件付きでのみ許されることが明らかにされた。

新しい技術などを使用するときに払うべき注意について、もっとも早く理論的説明を与えたのは、新過失犯論の代表的な学者藤木英雄である。藤木は、「新しい科学技術を開発し、これを実生活に応用しようとする場合には、それが人間の社会生活経験上存在しなかったものである以上、理論上は安全と判定される場合であっても、未知のファクターの介入を予想して、これらの要

22　第1章　日本法上の対応

素の介入を未然に防止排除できるだけの慎重な使用方法をとることを義務づける」べきだと主張している[25]。藤木の主張によれば、ここでの「慎重な使用方法」は、いわゆる結果回避義務、より具体的には、エンギッシュの、「危険からの遠ざかる義務」、「危険な状態における慎重な態度をとる義務」と「危険を探知するために各種の情報を収集する義務」という3つの義務によって規定されるとされる[26]。

　上記の二つの裁判例が出て以来、およそ30年間、実験的医療は刑事裁判で議論されていなかったが、2002年にマスコミで大きく取り上げられた慈恵医大青戸病院腹腔鏡下手術ミス事件をきっかけに、先駆的・試行的な医療行為が法的に許容されるか否かの問題がまた提出された。

　本件の事実は以下のようなものである。執刀医、主治医と第一助手の3名の被告人らは、腹腔鏡下前立腺全摘除手術を行う際に、本術式を安全に施行するための知識、技術および経験がなかったため、陰茎背静脈叢（DVC）の中心部に針を刺すなど運針操作を誤った上、DVCなどの止血処理を十分にせず、全身状態を把握をしないまま手術を継続したため、患者を大量出血させて患者を死亡させた。

　問題となった術式は、本件手術の当時、高度先進医療とされており、厚生労働省から高度先進医療の実施を承認された病院においてのみ、治療費が公的保険でカバーされると認められていた。本件病院は、承認医療機関になっていなかったが、患者が費用をすべて負担すれば承認医療機関でなくてもこのような治療をすること自体が禁止されていなかった。被告人3名はいずれも日本泌尿器科学会の専門医の資格を得て、本件術式以外の他の腹腔鏡下術を術者として、あるいは助手として数例ないし数十件経験していたが、本件術式は、執刀医のみが助手として2、3回経験しただけであった。

　第1審の東京地判平成18・6・15[27]は、「被告人の医師3名がいずれも本術

---

[25] 藤木英雄・過失犯——新旧過失論争68頁（学陽書房、1981年）以下。この主張の根拠について、藤木は、1950年代に発表した論文（藤木・前掲注（13）18頁以下、34頁）で、エンギッシュなどのドイツ刑法学者の理論に基づいて、すでに十分な検討を与えていた。
[26] 同上書、28頁以下。
[27] 飯田・II［増補版］502頁。

第2節　医療の前提条件の欠如　23

式を安全に施行するための知識、技術および経験を有していなかったのであるから」、「被告人3名で本術式を施行すれば、DVCなどの止血処理が十分にできず、開腹手術への変更の判断が遅れて大量出血となり、患者が低酸素脳症による脳死に至るおそれがあることを十分予見できた。このような場合、医療業務に従事する被告人3名には、患者の生命身体に危険のある本術式を選択することを厳に避けるべき業務上の注意義務がある」のに、これを怠り、「本術式を安全に施行することができるものと軽信し」、「共同して本術式により手術を開始した過失により」、手術中に一連の操作ミスを起こして大量出血させ、患者を死亡させたとして、被告人3名を業務上過失致死罪で有罪と認定した。

　第一助手である被告人は、手術チームの能力の欠如を知らなかったと主張して、本件結果の予見可能性および予見義務違反がないことを理由に控訴した。危険の予見について、第1審判決は、本術式が他の腹腔鏡下術と異なり、高度の手技が要求されるものであること、本院で本術式による手術は1例しか完遂したことがないこと、被告人3名のうち誰も術者として本術式を施行したことがないことなどを知っていたことを総合的に考慮すれば、被告人3名に本術式を安全に施行する知識、技術および経験がないことと、手術の施行をすれば止血処理の不十分や開腹手術への変更の判断ミスや大量出血の発生が生じ患者の死亡に至ることを十分予見することができ、また予見していなければならなかったと判示した後、第一助手である被告人と同様の泌尿器科医一般を基準に考えても十分言い得るところであると判示している。東京高判平成19・6・5[28]は第1審判決の説示が適切であることを確認して、被告人の主張を退けている[29]。

　本件は、無謀な医療で有罪とされた典型的な事例と評価されている[30]。そして、本件において、被告人等はマニュアルをみながら手術を行っており、他院から同術式の経験外科医を呼び寄せて指導医として立ち会わせておらず、本病院内で事前に倫理委員会の審査を受けていなかった、といった状況

---

[28] 飯田・Ⅲ179頁。
[29] ただ、控訴審裁判所は、ほかの2名の医師と比べて責任が重い、または同等であるとは言い難い等の事情を考慮して、量刑不当の理由を支持し、原判決を破棄した。

24　第1章　日本法上の対応

があることから、刑事責任を認めた判決の結論は妥当であるという評価もなされている[31]。

　しかし、一般論としては、新しい技術の導入が医療現場に不可欠である以上、先駆的な医療行為を必要な知識と技術を十分に持たないまま行ったことを「無謀な行為」と安易に認めるのであれば、萎縮医療を招く懸念があるとの批判を避け難い[32]。したがって、どのようなプロセスと注意をすればそれが可能になるのかが慎重に検討されなければならないであろう。その意味で、本判決が被告人らの注意義務を「患者の生命身体に危険のある本術式を選択することを厳に避ける」こととしているのは、先駆的な医療行為の場合に引き受け過失の範囲を広くさせる懸念があると思われる。

　先駆的な医療行為がどのような条件で法的に許容されるかについては、次の意見が傾聴に値する。すなわち、本件のような腹腔鏡手術を行うために、医療界において、通常助手として一定数の手術に立ち会った経験が必要であり、はじめて執刀を行う場合には当該術法の経験者を指導医としておかなければならず、多量の出血に備えて一定量の輸血を用意しておくという前提（人的・物的な設備・環境の水準）が同レベルの病院などで一般的に要求されているのであって、それを満たしていない場合には、「業務上の過失」が認められる[33]。

---

[30] 小松秀樹・梅谷薫「HEALTH 医者だからこそ聞ける名医の極意 (10) 前立腺肥大と慈恵医大青戸病院事件」Will 22 巻 238 頁 (2006)、米田泰邦「刑事法学の動き小松秀樹『慈恵医大青戸病院事件——医療の構造と実践的論理』、同『医療崩壊——「立ち去りサボタージュ」とは何か』」法時 79 巻 4 号 108 頁 (2007)、田邉昇「外科医が知っておきたい法律の知識　無謀 (recklessness) な医療は刑事罰の対象になるのか　青戸と大野の間を考える（解説）」外科治療 100 巻 2 号 203 頁以下 (2009)、佐藤智晶＝樋口範雄「先駆的な医療行為を提供する際の留意点」畔柳達雄ほか編・医療の法律相談 240 頁以下 (有斐閣、2008 年)、岩田太「医療事故と刑事責任」畔柳ほか編・同上書 307-308 頁。

[31] 岩田・同上 307 頁以下は、本件では、被告人等はマニュアルをみながら手術を行っており、他院から同術式の経験外科医を呼び寄せて指導医として立ち会わせておらず、本病院内で事前に倫理委員会の審査を受けていなかった、といった状況があることから、刑事責任を認めた判決の結論は妥当であると評している。

[32] 佐藤＝樋口・前掲注 (30) 240 頁以下。

[33] 同上。

第3項　研修医

　日本で戦後発足した実地修練制度（インターン制度）は、大学卒業後、1年間の実地研修をした後に医師国家試験の受験資格を得られるというものであった。同制度では、研修の期間中は学生でも医師でもなく、不安定な身分での診療を余儀なくされた。1968年に医師法の一部が改正されて実地修練制度は廃止され、臨床研修制度が創設された（旧臨床研修制度と呼ばれる）。旧制度では、医師国家試験に合格して医師免許を取得した後、2年以上大学付属病院又は厚生大臣の指定した病院において臨床研修を行うよう努力する義務であった。2004年に医師法が再度改正されたことに伴い、臨床研修は必修化された（新臨床研修制度と呼ばれる）。新制度では、2年以上の臨床研修を受けなければならないことになった。研修医は大学医学部を卒業して医師国家試験に合格したばかりなので、独立して治療をすることはできず、臨床研修期間中、指導医の適切な指導の下に医療行為に従事することが要求されている。臨床研修制度の実行とともに、研修医が医療過誤で起訴されそして有罪とされた事例が出た[34]。

　研修医の能力の低さが常に問題となるわけではない。義務付けられた行為が、研修医の能力を超えていないと認められる場合には、能力が劣っていることがそもそも問題にならないからである。研修医に関する刑事事件は、ほとんどそのようなものである。

　例えば、採血用電気吸引器の操作を行った看護師が操作をミスして患者を死亡させたことについて、同看護師の操作を監督すべき研修医に、操作ミスを看過した過失があるとして起訴された事案について、千葉地判昭和47・9・18刑月4巻9号1539頁は、「医師の免許を取得し現に患者を診察し、治療行為を行なっている以上、医学の全般に通じることはとも角、自己が実際に行なっている方法について知識・能力をもつこと、生命に直接危険を及ぼす可能性のある行為、方法については自己がこれまでに蓄積してきた知識を活用し、さらに必要な補充を加えつつ検討することは十分可能なはずである」と

---

[34] 飯田英男「研修医の医療過誤」判タ618号24頁（1986）参照。

した後、本件では「電気吸引器の機能、操作方法に習熟する」法的義務があったとまではいう必要はないが、「被告人は、少なくともその構造の大要、採血の手順、留意すべき諸点を把握して採血に過誤なきをはかるべきであつた。」として、研修医の過失責任を肯定している。

研修医による誤診胎盤摘出事件に対する福岡簡略式昭和61・3・24判タ678号56頁[35]では、妊娠中の子宮状態と産後の子宮の複合不全状態との違いを見分けることが十分に可能であったのに、十分な問診を怠って、前者を後者と誤診したことに過失が認められた。

麻酔器の酸素ガスの調節つまみを取り間違え（富山地高岡支判昭61・2・3[36]）[37]、あるいは薬剤を使用する前に同薬剤の容器に明記されている薬剤の効能と使用上の注意を看過し、脊髄造影検査に禁忌とされていた薬剤を脊髄造影剤と誤信し患者の脊髄に注入し、死亡に至らせたことで（鹿児島地判平成1・10・6判タ770号75頁、甲府地判平成6・6・3判タ1035号37頁）、研修医が有罪とされた事例もある。

輸血を行う際、診療記録により、同人の血液型を確認するなどして、不適合輸血による事故の発生を未然に防止すべき義務上の注意義務を怠った事件（新潟簡略式平成18・8・31[38]）、あるいは手術後集中治療室（ICU）に収容されていた患者の容態を観察するような基本的な義務履行を怠った事件（広島地判平成15・3・12判タ1150号302頁）では、研修医であっても責任は免れない。

新しい動向として、個人的能力を超えた治療を担当した研修医がどのような注意義務を果たすべきかについて、さいたま地判平成18・10・6[39]で本格的な議論が行われている。

---

[35] 飯田＝山口・医療過誤369頁。
[36] 同上、319頁。
[37] 飯田英男「刑事医療過誤訴訟の最近の動向」警論34巻12号6頁（1981）は、本件は、取り違えのような特段の技術・経験を要しない単純ミスによるものであると解している。加藤久雄「判評」別冊ジュリスト102医療過誤判例百選［第1版］155頁（1989）は、麻酔担当医としてその最も大切な任務は、術前、術中および術後を通じて危険にさらされる患者の生命の安全を守ることにあり、その義務を果たさなかったことが過失であるとしている。いずれにせよ、本件は基本的な注意義務違反により惹起されたものである。
[38] 飯田・Ⅲ147頁。
[39] 飯田・Ⅲ91頁。

第2節　医療の前提条件の欠如　　27

　本件の事実は以下のようなものである。消化器官グループに所属する専門
研修医である被告人は、上級医師に相談せず、担当看護師から指摘があった
にもかかわらず、チーフ医師が策定した抗癌剤の投与計画を変更して、独断
で抗癌剤を集中的に投与したため、患者を全身機能不全で死亡させた。被告
人は、医師経験4年半足らずで、抗癌剤による治療経験も十数例にすぎない
ものであった。

　被告人研修医の過失について、判決は、「被告人は、抗がん剤治療について
の専門的学識の点からも臨床経験の点からも、上級医師の承諾を得ることな
く抗がん剤の投与計画を変更できるような能力はなかった」とした後、「被告
人は、……その安全を確認することも、上級医師に相談や報告をすることも
なく、全く自らの独断で、休薬期間を……大幅に短縮する決定を行い、……
被害者に激烈な副作用を生じさせるとともに、上級医師らによる指導ないし
介入の機会も奪って、取り返しの付かない結果を生じさせたものである。し
たがって、被告人の過失は、誠に重大である」としている。そして、本病院
での指導体制の不備に関する指摘に対して、裁判所は、指導体制の不備に指
摘すべき点があると認めながら、「被告人が、上級医師には全く相談や報告を
することなく、看護師からの確認も無視して、休薬期間の短縮を強行したと
いう、その独善的で頑な姿勢に照らすと、本件医療事故の責任をこれら医療
関係者に転嫁することは相当でないというべきである」として、研修医を有
罪とする判決を下した。

　医療過誤の原因として、医療従事者に対する職能向上のための教育の不足
や研修医に対する不十分な研修体制がよく指摘されており[40]、最近ではシス
テムの管理者の刑事責任を問う動きが出てきているが、当該治療ないしケア
を直接担当する研修医の独自の刑事責任を追及する潮流は未だ存在してい
る。研修医とシステムの管理者の両方が業務上過失致死につき有罪とされた
最近の事例がある。例えば、広島地判平成15・3・12判タ1150号302頁が参
考になる。ICUに収容された患者を観察する義務に違反した研修医が業務上
過失致死罪で有罪となった。そして、被害者のベッドサイドに未熟な臨床研

---

[40] 黒川清「頻発する医療事故の問題点を探る」日医雑誌124巻6号855頁以下（2000）参
　　照。

28　第1章　日本法上の対応

修医しかいなかったという ICU 管理体制の不備も本件事故の一因になったと認められ、それゆえ、別途 ICU 管理の責任者である麻酔科部長も略式命令により罰金刑を科された。本件では、研修医と麻酔科部長の両方の刑事責任が問われたことが新しい動向として注目されている[41]。

第2款　人的・物的条件の欠如

　医療の質に関しては基本的な要求があり、そのような基本的な要求を満たすために必要な人的・物的設備が欠如して、それによって患者を死傷させた場合には、刑事責任が問われる。このような場合には治療の危険が許された程度を超えたという点で、治療者として基本的な知識・技術が欠如した事例と本質的に同様である。

　例えば、頸部硬膜外注射後の局部麻酔ショックが発生したときに適切な救命措置をとらなかったため患者を死亡させた事件に対する、大阪高判昭和58・2・22 刑月 15 巻 1 = 2 号 95 頁は、事前に介助の看護師に対し局所麻酔剤反応の発現可能性およびその対処方法を教示する義務、発現した場合に直ちに救急蘇生措置をとりうる用意を整えておく義務、および患者がショック状態に陥った直後に看護師に適切に指示し協力して救急蘇生措置を講ずる義務の存在と、これらの義務の懈怠に関する原審裁判所の判断を是認している[42]。本判決は、頸部硬膜外注射によって生じた異常反応に対してとられた救急蘇生措置が不適切であったという点だけを捉えて過失を認めるのではなく、事前にその人的・物的準備を充分にさせていなかった過失をも重視している[43]。その準備の不十分さが許されない理由については、頸部硬膜外注射後の異常反応が発生する可能性があり、発生したときの有効な対応として救急蘇生措置を迅速にとるべきであることは、「昭和 44 年の本件当時麻酔に従事する医師間においては周知の事柄に属する」以上、医師である被告人により予測で

---

[41] 甲斐克則・医療事故と刑法 56 頁（成文堂、2012 年）、松宮孝明「診断行為と過失」中山研一＝甲斐克則編著・医療事故の刑事判例 60 頁（成文堂、2012 年）。

[42] 最判昭和 60・9・30 判タ 678 号 67 頁は上告を棄却した。

[43] 町野朔「判評」別冊ジュリ 140 医療過誤判例百選［第 2 版］85 頁（1996）参照。

きたはずであるとされている[44]。

　新しい判決として、外科医が不十分な人員態勢で肝切除術を開始したため、術中の手技のミスなどにより生じた大出血に対処できず、被害者を出血死させた事件に対する、奈良地判平成24・6・22[45]がある。

　判決理由の中で、被告人は、肝臓切除手術には執刀医と麻酔医の両方とも立ち会いすることが要求されていることを知っていたはずなのに、看護師に対し本件手術が簡単な手術なので輸血が必要ない旨述べ、外部専門医を招聘する必要性も否定し、事前カンファレンスも実施しなかったような態勢で、手術が安全に実施できるものと軽信し手術を開始した過失行為があったと認められ、業務上過失致死罪で有罪とされている。

　判例の発展の新動向として注目に値するのは、地理的・社会的・経済的要因に伴う、地域間格差および医療機関間の医療格差を是正するための転送怠慢による医療事件は、従来は民事事件として処理されていた[46]が、近時刑事事件も出た。名古屋地判平成19・2・27判タ1296号308頁である。

　本件の事実は以下のようなものである。産婦人科医師である被告人は、産婦を高次の医療機関に転送したことに遅れがあったため、死亡させた。転送の怠慢について、裁判所は、「被告人は、Aが出血性ショック状態に陥っていることを認識していたところ、午後6時8分ころからの診察によっても出血原因は分からない状態であり、甲野産婦人科眼科には、このようなAのショック状態に対応して、その全身状態を管理しつつ出血原因を特定して止血するための十分な人的・物的能力が整っていないことを被告人は認識していたのであるから、……Aの救命のために、速やかにショック状態への対応が可能な高次医療機関へAを転送する決断をすることができる状況にあったと認められる。」と判示した。しかし、本件では、「仮に被告人が午後6時16分の時点でAを高次医療機関に転送する手続をしていたとしても、花子

---

[44] 米田泰邦「判評」別冊ジュリ102医療過誤判例百選181頁（1989）は、本件当時の1969年の医療水準を考慮するなら、有罪となったことはかなり問題であったと指摘している。また、中空壽雅「判評」別冊ジュリ183医事法判例百選159頁（2006）も、本判決の要求する蘇生措置が本件当時の状況上あまりにも過大な要求ではなかったかも1つの問題であるとの批判的な意見を提出している。
[45] TKC法律情報データベース文献番号25482111。

30   第1章 日本法上の対応

を確実に救命できたと認めるには合理的な疑いが残る」ので、午後6時16分
の時点でAを高次医療機関へ転送すべき刑法上の注意義務があったとは認
められないとされている。転送義務の有無が問題となる時点について、判決
理由の中で、「患者が危険な状態に陥ったこと」と「その対応に必要な人的・
物的能力が欠けていること」を被告人が認識した時点が提示されている。

　このような転送義務は、無限に要求されるわけではなく、患者にとって転
送することが負担となるときには、義務付け得ないこともありうる[47]。また、
例えば、列車転覆の際、医学生が唯一の医療の心得ある者として転送せず応
急の手当をしたが、完全な処置を成し得ず負傷者を死亡させた場合などは、
具体的行為の有用性・必要性を考量して許される場合がある[48]。

　なお、医療の人的配置としては、夜間に十分な数と質の人的配置をするこ
とは現実的に困難なことが多いため、夜間医療体制がしばしば問題となる。
日本では、休日、夜間医療体制の問題と医師の注意義務の関係が刑事裁判で
議論されることは珍しい。東京地八王子支判昭和47・5・22刑月4巻5号
1029頁はこの点について触れている。

---

[46]最高裁民事判例における転送義務に関する議論を簡潔に紹介してみることにしたい。ま
　ず、未熟児網膜症事件に対する最判平成7・6・9民集49巻6号1499頁は、医療水準を
　決定するとき「当該医療機関の性格、所在地域の医療環境の特性等の諸般の事情を考慮
　すべきであ」るという相対的医療水準論を採用する上で、転送義務の役割が個々の医療
　施設の間に客観的に存在する格差を是正することにあると認めている。また、最判平成
　9・2・25民集51巻2号502頁は、開業医が重大な疾患の可能性に接した場合の高度医療
　機関への転送義務を認め、多種薬剤の長期間の継続的投与において発疹を認めたならば、
　自院又は他の診療機関で必要な検査、治療を速やかにうけることができるように相応の
　配慮をすべき義務があると判示している。最判平成15・11・11民集57巻10号1466頁
　は、一般開業医の転送義務の要件を示したことで有名である。転送義務の要件として、
　何らかの重大な病気にかかっていることと、自らそのような病気に対応する適切な治療
　を行えないことに対する認識可能性を要求され、そのうえ、転送による結果回避の相当
　程度の可能性を必要と判示されている。転送義務を科す範囲を制限したことで貴重な判
　決と思われる、最判平成19・4・3判時1969号57頁は、精神科病院に入院中の患者が消
　化管出血による吐血等の際に吐物を誤嚥して窒息死した場合において、患者が発熱等の
　症状を呈していただけで、その意識レベルを含む全身状態等について判断することなく、
　この時点で患者がショックに陥り自ら気道を確保することができない状態にあったとし
　て、医師に転送義務または気管確保義務に違反した過失があるとした原審の判断は経験
　則に反するとしている。
[47]林幹人「エイズと過失犯」判時1775号18頁（2002）。

第 2 節　医療の前提条件の欠如　　31

　本件の事実は以下のようなものである。産婦人科外科医院を開業している
医師である被告人は、患者に帝王切開手術を行った後、術後経過の観察等を
夜間勤務する無資格の看護師 A および B に任せ、同看護師らから報告を受
けただけであり、その結果、術後ショックが適時に発見されなかったため患
者が死亡した。

　看護師、準看護師の資格を有しない者が当直任務を担当した点について、
判決は、「被告人医院はいわゆる診療所であつて、無資格の看護婦（今は「看護
婦」とは言わないが、引用文は変えずにそのままで使った—筆者注）のみが当直看護を
担当したとしても、それは望ましい姿でないが法令上の違反があるとはいえ
ず、また……A は昭和三一年一〇月から被告人医院に見習い看護婦として勤
務し、宿直勤務の経験は七年に及び、血圧、検温、検脈および静脈注射等を
被告人より教わり、帝王切開手術患者の看護に経験も多く、被告人に命ぜら
れて患者の容態を観察する能力においては看護婦、準看護婦のそれにさして
欠けるものがあつたとは認められず、また、被告人は、右 A 等の当直室から
一〇メートルの距離にある同棟の居室に当直を兼ねて居住しているわけで、
右 A らから患者の容態の推移の報告も受けやすくその病状の急変に即応で
きる体制をそなえているわけで、当直態様に過失ありとは認め難い」と判示
している[49]。

[48] この例は、最初、佐伯千仭・刑法講義総論 264 頁（有斐閣、1968 年）に紹介され、その
　後、前田雅英「許された危険」中山ほか編・現代刑法講座［第 3 巻］45 頁（成文堂、1982
　年）、内藤謙「許された危険」法教 53 号 51 頁以下（1985）等に引用された。内田・前掲
　注（16）299 頁も同様の意見を述べている。すなわち、「未熟な医師は、始めから危険な
　手術を行なうべきではないから、やはり『不注意』ということになろう。だがしかし、
　この場合の手術が熟練した医師の到着を待つ余裕のない段階で患者の生命を救うための
　唯一の手段と考えられるときには、『例外的に許された危険』として、違法阻却の機能を
　果たしうるのである」と論じている。より詳細な議論については、内田文昭「『許された
　危険』法理の反省」研修 525 号 9 頁以下、特に 11 頁（1992）参照。
[49] 学説においては、本判決で夜間勤務を無資格の看護師にやらせたことに過失がないとさ
　れたのは、被告人と見習看護師との間には実質的信頼関係があったからであるという意
　見がある。この意見について、甲斐・前掲注（41）230 頁以下、甲斐克則「管理・監督上
　の過失」中山＝甲斐編著・前掲注（41）262 頁以下、特に 264 頁参照。

第3節　診療中の怠慢

　一定の知識と技術を持っているが、診療を行っている時に結果を避けるための措置を適切に講じていない医者は、結果の発生を予見し得ると認められる場合に限り、刑事責任が問われ得る。診療中の怠慢が問題となる事件では、予見可能性要件の充足がもっとも議論されている。

　新過失犯論と旧過失犯論は、学説によって過失の構造は異なるが、事故の発生状況に照らして過失の有無を判断する際に、結果発生の具体的予見可能性を要求する点では一致している。

　1960年代後半から大規模ビルなどの火災事件や公害事件において管理者の監督・管理過失責任が追及されていたという背景下で、過失犯の処罰範囲を拡大する動きが始まった。理論上、新・新過失論（危惧感説とも呼ばれる）が提出された。新・新過失論は、過失の構造（過失を違法要素として解釈し結果回避義務違反を中心に据える考え方）において新過失論と共通しているが、結果発生の具体的予見可能性を要求しないという点で新過失論と異なる。新・新過失論の代表的論者である藤木は、結果予見可能性は具体的なものでなくともよく、「あらかじめある種の結果防止措置をとる場合においてはその発生を有効に防止できるという場合には、現に危険発生の危惧があるかぎり」、その防止措置をとる注意義務を命ずるのが合理的であり、どの程度の負担を行為者に負わせるかが予見可能性の程度に応じて決められる、と主張している[50]。つまり、新・新過失論においては、注意義務を命ずる前提として抽象的な危惧感だけでよく、注意義務とは、その危惧感を打ち消すに足るだけの措置をとる義務であるとされる。

　他方、具体的予見可能性説の内部では、直接結果の予見可能性を吟味することが困難な場合に、それを認識すれば一般人ならば結果を予見し得るだけの中間項を設定し、中間項の予見可能性があれば最終結果の予見可能性が認められるという「中間項理論」が提出された[51]。しかし、この理論は、「抽象

---

[50] 藤木・前掲注（15）196頁。

化の程度の高い中間項をどこまで設定し得るか不明確であり、事実的基盤から遊離すぎる懸念がある」という批判を避け難い[52]。

　医療の領域においては、薬害事犯や公害事犯が多発したことで科学技術に対する不信感が生じ、加害者の責任を追及する要請が高まった[53]。また、医療担当者は、患者に対する保護者の立場にあるのであるから、十分な結果発生防止義務が要求されてしかるべきであるという社会的要請が形成され始めた[54]。

　以下において、診療自体に関する義務履行の懈怠と診療の付随的行為に関する単純ミスにわけて検討する。

第1款　診療自体に関する義務履行の怠慢

第1項　基本的な診療義務

　診療上の処置の多くは経験則に基づくものであり、経験則には、その専門領域に属する一般医師でなければわからないような専門的経験則から素人でも分かる常識的な経験則まである[55]。そして、診療過程で、あるいは医学知

---

[51] 旧過失論の支持者の中では前田雅英が中間項理論を主張している（前田・前掲注(19) 221、223頁以下と、前田雅英「火災の予見可能性と中間項」研修633号3頁以下(2001)参照）。新過失論の支持者の中では西原春夫が同様の意見を提出している（西原春夫「過失犯の構造」中山研一ほか編・現代刑法講座［第3巻］18頁以下（成文堂、1982年）参照）。

[52] 甲斐克則「判評」別冊附録法教258号［判例セレクト'01］27頁(2002)参照。

[53] 家令和典「判解」平成20年度最高裁判所判例解説刑事篇48頁（法曹会、2012年）は以下の内容を掲載している。すなわち、日本では、昭和50年代後半から60年代にかけて、非加熱製剤の投与を受けた血友病患者等がHIVに感染し、多数の者がエイズを発症して死亡する惨事となったが、因果関係立証が困難であったこと等から、刑事事件として起訴の対象となった事件の被害者は2名にとどまった。このうちの1名は、血友病患者であり、昭和60年5月から6月にかけて、帝京大学病院において、血友病治療のため外国由来の非加熱第Ⅷ因子製剤を投与されてHIVに感染し、その後エイズを発症し、平成3年12月に死亡している。もう1名は、昭和61年4月、大阪医大病院において、肝機能障害に伴う食道静脈瘤の硬化手術を受けた際に、止血剤として外国由来の非加熱第Ⅸ因子製剤を投与されてHIVに感染し、その後エイズを発症し、平成7年2月に死亡している。

[54] 前田雅英「国民の安全を守る義務と許された危険」研修615号9頁(1999)。

34　第1章　日本法上の対応

識・能力を運用する過程で医師として多くの技術的事項も遵守しなければならない[56]。素人でもわかる常識的な経験則はもちろん、同じ専門領域に属する一般医師なら当然遵守した専門的経験則または技術的事項に従って診療を行う義務は基本的な義務である。

　前に紹介したように、戦前の裁判例の中では、医師としての基本的な義務履行の懈怠が問題となったので、普通の医師ならどのような行動をとっただろうかという問題、つまり、医療上の注意基準自体が確認されず、過失が認められたものがすでに存在していた。

　戦後、この種類の医療過誤刑事事件も多数出ている。典型的な例は、基本的な検査の怠慢や処置手順の手抜きによる医療事故である。例えば、医師としてすべき問診[57]を適切にしなかったことで処罰された例として、アレルギー既往歴のある患者に禁忌薬剤を投与した過失（宮古簡判平成1・11・1[58]、田川簡略式平成17・2・8[59]）、身体状況を十分把握するための問診を行わず患者が以前より痩身となっていることに気付かず鍼を左上肺部まで挿入して左肺気胸の傷害を負わせた過失（水戸簡略式平成15・7・31[60]）、ペニシリンを投与する前にアレルギー体質かどうかを調べる検査を怠った過失（名瀬簡略式昭和59・1・6[61]）がある。上記の判決では、特異体質等の危険の基礎となる事実の有無を確かめるという基本的な義務履行を怠ったので危険を認識しなかったことを過失として非難することができると認められている。

　また、全身麻酔がかけられた患者の術後管理に責任を負う歯科医として、麻酔から覚めたかどうかを確認し、覚めるまで監視し、異状の発見がおくれないよう観察し、異状に対処できる準備を具えるべき義務があり（東京地判昭和47・5・2刑月4巻5号963頁）、扁桃腺手術を受けた少女が手術創からの多量

---

[55] 塩谷國昭、山下洋一郎、鈴木利廣編集・専門訴訟大系〈1〉医療訴訟（第1巻）155頁（青林書院、2007年）。
[56] 藤木・前掲注（15）218頁。
[57] 野田寛「医師の問診義務」判タ344号40頁（1977）参照。
[58] 飯田＝山口・医療過誤162頁。
[59] 飯田・Ⅲ150頁。
[60] 飯田・Ⅱ359頁。
[61] 飯田＝山口・医療過誤161頁。

出血により吐血をくり返し、顔面蒼白、手足が冷たいなどを知らせた医師として、手術後の後出血の有無、量並びに患者のその後の症状経過などについて細心の注意を払い、その容態によっては、緊急措置を講じ、失血死を未然に防止すべき注意義務があり（京都地判昭和49・12・10判タ319号306頁）、虫垂切除手術を受けた患者に、腹膜炎の発症で顕著な腹膜刺激症状が現れ、かつ切開創傷からは便臭のある滲出液が相当量出ていた場合に医師として患者の容体を慎重に観察し、その変化に応じて適切な治療措置を講ずべき義務があり（浦和地判昭和51・3・2)[62]、そのような義務を怠ったことを過失犯として非難することができる。

　以上に列挙した事案では、行為当時の外的な状況を認識している以上、危険を未然に防止し、あるいは回避する措置が、一般的な医学知見または日常診療経験から特定され得て、言い換えれば、一般的な医学知見または日常診療経験を持つ医師なら誰にも期待されうるのに、行為者が漫然対応したことに刑事過失が認められている。学説において、大谷實は診療過程での危険回避について、「回避行為の客観化」を提案している。大谷によれば、「回避行為は臨床上の経験と医学によって客観化され、かつ特定されている場合が多い。それに従わないで事故を起こした以上、過失責任が追及されることに争いはない。逆に、客観化された回避手段を駆使したにもかかわらず事故が発生しても注意義務に反していないことは無論である。回避行為が客観化されている場合に『診療環境の如何』によって、特異体質等の危険の基礎となる事実を予見できなかったからといって、回避義務が免除されるわけでなく、したがって予見義務そのものが否定されるわけではない。」[63]確かに、医師としての本務怠慢のような、通常の医師の目からみて理解できないほど重大な医療怠慢が問題となる場合は、「回避行為の客観化」という考え方が採用されても結論において、不当な判断がなされないであろう。しかし、許された危険の判断について比較的高度な規範的評価が必要である場合には、「回避行為の客観化」だけをいうと、事件ごとの個別的判断が行わなくてもよいという誤解を生じさせる恐れがある。

---

[62]飯田＝山口・医療過誤227頁。
[63]大谷實・医療行為［新版］134頁（弘文堂、1990年）。

36　第1章　日本法上の対応

第2項　規範的評価が必要な例

　医師が利用可能な診療手段を尽くさず疾患を適時に発見せず有効な治療を遅らせたため医療事故を生じさせたとして起訴された事件では、初診時の所見から具体的な危険が特定できないときには、的確に診断するための精密な検査を行うことを過失犯として非難することができるかについて、議論が多い。

　危険判断が困難になる場合（まったく未知なる危険を除き）として考えられるのは、第1に、予見の対象とされる危険は一般の予見可能な範囲内であるが、結果発生の頻度または蓋然性が低い場合がある。第2に、所見から疑われうる疾患が単一でなく、かつ、それらの疾患の性質が異なっていて共通の対応策が存在しない場合には、問題がより一層困難となる[64]。前者については、多くの場合[65]、結果発生の確率が低いことから、予見可能性がないという結論

---

[64] 浦川道太郎ほか・医療訴訟306頁（民事法研究会、2010年）以下。

[65] 結果発生の蓋然性が極めて低いので、過失が否定される極端な例もある。例えば、XがAに小高い丘に行くことをすすめたところ、Aがその丘で実際に落雷に遭い死亡したような場合は、Xの行為は殺害の意思（故意）によるときも不注意（過失）によるときも、犯罪は成立しないとされる（内藤謙「過失犯の客観的成立要件」法教98号45頁（1988）参照）。構成要件に該当する行為は一定法益侵害・危険を生じさせる行為でなければならない。上記の設例で、問題となった行動は、危険性が極めて低く実行行為として認められない。医療の領域においては、結果発生の蓋然性が極めて低いので予見可能性を否定した判決として、特異体質者への薬剤投与による薬物ショック致死事件に対する、神戸地裁姫路支判昭和43・9・30下刑集10巻9号948頁がある。判決は、サルソグレラン静脈注射の結果として、患者が薬物ショックにより死亡する確率は「極く微少なもの」であり、「当時のわが国の通常の医師あるいは平均的な医師の持つべき医学上の知識としては、右死亡可能性は認識されて」おらず、特異体質者であるかどうかは、「聴診、打診、触診を綿密に加えても分り得るもの」でないし、「『薬物による異常反応の経験の有無』を患者に詳しく問い正さなかつたとしても、当時のわが国の通常の医師あるいは平均的医師の持つべき知識としては、サルソグレラン静脈注射は……薬物ショックにより急死に至る場合のあり得ることは全く認識されていなかつた」として、無罪判決を言い渡した。また、鎮静剤ザルソナールショック致死事件に対する、京都地裁舞鶴支判昭和49・11・13判タ319号303頁も参考になる。判決は、薬物ショックを惹起する薬剤は多種・多様であって、患者がどの薬剤に敏感に反応するかをあらかじめ確定することは困難であり、しかも薬剤の使用回数に比較すると薬物ショックにより死にいたることは極めて少ないといった状況を考慮して、通常の場合において問診義務が医師に要求されるが、本件では問診を行っても危険を発見できなかったので、無罪判決を言い渡した。

を導くことができない。例えば、1000 分の 1 の確率で弾が出る銃を、今回は大丈夫だろうと思って撃ったところ、弾が発射され、人を殺害した場合には、予見可能性は認められるべきであろう[66]。また、防火設備や避難設備の不備によりホテルに火災を起こらせ、人の死傷を生じさせた場合には、火災の発生の可能性はそれ自体としてはかなり低いと認められるけれども、予見可能性要件の充足が否定できないというべきであろう[67]。後者については、危険を特定するための検査を行っていれば、危険を的確に診断できる場合には、精密な診断義務を怠ったとして、過失が認められる場合もありうるが、初診時の所見だけで危険判断が困難な場合には、医師にとってどのような義務が要求されるかが、慎重に検討されなければならない。以下で、具体的事例をあげて説明してみることにしたい。

1 事例 1

高松地判昭和 51・3・22[68]は、初診時の所見から予見の対象とされる危険を疑うべきであって、そう疑っていれば適切な対応措置を講じるべきであった、という予見義務・予見可能性を基軸とする注意義務の捉え方を採用して、誤診に過失を認めたものである。

本件の事実は以下のようなものである。交通事故で怪我をした 5 歳の男児の治療を引き受けた被告人が、腹部膨隆、嘔吐および腸音昂進などの症状と 3 日前から便秘していたという家族の説明などを総合的に判断して、腸閉塞症（イレウス）だと診断し、高圧浣腸を施したが、その後も依然として重篤な症状を呈していたにもかかわらず、腹腔内臓器の重大な損傷の可能性を考えず、高圧浣腸と点滴などの対症療法に終始した結果、男児は交通事故により惹起された脾臓挫滅に伴う腹腔内出血および小腸穿孔に伴う腹膜炎で死亡し

---

[66] 島田総一郎「薬害エイズ事件判決が過失犯論に投げかけたもの」刑ジャ 3 号 29 頁 (2006) は、結果発生の確率が極めて低く一定程度に達しないから、行為者に何らの責任を負わせない場合もありうるが、しかし、そうした観点から「予見し得ない」と評価される確率はきわめて低いものに限られる、と指摘している。

[67] 佐伯仁志「予見可能性をめぐる諸問題」刑法 34 巻 1 号 113 頁以下 (1995)、井田良「過失犯理論の現状とその評価」研修 686 号 10 頁 (2005)。

[68] 飯田＝山口・医療過誤 335 頁。

38　第1章　日本法上の対応

た。

　判旨は次の通りである。外科医師として当初のイレウスの診断にとらわれることなく、男児の腹部の症状および全身の一般的な症状を把握し、身体各部に存する外傷を注意深く点検観察し、さらに問診により事故が起こった後から発症直前の男児の情況等をも総合して考察すべきである。そうすれば右上腕骨の完全骨折も容易に発見できた。この骨折の点をも合わせて考慮すれば、男児の身体に交通事故等による強力な外力が作用した結果、腹腔内臓器に重大な損傷が発生した可能性を感知し、緊急に開腹する必要があるという強い疑診を抱くことができた。したがって、被告人は緊急に開腹手術を行ない、これにより脾臓挫滅および小腸穿孔とこれにもとづく腹膜炎を適確に診断し、必要な処置を講ずべき業務上の注意義務があった。

　学説において、板倉宏は、「結果発生の危惧感を抹拭するための十分な結果回避措置をとる注意義務（行動基準）がある」という危惧感説の立場から、本件判決は危惧感説によらなければ出すことができなかったものであり、本件判決が「医師の保護者的立場を重視し、社会的な要請をふまえた判決として評価され、その意義は大きい」と積極的な評価をしている[69]。松宮孝明も、危惧感説を採るわけではないが[70]、本件被害者は「国道縁に倒れていた患者を送る」という連絡のもとに転送されてきた患者であり、また骨折や擦過傷も見られ、交通事故による強力な外力の作用が疑われる事案であったことや、腸閉塞の治療として高圧浣腸を行ったにもかかわらず容態の改善が見られなかったこと等が、緊急開腹手術の必要性の認識を可能にする手かがりとされたのであると論じて、判決の結論に賛成している[71]。旧過失論の立場からも、前田雅英は、本件では医療経過から腸閉塞症以外の可能性も考えて、開腹手術を要求することは被告人に酷なようにも思われるが、「国道縁に倒れていた子を送る」との連絡のもとに転送されてきた患者であり、また骨折や擦過傷も見られ、交通事故などによる強力な外的力が作用したと考えて、緊急に開腹する必要性を認識し得たとも言えるとして、判決の結論に賛成してい

---

[69] 板倉宏「医療過誤・薬害と刑事責任」ひとば37巻2号34頁（1984）。
[70] 松宮孝明・刑事過失論の研究238頁以下（成文堂、2005年）。
[71] 松宮・前掲注（41）56頁。

第3節　診療中の怠慢　39

る[72]。このように、本判決を評釈した法学者は理由付けは異なっていても、予見可能性を肯定した判決の結論には賛成している。

2　事例2

所見から予見の対象とされるべき病気へと連想されにくい場合には、確定診断を行うための精密な検査を行う義務を命じると、行為者に過大な負担が課されるかが、杏林大割り箸事件の裁判では主な争点となった。

本件の事実は以下のようなものである。被告人は大学附属病院において耳鼻咽喉科医師として医療業務に従事していたものであるが、本件当日、病院内救命救急センター第1次・第2次救急当直医師として、救急診察室において当直していた。割り箸をくわえたまま転倒して軟口蓋に受傷し、頻繁に嘔吐を繰り返し、意識レベルが低下し、ぐったりした状態になった患児がセンターに運ばれてきて、被告人が治療を引き受けた。被告人は同患児を診察した際に、割り箸の刺入による頭蓋内損傷の可能性を疑わず、特段の検査をせず、創口に軟膏を塗布するなどしただけで患者を帰宅させた。翌日、同患児は頭蓋内損傷が原因で死亡した。

第1審の東京地判平成18・3・28[73]の内容は次の通りである。

被告人にとっては診察開始時における所見から確定的に頭蓋内損傷を疑うことは困難であるとしても、頭蓋内損傷が生じている可能性を想起できたと認められる。その可能性は決して高いとは言えないとしても、その病態のもつ危険性の高さに鑑みれば、その可能性の除外につながる情報について、医師の側から積極的に、患児と母に対し、問診すべきであった。

耳鼻咽喉科医師に対して、中枢神経障害が疑われる患者について、自らの判断で頭部のCT検査を実施するべき注意義務を課すことはできないとしても、脳内の異変という専門外の病態を想定した場合には脳神経外科医師に相談して意見を聞くべき注意義務がある。脳神経外科医師の立場からすれば、本件はCT検査を実施するべき事案にあたると言えることに鑑みると、患児の初期診察にあたった耳鼻咽喉科医師が、脳神経外科医師に相談して意見を聞くなど上記注意義務を果たせば、脳神経外科医師において頭部CT検査を実施することになったものと考えられる。

---

[72] 前田雅英「判評」別冊ジュリ140医療過誤判例百選［第2版］39頁（1996）。
[73] 新日本法規文献番号2006WLJPCA03280006。

40　第1章　日本法上の対応

　被告人は、日ごろ生死に直面した患者を扱うことが殆どない耳鼻咽喉科の専門医であり、臨床経験3年程度のまだ駆け出しの部類の医師であったため、教科書的な処置の範疇から抜け出せず、他科の領域に属する病態を想起するには至らなかった。被告人が他科の専門医に相談しようと思わなかったのが、他科との垣根の高さが背景にあるとするならば、これが解消されなければならないことは論を俟たない。本件では、診療科目の豊富さだけでなく、他科との連携により相乗的な専門的医療行為を享受できるところに総合病院の存在意義があり、本件大学病院は、日本屈指の人的・物的設備を誇る総合病院としてその要請は高いものがある。

控訴審の東京高判平成20・11・20判タ1304号304頁の内容は、次の通りである。

　当時、口腔内損傷に対する診察・治療に関しては、その診療指針や診療標準は確立しておらず、……一般的には、せいぜい、外傷の原因となった異物の残存の可能性を念頭に置きつつ、傷の深さ、方向等を確認するべきであると考えられていた程度であった。

　軟口蓋に刺入した異物が頭蓋内に至る主な可能性としては、〔1〕本件と同様に頸静脈孔を通って頭蓋内に刺入する道筋と、〔2〕頭蓋底を穿破して刺入する道筋があり得るが、〔1〕の道筋は、本件をきっかけとしてそのようなものがあり得るということが認識されたものであって、診察・治療当時においては、そのような事例はなく、そのような可能性があることさえ知られていなかった。また、〔2〕の道筋についてみると、頭蓋底は脳幹を保護するため、比較的骨の厚い部分が多いことなどから、割りばしのような異物が頭蓋底を穿破することはないだろうと考えられていた。文献上も、頭蓋底を穿破した事例の報告は見当たらず、わずかに、頭蓋の下の斜台と頸椎の境目から塗りばしが刺入した事例が「小児頭部外傷」という書物に掲載されてはいるものの、当該書物は耳鼻咽喉科の医師が一般に見るものではなかった。

　加えて、割りばしが頸静脈孔に嵌入したときの出血あるいは頭蓋底を穿破したときの髄液漏等の兆候はなかった。本件は、特異な例である。

　以上のような事情を総合すると、当時の医療水準に照らし、本件の受傷機転および創傷の部位からは、第1次・第2次救急外来の当直を担当していた耳鼻咽喉科の医師において、割りばしの刺入による頭蓋内損傷の蓋然性を想定するのは極めて困難であったと考えられる。

　被告人の診察・治療時、患児の意識は明瞭でなく、数回のおう吐も見られたが、高度の意識障害はない上、おう吐の状況も明らかに異常であるとはいえず……、それぞれ、頭蓋内損傷以外の理由によるものと考えておかしいとはいい難い状況であったと考えられる。

　以上からすれば、被告人において、割りばしの刺入による頭蓋内損傷の蓋然性を想定

して、その点を意識した問診をするべき義務があるとはいい難い。

　さらに、当時の医療水準に照らした場合、被告人に対し、第1次・第2次救急の耳鼻咽喉科の当直医として患児を初めて診察した段階で、直ちに頭蓋内損傷を疑ってCT検査やMRI検査をするべき注意義務がある、とするのは困難である。

　まず、両判決を比較して被告人の過失判断に適用される基準とそれによって決められる注意内容を検討したい。

　東京地裁は予見可能性の判断について、割り箸の刺入による頭蓋内損傷が、第1次・第2次救急外来の当直を担当していた耳鼻咽喉科の医師において具体的に予見可能なものであったかということを問題とせず、初診時の所見から、被告人にとっても危惧感程度の疑問の存在が否定し難かったので、的確に診断するための問診や脳神経外科医師への相談等をさらに要求している。

　それと異なり、東京高裁は第1次・第2次救急外来の当直を担当していた耳鼻咽喉科の医師に期待されうる知的能力に限定して議論を展開している。すなわち、被告人と同じ地位・専門・資質に置かれた医師を基準に、本件事案と同じ事例が報告されておらず、また、小児頭部外傷という書物に掲載されている類似した事例が耳鼻咽喉科の医師の研鑽範囲に属するものではなく、さらに、頭蓋内損傷が生じたことを示す兆候もなかったことから、頭蓋内損傷の蓋然性を想定するのが困難であり、第1次・第2次救急の耳鼻咽喉科の当直医として患児を初めて診察した段階では、CT検査やMRI検査を行う義務はなかった、と判断している。

　本件の判例評釈では、原審判決に対して、僅かな情報のみを基礎として初診段階における所見から直ちに頭蓋内損傷を疑うべきだと判断したというような判断過程を分析するとき、裁判所は実際のところ「何らかの異常」を疑って精密な検査をなすべきであったと認定しているのであって、危惧感説の判断スキームを採用し、注意義務の範囲を広く捉えてしまった、という批判的な意見がある[74]。

　危惧感説は、事故防止のためにどの程度の負担を行為者に課すのが妥当かを個別的に特定し、危険の予見可能性の「程度」に見合う結果回避の対処を

---

[74]根本晋一「判評」横国15巻1号113頁（2006）。

42 第1章 日本法上の対応

要求することに最大の特徴があるものである[75]。つまり、危惧感説は、予見可能性が抽象的一般的なものであっても、特定的具体的な結果回避義務を根拠付けるに足りるとするものではなく、一般人の抱える不安感を払拭するに足りるだけの結果回避措置をとる負担を行為者に負わせるというものである。第1審判決は、専門外の治療をする被告人にとって診察開始時における所見は的確に危険を連想するに足りるものではなかったが、危険を確かめるための問診や脳神経外科医師への照会を動機付けるには足りるものであったと認められるので、問診や脳神経外科医師への照会を内容とする注意義務が被告人にある、という旨を示した判決である。第1審判決では、最初の所見時における抽象的で一般的な予見可能性は、直ちに頭蓋内損傷を疑ってCT検査やMRI検査をするべき注意義務に結び付けられることなく、単に問診や脳神経外科医師への照会に結び付けられている。そして、第1審判決は本件医療環境に置かれた被告人においては脳神経外科医師への照会が現実的で比較的容易に実現可能であったことを特に強調している。

　過失の判断基準については、第1審判決のように、「あるべき医師」[76]、本件だと脳神経外科医を基準にするか、それとも控訴審判決のように、過失が問われている当該医師と同じ立場におかれた一般医師を基準にするか、という問題が存在する[77]。第1審の基準設定は、一瞥しただけだと、注意義務のハードルを高く設定するものではないかとの疑問が生じるかもしれないが、決してそうではない。施術の能力が限られた開業医師に、自ら理想的な医療を提

---

[75] 三井誠「予見可能性」藤木・前掲注（25）137頁以下参照。

[76] 塩谷ほか編集・前掲注（55）18頁以下は、医療過誤の判断基準たる「一般医師」とは、研鑽義務を前提とした「あるべき医師」であり、現実に存在する医師の中での「平均的医師」を指すものではない、と述べている。研鑽義務とは、自分の現に持っている知識と技術を超えた治療を安全に遂行するために必要な知識と技術を身につけるよう文献等を勉強したり有能な医師に相談したりする義務を意味する。その意味では、専門外の対応が必要となったことに気付いた当該医師に要求される、専門医に助言または手伝いを求める義務も、研鑽義務の範疇に含まれると理解してよいであろう。

[77] 控訴審判決を被告人と同じ専門領域に属する通常の医師に期待されうる能力を基準に予見可能性をより限定的に判断するとともに、注意の内容も比較的狭い範囲で要求する旨を示したものであるとして、評価する評釈として、加藤摩耶「判評」医事法25号138頁（2010）、萩原由美恵「医療過誤訴訟における医療水準」中央学院22巻1号46-47頁（2009）参照。

供する義務ではなく、患者を高次の医療機関に転送する義務を課すとき、それが過大な負担だと思う人はいないであろう。同じく第1審判決は、「あるべき医師」を基準に理想的な医療を確保しようとしているが、被告人に自ら同医療を提供する義務を課すのではなく、自らの対処が足りないのではないかという疑問を抱いたとき、容易で可能な限り、「あるべき医師」に照会する義務を課しているのである[78]。このような要求は、確かに当該医師の注意義務を重くする方向に働いているが、必ずしも過大な負担を医師に負わせるということになるわけではないと思われる[79]。

　次に、問診ないし照会は危険についての情報の収集を目的とする。未知の危険でなければ、情報収集をしなくても危険の予見が可能である。言い換えれば、情報収集を行為者に命じられるかについての議論は、危険が抽象的なものである場合にのみ意味がある[80]。その意味で抽象的な危険しか疑われていない時点で情報収集を法的義務とすることが行動の自由を不当に狭めさせることにならないかという問題を検討する必要がある[81]。

---

[78] 山崎学「構造的過失―(2)医療過誤」龍岡資晃編・現代裁判法大系［30巻］41頁以下（新日本法規出版、1999年）は、緊急の必要性から、十分な設備が整っていない環境下で、専門外の治療を行ったという限界事例を除き、専門外の治療を引き受けた医師には、専門的な治療の必要性が肯定された場合には、専門医の診察を受けるように勧告し、あるいは設備の整った病院に転送する義務が生じる場合が多い、と指摘している。

[79] 成田真人ほか「時間外救急に来院した小児口蓋部損傷の調査」日本口腔外科学会雑誌52巻1号29頁（2006）の紹介によれば、割りばし事件の報道は、病院の歯科口腔外科臨床の時間外救急における処置や対応に影響を及ぼしていることが推測されており、今日では以前より慎重な診察を行うべきことや、専門的な対応が必要となったときには専門家に転送すべきことが、同類症例への対応策として、医療関係者に薦められている。同文献は、口腔内軟組織損傷患児への当直医の対応について、確かに、「当直時間帯における低年齢児の口腔内外傷に対する診査は困難を伴う。……夜間ではCTやMRIの両像診断が困難で、視診と触診に頼らざるを得ない」が、しかし、「小さな創でも、……致命的な結果を引き起こすことがあ」り、したがって、「受傷原因となったものを可及的に持参してもらい先端の形状や破折、異物の残留と迷入、汚染状況などを確認することが受傷時の状況と創の状態把握に役立つと考えられ」、そして、「……口蓋部外傷なかでも箸など、ある程度の長さを有する異物が軟口蓋部より刺入した場合には、その方向や深さにより頭蓋底損傷の可能性もあるので、頭痛、嘔吐、意識障害を認めた際には、ただちに専門病院への搬送を考えるべきであ」り、病院として「隣の専門の小児科医が夜間常駐している総合病院および救急医療センターとの医療連携を行っている」といった対応策が余儀なく採られるべきである、と提案している。

[80] 山本紘之「過失犯における情報収集義務について」新報112巻9＝10号407頁（2006）。

44　第1章　日本法上の対応

　第1審判決は、「その病態のもつ危険性の高さ」という点を重視し、現れた
徴候から頭蓋内損傷と特定できなかったとき、同徴候から疑われうるほかの
病気を除外するために積極的に患児と母に対し問診すべき業務上の注意義務
および、頭部のCT検査などを実施する必要性があるかどうかについて脳神
経外科医師に相談し意見を訊ねるべき業務上の注意義務がある、と判示して
いる。このように、初診時の所見が頭蓋内損傷に関する確定診断をなすのに
足りない場合にも、疑われた危険の重大さを併せて考えて、危険を確かめる
ための問診ないし照会が義務化されている。

　第1審判決の立場は、控訴審により維持されていない。控訴審判決は、初
診時の所見から、「せいぜい、外傷の原因となった異物の残存の可能性を念頭
に置きつつ、傷の深さ、方向等を確認するべきであると考えられていた程度
であ」り、本件の受傷機転および創傷の部位からは割りばしの刺入による頭
蓋内損傷の蓋然性を想定することは極めて困難であり、頭蓋底を穿破したと
きの髄液漏等の兆候もなかった、といった状況を考慮して、頭蓋内損傷の可
能性を意識した問診をすべき義務が被告人にあることを否定し、第1審判決
を破棄した。

　前文で分析したように、本件での具体的状況を考えて専門医に照会する義
務を命じれば、あるべき医療の質が確保され得るのであるから、もし行為者
に過大な負担が押し付けることにならないのであれば、第1審判決に賛成で
きると思われる。控訴審判決には、照会義務を問題にしていないという点で
疑問がある。予見可能性が要求される実質的な理由は予見が不可能な場合ま
で処罰すると、行為者の予測可能性を害し、行動の自由を過度に制約するこ
とになるためである[82]。しかし、情報収集は常に過大な負担になるわけでは
ないことに注意すべきである。すなわち、因果経過を構成する個々の因子が
生起する可能性が低くても、最終的な結果発生を容易に考え、防止措置を容
易にとることが可能である場合には、結果防止・回避義務を課しても、必ず
しも行動の自由に不当な制約を与える過酷な要求と評価されるわけではな
い。この点について、藤木英雄は、「人の生命、身体に対しなんらかの危害を

---

[81] 同上。
[82] 佐伯・前掲注（67）113頁。

及ぼすのではないかという一般的な不安感をもたれるものであって、安全確保のための特別の用心深い態度を伴わないかぎり、その行為をそのまま行わせることについて危惧感が存在するという場合には、行為者に対して具体的には特定できない未知の危険を積極的に探知すること、あるいは未知の危険との遭遇を無意識的に回避することが可能なように、できるかぎり冒険的行動を避け、控え目な行動を心がけることを要求するのは条理上当然であり、しかも、このような用心深い控え目な態度をとることによって、知らず知らずのうちに危険が回避されている場合が多い、という事情に鑑みるならば、未知の危険に臨む場合において、危険ないしはその危険の徴表となる事実を探知する義務、あるいはことさらな冒険は避け、できるかぎり慎重に行動するという結果回避義務の負担を命じ、そのような負担を果たしたならば回避可能であった具体的な被害については、たとえその具体的な内容につき行為当時には予見不可能であったとしても、行為者に落度があると認め、過失の責任を問うことが合理的である。」と論じている[83]。松宮孝明も、「漠然とした結果発生の危惧感が行為者に存在したときに『具体的予見可能性』があったと言いうる状況も考えられないわけではない。その危惧感をまじめに受け止めて事態を検討してみたら、具体的な結果の発生が認識されていたというような場合である。そのような場合に『要件としての予見可能性』の充足を肯定したとしても、それは『具体的予見可能性説』と対立することにはならないであろう。言換れば、この点においては、『危惧感』があっても『具体的予見』に到達できない場合、あるいはそれが極めて困難な場合にも『要件としての予見可能性』を肯定して、初めて『危惧感説』は『具体的予見可能性説』と対立する理論になるように思われる。」と述べている[84]。

　さらに、橋爪隆も、危険を確実に回避できる措置をとることが過大な負担となるような場合には、結果発生の危険性を低下させる措置をとっていれば、注意義務を果たしたと認められるべきであると主張している[85]。次の設例が用いられている。大学の近辺の見通しの悪い道に接してバイク専用の駐車場

---

[83] 藤木・前掲注（25）33-34頁。
[84] 松宮・前掲注（70）244頁。
[85] 橋爪隆「過失犯(上)」法教275号80頁以下（2003）。

があり、そこから頻繁にバイクに乗った学生が飛び出しており、無謀な飛び
出しも決して稀ではなかった。このような状況を熟知している自動車運転者
は法定速度を下回る速度で慎重な徐行運転を心がけていたが、前方不注意で
飛び出してきたバイクと衝突し、バイクに乗っていたが学生が軽傷を負った。
上記の設例では、結果発生の可能性が低いが、それが予見可能性を直ちに否
定するものではないとされる。運転者にとって結果回避措置は2つ考えられ
る。措置1は、現実に取られた、「法定速度を下回る速度で慎重な徐行運転」
という措置であり、措置2は、「駐車場の入口付近で一時停止して、さらにク
ラクションを鳴らして相手の注意を喚起」するような措置である。措置2で
は、結果発生の確率をゼロに近づけることができる。問題は運転者が措置2
をとらなかったために結果を発生させたとして罪に問われるのかである。橋
爪は、過失犯の成立範囲を限定する見地から、措置2をとることが場合によっ
ては行為者に特段の負担を生じさせることと、措置1をとった行為者が事故
のリスクを十分に減少させていることの両方の是認を前提として、措置2を
とらなかったことは刑事過失ではない、と主張している。

　橋爪の見解は妥当であるが、致死事故が起こる可能性があるような場合に
は、「一時停止が過大な負担であること」と「徐行運転によって事故のリスク
を十分に減少させている」ことの判断に加えて、予見の対象とされるべき危
険の性質も考慮にいれるべきだと思われる。ここには、比較衡量の問題が生
じうる。言い換えれば、注意範囲を拡大するかの判断においては、最終的に
利益衡量の結果が重要である。

　したがって、危険判断が困難な場合には、問題の最終的な解決は比較衡量
に求められる。つまり、予見可能性の程度を独立して考えることなく、確率
の低さ、行為の危険性・有利性・必要性等を総合的に考えて比較衡量を行う
ことが必要である。

第2款　診療の付随的行為に関する単純ミス

　単純ミスは専門的な知見・技術に直接に関係せず、常識に照らしミスが起
きたら事故に繋がることが明白であって、医療従事者はもちろん、素人でさ

え知っていることである。したがって、単純ミスを過失として非難するかどうかの判断において、医療水準に基づく専門的な判断とか裁量性はほとんど問題とならない。この特徴ゆえ、単純ミスは「医療技術以前の過失」[86]とも呼ばれている。

　単純ミスを犯す者は、薬剤の種類、薬剤の使用量、施術の部位などを間違え、思わないうちに診療を違法にさせてしまう。点検や確認すれば、その間違えに容易に気づくことができ、危険を未然に防止することができるので、単純ミスは初歩的な義務あるいは基本的な義務として見なされ、その違反は重大な過失と認められやすい。しかしながら、まず、医療は本来不確実で危険を伴うものであるため、医療の危険の大多数は、経験則から抽象的に予見することが可能であるが、抽象的な予見可能性から、診療過程でのあらゆる行為を繰り返し点検確認することは現実的ではなく、過酷な要求である。また、人間の注意力には限界があり、どんなに慎重な人間でも失念、錯覚、見落としなどで事故を起こす場合がありうる。特に単純ミスを誘発する原因はシステム・エラーにある場合も多い。その場合には単純ミスを処罰しても将来同じミスの発生を防止することに効果がない。

第1項　予見可能性要件に関する議論

　認識なき過失と認識ある過失の区別を通じて、単純ミスの処罰範囲を制限することが可能であろうか。認識ある過失と認識なき過失との間の境界線ははっきりと引き難いことはともかく[87]、日本の通説[88]は、認識なき過失と比べて認識ある過失のほうが重大でより処罰に値するものであるという意見を支

---

[86] 飯田・III10頁参照。
[87] 沢登佳人は、全ての犯罪となり得る過失は認識ある過失であると主張している。沢登佳人においては、薬剤の取り間違えの事例では、毒薬を医薬と間違えて患者に投与してこれを死に至らしめた医師や薬剤師は、薬瓶を選ぶにあたって、慎重にしないと危険だとの危惧感を持ちので、認識ある過失に属すると言われる（沢登佳人「すべてに過失は認識ある過失である」植松博士還暦祝賀・刑法と科学330頁（有斐閣、1971年）参照）。しかし、この学説は支持されていない。
[88] 早期の文献においては、認識ある過失が認識のない過失より一般に重いとする見解もあった。その紹介について詳しくは、藤木英雄「過失犯の考察（三・完）」法協74巻4号456以下（1957）参照。

持していない。例えば、西田典之は行為者の不注意な心理状態に動きかけ結果を回避するように動機付けることは可能である以上、認識なき過失の場合でも、結果の予見が可能であり、かつ予見すべきであったという場合には、これを非難することは可能であると説いている[89]。人格形成責任論を主張する学者においても、認識ある過失と認識なき過失との峻別はあまり意味を有しないとされる。例えば、団藤重光は認識なき過失を事実についての表象を欠く場合、認識ある過失を事実を可能なものとして表象したが認容を欠く場合とした上で、「どちらもおなじく過失で、情状としてもかならずしもつねに後者が重いとはかぎらない」としている[90]。古川伸彦はドイツ法の研究に基づき、認識の有無は過失の重さには直結しない、という日本の通説と同様の結論を導き出している[91]。以上から、日本法の枠内で認識ある過失と認識なき過失の区別を通じて初歩的なミスを処罰の対象から除外することは難しいといえる。

1 「契機」の認識

過失犯の成立範囲を限定する試みとして近時有力に主張されている見解として、危険の存在に気付かせるような事態（「具体的な危険の予兆」[92]や「契機」[93]「警戒心を呼び起こす力」[94]とも呼ばれる）の存否によって処罰に値する過失の範囲を

---

[89] 西田・前掲注（19）238頁。林幹人「過失犯3―予見可能性―」法教117号73頁（1990）も同旨。

[90] 団藤重光・刑法綱要総論（改訂版増補）316頁以下（創文社、1988年）。

[91] 古川伸彦「ドイツにおける事故と過失――医師の刑事責任の限定？」刑ジャ28号22頁（2011）。

[92] 甲斐克則・責任原理と過失犯論123頁（成文堂、2005年）以下は、「具体的危険の予兆」について次のように詳しく説明している。すなわち、最低限、過失の実行行為開始時点で自己の行為の属性としての具体的危険性を認識できるのが必要であり、当該具体的結果そのものを直ちに予見できない場合には、最終結果たる当該法益侵害（場合によっては法益の危殆化）と経験的に蓋然的に強く結び付いた因果力を持った事象を予見の対象にして、具体的危険の予兆の認識があれば、予見可能性要件の充足が認められる、とされている。

[93] 山本紘之「予見可能性の契機について」新報第112巻5＝6号221頁以下（2005）参照。また、松宮孝明・過失犯論の現代的課題351頁（成文堂、2004年）においては、契機とは、「人が特定の方向に意識を集中して情報を集めようという気持ちにさせる『契機』」であると定義されている。

画定しようとする見解がある。「かなり突発的な事態で、危険性の認識をもつ
環境にもなく、きっかけさえもないというもの」であれば、処罰の対象から
排除されるべきであると主張されている[95]。

　最近の裁判例では、注意を喚起させる契機が考えられた例も出た。東京女
子医大人工心肺装置操作ミス事件では、医師である被告人は、心臓手術途中
に水滴吸着により人工心肺装置に取り付けられたガスフィルターを閉塞さ
せ、回路内が陽圧化して脱血不能になったことに気付かなかった結果、人工
心肺装置の操作の誤りで患者が死亡した。被告人はフィルターが水分を通さ
ないものであることを認識していたのであるから、これが水滴等で閉塞する
ことを予見できたという検察側の主張に対して、控訴審判決である東京高判
平成21・3・27は、「水滴等がガスフィルターにまで吸い寄せられることを認
識していなかったのであるから、ガスフィルターの閉塞を認識可能であった
とは認められない」とするとともに、「心研においては、このような装置が、
一つの完成された人工心肺装置として長年にわたって使用されていたのであ
るから、その操作担当者に対し、……何らの徴候もないのに、個々の部品に
ついて逐一その意味や瑕疵の有無を確認することまで求めるというのは、過
大な負担を課すもの」であるとして、検察側の主張を採用していない[96]。

　対照として、執刀医が酸素ガス用アウトレットホースと笑気ガス用アウト
レットホースを取り違えて接続したため手術途中に患者が酸素欠乏状態に陥
り死亡した事件に対する、人吉簡略式昭和60・3・25判タ678号71頁は、「同
手術は、病院の新築開院の直後で手術室において天井に取り付けられた中央
配管による天吊り式アウトレットを初めて使用するものであつた」から、執
刀医には接続状況を点検し確認するような事故の発生を未然に防止すべき業
務上の注意義務がある、としている。

　後者の事例においては、確かに、「病院の新築開院の直後で」という特別な

---

[94] 日下和人「過失における予見可能性と精神弛緩──重過失概念を手がかりにして──」
　　早稲田法学会誌58巻1号167頁（2007）。
[95] 加藤良夫ほか「シンポジウム 医療事故と刑事責任」医事法23号139頁（2008）［甲斐克
　　則発言］。これに対して、契機の認識可能性は必須ではないとする見解として、西田・前
　　掲注（19）266頁参照。
[96] 飯田・Ⅱ［増補版］661頁以下。

50　　第1章　日本法上の対応

状況があり、そうでない場合と比べて、注意を喚起される可能性が高いかもしれないが、そのような特別な状況は直ちに危険な事実に結びつく状況とも、危険を知らせる外的な状況とも言えない。そのくらいの状況で、契機のある場合に当たると認められるように見えるが、もしそうであれば、契機はかなり広い意味で理解することが可能となると思われる。

　従来の医療過誤刑事裁判例では、「危険を知らせる外的な状況」の他に、二つの特別な状況が示唆されている。

(1)　重大な危険の範疇に属する行為

　重大な危険の範疇に属する治療行為それだけで注意を喚起するに足りる場合もある。東京地判昭和38・7・20[97]が参考になる。薬液のアンプルの標示を確認せずノルアドリナリンを誤って患者に注射して死亡させた被告人の過失について、判決は、「医師としては、薬液のアンプルの標示を確認し、薬液の判別を誤らないようにして、危険の発生を未然に防止すべき業務上の注意義務がある」と、包括的に示した上で、「このノルアドリナリンは、強力な血管収縮作用を有し、同薬液1ccを静脈に注射すれば中毒死を起こすものであるのに、このアンプルの標示を確認しな」かったことに過失があるとしている。

　器具の使用が重大な危険の範疇に属する行為と評価される場合もある。採血の際に電気吸引器を操作した看護師のミスを、医師が点検確認を怠ったため看過し、供血者を死亡させた千葉大採血ミス事件判決は、その1つの例である。第1審判決である千葉地判昭和47・9・18刑月4巻9号1539頁は、「医師としては看護婦の一定の処置に対し十分信頼を寄せてよいケースがある……。たとえば医療器械を使用する場合、器械の構造、看護婦の熟練度等に照らし危険性が少なければ少ないほど、医師の介入を必要とせず看護婦に委ねて妨げないであろう。しかし、逆に危険性が高ければ補助者のみをあてにしてはならない。……本件電気吸引器はこれを採血に用いるには甚だ疑問があるところであった」から、医師としての点検確認義務があるとしている。ここで、点検確認義務の根拠として、電気吸引器による採血という医療行為の危険性が強調されている。この点についての更なる説明は、控訴審判決で

───────────────
[97]石橋・前掲注（10）220頁。

第3節 診療中の怠慢 51

ある、東京高判昭和 48・5・30 刑月 5 巻 5 号 942 頁で、なされている。すなわち、「本件電気吸引器は、吸引、噴射の両機能を兼ね備えていて、採血にあたり誤って噴射に作動させれば、供血者の血管に空気が注入され、供血者に重大な危害が及ぶものであり、また、吸引のための器具は、……その構造上操作者が、不注意により両者をとり違えることも充分に考えられるものであるから、医師が、……看護婦が右過誤を犯さないよう充分に注意、監督すべきであ」る、とされている[98]。この判決は、電気吸引器を誤って使用したことに伴う想像できる特定の危険性を、点検確認の実現の容易さと併せて考慮している[99]。

　対照として、千葉大採血ミス事件と同じく、北大電気メス事件の医師の行為も、点検確認の怠慢で看護師の接続ミスを見過したものであったが、本件では、誤接続が安全措置のない心電計が併用された場合にのみ傷害を生じさせ、このことは行為時にはわかっていなかった、という特殊事情が存在した。この特殊事情の存在を顧慮して、控訴審判決である、札幌高判昭和 51・3・18 高判集 29 巻 1 号 78 頁は、千葉大採血ミス事件は医師が看護師の接続過誤を「看過して供血者の静脈に採血針を刺し入れ、血管に多量の空気を注入したため、同人を空気塞栓症による脳軟化症の傷害を負わせて死亡させたという事案であるのに対し、本件では上述のとおり、事故当時まで心電計併用下におけるケーブルの誤接続が火傷事故を惹起する因果関係が解明されたことがなく、一般に右事故惹起の可能性が意識され留意されることもなかったのであるから、すでに事故発生の予見の可能性の程度において事案を異にすることが明らかであって」、従って、千葉大採血事件の有罪判決を裏付ける具体的事情が本件にはなかった、と判示している。そして、「具体的な危険発生の予兆」が執刀医に認識されていない以上、「執刀医でなくてもなしうる補助的、準備的作業」については執刀医以外の補助者が注意を払うであろうことを信頼してよい」として、「ケーブルの接続に関する……取扱いの実態は、本件事

---

[98] 控訴審判決は、量刑不当を理由に原審判決を破棄した。
[99] 本判決の評釈について、宇都木伸「判評」別冊ジュリ 50 医事判例百選 96 頁以下（1976）、平井愛山「安全で透明な医療サービスの提供をめざして」判タ 1191 号 33 頁（2005）、船山泰範「判評」別冊ジュリ 183 医事法判例百選 188 頁（2006）等参照。

52　第1章　日本法上の対応

故当時まで電気手術器を用いて手術にあたる医師が一般に看護師のケーブル接続の誤りによって事故が発生する危険を認識していなかつた実情を示すものということができ」るから、本件手術の執刀医にとっては「ケーブルの誤接続に起因する傷害事故の発生を予見しうる可能性は必ずしも高度のものではな」く、「この点はひとり同被告人のみならず当時の外科手術の執刀医一般についてみても同様であつた」として、誤接続の有無を点検確認しなかったことは執刀医[100]の過失ではないと判示している。

　最近の裁判例の中で、さいたま地判平成15・3・20判タ1147号306頁は、抗癌剤を誤って投与した場合重大な危険になることを知っていた医師として、正確な投与量と投与方法を調べるにとどまってはならず、調べた内容を正確に把握する注意を払うべきであるとしている。本件の事実は以下のようなものである。抗癌剤を投与する化学療法（VAC療法）を滑膜肉腫の治療に使用するに当たり、研修医である主治医は、同療法や使われる薬剤についての文献、医薬品添付文書の精査をせず、同療法のプロトコールが週単位で記載されているのを日単位と読み間違え、1日当たり2ミリグラムの薬剤を7日間にわたって連日投与し、結果、患者に重篤な副作用が生じ死亡した。判決は、「抗がん剤は細胞を破壊する作用を有するもので、その投与は患者の身体に対する高度な侵襲であることから、その用法、用量を誤ると患者の命にも関わる事態となり、また、強い副作用があることから、これを用いるに当たっては、当該療法についての文献、医薬品添付文書等を調査して、その内容を十分理解し、副作用についても、その発現の仕方やこれに対する適切な対応を十分把握して治療に臨むべき業務上の注意義務があ」るとして、その義務を怠った主治医を業務上過失致死で有罪とした。

---

[100]本件では、過失の前提事実が全く同じものでありながら、接続を担当した看護師については予見可能性要件の充足が肯定され有罪とされたのに対して、執刀医については予見可能性要件の充足が否定され無罪とされた。判旨が医師の過失責任を否定した実質的な理由が、電気メス器の危険性が当時知られていなかったこととすると、看護師の責任を認めた結論と矛盾しないかが問題となるという批判的意見がある（町野朔「判評」ジュリ575号78頁（1974））。これに対して、看護師有罪、医師無罪という帰結は、信頼の原則が適用された裁判例のなかで、際だった特色を示しているという意見もある（米田泰邦「刑事過失の限定法理と可罰的監督義務違反㈲」判タ342号12頁（1977）参照）。

第3節　診療中の怠慢　　53

　以上に列挙した事例を総合的に考察すると、裁判所は点検確認作業の怠慢
に刑事過失の有無を判断する際に、点検確認の必要性への配慮を促す特別な
事情の存否を確かめようとしていると思われる。ここでの特別な事情は、危
険を生じさせた外的な状況を意味するのみならず、争点であった医療行為が
「重大」な危険行為の範疇に属するという状況も意味する。

(2)　ミスを犯しやすい作業環境

　ミスを犯しやすい作業環境に置かれている行為者は、注意深く点検確認す
べきである。例えば、薬剤師が劇薬の容器に赤枠、赤字で品名と「劇」の字
を記載した標示紙を貼付していなかった。薬剤科の事務員である被告人は、
内科病棟看護師からブドー糖注射液の交付を求められた際、劇薬をブドー糖
注射液と誤信して交付した。その結果、患者が誤った薬品を注射され死亡し
た。

　上告審で、弁護士は被告人「を指揮監督すべき地位にあった薬剤師は劇薬
である本件薬品を葡萄糖液と同型の 100 cc 入コルベン容器に詰めて同様の
封緘をなし、且つ葡萄糖液注射液に施した標示と同色同型の標示紙に青イン
クを以て『3％ヌペルカイン』と記入して容器に貼付し、これを右葡萄糖注射
液在中の 100 cc コルベン容器十数本、外数種の薬品容器と共に滅菌のため漫
然滅菌器に入れておいた」というような事態の下においては、被告人の誤認
は当然のことであり、被告人「のみならず、何人が同人の立場におかされて
も同様に本件薬品が劇薬の『ヌペルカイン』入のコルベンと気付く由もなかっ
たと云うことが出来る。即ち斯くの如き事情の下に於ける被告人……の本件
薬品交付には一般平均人としてその他のことが期待出来なかった事態にあつ
た」、と主張している。

　最判昭和 28・12・22 刑集 7 巻 13 号 2608 頁は、「薬品を取扱う事務に従事
する者として其の引渡す薬品が要求を受けた薬品に相違ないかどうかを標示
紙に記入せられた薬品名などにより確認し、危害を未然に防止すべき義務が
あるのに拘らず、之を怠り容器、封緘、標示紙、内容液などの外観が同一で
あることから、漫然 3％ヌペルカイン液 100 cc 在中の容器コルベンを葡萄糖
注射液在中のコルベンなるが如く軽信して……交付した結果」、患者を死に
致したとして業務上の注意義務違反の過失を認めた原審（名古屋高裁金沢支判

昭和27・6・13刑集7巻13号2634頁）の判断を是認している。弁護士の述べたように、被告人はミスを犯しやすい作業環境に置かれているが、最高裁は、過失を否定することなく、危害を未然に防止する義務を被告人に科している。

　福岡高判昭和32・1・26高刑集10巻1号103頁も参考になる。本件の事実は以下のようなものである。患者の持参した薬液を注射する前に、医師はアンプル5本の注射液がいずれも無色透明で混濁、変色、沈澱物の存しないことを確かめたのみで、毒薬を葡萄糖カルシウムと軽信して静脈に注射し、患者を死亡させた。

　判決は、「静脈注射を施す場合、もし薬液の品質種類の判別を誤まるときは、人の生命身体に不測の障害を招来する危険」があるから、「薬液の判別にいささかも過誤のないことを期し」、「これが明白的確な判別を下し難い事情の存する場合には、すべからく注射を避止し、もって危険の発生を未然に防止すべき」業務上の注意義務があると、一般論を判示した上で、「本件薬液には、そのアンプルに現にレッテルの貼付がなく、その品質種類の判別につき、拠るべき明白的確な資料を欠如しているのであるから、良識をそなえた通常一般の医師である限り、品質種類の確実でない薬液の注射による不慮の障害の可能性を、蓋然的に予見することの必ずしも不能でないことは、健全な常識に照らして明白である」として、原審の無罪判決を破棄した[101]。

2　「契機」のない場合

　契機があれば過失犯は成立し得ることから、契機がなければ過失犯は成立しないという結論は直ちに得られない。安全確保（例えば、安全運転）のための規則が実定法（例えば、道路交通法）に定められている場合には、この規則に違反し行為に出ると、許されない危険が創出される。この場合には、注意義務の根拠は、具体的な危険ではなく、実定法であるというべきである。実定法に違反する結果は、誰でも分かっているはずであるので、契機がなくても、予見可能性要件の充足性が認められる。同じく、医療上の準則は、成文化されていない経験則に属することが多いが、問題となる準則が、医療の安全を

---

[101] 石橋・前掲注（10）210頁。

第3節　診療中の怠慢　　55

確保するために、医者として誰でも遵守し、それに対する裁量の余地もあまりないと認められる場合には、過失犯の判断は契機を前提とする必要がない。このことについて、横浜市大病院患者取り違え事件に対する最高裁判例とこれに対する樋口亮介の解説が重要な参考になる。

　横浜市立大学医学部付属病院で、肺手術と心臓手術の患者を取り違えて手術を行い、それぞれ2週間と5週間の傷害を負わせた事件に対する、最決平成19・3・26刑集61巻2号131頁は、患者を取り違えないよう患者の同一性を確認することを怠った過失の根拠について、まず、「医療行為において、対象となる患者の同一性を確認することは、当該医療行為を正当化する大前提であり、医療関係者の初歩的、基本的な注意義務であって、病院全体が組織的なシステムを構築し、医療を担当する医師や看護婦の間でも役割分担を取り決め、周知徹底し、患者の同一性確認を徹底することが望ましいところ、これらの状況を欠いていた本件の事実関係を前提にすると、手術に関与する医師、看護婦等の関係者は、他の関係者が上記確認を行っていると信頼し、自ら上記確認をする必要がないと判断することは許されず、各人の職責や持ち場に応じ、重畳的に、それぞれが責任を持って患者の同一性を確認する義務があ」ると判示した。それに加えて、具体的にどのように同一性の確認を行うべきかについて、決定は、「問い掛けに際し、患者の姓だけを呼び、更には姓にあいさつ等を加えて呼ぶなどの方法については、患者が手術を前に極度の不安や緊張状態に陥り、あるいは病状や前投薬の影響等により意識が清明でないため、異なった姓で呼び掛けられたことに気付かず、あるいは言い間違いと考えて言及しないなどの可能性がある」から、「上記の呼び掛け方法が……患者の同一性の確認の手立てとして不十分であ」り、「患者の容ぼうその他の外見的特徴などをも併せて確認を」すべきである、としている。

　最高裁の採用した判断枠組みについて[102]、樋口亮介が指摘するように、最高裁は危険の防止という規範的見地に立脚し同一性確認を注意義務の内容に設定し、それに加えて、行為者の現に行った同一性確認のための行動によって注意義務が十分に果たされたかの判断をなしている[103]。同一性確認を法的義務として捉えることは、チーム医療の場面における信頼の原則の適用を排除するという点で、重要なポイントであるが、それは抽象的な同一性確認義

56　第1章　日本法上の対応

務の設定から直ちに過失が導かれたことを意味するわけではない。最高裁は単に同一性確認を行っていれば注意義務が果されるとはせず（この点は慣行に従った確認手段だけでは同一性の確認が十分ではないという判旨に示唆されている）、法律上医師に要求される注意義務は、具体的状況において患者の取り間違えを有効に防止できる同一性確認（患者の容ぼうその他の外見的特徴などをも併せて確認すること）を内容とするものでなければならない、という態度をとっている。

　規範的見地に立脚するとは、事件における具体的な状況を見なくてもよいことを意味するわけではない。危険を有効に防止することに支障を来す状況がある事例は、責任を免れる余地が大きい。例えば、深夜勤務をしている看護師が、自発呼吸障害のため人工呼吸装置により呼吸管理されている患者の吸痰作業を行うため、人工呼吸装置による酸素の供給を一時停止したが、吸痰作業終了後、酸素の供給を再開することを失念して放置したため、患者を窒息死させた事例[104]では、看護師の失念を過失として非難することができるかを判断する際には、深夜勤務帯、勤務看護師不足、被告人がほかの患者の世話等に追われたこと、通常医療従事者に知らせる警報音が事件の時には鳴っていなかった原因などの事情[105]を考慮に入れるべきであると思われる。

[102] 上述の事件で、確認義務の根拠を予見可能性に求めることができるとする意見もある。例えば、手嶋豊教授は、「ある人の名前を呼んでその人が呼びかけに応じて頷いたとしても、それによって本人確認ができたとは限らないことは日常生活でも経験することであり、そうしたことが病院でも起こりうることは容易に想像でき、患者の取違えによる医療事故は実際にも起こっている。本件では搬送中、患者に対して呼びかけをしているが、患者は緊張その他から、冷静な状況では起こりえない反応をする可能性も予見できなくはなく、それを防ぐ方策を医療関係者として考え実行すべきだったと解し得ないだろうか。本人の確認方法として容易かつ確実と思われるのは、患者本人に自己の姓名をフルネームで述べさせることであって、それをしなかった結果として取違えが生じたならば、業務上必要とされる注意義務を怠ったことに対する責任を認めることも現行法上、可能と解される。」と主張している。手嶋豊「医療事故の法的責任をめぐる刑事法と民事法の役割分担」法時82巻9号53頁（2010）。

[103] 樋口亮介「判評」ジュリ1382号141頁（2009）、樋口亮介「刑事過失と信頼の原則の系譜的考察とその現代的意義」東大法科大学院ローレビュー4巻174頁（2009）以下参照。樋口亮介は、ほかの種類の過失をも併せて考えた上で、3種類の注意義務の設定根拠を提出している。すなわち、予見可能性を前提とするもの、危険の防止という規範的見地に立脚するものと、危険の防止も予見可能性も根拠としないものである。

[104] 新津簡略式平成18・5・22（飯田・Ⅲ305頁）は、看護師を過失致死罪で有罪とした。有罪の理由は不詳である。

第2項　システム・エラー

　単純ミスを誘発する原因がシステム・エラーにある場合も多い。実務上、普通、システム・エラーは量刑事情として考慮の対象になるにとどまる[106]。例えば、横浜市立大学病院での患者取り違え事件では、病院側が本件後に実施した患者の同一性確認のための諸施策（リストバンドの装着、足裏の氏名記載、患者に氏名を言わせて確認する、主治医の手術室への同行等）を事故前には全く行っておらず、医療関係者に対する患者の同一性確認についての指導・教育も行っていなかったことに対して、控訴審判決である東京高判平成15・3・25（東高刑時54巻1-12号15頁）が「この点は、被告人らに対する刑の量定において、過大に評価することは相当ではないものの、一定の考慮がなされて然るべきである」と判示している。この事件を教訓に、「手術室入室時の患者確認システム」が全国の病院で確立された。

　なお、システム自体を改めない限り、事故の再発は防げないとする見方から、直接にミスを犯した人の責任追及がどこまで意味を有するのかについて疑問が示されている。例えば、医療関係者から、初歩的なミスはroot cause analysis（RCA）などの分析方法を用いて医療機器の改良やチーム医療における手順の見直し等によって再発防止に成果をあげており、刑事罰などによる個人の責任追及では再発防止に寄与しないという主張もある[107]。今日では、末端の現場に立っていた医療従事者を対象とする責任追及は過酷な注意義務を負わせる、という批判的な意見が多くなっている[108]。個人の責任追及よりも制度の改善を考えることが事故予防に効果的であるという意見が唱えられている[109]。

---

[105] 飯田・Ⅲ305頁は、それらの事情を、過失の有無を判断する際に慎重に検討されるべき事情として、持ち出している。

[106] 飯田英男「刑事司法と医療」ジュリ1339号64頁（2007）。

[107] 嶋田文彦「麻酔領域における刑事訴訟について」14巻3号34頁（2010）（http://www.maruishi-pharm.co.jp/med/libraries_ane/anet/pdf/43/11.pdf 2013年3月26日最終閲覧）。

[108] 日山恵美「医療の安全確保における刑事過失論の限界」医事法23号11頁（2008）参照。

[109] 浦川道ほか・前掲注（64）64頁、山口徹「過失の追及と医療安全の推進」ジュリ1323号55頁（2006）。

58　　第1章　日本法上の対応

　システム・エラーに起因する事故防止を図る仕組みとして、日本法では業務上過失致死罪で医療法人に刑罰を科すことはできないが、適切な治療計画の策定または安全な診療体制の建築に責任を負う者の責任を追及する動きが始まっている。

1　計画策定・適切な実施に関する責任

　例えば、埼玉医大総合医療センターの抗癌剤過量投与事件では、主治医のほか、指導医、科長の過失責任も肯定された。指導医の過失責任の根拠について、第1審判決であるさいたま地判平成15・3・20判タ1147号306頁は、「指導医は、チームリーダーとして……主治医が立てた治療計画について、その適否を具体的に検証し、副作用に対する対応についても、主治医を適切に指導すべき業務上の注意義務がある」としている。控訴審判決である東京高判平成15・12・24刑集59巻9号1582頁は、主治医を指導する役割を担っていたのみならず、「患者に対する治療状況、副作用が発現した場合には、速やかに適切な対象療法を施すべき治療医としての注意義務」もあるとしている。科長の過失責任の根拠ついて、第1審判決は、「難治性の極めて稀な病気に罹患した患者に対し、有効な治療方法が確立していない場合には、……症例を検討し、適切な治療方法を選択すべきであって、この責任を放置して主治医に前責任を負わせることは許されない」としている。控訴審判決は、「科長は、診療科の全ての患者についてその治療方針を最終的に決定する責務・権限を有しており、……また、科長回診のときには直接患者を診察し、カルテをチェックするなどし、カンファレンスにおいて個々の患者の治療方針を医局全体で検討し、最終的に科長として決定していた」ので、責任が問われるべきであるとしている。科長の上告に対して最判平成17・11・15刑集59巻9号1558頁は、科長は主治医と全く同一の立場で副作用の発見状況等を把握すべき注意義務まではないが、主治医らに対し副作用への対応について事前に指導を行うとともに、自らも主治医等からの報告を受けるなどして副作用の発見等を的確に把握し、結果の発生を未然に防止すべき注意義務があるとして、組織上位者について、指導監督責任と治療責任の両方があることを肯定している。

2　治療体制の整備に関する責任

　歯科用局所麻酔薬による急性呼吸循環不全致死事件に対する、福岡地判平成18・4・20[110]は、診療所の管理責任者である診療所長の本件被告人は、同診療所おける治療および患者への安全管理に関する最高の責任を有する歯科医師として、同診療所に勤務する歯科医師らを「指揮監督し、歯科医師らが治療に当たるに際して、これに伴う患者の生命、身体に対する危険を防止する業務」に違反したとして、業務上過失致死罪で有罪と認定したものである。被告人の過失の具体的な内容について、裁判所は、被告人は、「診療所に勤務する歯科医師らに対し、……歯科治療中の幼児に対する全身状態の継続的管理を徹底させるとともに、幼児が急性呼吸循環不全に陥った場合に歯科医師らがこれに対し適切な救急措置を講じることができるように、歯科医師らに対し、治療現場において直接指導し、あるいはセミナーなどを開くなどして指導するなど、……医療事故の発生防止を目的とした指導監督を行うべき業務上の注意義務があった」のにもかかわらず、「歯科医師らに対し、歯科治療中の幼児の全身状態に陥った場合に直ちに適切な救命措置を講じることにつき、歯科治療中の幼児の全体を注意して見たり、話しかけたりするよう指導したのみで、他に何らの具体的な指導を行うことなく」、漫然と「診療所では、診療中の患者に対し、特定の歯科医師を治療責任者とすることなく、個々の治療行為ごとに歯科医師らが交代して患者の治療に当たる体制」を採っていたまま「歯科医師らに歯科治療を行わせる業務上の注意義務違反を犯した」と判示している。

3　院内感染を未然に防止する責任

　セラチア菌感染事件に対する、東京簡判平成16・4・16は[111]、病院の理事長兼院長が院内感染防止のためのマニュアルの作成や研修等の職員教育を実施せず、かつヘパリン生理食塩水を作製する際の基準を示さない等清潔保持を徹底しないまま放置していたため、看護師の操作を通じセラチア菌をヘパリン生理食塩水に混入させ、患者6名をセラチア菌感染症による敗血症性

---

[110]飯田・Ⅱ［増補版］198頁。
[111]飯田・Ⅱ［増補版］899頁。

60 第1章 日本法上の対応

ショックにより死亡させ、患者6名に同様の傷害を負わせたとして、「院内における入院患者への細菌の感染を未然に防止すべき業務上の注意義務」を被告人が怠ったと認め業務上過失致死傷罪で有罪と判示した。

　点滴液の細菌汚染による院内感染事件に対する、伊賀簡略式平成21・4・24[112]も同様の事例である。事案は、診療所の理事長兼管理者である医師が院内感染防止のためのマニュアルの作成や研修を実施せず、また、消毒海綿等の清潔・適正な管理を行わずに不適切な点滴薬の作成・使用が行われていることを把握しないまま放置したため、看護師らがセラチア菌に汚染された消毒綿を使用して点滴薬を作成・保管して患者に投与したため、患者1名をセラチア菌による感染症で死亡させ、患者8名が敗血症等の傷害を負わせたとして、「診療所内における患者への細菌の感染を未然に防止すべき業務上の注意義務」に違反して、管理・監督責任を問われた、というものである。

　以上のような近時の実務の傾向に対して、組織上位者の個人の責任が安易に肯定される懸念があると指摘されている。すなわち、組織上位者は、指導者の役割を果たすべきであるといっても、個々の診療行為への関与が形式的・象徴的な意味を有するに過ぎないことが多く、それでもこの者に刑事責任を肯定すると、過大な注意義務を課し刑事過失論の弛緩を招く恐れがあるという指摘がある[113]。これは個別的に検討すべき問題であろう。少なくとも、次のような場面では組織上位者への処罰が過酷とは思われない。組織上位者自身も治療計画または治療過程に積極的に関与していた場合[114]、医療水準にかなう治療に必要な能力等を具備しない医師を、治療を担当する医師に任命した場合（抗癌剤過量投与事件）[115]、治療を安全に遂行するための診療体制を整えないまま医師に治療を行わせた場合（福岡地判平成18年事件）、細菌汚染による院内感染を防止する措置のようなそもそも病院管理者の業務範疇に属する管理上の留意事項が問題となった場合（上述の2件の院内菌感染事件）である。

---

[112]朝日新聞2011年11月19日朝刊。事案は、飯田・Ⅲ398頁にも紹介されている。
[113]日山・前掲注（108）10頁。
[114]治療計画または治療過程に積極的に関与していた組織上位者に対する刑事責任追求が認められるとする意見については、清水真「判評」獨協法学71号382頁以下（2007）、荻原由美恵「医療過誤と過失犯罪（2・完）」中央学院21巻2号38頁（2008）等参照。

したがって、これまで出た裁判例を見る限では、実務上、組織上位者の個人の責任が安易に問われているとは思えない。

　もちろん、一般論としては、組織上位者の個人の責任が安易に肯定されるおそれは否定できない。特に被害者の処罰感情が強い場合にはそのおそれが強くなる。そこで、個人の刑事責任を追及するよりも、組織自体の刑事責任を追及すべきではないかという考えはあり得る。この問題は過失致死について法人処罰を認めている英米法の状況を見た後で、最後にもう一度検討することにしたい。

第4節　医学的判断の誤り

　1970年代以降、新たな動向として医学的判断の誤りが争われた刑事事例も出た。それらの事例では医師の裁量とその制限が問題となる。

第1款　医療上の注意基準と医療慣行の関係

　普通医師基準の適用に対して、医療上の注意義務を判断するとき、平均的医師が現に行なっている医療慣行を確認するにすぎないという批判がある。この問題について、最高裁は民事判例（最判平成8・1・23民集50巻1号1頁）で、医療上の注意基準は「平均的医師が現に行なっている医療慣行とは必ずしも一致するものではなく、医師が医療慣行に従った医療行為を行ったからと言って、医療水準に従った注意義務を尽くしたとは直ちにいうことはできない」と判示している。同じ問題は、下級刑事裁判所においても議論されてい

---

[115]本件のような場合には、信頼の原則が問題となるときの判断枠組みを使って、科長の過失責任を肯定することも可能である。つまり、争点であった治療の内容、治療を担当する医師の能力、危険を生じさせた状況等の「特別の事情」を考慮した上で、チームのトップに立つ者は、治療を担当する医師が治療を安全に実施することを信頼することが許されないと認められた場合には、過失責任が問われうる。上記のような考え方について、小林憲太郎「判評」ジュリ1399号162頁以下（2010）、北川佳世子「判評」別冊ジュリ183医事法判例百選191頁（2006）、北川佳世子「判評」ジュリ臨増1313平成17年度重要判例解説163頁（2006）。

る。

　「一般に医業の領域ではそこで通常行なわれている慣行に従えば相当の注意義務を果したとされることもあるが、これは医学の水準に照らし是認される慣行に当る限りいいうることである。悪しき慣行は基準とはならない。」ということは、千葉大採血事件1審判決である、千葉地判昭和47・9・18（前掲）で明確に示されている。判決によって問題となった慣行は、被告人が所属する内科において、常に採用されていたにもかかわらず、「必要な検討も経ないまま広がつた、標準的な採血方法を行なつている他の機関のやり方にくらべ危険度の多い」「悪しき慣行であつた」と認められ、これに従ったからといって被告人を免責するものでは決してない、とされている。

　また、北大電気メス禍事件1審判決である札幌地判昭和49・6・29判時750号29頁は、「医業の領域を含め、およそ一般社会に対して標準以上の技術が確保されていると考えられる特定の集団内で反復継続して行われる定型的な行為に関して刑事上の過失責任の前提となる注意義務の懈怠があつたかどうかを考える場合、その集団内で従来から疑問をよせられることなく踏襲されてきた慣行を顧慮しなければならない。それが一般社会からみて明らかに不当でありまたは非常識であり或いは危険とみられるものである場合には、その慣行に従ったことを理由として注意義務をつくしたとされることはないが、そうでない限り、その慣行に従ったことは一応、標準的注意をつくしたものとして刑事責任を否定する方向に働く有力な一事由と認めてよい」として、本件で問題となった慣行が「続けられてきた過程の中でこれに由来してなんらかの事故が生じたこともなかつた」という状況を考慮して、同慣行に従った医師の行為は過失ではないと判示している。

　問題となった療法と代替療法は、どちらもよい慣行と認められる場合には、療法選択を医師の裁量に任せようとする態度が1970年代の刑事裁判例において示唆されている。例えば、カテーテル筋肉内紛入事件に対する仙台高裁秋田支判昭和45・3・5[116]である。本件では、治療方法として、カテーテルを皮膚に縫い付けるか、先端に紐をつけるか、安全ピンでとめるなどの幾つか

---

[116]本判決は、友野弘「医療過誤刑事争訟の最近の動向と問題点」ひろば37巻2号15頁（1984）に紹介されている。

の方法があった。被告人はカテーテルを皮膚に縫い付ける方法をもって治療を実施した結果、傷害を惹起したとして起訴された。

療法選択に過失があるかどうかについて、判決は、「医学上通常慣用されているいくつかの治療措置のうちいかなる方法を選択すべきかは、当該医師が患者の疾病の種類、部位、程度特に局部の状態、治療の経過、療養の場所および施設、患者の受入態勢など医学的諸条件を慎重に考慮して決定すべきものである」るとして、本件では、「被告人は、通常医師が慣用している方法を適当として採用し施療したものであって、かかるカテーテル固定の措置を採った所以は、紛入についての単なる可能性を否定し得ないことと、外部への脱落のおそれあることの認識に基づくもので、その判断およびそれに基づく治療方法の選択は、非難できない」と述べている。本判決を療法選択について医師の裁量を認めた例として支持する意見がある[117]。

問題となる診療措置は、小規模の専門家において慣用されていても、必ずしもよい慣行と認められるわけではない。新しい医学知見から見て、その小規模の専門家の意見が科学的に根拠付けられるかどうかにつき実質的な審査を加える必要がある。このことに関して、東京地判昭和47・5・19刑月4巻5号1007頁が反面裁判例であると思われる。

本件の事実は以下のようなものである。整形外科医である被告人は、女性患者に美容整形手術としての安全面に高度の危険性がある豊胸術を行うため、「独自に開発した」ワセリンを主体とした薬液を乳房部に前後2回に分けて注入したところ、第2回目の注入を受けた直後に患者が気分の不快を訴え、約7時間後に死亡した。本件手術の実施まで、被告人自身で約500例、同医院全体では約1500例の、同方法による手術が行われていた。

被告人の過失責任を否定した理由について、判決は、まず本件事故当時は被告人の行っていた豊胸術の方法が危険であることが分かっていなかったとしている。「被告人の行つていた豊乳術の方法はワセリンの注入量を判定する客観的な基準がなく、施術者の経験と勘に頼つてその量を判定するものであつて、本件の如き被術者の死亡事故が発生した以上、結果から遡つて判断

---

[117] 同上、25頁参照。

64　第1章　日本法上の対応

すれば、施術者の経験と勘だけに頼る注入量の判定方法では人体の生命に対する危険をはらむことが明らかになつたというべきであるが、本件の死亡事故が起きるまで過去に前記のように長期間にわたり多数の床例を重ねて豊乳術を行ない、その間一度もワセリンの注入量が許容限度量をこえたことを思わせる、本件の如き事故が生じなかつたとすれば、被告人が通常の例にしたがい通常の方法により注入量を決定し、それについて、組織断裂の危険を全く予測しなかつたとしても無理もないことといわねばならない。」としている。

　さらに、本判決は、美容整形の効果の面、施術の難易の面、人体に対する施術時の安全性と施術後の影響の面などにおいて、其々の方法に一長一短があり、美容整形界で統一的に支持されている方法や基準はなかつたので、「施術当時の美容整形医一般の技術水準に照らし、あるいは自己または同業の積み重ねた研究成果や多数の経験に照らして、学問的技術的能力をもつ医師一般の目から観察して危険でないと判断される手段、方法により施術が行われたときは、たとえ、後日にいたりその手段、方法に、施術当時において予測されなかつた危険を伴なうことが判明したとしても、その手段、方法を採用したことに刑事責任を負わしめる根拠としての過失を認めるべきではないと解される。」と判示している。

　町野朔は、行為当時の医学界の認識状況（つまり、ワセリンの血管流入によるショック死の前例が出ていたこと、注射針による豊胸術は著しく危険性を伴うものでありその施術が勧められないとの指摘が既に医学雑誌上で公表されていたことと、鑑定意見等によって行為当時には一般に豊胸術の危険性は医学界で周知のことであったことといった状況）に基づき、争点であった術法には危険性が認められ、これを前提とすれば、「ワセリンの注入量の判定の客観的な方法がなく、経験と勘のみに頼つてその判定を行うことには、事故につながる危険が伴なううえ、一旦注入部位の組織の断裂が生じたときは注入の途中でそれを判定する有効な方法がなく、かりに判定できても死亡の結果を阻止できるかどうか疑問があるという危険をはらむことが判明した以上、このような豊乳術を行なうことはこの危険が解消されない限り許されない」と指摘している[118]。

　これに対して、「狭義の医療水準」を唱える小林公夫は、当時の医学界の承

認を受けた技術、または療法たる「狭義の医療水準」を医師の注意基準として最上位に位置づけて、その水準に達していない療法については、しかるべき臨床例の存在を考慮して小規模の医療群が形成されていると認められるのであれば、正当化の水準として考えられうると主張している[119]。上記の理論を本件にあてはめ、小林は、「個別・具体的には、被告医師が、被害者の豊乳術を施行するまでに約500例の豊乳術を施行し、また、所属する日比谷整形外科医院全体では、1500例の豊乳術が施行され、同様な手技・手法で同術式を施行し、一度も事故がなかった」という点を重視して、行為当時の美容整形医の一般的技術水準を満たし、同業の知識経験に照らし危険でないと考えられる、と論じている。

　確かに、小林が指摘したように、もし争点であった術法が、「一般性・通有性」が認められるようになっていくものであれば、一般に認められるまでに時間がかかるなどの事情を考慮して、その前に小規模の医師集団により承認を受けていれば、同術法の使用の正当性が考えられうる。その意味では、小林の提出した論点自体の価値は否定できない。しかし、本件はそのような場合にあたらないと思われる。町野の指摘したように、医学の進歩に伴い、被告人の方法の危険性が明らかになり医学界で周知されるようになっていた。このような状況を考慮すれば、被告人の所属する小規模の医師集団の意見それ自体の妥当性が疑われるべきであろう。判決が問題の施術の依拠した医学的知見等を慎重に審査せず、療法選択についての医師の判断を認容したことは理由に不備があると言わざるを得ない。

第2款　比較衡量を決め手とする規範的評価

　危険な診療を知りながら敢えて行うことに過失があるかどうかより、危険な診療自体は客観的に適切な治療行為に当たるかどうかが、真っ先に問題とされるべきである。後者の判断においては、予見可能性は決定的に重要では

---

[118] 町野朔「判評」別冊ジュリ183医事法判例百選139頁（2006）。
[119] 小林公夫「医療水準と医療の裁量性」法時80巻12号75頁（2008）、小林公夫・治療行為の正当化原理557頁以下（日本評論社、2007年）。

66　　第 1 章　日本法上の対応

なく、行為の危険性（危険の程度、発生の頻度または確率などによって決められる）、有利性、必要性などを総合的に考えた上、比較衡量の結果として最終的な解決を図る、という規範的評価の仕方が、適用されるべきである。そこで、三つの事例を挙げ詳しく説明してみたい。

第 1 項　フォルクマン阻血性拘縮事件

　本件の事実は以下のようなものである。整形外科医である被告人は、患者を左上腕骨顆上骨折と診断し、治療方法としてフォルクマン阻血性拘縮を起こす危険がある垂直牽引療法を使ったが、治療の途中で同拘縮の前駆症状ないし初期症状と疑われた症状が現れたにもかかわらず、垂直牽引療法を継続して、同拘縮の原因たる血行遮断ないし障碍を除去するための観血療法を施行しなかったことにより、左上腕等の成長および機能に障害を生ずる傷害を負わせた。

　フォルクマン阻血性拘縮発生のメカニズムについては事件当時には医学上解明し尽されておらず、前駆症状ないし初期症状から常に明確な診断をすることが可能な程度に発現するわけではないと認められる。この判断を前提として、東京高判昭和 53・11・15 東高刑時 29 巻 11 号 1 頁は、「垂直牽引療法を解くことは骨折に対する治療を放棄する」ことを意味することと、「観血療法は幼児の場合にあっては非常に難しいうえ、危険を伴うものである」ことを考えた上で、「フォルクマン拘縮の発生が相当程度懸念される症状があっても、ただちに観血的療法をとることなく、症状の推移を見守るにとどめるのが、大多数の医師における現実の治療方法である。仮に被告人の判断や処置に多少の遺憾な点があったとしても、なお医師としての裁量と技術の範囲内のことであり」、法律上非難されないと判示している。

　判決は、決して高度だと言えない予見可能性に加えて、垂直牽引療法から観血療法への移行の利害も考慮に入れて、同じ状況に置かれた大多数の医師の判断や処置に照らし、垂直牽引療法の継続的実施が医師としての裁量の範囲を超えていないと判断している[120]。

---

[120] 橋本雄太郎「判評」別冊ジュリ 183 医事法判例百選 184 頁（2006）、萩原由美恵「医療過誤訴訟における医療水準」中央学院 22 巻 1 号 35 頁（2009）。

第4節　医学的判断の誤り　67

本判決で医師の裁量が安易に認められているのかについて、学説において議論がある。前田雅英は、危険が予見され得た事案では、その危険を回避する措置を怠ったことが過失であり、本件はそのような事案であったと主張している[121]。本件では具体的な危険が予見され得たかどうかは議論の余地のあるところであるが[122]、前田は「中間項理論」をもって、結果発生の医学的メカニズムについてまで予見可能性を要求すべきではなく、発症に結び付かれる前駆症状（中間項と見なされる症状）等を認識すれば、拘縮発生の予見可能性を認められうると指摘している[123]。

これに対して、松宮孝明は、治療上の裁量の範囲を安易に認めることが許されないという意見自体は賛成しうるが、専門的にみても意見の分かれる部分で刑事責任を問うには、専門家の判断に「遊び」を持たせることも必要であるし、また、判決の理論的枠組みは、予見の対象を「許されない危険」に限定する点で妥当なものである、と主張している[124]。予見可能性の判断について、松宮は、拘縮という結果を回避する措置に別の悪しき結果が伴う可能性がある場合には、別の悪しき結果の重大性、拘縮防止措置の持つ危険性、拘縮発生の可能性などを衡量して（一種の「許された危険」判断）、拘縮発生が「確実に」予見される場合にのみ、過失を肯定できると論じている[125]。

この事例では、事実関係は、予見の対象とされる危険が具体的ものではなく、また、危険を防止する措置をとる場合、新しい危険を生じさせるといった事情を前提とするものであった。ここでは、許された危険の判断は予見可能性の判断だけでなく、利益衡量も必要になる。このように比較的高度な規範的評価が必要な場合について、判決はあらゆる状況を考慮してどのような対応が適切であるかが必ずしも明らかでないことから、医師の裁量を尊重す

---

[121] 前田雅英「判評」別冊ジュリ 140 医療過誤判例百選 39 頁 (1996)。
[122] この判決は、具体的予見可能性を厳格に定義して、フォルクマン拘縮を確実に予見することまで要求する態度をとって、具体的予見可能性を認めるのが困難であったから、過失犯の成立を否定したものである、という評釈意見もある。この評釈意見について、甲斐・前掲注 (23) 125 頁、萩原・前掲注 (120) 34 頁参照。
[123] 前田・前掲注 (121) 39 頁。
[124] 松宮・前掲注 (41) 57 頁。
[125] 同上。

68　第1章　日本法上の対応

ることにしたものと考えられ、医師の裁量を安易に強調していたとはいえないであろう。

第2項　帝京大薬害エイズ事件

　本件の事実は以下のようなものである。血友病の権威であった帝京大学付属病院の教授が血友病の治療方法として、HIV に感染させるリスクのある非加熱製剤を患者に継続的に投与した結果、同治療を受けた患者がエイズを発症して死亡した。裁判では、非加熱製剤の投与を控えさせる措置を講じることなくその投与を漫然継続させたことに過失があるかが争われていた。

　過失判断は、予見可能性の有無から始まった。東京地判平成13・3・28判時1763号17頁は、「本件当時、HIV の性質やその抗体陽性の意味については、なお不明の点が多々存在していたものであ」り、「帝京大学病院には、ギャロ博士の抗体検査結果やエイズが疑われる2症例など同病院に固有の情報が存在したが、これらを考慮しても、本件当時、被告人において、抗体陽性者の『多く』がエイズ発症すると予見し得たとは認められないし、非加熱製剤の投与が患者を『高い』確率で HIV に感染させるものであったという事実も認め難い。」として、上述のような態勢下では、「被告人には、エイズによる血友病患者の死亡という結果発生の予見可能性はあったが、その程度は低いものであったと認められる。」と判示している。

　判決は、予見可能性の程度が低いという判断をした上で、「被告人に結果回避義務違反があったと評価されるか否かが本件の帰趨を決することになる。」として、「被告人の本件行為をもって、『通常の血友病専門医が本件当時の被告人の立場に置かれれば、およそ非加熱製剤の投与を継続することは考えないはずであるのに、利益に比して危険の大きい治療行為を選択してしまったもの』であると認めることはできないといわざるを得ない。被告人が非加熱製剤の投与を原則的に中止しなかったことに結果回避義務違反があったと評価することはできない」、として最終的な結論に辿り着いた。

　判決で程度が低いとされた予見可能性は、結果回避措置を導くきっかけとして捉えられており、判決の過失判断の中心部分に置かれたのは、結果回避義務の存否である[126]。

第4節 医学的判断の誤り 69

　注意義務違反の判断枠組みについて、まず、本判決は危険判断に際して利益衡量をしているのかという問題をめぐり争いがある。

　当時、血友病の代替療法としてクリオ製剤も考えられた。クリオ製剤と比べて、非加熱製剤は止血効果に優れ、副作用が少なく、自己注射療法に適する等の長所があり、また、出血の後遺症を防止し、その生活を飛躍的に向上させるものと評価されていた。しかし、他方においては、非加熱製剤の継続的投与は、治療を受けた患者にHIVに感染させてエイズの発症で死亡させるリスクをも意味していた。本判決は危険判断に際して、比較衡量がどのように行われるべきか、どのような危険が許されうるか、許された危険という結論がどのような状況により支えられるかについて正面から細かく吟味することなく、被告人の立場に置かれた通常の血友病専門医を医療過誤の判断基準たる医療上の一般基準に設定し、その医師なら非加熱製剤を継続的に投与しただろうと認められるのであれば、同じことをした被告人には過失がないという結論を導くことになる、という判断枠組みを用いている[127]。

　この判断枠組みについては、通常の医師の基準に依拠して被告人の責任を免れさせており、争点であった危険が本当に許されたものであったかという問題についての実質的な審査が欠けているとの批判がある。鈴木利廣は、危険判断を安易に通常の医師の裁量に任せたという点で判決の問題性を指摘して、「生命予後が脅かされるというのと、QOLが脅かされるというのを比較したときにどうかとか、発生率が低いことも考慮するとどうかとか、具体的考慮をしてみて、一概に判断できないところに裁量論が入り込むというのは、論理構造としてはあり得る。しかしそういう比較衡量をしないまま、医師の裁量を背景に背負っているような結論の出し方というのは、論理性を欠く」

---

[126] 旧過失論の主張者の評釈として、山口厚「薬害エイズ事件三判決と刑事過失論」ジュリ1216号14頁（2002）、前田雅英「刑事過失とエイズ禍」判タ1076号14頁（2002）があげられる。新過失論の主張者の評釈として、井田良「薬害エイズ帝京大学病院事件第一審無罪判決をめぐって」ジュリ1204号33頁33頁（2001）、土本武司「薬害エイズ事件判決」捜査研究595号15頁（2001）があげられる。

[127] 判決で用いられる判断枠組みに関するコメントについて、町野朔ほか「座談会　薬害エイズ事件をめぐって」法教258号32頁（2002）［町野朔発言］、前田・前掲注（18）11頁参照。

70　第1章　日本法上の対応

と批判している[128]。これに対して、島田聡一郎は、判決は比較衡量をしているけれどもその優劣が付き難いと認められるところから、「医師の裁量」を認め、「利益衡量が微妙であっていずれの選択も誤りとはいえないとするケースが存在する」としたため、弁護側は「明白な誤り」といえないことだけを論証すれば足り、個別的利益衡量が不要となった、と指摘している[129]。島田の理解が妥当だと思われるが、いずれにせよ、危険判断は法的評価に基づくものでなければならず、その評価が安易に行われてはならない。この点について、山口厚は、「エイズによる死の危険と治療上のメリットとの比較それ自体」の必要性が否定されるべきではないが、何らかのメリットを持ち出し過失責任を安易に限定することを避けるために、「本当に、危険を上回るだけの明確なメリットがあるか」を慎重に判断する必要がある、と強調している[130]。

　次に、どのような危険判断をなすべきかについては、エイズのような致命的危険がそもそも比較衡量によって許された危険と評価されることがありうるのかという問題への回答によって、さらに比較衡量の不要説と必要説に分けられる。

　比較衡量の不要説では、エイズのような生命を脅かす危険は、比較衡量が問題となるまでもなく、もとより許された危険を超えたものと評価されるべきであるとされる。例えば、甲斐克則は、「本件の場合、生命に対する危険性が相当程度明らかになっていると思われるので、非加熱製剤の継続投与とクリオ製剤の使用との利益衡量はそれほど『微妙』であったか、疑問である。生命に対する危険が相当程度明らかになっている場合、もはや『許された危険』の範囲を超えるものといえる。」としている[131]。船山泰範も、「エイズの危険性は、1985年当時においても、まさに死の危険であったのである。そうであるとすれば、生活の利便性と死の危険をはかりにかける自体がナンセンスといわなければ成らない。比較衡量が許されるのは、あくまで量的な違いの

---

[128] 町野ほか・前掲注（127）32頁［鈴木利廣発言］。
[129] 島田聡一郎「薬害エイズ事件判決が過失犯論に投げかけたもの」刑ジャ3号35頁（2006）。
[130] 山口・前掲注（126）16頁。
[131] 甲斐克則「薬害と医師の刑事責任」広法25巻2号74頁以下（2001）、同「判評」ジュリ1224号154頁（2002）。

第4節　医学的判断の誤り　71

問題にとどめるべきである。生活とは質の異なる、生命というかけがえのない価値が問題となっているときに、優劣を比較することは許されることではない。」としている[132]。

比較衡量の必要説では、命にかかわる危険があったからといって、常に許されない危険と認められるわけではなく、許された危険かどうかは、比較衡量の結論次第であるべきであるが、本件のように、その結論が法的評価として微妙で判断しづらい場合には、余儀なく危険を冒さなければならない「必要性」の判断が特に重要となるとされる。例えば、前田雅英は、「問題は、どのような危険に対して、その行為の具体的有用性の故に、どこまでが許されるかなのである。法解釈論として必要なのは、①危険の予見可能性の程度、②予想される法益侵害の大きさ、③行為を敢えて行うことにより得られる価値の大小、④行為を敢えて行わなければならない必要性・緊急性の程度を衡量することにより、注意義務の範囲・正当化の範囲を確定しうる議論である。」として、「非加熱製剤の使用がエイズという、ほぼ確実に死を導く病気の発症に至ること」の予見可能性が立証された場合には、「その使用によって得られる血友病治療の利益との比較がなされなければならない。そしてその際に特に重要なのは、行為を敢えて行わなければならない必要性である。より具体的には、血友病により死が迫っていたかどうかと、他のより危険性の小さい薬での治療の可能性の有無が、その供給可能性も含めて慎重に認定されなければならない。」としている[133]。前田は、本件では、一方でエイズ感染の危険性が懸念されていた以上、単に「自分の治療方針」「クリオは使いにくい」という程度では許されないと指摘している。

最後に、本件被告人は血友病の治療に関しては行為の当時には日本で最も権威のある専門家の1人であり、非加熱製剤投与の危険性についてその時点で望み得る最先端の科学的知見を把握しており、事件当時には安部帝京大元副学長として血友病患者の治療方針を決定する地位に立っていた。本判決に対して、被告人の置かれた立場に通常の血友病専門医を代入する判決の論理

---

[132] 船山泰範「薬害エイズと過失犯」現刑 38 号 19 頁以下（2002）。土本・前掲注（126）15 頁も同旨。
[133] 前田・前掲注（126）5 頁。町野ほか・前掲注（127）32 頁［町野朔発言］も同旨。

72　第1章　日本法上の対応

に対して根本的疑問を抱く立場から「問題のある業界の慣行を基準とするという意味で、疑問の余地の大きい過失判断である」という批判がなされている[134]。

　これに対して、判決の態度を結論において支持する意見もある。井田良は次のように解説している[135]。非加熱製剤の投与を中止し代替薬剤を使用するという先駆的な治療処置がこれまでの一般水準に代わって新しい水準として一般に認められることが見込まれていたのであれば、通常の医師の行為が基準行為として認められなくなる。しかし、本件では、問題の先駆的な治療処置の依拠した新しい知見は、未だ専門家の間で承認を受けていなかったので、同知見を前提とする治療処置は新しい水準と認められない。要するに、本判決が通常の血友病専門医を基準にすることにした真の理由は、新しい医療水準として主張された被告人を基準とする知見が未だ医療水準とは認められないものであったことにあると解されている。林幹人の解説は次の通りである[136]。問題となった療法の危険性と有用性の比較衡量が客観的に、つまり、通常の血有病専門家を基準に行われなければならないが、危険性を判断する際に、行為者の特別の知見または経験を考慮にいれるべきである。本件では、もし行為者の把握した情報によって非加熱製剤投与の危険性が明らかにされたのであれば、代替薬剤による治療が法的義務として考えられうる。しかし、被告人の知見は、個人的な研究にとどまり、医学界で定説として定着しているとはいえないので、その知見だけでは、非加熱製剤の高度の危険性が明確ではなかったと論じられている。

---

[134] 松宮孝明「薬害エイズ事件と過失論」佐々木史郎喜寿祝賀・刑事法の理論と実践183頁以下（第一法規、2002年）。甲斐克則・医療事故と刑法185頁（成文堂、2012年）は、上記の判決に対する批判は説得力を有していると考えている。日山恵美「判評」医事法24号174頁（2009）は、次のように指摘している。医学的準則に通有性・一般性を必要とし、その判断を臨床医らの実際の行為により判断すると、いわゆる医療慣行と同列になる。この点、薬害エイズ帝京大病院事件判決は、結果回避義務の基準となる「通常の血友病専門医」の行為を想定する際には、「規範的な考察を加えて認定判断」する必要性がある。

[135] 井田・前掲注（126）33頁、36頁、井田良「過失犯における『注意義務の標準』をめぐって」刑法42巻3号341頁（2003）。

[136] 林・前掲注（47）17頁。

第4節　医学的判断の誤り　73

上に向けての個別化の問題については、ドイツで詳しく議論されているので、ドイツの議論を検討した後で、再度検討することにしたい。

第3項　福島県立大野病院事件

本件の事実は以下のようなものである。医師である被告人は、患者に対し帝王切開手術を行っている際に、胎盤が子宮に癒着していると認識したが、直ちに胎盤剥離を中止して子宮摘出手術等に移行することなく、胎盤剥離を継続した結果、患者の多量出血を招き、患者が死亡した。

まず、判決理由の中で、「癒着胎盤を無理に剥がすことが、大量出血、ショックを引き起こし、母体死亡の原因となり得ることは、被告人が所持していたものも含めた医学文献に記載されている」という事実によって、癒着胎盤と認識した被告人においては、「剥離面から大量出血し、ひいては、本件患者の生命に危機が及ぶおそれがあったこと」が予見できたものと認められている。

危険な行為であっても、医療水準に従った治療行為は客観的に適切なものであり、正当化されうる。裁判では、医療過誤の判断基準たる医療水準とは何かという問題をめぐって議論が展開された。

検察官は、「胎盤剥離を継続することの危険性の大きさ、すなわち、大量出血により、本件患者を失血死、ショック死させる蓋然性が高いことを十分に予見できたこと及び子宮摘出手術等に移行することが容易であったことを挙げ」、胎盤剥離を中止し子宮提摘出手術に移行することこそが「本件当時の医学的準則」であったと主張した。根拠として医学文献及び田中鑑定が引用されている。それに対し、弁護人は、「用手剥離を開始した後は、出血をしていても胎盤剥離を完了させ、子宮の収縮を期待するとともに止血操作を行い、それでもコントロールできない大量出血をする場合に子宮を摘出することになる。」として、胎盤剥離を継続することこそが「臨床医学の実践における医療水準」であると反論した。

福島地判平成20・8・20は、「臨床に携わっている医師に医療措置上の行為義務を負わせ、その義務に反したものには刑罰を科す基準となり得る医学的準則は、当該科目の臨床に携わる医師が、当該場面に直面した場合に、ほとんどの者がその基準に従った医療措置を講じていると言える程度の、一般性

74　第1章　日本法上の対応

あるいは通有性を具備したものでなければならない。……この点につき、検察官は、一部の医学文献や田中鑑定に依拠した医学的準則を主張しているのであるが、これが医師らに広く認識され、その医学的準則に則した臨床例が多く存在するといった点に関する立証はされていないのであって、その医学的準則が、上記の程度に一般性や通有性を具備したものであることの証明はされていない。」として、「本件では、検察官の主張に反して、臨床における癒着胎盤に関する標準的な医療措置がそのまま医療的準則として機能していたと認められる。」と判示した。判決は、「一般性や通有性を具備した」医療措置を行為準則にして過失の有無を判断する理由として、こうした解釈が用いられなければ、「臨床現場で行われている医療措置と一部の医学文献に記載されている内容に齟齬があるような場合に、臨床に携わる医師において、容易かつ迅速に治療法の選択ができなくなり、医療現場に混乱をもたらすことになるし、刑罰が科せられる基準が不明確となって、明確性の原則が損なわれることになる」と述べている[137]。

　また、判決は、胎盤剥離を継続することの危険性の大きさや、患者死亡の蓋然性の高さ、子宮摘出手術等に移行することの容易性から、被告人には胎盤剥離を中止する義務があったという検察官の主張に対して、「医療行為を中止する義務があるとするためには、検察官において、当該医療行為に危険があるというだけでなく、当該医療行為を中止しない場合の危険性を具体的に明らかにした上で、より適切な方法が他にあることを立証しなければならないのであって、本件に即していえば、子宮が収縮しない蓋然性の高さ、子宮が収縮しても出血が止まらない蓋然性の高さ、その場合に予想される出血量、容易になし得る他の止血行為の有無やその有効性などを、具体的に明らかにした上で、患者死亡の蓋然性の高さを立証しなければならない。そして、このような立証を具体的に行うためには、少なくとも、相当数の根拠となる臨床症例、あるいは対比すべき類似性のある臨床症例の提示が必要不可欠であると言える」が、そのような立証はなされていないと判示して、被告人に無罪判決を言い渡した。

---

[137]飯田・Ⅲ201頁。

第 4 節 医学的判断の誤り　　75

　本判決は、重大な危険を意識的に冒したとしても、問題となった行為が臨床実践において一般に採用されているものであれば、処罰の対象から除外されることをはっきりと示した点で、医療界からも法律界からも好感をもって迎えられている[138]。しかし、本件判決の理由付けの妥当性については議論がある。

　まず、判決の立場について意見が分かれている。本判決の立場に賛成する意見として、手嶋豊は、事件ごとの危険判断を基軸とする過失判断の問題性を指摘した上で、一般水準に依拠する過失判断の利点を強調している[139]。すなわち、個別に具体的予見可能性がなかったとする処理は、医療専門職に対する行為基準設定の明確性の上で問題を多く含むことが懸念される。医療事件に対して医療関係者が抱く不安に十分な配慮をするならば、個別的な処置よりも客観的注意義務を提示する方向性が望ましい、と主張している。これに対して、本判決の立場に反対する見解として、甲斐克則は、無罪の結論を否定するわけではないが、医学的準則と結果回避義務を正面から結びつける論理を採用すると、個別事情が捨象される懸念があると指摘している[140]。医学的準則が確立して医療現場に定着するには時間がかかり、診療環境（物的・人的要因）も異なるので、一律に判断することができないことから、「医学的準則が確立している場合はそれを参考にすることはできても決定的ではなく」、臨床現場での「刑罰からの自由」を確保するための論理としては、具体的予見可能性を基軸とする過失判断の方が優れていると論じている[141]。

　次に、判決が医学的準則の要件とする「一般性あるいは通有性」がどこまで妥当するかについても議論がある。判決が「医療行為を中止する義務があるとするためには、検察官において、当該医療行為に危険性があるというだけではなく、……より適切な方法が他にあることを立証しなければならない」

―――――――――――
[138] 小林・前掲注（119）論文 72-73 頁、手嶋豊「ワークショップ　大野病院事件判決を読んで」医事法 25 号 30 頁（2010）、佐伯仁志「医療の質の向上と刑事法の役割」ジュリ 1396 号 31 頁（2010）、寺野彰「福島県立大野病院事件と医療関連死死因究明制度」獨協ロー・ジャーナル 4 号 52 頁（2009）。
[139] 手嶋・前掲注（102）53 頁。
[140] 甲斐・前掲注（134）7 頁、127 頁。
[141] 同上、128 頁。

76 第1章 日本法上の対応

と判示している点を捉えて、一部の学者は結果を回避する意味でより適切な措置があることが立証されれば、一般的・通用的措置の採用が注意基準として認められなくなる可能性もありうる、と指摘している。例えば、土本武司元最高検察庁検事は、「医師として生命の保持を最大の使命とするとすれば、生命の危険の少ない後者の方法を選択すべき義務があったというべきではなかろうか。ただこの点に関する検察官の立証が不十分であったことは否めない[142]。」と論じている。日山恵美も、「医療慣行が危険な行為を行っている場合で、より危険性の低い代替手段が存在する場合には、医療慣行自体の妥当性が問題視されなければならず、このような場合、当該被告人の医療慣行には反しない行為の中止義務が認められる。」としている。

このような理解に立った場合には、医療慣行自体の妥当性がどのような条件で否定されるかが問題となるが、日山は、本判決は、「医療慣行自体の妥当性を否定するために検察官に要求される立証についての具体的判断（「相当数の根拠ある臨床症例」・「対比すべき類似性のある臨床症例」の提示が不可欠）を示している」とコメントしている[143]。判決の要求したように、臨床上一般に用いられている処置以外の処置がより適切で注意基準にかなう行為であることを認めるために、その依拠した医学的根拠が相当数の症例により支えられるものでなければならないため、一般的・通用的措置の採用が妥当性に欠けて許されない危険であることの証明が検察にとって容易なことではない。その意味で、武藤眞朗は、判決は、一般的基準の妥当性を否定するために高いハードルを設定していると指摘している[144]。小林公夫の意見も同旨である。すなわち、行為当時に医師らが一般に遵守している行為基準が一応の合理性を持っている限り、その基準に従った行為について刑法的違法性を肯定することには慎重でなければならない。その意味で、一部の医学書および鑑定に依拠する検察側主張は被告人の医師の遵守した行為当時の同一領域で産科医療に従事する臨床医なら遵守するだろうと思われる行為準則が悪しき慣行であることを証明するに足りないために退けられたということである、と解している[145]。

---

[142] 土本武司「剝離か摘出か——大野病院事件判決」捜査研究 688 号 102 頁（2008）。
[143] 日山・前掲注（134）174 頁。
[144] 武藤眞朗「手術と刑事責任」中山＝甲斐編著・前掲注（41）176 頁以下。

第 4 節　医学的判断の誤り　77

　「悪しき慣行」の判断基準は、前に紹介したように、すでに北大電気メス禍事件 1 審判決（札幌地判昭和 49・6・29 判時 750 号 29 頁）で示されている。すなわち、悪しき慣行とは、「一般社会からみて明らかに不当でありまたは非常識であり或いは危険とみられるものである」とされている。この 1970 年代の裁判例で採用された判断基準によっても、本件無罪判決は支持されるべきものであると思われる。

　学説では、一般的・通用的措置の妥当性を否定する根拠についての立証の困難さも考えたうえで、本件で問題となった過誤のような、高度の専門的な判断を要するものを刑事事件として扱う必要性があるかについても疑問が示されている。手嶋は、本件のような、「医学的な解明なしに、基準があいまいな分野」に警察・検察が踏み込むことに歯止めをかける問題を考える際に、本件の無罪判決が重要な参考価値を有するとコメントしている[146]。平岩敬一は、「癒着胎盤というきわめて稀な疾患の施術について、過失の存否を判断するにあたっては、医療現場で実際に思われている、癒着胎盤に対する施術を前提とし、これが専門的な領域の事象であることから周産期医療の専門家の意見に耳を傾けて、本件施術時点において、何が診療当時であるのかを慎重に見極めなければならない。そのうえで、カルテ等の客観的な資料を慎重に検討して合理的な判断をすべきである。……専門性の高い医療事件について、医療については素人である警察官や検察が直ちに捜査にあたるという日本のシステムには明らかに欠陥がある。」と厳しく指摘している[147]。これに対して、土本武司は、「もし医療界の問題は医の専門家である医療関係者に委ねるべきで、司法が立ち入るべきでないという考えがあるとすればそれは誤りである。医の世界といえど、法の支配から断絶した聖域ではない。捜査のやり方に反省する点があったとしても、捜査の対象にしたことには何ら責められる点はないのである。」と主張している[148]。

　本判決は、社会的に大きな注目を集め、医療過誤に対する刑事責任の追及

---

[145] 小林・前掲注（119）論文 72-73 頁。
[146] 手嶋・前掲注（138）30 頁以下。
[147] 平岩敬一「医療の専門的知識を有しない捜査機関による不当な逮捕・起訴」刑弁 57 号 116 頁（2009）。

のあり方について学界や厚生労働省における議論の契機となった重要判決である。医療行為の過失判断の基準となる医療水準とはどのようなものか、臨床慣行に従って治療を行っていれば常に責任を免れるかについて理論的再検討を迫るものであったと言える。また、注意基準たる医療水準自体が必ずしも明らかではなく、診療手段について医師の裁量的判断の正誤が争われていた事例まで刑事訴追の範囲が拡大されることの刑事政策的妥当性についても問題を提起している。これらの問題は、従来日本ではそれほど注目されてこなかった問題であるが、ドイツ等ではすでに議論の蓄積があるので、これらを検討した上で、どのように考えるべきかを第5章で検討することにしたい。

---

[148] 土本・前掲注（142）101頁。米田泰邦「小林公夫『医療水準と医療の裁量性：福島県立大野病院事件・福島地裁判決を中心に』」法時83巻2号112頁（2011）も同様な意見をしている。

第2章　ドイツ法上の対応

はじめに

　ドイツにおいては医療過誤事件について、患者が民事賠償請求に留まらず、医師を刑事告訴し、過失致死傷事件として捜査が行われる事例も決して稀ではなく、その数も増加傾向にある[1]。ドイツにおいても医療過誤に対する刑法上の対応は、実務上も理論上も重要な問題となっている。

　医療過誤において適用される規律を規定する特別法は存在しない。ライヒ裁判所時代から[2]、医療過誤を犯した治療者が過失犯として起訴される際に、主に用いられる罪名は過失致死罪（ドイツ刑法222条）または過失致傷罪（同230条）である[3]。従来は故意犯として起訴された医療過誤事案は見当たらなかったが、最近は具体的状況によって未必的故意による殺人罪で処罰される可能性のあることが、2003年6月26日の連邦通常裁判所刑事判決（NStZ 2004, 35）と2011年7月7日の連邦通常裁判所刑事判決（NJW 2011, 2895）により示され、治療をする者の殺意の有無も見逃せない問題となっている。

　ドイツにおける医療過誤刑事過失の判断方法について、あらかじめ概略的に示すと、以下のようになる。

　患者に対する医師の義務は、注意基準に従った治療を行うことを意味するものであり、特定の成果をあげることを意味するものではない[4]。したがって、期待に反する結果から、直ちに法的責任を発生させる医療過誤であると推定することは許されない。処罰の対象にあたる医療ミスは、客観的注意義務に違反したものでなければならない。

　ドイツにおいては、民法上も刑法上も、客観的注意とはドイツ民法276条の意味での「社会生活上必要な注意」であると定義されている。すなわち、ドイツ法では、民事上も刑事上も過失の客観的尺度は同じであるとされてい

80 第2章 ドイツ法上の対応

る[5]。そのような理論の根底にあるのが違法一元論であり[6]、医療の領域にいても同様に適用されている。2000年4月19日の連邦通常裁判所判決（NJW 2000, 2754）[7]が示したように、「医師の行為を判断する際、刑法上の責任が重大な過失に限定されるといわれる『医師の特権』は存在しない。決定的なのは

---

[1] ドイツでどのくらいの刑事医療過誤事件が起きているかについての統計は存在しないようであるが、参考になるものとして、以下の統計結果を参照する。①1978年から1981年までにアーヘン地方検察庁が処理した過失致死傷医療事件を対象とする統計の結果によると、捜査手続きが完了した事件は併せて90件であり、87件が手続き打ち切りないし不起訴であり、1件が略式起訴で処理され、通常の起訴がされた4件の中では2件が無罪となった（H. Althoff/Th. Solbach, Analyse arztstrafrechtlicher Ermittlungsverfahren der Staatsanwaltschaft Aachen zwischen 1978-1981, ZfR（＝Zeitschrift für Rechtsmedizin）, Vol. 93, issue 4, 1984, S. 277, 279）。②テュービンゲン法医学研究所の収集した、1964年から1989年の間に取り扱われた刑事上医療過誤の嫌疑があった656件の事件の一部である、1964年から1982年の間に取り扱われた傷害事件または過失致死事件を対象とする調査の結果によれば、捜査手続きが開始された事件は410件であり、87.3%（358件）が手続打ち切りないし無罪となり、12.7%（52件）が刑事訴訟法153条aに基づき処理された（H.J. Mallach/G. Schlenker/A. Weiser, Ärztliche Kunstfehler : eine Falldarstellung aus Praxis und Klinik sowie ihre rechtliche Wertung, 1993, S. 16-19）。③1990年のドイツ全国の医療過誤事件の研究によると、1990年に1000人の医師の中で2、30人が刑事捜査を受けており、全国で併せておよそ5.500～8.500人あり、その中の7%が医療過誤による責任が問われた（H.G. Krumpaszky/R. Sethe/H-K Selbmann, Die Häufigkeit von Behandlungsfehlervorwürfen in der Medizin, VersR 1997, S. 420ff）。④1992年6月から1996年末までにデュッセルドルフ地方検察庁が処理した、272件の医療過誤事件の中から194件を選び出して詳しく調査した結果によれば、89%が手続打ち切りないし無罪となり、6%が刑事訴訟法153条aに基づき処理された（Th. A. Peters, Der strafrechtliche Arzthaftungsprozeß : Eine emprisch-dogmatische Untersuchung in kriminalpolitischer Absicht, 2000, S. 20, 43 ; Th. A. Peters, Defensivmedizin durch Boom der Arztstrafverfahren?, MedR 2002, S. 227ff）。⑤ケルン地方検察庁が行った医療過誤事件に対する捜査手続の件数は、1998年の137件から2001年には341件に増加しており、同年のドイツ全体の件数は少なく見積もっても3000件以上になる（K. Ulsenheimer, Arztstrafrecht in der Praxis, 5. Aufl., 2015, S. 2-3）。⑥「ボン大学法医学研究所で行われた、1989年から2003年の間に取り扱われた刑事上医療過誤の嫌疑があった全件を対象とする調査」の結果によれば、全部で210件の捜査手続が分析の対象となり、87%が手続打ち切りないし無罪となり、7.6%が刑事訴訟法153条aによって処理され、または有罪には至らなかった。⑦医師損害保険に関するある損害保険会社の報告によると、2003年には医師賠償責任が4280件あった。そのうち刑事訴訟になったのは約4%、170件にすぎない。うち43件で判決が下されたが、ほとんどは罰金刑であり、実刑（自由刑）にはわずかに3件であった。④、⑤、⑦は、佐伯仁志「ドイツにおける刑事医療過誤」三井誠古稀祝賀・現代刑事法学の到達点254頁以下（有斐閣、2012年）により紹介されている。⑥は、山中敬一・医事刑法概論I383-387頁（成文堂、2015年）と同「医療過誤と客観的帰属」関法62巻2号76頁以下（2012）により紹介されている。

経験のある専門医の基準（der Standard eines erfahrenen Facharztes）である。その基準とは、行為当時には医学の実践経験として受け入れられている、自然科学的知見により根拠付けられている、平均的専門医に要求されている、知識

---

[2] ドイツ帝国が成立する前、1851 年プロイセン刑法典に規定されている過失致死罪（184条）、過失致傷罪（198 条）と業務上の義務違反罪（203 条）が、医療過誤に基づく刑罰に法的根拠を与えていた。医療過誤裁判では条文が援用される際に、そのような不統一の問題が生じうると指摘された（R. Virchow, Kunstfehler der Ärzte, in：A. Eser/A. Künschner（Hrsg.）, Recht und Medizin, 1990, S. 43f）。1871 年ライヒ刑法典においては、業務上の義務違反罪が存在せず、過失により人を死傷させた場合は、刑法に規定する過失致死罪または過失傷害罪により処罰された。

[3] ドイツ法では単なる作為あるいは不作為を内容とする医療過誤もある。特殊な事例ではそのような過誤に対する刑法上の制裁が行われている。例えば、事故が起きた際に必要な救助を（故意に）行わなかった場合（刑法第 323 条 c）や、スポーツにおけるドーピングを目的として（故意および過失により）医薬品を処方した場合（薬事法第 95 条 1 項No. 2a および同条 4 項との関連における第 6 条 a）などが考えられる。上記の内容は、A. Eser, Medizin und Strafrecht：Eine schutzgutorientierte Problemübersicht, ZStW 97 (1985), S. 3f；H-G. Koch, Rechtliche Grundlagen der Arzthaftung für Behandlungsfehler, ZfmE（＝Zeitschrift für medizinische Ethik）53 (2007), S. 210［本論文の日本語文として、ハンスゲオルク・コッホ（中澤武訳）「医療過誤に対する医師の責任の法的根拠」医療と倫理 5 頁（2009）がある］を参照。

[4] R. Goldhahn/W. Hartmann, Chirurgie und Recht, 1937, S. 62f.

[5] H-L. Schreiber, Strafrecht der Medizin, in：C-W. Canaris/H. Andreas/H.J. Klaus (Hrsg.), Festgabe aus der Wissenschaft：50 Jahre Bundesgerichtshof, Bd. Ⅳ, 2000, S. 504 は、一般論として、医事法の領域においては、刑事裁判の発展と民事裁判の発展は分けられず、影響を与え合うことが多いとコメントしている。

[6] ドイツでは医療事件に関する責任追求に関して、不法行為法と刑法においては、客観的注意義務違反の判断は統一的な基準によって行われると考える見解が基本的に支持されている。争われているのは、同基準が社会法に違反する行為の判断においても適用されるかという問題である。すなわち、一部の新規療法と医薬品が保険の対象に含まれていないことから、医師としてそれらの治療または医薬品を患者が経済的に負担できないことを理由に、投与しなかった結果、患者を死傷させた場合に、法的責任が問われるかという問題が生じている。違法性一元論は社会法の領域においても認められるのであれば、医師の法的責任が問われうる。この点については、学説において議論があり、参考になるものとして、次の文献を参照。E. Goetze, Arzthaftungsrecht und kassenärztliches Wirtschaftlichkeitsgebot, 1989, S. 200；E. Steffen, Die Arzthaltung im Spannungsfeld zu den Anspruchsbegrenzungen des Sozialrechts für den Kassenpatienten, in：FS Geiss, 2000, S. 490；H-D. Laum, Spannungen zwischen Arzthaftung und Leistungsgrenzen, DÄ, 2001, A-3180；B. Kreße, Ärztliche Behandlungsfehler durch wirtschaftlich motiviertes Unterlassen, MedR 2007, S. 398；M. Kifmann/H. Rosenau, Qualitätsstandards für medizinische Behandlungen, in：Th. Möllers (Hrsg.), Standardisierung durch Markt und Recht, 2008, S. 66.

82   第2章　ドイツ法上の対応

と能力の標準である」[8]。つまり、「専門医の基準」を根拠付けるのは、医学上確実な知識・経験およびそれらの依拠した医学的知見が医療の実践において受け入れられていることである[9]。学説においては、医療過誤に関して、一般医師の目からみて理解できないほど注意基準から逸脱したという意味での重大な過失（ドイツでは重大な医療過誤の判断基準が民事裁判で議論されて確立されてきた[10]）しか処罰しないとする提案もあるが[11]、その提案には、少なくとも今までのところ、裁判所は興味を示していない[12]。

　このように、ドイツでは客観的注意義務の判断は刑事も民事も同様であると解されているので、刑事の客観的注意義務の議論においても、民事の判例が刑事の判例と同様に引用されている。したがって、以下においても必要に応じて、民事の判例と学説を検討の対象に含めることにしたい。

　過失の不法は客観的注意義務違反により決められるが、刑事上の法的責任を認めるためには、主観的な責任（つまり、主観的注意義務違反）が必要と一般に

---

[7] 本件の事実は以下のようなものである。被告人は研究所の上級理事（Oberrätin）と所長代理を務めていた。共同被告人は大学の医療施設である血液凝固事業と輸血医療研究所の所長であった。被告人は保存用血液の細菌による汚染によって5人の患者を死亡させ、一人の患者に傷害を負わせた。原審判決は、被告人は具体的な事件に関与しなかったが、保存用血液が不適切に扱われたことと、輸血事件後の微生物学上の調査が実施されなかったことを上級責任者と官庁に報告することを怠ったとして、過失致傷罪と過失致死罪で有罪とした。連邦通常裁判所判決は、細菌による保存用血液の汚染と患者らの致傷との因果性を認めた原審の判断は支持したが、被告人の行為類型を不作為として被告人に作為義務違反を認めた原審判決の判断は是認せず、原審判決を破棄して事件を差し戻した。

[8] 判決は次の文献（K. Ulsenheimer, Aus der Praxis des Arztstrafrechts, MedR 1984, S. 162；K. Ulsenheimer, Zur zivil- und strafrechtlichen Verantwortlichkeit des Arztes unter besonderer Berücksichtigung der neueren Judikatur und ihre Folgen für eine defensive Medizin, MedR 1992, S. 129）を引用して、上記判旨を述べている。2005年6月8日のハム高等裁判所刑事決定（MedR 2006, 358）も同じ旨を示している。

[9] Ulsenheimer, a.a.O. (Fn 1), S. 23.

[10] ドイツの判例と学説における重大な過失の判断基準に関する議論について、E. Bokelmann, Grobe Fahrlässigkeit：ein Beitrag insbesondere zu Individualisierungstendenzen im Haftungs- und Regressrecht, 1973, S. 6ff；S. Krämer, Die Grobe Fahrlässigkeit im Sachenrecht und beim sonstigen Recht des gutgläubigen Erwerbs, 1994, S. 30ff；V. König, Die grobe Fahrlässigkeit, 1998, S39ff 参照。英米法においては、処罰に値する重大な過失は、知っていた危険を不注意で配慮しなかったという意味で捉えられるのが一般的であるのに対して、以上に列挙した文献によれば、ドイツ法では上記の意味で重大な過失を捉えることは、重大な過失の1つの解釈の仕方にすぎないとされている。

解されており、行為者が彼の個人的な知識および能力から当該結果を予見・回避することが期待され得るのでなければならない。ただし、そのような過誤はすでに「引き受け過失」の中に含まれている可能性もあるので、客観的注意義務の基準と主観的注意義務の基準との区別は相対的なものにすぎない[13]。すなわち、医師として常に治療の遂行に必要な知識と能力を持っているかを自ら吟味する義務があり、それを吟味していれば、その治療に対し自分の能力が及ばないことを認識し得た場合には、治療を引き受けたこと自体に過失を認めることができ、引き受けた治療の際に最大の注意を払い尽くしたとしても、刑事責任を免れない。したがって、実際には客観的注意義務違反が肯定された場合に、主観的注意義務違反が否定されることは稀である。また、後述の客観的注意義務の基準を行為者の能力を考慮して定める見解に立てば、引き受け過失は客観的注意義務の問題となり、このような区別は実際上の意義を失うことになる。

　本章では、まず第1節において、注意義務の捉え方、特に医療上の準則との関係を判例・学説の発展にそって検討する。次に、第2節において、注意義務の標準に関する検討を行う。第3節において、予見可能性要件を議論する。

---

[11] O. Jürgens, Die Beschränkung der strafrechtlichen Haftung für ärztliche Behandlungs-
fehler, 2005, S. 99；H. Rosenau, Begrenzung der Strafbarkeit bei medizinischen
Behandlungsfehlern?, in：H. Rosenau/H. Hakeri (Hrsg.), Der medizinische Behand-
lungsfehler：Beiträge des 3. Deutsch-Türkischen Symposiums zum Medizin- und
Biorecht, Bd. 1, 2008, S. 225 [本論文の日本語文として、H. Rosenau（山本紘之訳）「医療
過誤における可罰性の限定？」比雑 42 巻 3 号 75 頁（2008）がある]．これに反し判例の
立場に賛成する学説として、例えば、Th. Ratajazak, Der Arzt im Strafrecht-Die
möglichen Straftatbestände, in：Arbeitsgemeinschaft Rechtsanwälte im Medizinrecht e.
V. (Hrsg.), Medizin und Strafrecht：Strafrechtliche Verantwortung in Klinik und Praxis,
2000, S. 8 参照。S. Nemetschek, Soll fahrlässiges ärztliches Handeln strafbar sein?, in：ebd.
S159 も、捜査・起訴の対象とされるのは重大な過失に限られていないとしている。
[12] ドイツにおける軽微な過失（Leichte Fahrlässigkeit）に対する刑法的対応の歴史につい
て、G. S Martin, Notwendigkeit und Möglichkeiten einer Entkriminalisierung leicht
fahrlässigen ärztlichen Handelns, 2005, S. 90ff 参照。
[13] H. Frister/M. Lindermann/Th.A. Peters, Arztstrafrecht, 2011, S. 76ff.

84 　第 2 章　ドイツ法上の対応

第 1 節　注意義務の捉え方

　ドイツでは医療過誤における注意義務の捉え方として、一般に認められて
いる、医療上の準則に依拠して注意義務を捉えるか、それとも、事件ごとの
具体的状況に基づく危険判断を根拠とし注意義務を個別的に捉えるかについ
て歴史上多くの議論が行われてきた。

第 1 款　早期の状況

第 1 項　医療上の技術過誤

　以前では、ドイツにおいて治療過程で起きたミスを表現するものとして、
技術過誤という言葉が使われていた[14]。これは、ドイツ語の Kunstfehler の訳
語である。Virchow は、1870 年に発表した論文で、技術過誤とは「適切な注
意または慎重さの欠如から一般に認められている治療技術の準則（Regeln der
Heilkunst）に反する」ものだと定義している[15]。Virchow においては、「適切な
注意または慎重さ」は、「免許を有する医療関係者がその職業の遂行に必要な
集中力または注意」を意味するものであるとされている[16]。その後、Koll-
brunner は、Kunstfehler の語根である「Kunst」が「技術」という意味を持
つことから、技術過誤を「医師の専門的活動の失敗（das Versagen der ärztlichen
Sachverständigentätigkeit）」という意味で捉え、その原因のほとんどが知識の不
足、能力の欠陥、仕事中の精神弛緩、不注意等にあると説明している[17]。

---

[14] 技術過誤という概念の発展の歴史について、R. Bodenburg, Der ärztliche Kunstfehler als
　Funktionsbegriff zivilrechtlicher Dogmatik : Perspektiven des Arzthaftungsrechts, 1982,
　S. 5ff ; Mallach/Schlenker/Weiser, a.a.O.（Fn 1）, S. 2ff, 13f ; Jürgens, a.a.O.（Fn 11）, S.
　38ff 参照。

[15] Virchow, a.a.O.（Fn 2）, S. 50f.

[16] R. Virchow, Gesammelte Abhandlungen aus dem Gebiet der öffentlichen Medizin und
　der Seuchenlehre, Bd. 2, 1879, S. 514ff（この内容を紹介した日本語文献として、山中・前
　掲注（1）論文 82 頁がある）.

[17] A. Kollbrunner, Die rechtliche Stellung des Arztes, 1903, S. 91-92.

第1節　注意義務の捉え方　85

　当時の裁判所も基本的に Virchow の定義に範をとって、一般に認められている知識と技術および注意を使って治療を施すことを治療者に要求しようとしていた[18]。

　免許の有無にかかわらず、適切な治療行為が専門的知識と技能を前提とするものでなければならないことは、1925 年 10 月 5 日のライヒ裁判所刑事判決（RGSt 59, 355）で認められた。本件の事実は以下のようなものである。無免許のセラピストが、クリスチャン・サイエンス療法[19]による精神治療を行っていたため、手術を遅らせて患者を敗血症で死亡させた。医師による治療にしか専門的知識は要求されないという主張に対して、判決は、「過失の概念には、業務上要求されている特別な注意義務違反が込められており」、「治療を生業として行う者は誰でも、専門的治療の前提を知らなければならず、それに注意を払わなければならない。」と判示している。被告人はクリスチャン・サイエンスに従った治療の危険性を認識している以上、同治療の実施を断り、医師による治療を受けるよう指示すべき義務があり、それに違反して患者側の依頼に応じ治療を引き受けたとして、過失致死罪で有罪とされた。

　ライヒ裁判所 1927 年 10 月 28 日刑事判決も参考になる。本件の事実は以下のようなものである。田舎医者が外科専門医を助手つけずに、難しい手術を行い、縫合ミスを犯して患者を死亡させた。過失の根拠について、判決は、難しい手術の実施に足りる程度の基礎的な知識と実践的な経験のいずれも被告人が持たないまま、経験のある医師を助手にせず手術を行い、手術過程で医療上の準則に反して腸と腹壁を縫い合わせた、と判示している[20]。

　以上のように、Virchow の提案した、「一般に認められている治療技術の準則に反する」という意味での医療過誤の概念は、今日の民法・刑法理論の

---

[18] 例えば、ライヒ裁判所 1880 年 6 月 8 日刑事判決（RGSt 1, 446）が、医業に従事する者の過失を表現するものとして、「医療的準則に違反（Verstoß gegen die Regeln der Arzneiwissencaft）」という言葉を使っていた。RGSt Urt. 12. 10. 1934, in：JW 1935, 115 も参考になる。

[19] クリスチャン・サイエンス療法による治療自体は禁止されるものではない。このことに関する解説は、L-M. Bleiler, Strafbarkeitsrisiken Des Arztes Bei Religiös Motiviertem Behandlungsveto, 2010, S. 46f を参照。

[20] Goldhahn/Hartmann, a.a.O.（Fn 4）, S. 63. 被告人は、過失致死罪で 3 ヶ月の懲役が言い渡された。

発達が始まる前の時代には、医療過誤に基づく処罰に重要な根拠を与えていた[21]。

第2項　技術過誤への批判

医療上の準則違反を基軸とする注意義務の捉え方の欠点も、当時の学者によって指摘されている。Rümelin は 1913 年に出版された著作で、次のような意見を述べている[22]。

第1に、医療過誤の判断基準が地域間・医療機構間の格差により修正される場合もある。病院での診療に対する要求は、田舎で住民の治療にあたる診療所医師の自宅診療に対する要求とは異なる。例えば、治療法を選択する際に、田舎で医療に従事する者は治療にメソトリウム（放射線治療）を使用することはできず、カイロという民間療法しか使用できない。さらに、治療を行う上で器材、時間の余裕などといった諸条件も考慮すべきであると主張されている[23]。

第2に、一般に認められている治療技術の準則からの逸脱が常に過失であるとは限らない。まず、医療上の準則とは法律と同じくように拘束力を持つものではない。それゆえ、その準則違反は常には医師の過失を根拠付けることができない。

第3に、準則違反という意味での医療過誤の判断は、医学界で異論の余地のない準則が確実に存在することを前提としてはじめて可能となる。しかし、医療が発展していくためには、多くの場面でどのような処置が正しいかについて意見が分かれることが必要である。医学上の定説がない領域において、一般に認められている準則、言い換えれば、多数派の見解を基準に過誤の有無を判断するのは、刑法または民法を借りて医学上の論争を禁止することに等しい。そのようなことを許すわけにはいかない。準則を表明し支持する多

---

[21] A. Eser, Beobachtungen zum Weg der Forschung im Recht der Medizin, in : Eser/ Künschner（Hrsg.）, a.a.O.（Fn 2）, S. 12.

[22] M. Rümelin, Haftung im klinischen Betrieb : Rede, gehalten bei der akademischen Preisverteilung, 1913, S. 12-17.

[23] Ebd. S. 12.

第1節　注意義務の捉え方　　87

数派が、訴訟の場を借りて異なる意見を主張する者を屈服させることを許す
わけにもいかない。準則を厳守させることには、医者の裁量権濫用を防ぐ積
極的な面と、医学の進歩を妨げる消極的な面の2つの面があり、医療事件が
裁量権濫用の結果であることが証明できる場合を除き、準則違反を医療過誤
の判断基準と捉えると、その消極的な面が目立つ。医者として自由裁量に基
づき新しい治療手段を適用した場合には、結果が起こったとしても、過失に
よる責任が問われることはない[24]。要するに、Rümelin によって、学説の対立
のない[25]準則が常に存在するわけではなく、適切な治療行為について医学上
異論がある領域においては、準則違反から過誤を導出することはできず、医
師の自由裁量が尊重されるべきであると説かれている。

　その後の判例と学説は、Rümelin の指し示した方向へと発展していく。

第2款　20世紀30年代以降の状況

　1930年代以降の裁判と学説では、医師の注意義務の基準とは何かをめぐ
り、一般に認められている準則が確定できていれば、その準則から逸脱した
行為は常に注意義務に違反したといえるか、そして、一般に認められている
準則が確定できなければ、注意義務を果たした行為がどのように定義される
か、という2つの問題について、議論が行われ始めた。

第1項　準則が確定できる場合

1　正統医療以外の療法

　歴史上、現代医学が十分に発達していない時代には、医療界において治療
原理の相違によって多数の流派が存在していた。その中で、正統医療
(Schuldmedizin) とは、総合大学の医学部で教えられ、代表的な医学教本に紹

---

[24] Ebd. S. 17f.
[25] Virchow は医学が変化の激しい分野であることも認めるとともに、常に変化するにして
　も、一定数の認められた準則（ルール）が存在し、これらの準則違反行為が医療過誤な
　のであるとしている。Virchow において、一般的な準則として、学説の対立のないよう
　な、自然科学的な原則論的な真実として一切の医療の基礎であるような基本的な原則の
　みがあげられている。上記の内容は、山中・前掲注（1）論文82頁に紹介されている。

88 第 2 章 ドイツ法上の対応

介されている医学理論・施術規範・臨床応用を内容とする医学だと定義され、あるいは、有名な大学教師、充分な能力を具備した医者または権威のある専門家の見解だと定義される[26]。要するに、正統医療とは一般に認められており、あるいは圧倒的な支持を受けた医学上の準則である。正統医療は実験済みでその応用に伴う危険が把握され効果が実証されたものとして医学界で一般に受け入れられ、臨床治療に適用されている。正統医療の対極に位置づけられるのが、特殊療法（Außenseitermethode)[27]と新規療法である。

　正統医療以外の療法の選択・適用が許されるかをめぐる議論が、診療についての裁量の自由とその制限を考えるきっかけになった。

　「診療における自由裁量（Therapiefreiheit)」が 1930 年 7 月 8 日のライヒ裁判所刑事判決（RGSt 64, 263）で、はじめて明確に認められた[28]。本件の事実は以下のようなものである。正統医療によれば、ジフテリアの治療方法として免疫血清療法（Serumbehandlung）が一般に用いられていたが、被告人は自分の熟知しているホメオパシーで治療をした結果、適切な治療を遅らせ患者を死亡させた。

　原審判決は「被告人は機械的に自分のやり方で運を天に任せていた」として有罪判決を下した。これに対して、ライヒ裁判所判決は、被告人が免疫血清療法を考慮した上で同療法を採用しないことに決め、また、ホメオパシーによる治療を行う際にホメオパシーの施術準則を遵守したのであれば、運を天に任せたとはいえず、正統医療以外の治療手段を使って結局のところ効果が得られなかったとしても罪に問われることはないとするとともに、行為者

---

[26] A. Sieber, Strafrechtliche Grenzen ärztlicher Therapiefreiheit, 1983, S. 37.

[27] G. Klinger, Strafrechtliche Kontrolle medizinischer Außenseiter, 1995, S. 5ff；B. Tamm, Die Zulaussigkeit von Aussenseitermethoden und die dabei zu beachtenden Sorgfaltspflichten, 2007, S. 35ff.

[28] すでにライヒ裁判所 1928 年 11 月 6 日刑事判決（I 921/28）が正統医療からの逸脱の問題に触れている。被告人は一般に認められた治療方法の代わりに、自分の熟知している Lehmbehandlung と言われる療法を適用したことにより医療事故を生じさせた。判決は一般に認められている療法以外の療法を適用したこと自体は非難されないとするとともに、療法に関する知識および認識と経験に基づき、注意と慎重を払っていれば、結果発生が予見できたという理由で、被告人に過失責任を認め、原審の有罪判決を是認している（本判決は、RGSt 64, 263（266）に紹介されている）。

第 1 節 注意義務の捉え方 89

が「実質的根拠 (sachliche Gründe)」に基づき、選択した療法の治療効果を確信していた場合には、その確信が圧倒的支持を得た見解と一致していなくても、療法選択に過失は認められないと判示している。ライヒ裁判所は、正統医療以外の療法をジフテリアの患者に適用して効果が得られるという被告人の確信が、経験によって裏付けられていたかが証明されていないとして、原審判決を破棄し事件を差し戻した。

ライヒ裁判所 1931 年 12 月 1 日刑事判決 (RGSt 67, 12) は、上記判決で示された、療法選択に関する判断規則は、「原則としてあらゆる種類の病気に適用でき、重篤な病気にも、そして、あらゆる真剣に考えられた治療行為にも適用できる」とするとともに、「一般に認められ、あるいは圧倒的支持を受けた医療上の準則が医学上認められていない、医学専門家でない者または医師の免許を持たないセラピストに採用される特殊療法より優先的であるということはない。」という、診療における自由裁量に関する有名な解釈を示した。

本件の事実は以下のようなものである。正統医療によれば、虫垂炎の治療に手術療法が使われるべきだとされるにもかかわらず、被告人がホメオパシーで治療をした結果、患者が腹膜炎を発症して死亡した。判決は、診療についての裁量権を認めた上で、採用された療法の効果を考慮し、被告人が同療法で 5 年間に約 5000 人の治療を行っていた状況によって、療法選択に過失を認めた原審の有罪判決を破棄した。

しかし、医師の裁量には制限がないわけではない。医師の注意義務として、問題となった治療措置と、取らなかった治療措置の「成功の見込みの比較 (Vergleich der Erfolgsaussichten)」を行うことが要求されることは、ライヒ裁判所 1937 年 11 月 15 日刑事判決 (HRR, 1938 Nr. 857) で判示されている[29]。

本件では、癌治療に一般に認められている療法としてラジウム線照射が考えられるが、ホメオパシーを専門とする被告人が内科療法を選択・使用したことに過失があるかが争われた。専門家鑑定人によって、被告人の使用した療法で患者の命を伸ばせる可能性があるとされたが、判決は、両療法の「成功の見込みの比較 (Vergleich der Erfolgsaussichten)」を行うべきであるという基

---

[29] 本件は Ed. Schmidt, Der Arzt im Strafrecht, 1939, S. 147 に掲載されている。判決結果は紹介されていない。

90 第2章 ドイツ法上の対応

本的態度を示した後、「進行癌のラジウム線照射治療は、それ以外のあらゆる治療手段よりはるかに効果的であるから、ホメオパシー専門医は、自分の専門と対立する専門領域に属する医師と同じく、放射線治療を適用する義務がある」と判示した。

このように、現に採用された療法による治療が効果的であったことが否定され得ないが、否定された療法を使用していれば、もっとよい効果が得られただろうと予測されうる場合には、療法選択の判断に過失が認められる[30]。

「特定の手段は特定の病気に特に効果的であり、それゆえ、それ以外のあらゆる治療手段に優先する。そのようなケースにおいては、医師とセラピストは原則としてその使用義務がある」というルールが、ライヒ裁判所1940年2月12日刑事判決（RGSt 74, 60）で確立され、医師の裁量権に制限を与えるルールと評価されている[31]。

本件の事実は以下のようなものである。セラピストである被告人は1938年に悪性貧血を治療するにあたって、当時のセラピスト同盟の文献に推奨されていた治療方法を使用して、最終的には適切な治療を遅らせて患者を死亡させた。肝臓療法は悪性貧血症の治療に優れた効果がある代替療法として1932年の医学雑誌で紹介された。被告人は1932年以降の出版物から、肝臓療法の「絶対的な不良点（absolute Versager）」が発見されていないことと、採用された療法で病気を治す可能性がないことを認識すべきであったと認められる。

判決は少なくともセラピスト同盟の文献に推奨された治療手段をもって患者を助けることができないことを被告人がはっきりと認識した時点から、肝臓療法を治療に使用し、あるいは同療法による治療ができる医師のところに患者を転送すべきであり、それを怠った被告人には過失責任が問われるとして、原審の有罪判決を支持した。判決は被告人がセラピストとしてセラピスト同盟の文献に推奨された治療方法を信奉していたとしても、「代替療法の優れた効果を無視することは許されない」と強調している。

---

[30] E. Mezger, Über strafrechtliche Verantwortlichkeit für ärztliche Kunstfehler, Deutsche Zeitschrift für die gesamte gerichtliche Medizin 42 (1953), S. 371.

[31] P. Bockelmann, Strafrecht des Arztes, 1968, S. 88.

第1節　注意義務の捉え方　　91

　連邦通常裁判所は 1960 年 6 月 21 日刑事判決（NJW 1960, 2253）で、医師の自由裁量とその制限に関するライヒ裁判所の解釈を受け継いだ。

　本件の事実は以下のようなものである。正統医療によれば、子宮頸癌の治療に手術または放射線治療が行われるべきであるとされるが、被告人は生薬抽出液のつくり湯で半身浴をしダイエットをするなどの療法を実施して、その結果、症状を悪化させ患者を死亡させた。被告人の治療は死亡との因果関係が証明されていないが、病気の悪化をさせた原因となったと認められ、過失致傷罪で有罪とされた。

　判決は、本件のような初期の子宮頸癌の治療に手術あるいは放射線治療が使われると、70％の治癒の可能性が予測されるのに対し、被告人の療法では、成功の見込みが経験から不明瞭であり、したがって、被告人は手術あるいは放射線治療を行う義務を負うと判示している。

　学説においては、裁判の動きにあわせ、1930 年代に医事法研究の先頭に立っていた Schmidt は、正統医療がそれ以外の医学より優先的地位にあることを否定する解釈は、「患者の健康を扱うときに、医療上の準則を頑なまでに守るよう制約を受けて、結局、個々のケースにおける状況に応じた判断を怠るに至ることを回避するために役立っており、また、医師として自分の意思で考えたり自分の経験をもって判断したりする可能性を確保するためにも役立っている」と論じている[32]。

　その後、同旨で Bockelmann は、「医師に裁量権を与えることの対極に位置付けられるのが、あらゆる医師を『一般に認められている準則』に縛ることである。後者の結果は、その時点に確立された、医療上の知見の基準が正典化されて、人の行動を拘束するものとなる。それは医学発展の静止を意味するであろうから、採用することのできない結論である。医学の進歩を止めるわけにはいかない。その進歩は療法選択についての自由裁量を前提としてはじめて可能となる」と説いている[33]。

---

[32] Schmidt, a.a.O.（Fn 29）, S. 145f.
[33] Bockelmann, a.a.O.（Fn 31）, S. 87.

92　第2章　ドイツ法上の対応

2　先駆的で試行的療法

　もっとも困難な問題は先駆的で試行的治療手段の採用が法的に許されるか
である。一般に認められている治療方法以外の、先駆的で試行的治療手段の
選択・使用それ自体が法的に許されないわけではないが、その療法選択の妥
当性を裏付ける知見は、施術者の独自の知見にとどまってはならず、科学的
根拠に基づくものでなければならないことは、有名な Issels 事件に対する、
連邦通常裁判所1962年5月3日刑事判決（NJW 1962, 1978）で示唆され、同判
決に対する理論的検討を経て明らかにされた。

　本件の事実は以下のようなものである。乳癌の治療法として、手術または
放射線治療等の外科療法が一般に用いられていたが、癌治療領域の専門家で
ある被告人は、乳癌を治療する際に腫瘍の内科療法（interne Tumortherapie）を
使用し、外科治療を受けるよう指示せず、その結果、患者が癌で死亡した。

　被告人は内科療法の治療効果を証明するために次の証拠の提出を希望し
た。すなわち、内科腫瘍療法は、癌細胞の増殖を抑制し再発を防止でき、癌
を切除せずに5年～10年の延命を可能にさせることが、27の症例で実証さ
れている。乳癌の根治のための乳房切除・卵巣摘出をしなくても、内科腫瘍
療法で癌細胞を減らすことによって、5年以上経過しても全身の健康を保ち
再発の心配がないことが、3つの症例で実証されている。

　地方裁判所は、被告人が求めた証拠の提出を拒否した。その理由は、次の
ように述べられている。被告人の取り扱ったおよそ2350人の癌患者の中で
効果的だと思われる症例は1～3%を占めていたにすぎず、それは裁判に何の
意味もない。正統医療の見地から、現に採用された療法はまったく効果がな
いものと評価される。そして、列挙された症例の中で、病変の部位が本件で
の患者の乳癌の病変部位と同じ症例は1件しかない。内科療法を使って治療
に成功することに対する信頼は、その1回限りの実験結果だけでは根拠付け
られない。また、時間経過が短いため治療効果に関する判断には信頼性がな
い。地裁は、被告人に過失致死罪の成立を認めた。

　連邦通常裁判所は、通常の癌治療方法と採用された治療方法の作用と治療
効果との比較衡量を行うため、治療効果に関する証拠の提出を拒否した原審
の判断には法律判断の誤りがあるとして、原審判決を破棄して事件を差し戻

第 1 節　注意義務の捉え方　93

した。判決理由の中で、一般に認められていない新規療法の採用がどのような条件で許されるかについて、連邦裁判所の示唆した判断方法は注目に値する。

　まず、判決は、問題となった内科療法は効果がない、あるいは僅かな効果しか得られないことは指摘に値するけれども、正統医療の有効性の有無をも考慮の上、本件では正統医療で治療効果が得られない場合には、内科療法を採用してよいかについての検討が有意義であると判示している。

　次に、判決は、確かに証拠として列挙された症例の中で病変部位が患者の病変部位と同じ（つまり、乳癌の）症例は１件しかない（これは被告人に不利な事実である——筆者注）が、薬物に期待される治療効果は病変部位によって変わることが見極められない限り、同薬物は乳癌以外の症例に投与された経験が乳癌を治療する際にも参考になる余地はないわけではない（これは被告人に有利な解釈であり、この解釈は裁判に採用されている。——筆者注）とするとともに、新しい知見は、被告人に有利な事情として働くものであれば、考慮に入れるべきであるとしている。善意で患者の生命を助けるためにその療法を使用していたが、実際には同療法の治療効果に関する主張が根拠のない仮説の上に築かれているにすぎないような場合には、同療法の効果に関する独自の判断が正しいと思い込んでいた、あるいは過去に同療法を治療に使用した独自の経験から効果があると誤信したなどの状況は、責任の判断において重要であると判示されている。

　判例評釈において Loeckle は、癌の個別化治療を提唱する見地から、判例で画一的な通常療法の法的独占化を認めることは、最も効果的な手段が無視される結果を招致し、医学の進歩の自由を害する恐れがあると主張し、本件での手術または放射線治療の適用を支持していない[34]。Loeckle の見解は癌の個別化治療を重視する点では正しいと思われているが、本件で争点となった内科療法の効果に関する被告人の独自の判断が本当に科学的根拠あるものであったかという点では激しい批判を受けている[35]。Loeckle 説に対する批判によれば、内科療法の効果を根拠付ける確かな事実が存在しなかったから、療

---

[34] E. Loeckle, Krebstherapie als Rechtsfrage, NJW 1962, S. 1755.

94 第2章 ドイツ法上の対応

法選択は妥当とは認められないとされる[36]。

　本件評釈ではないが、当時の学者 Fincke は療法選択の問題を議論する際に、「どのような療法が最も優れたかが医学上必ずしも明らかではない場合には、自分の好みの治療手段の使用も考えられるが、その使用を正当化するためには治癒の可能性を根拠付けるものを行為者が提出しなければならない。……最初の実験に基づく個人的直観的な判断は科学的判断にはならない。……行為者は科学的な結果を得るために、直観的な判断を裏付ける情報を引き続き収集しなければならない。」とするとともに、上記の要求のほかに、試行的な療法の先駆者の判断が倫理的に適切なものと認められるのは、作用および治癒チャンスを正直に患者に知らせる場合に限られると強調している[37]。

　以上のような医学界で一般に認められていない新規療法が、どのような条件で法的に許容されうるかについての議論においては、2つの要点が示されている。第1に、療法選択は個別的に判断されるべきであり、新規療法の採用が法的に許容される場合もありうる。第2に、新規療法が妥当であるかどうかの判断においては、その効果に関する施術者の確信が、もっぱら独自の知見にとどまるものであるか、それとも、科学的根拠に基づくものであるかが、重要である。第1の点では医師の自由裁量が、第2の点では自由裁量の制限が示されている。第1の点については、異議がない。第2の点については、Loeckle 説は、医師の自由裁量を過度に強調することで批判を受けている。連邦通常裁判所は被告人のあげた証拠で示されたのが、独自の知見であったとしても、被告人に有利な証拠となるなら、その証拠を考慮から排除してはならないと判示しているが、独自の知見だけで争点となった療法選択の妥当性が認められるという態度をとっているわけではない。療法選択の妥当性が認められるためには、その新知見が客観的な科学的根拠に基づくものでな

---

[35]K. H. Bauer, Krebstherapie als Rechtsfrage, NJW 1963, S. 369ff ; P. Bockelmann, Krebstherapie als Rechtsfrage（Kleine Beiträge）, NJW 1963, S. 380f ; S. Koller, Krebstherapie als Rechtsfrage（Kleine Beiträge）, NJW 1963, S. 381f.

[36]Bockelmann, ebd. S. 381.

[37]M. Fincke, Arzneimittelprüfung Strafbare Versuchsmethoden, 1977, S. 91f.

ければならないということは、療法選択における自由裁量に対する制限として、Loeckle 説に対する批判説で明らかにされていると思われる。

第2項　準則が確定できない場合

医学界で一般に認められている医療上の準則が確定できない場合には、当然のことながら、準則からの逸脱を理由に医師の責任を問うことはできない。ライヒ裁判所 1938 年 1 月 7 日民事判決 (JW 1938, 2203) は、何が一般に認められた医学上の準則か明らかにならなかった事例である。

本件の事実は以下のようなものである。原告が炭坑の中で仕事をする際に、事故で外傷を受けて傷口に金属または炭化ケイ素粉末が入り込み、出血量が多かった。開業医である被告は傷の手当をしているとき、傷口を切開し洗浄するなどの外科処置を用いなかった。傷口はその中に残っていた金属または炭化ケイ素粉末による感染で化膿した。

裁判での争点は被告が傷口を切開し消毒するなどの外科処置を施す義務に違反したかに絞られていた。事故当時の状況において傷口を切開し洗浄するなどの外科処置を施す必要性があるのか、どのような条件でその必要性が認められるのかという問題については、専門家鑑定人の意見が分かれた。判決は行為の当時に傷口切開の必要性が医学知識と経験に基づき解明されていないので、傷口を切開し消毒をするなどの外科処置の実施は被告にとって過度な要求であるとして、原告側の主張を退けた。

問題となった治療行為の効果とリスクを天秤にかけて、その結果が明らかにならないと、医師の自由裁量により決めてよいことは、学説においても議論されている。例えば、Bockelmann は問題となった治療方法が、投与に重大な健康被害が発生するリスクが伴うことが予測され、他方では、特別効果のあることも知られている場合には、重大な危険と特別効果の両方が存在するから、同療法の使用が強いられてはならないと主張している[38]。Sieber は新規療法または臓器移植は、効果があってもリスクのある治療方法であるから、その療法による治療は義務付けられないとしている[39]。Eser と Klinger は優

---

[38] Bockelmann, a.a.O. (Fn 31), S. 68.
[39] Sieber, a.a.O. (Fn 26), S. 44.

96　第2章　ドイツ法上の対応

れた効果だけでは足りず、治療に伴う副作用等の危険も算入されるべきであるから、癌治療のために、十分な効果を有する高侵襲性療法のかわりに、顕著な効果は得られないが安全性が高い治療法を使用することが正当化される場合もあると論じている[40]。さらに、Klinger は正統医療の成功の見込みが大きければ大きいほど、治療法を選択する際に医師に課される吟味義務が重くなり、正統医療以外の療法を選択するための実質的根拠を提出する義務が厳格に要求され、逆に正統医療の成功の見込みが低ければ低いほど、自分で開発した治療手段を採用するかについて広い範囲で裁量の余地が認められると指摘している[41]。

第3項　技術過誤を捨てるか

今までの議論において、技術過誤という概念を捨てるという先鋭的な意見が相次いで出ることになった[42]。その中で、Schreiber は、1976 年に発表された論文で、「技術過誤という概念の別れ」を徹底的に主張した。そうでなければ、医学上の知識と技術が変わらないものと見なされ、医療活動が準則に厳しく縛り付けられる懸念があるし、医師として準則通りの治療ばかりを考えると、具体的な状況を常に重視すべきであるという大事なことを忘れてしまうおそれもあると論じられた。したがって、注意義務の根拠を準則違反に求めることは妥当ではない。過失の判断において、真の問題は、具体的な事件について医師として要求される、彼にとって可能な注意を払ったかということである[43]。

Schreiber の極端な議論と異なり、Deutsch は、有名な「Kunstfehlerreduktion」理論を提出し、新しい局面を切り開いた。その理論の詳細は、次の通りである。

医療過誤はすべてが準則違反によって特徴付けられるものではなく、技術

---

[40] Eser, a.a.O.（Fn 3), S. 12；Klinger, a.a.O.（Fn 27), S. 79.

[41] Klinger, a.a.O.（Fn 27), S. 81.

[42] 刑法学者の見解は、Bockelmann, a.a.O.（Fn 31), S. 85f を代表とする。

[43] H-L Schreiber, Abschied vom Begriff des ärztlichen Kunstfehlers?, Med Sach 1976, S. 72ff.

過誤として捉えられる過誤は、初歩的な医療措置・診断・治療の不注意に限られるべきである[44]。そして、初歩的な過誤にはドイツ民法823条2項が、それ以外の医療過誤には民法823条1項が適用される。823条1項は過失によって法益が侵害されたとして損害賠償責任が問われることを規定するものであり、行為者が法益侵害の発生を予見できたことを要件とする。同条2項は過失によって法律に違反したとして損害賠償責任が問われることを規定するものであり、法律上の規則違反にのみ関連し、結果発生の予見可能性は要件とされない。

Deutschの解釈によれば、初歩的な過誤を犯した行為者は、周知され争いがない医学的知識と措置さえ注意しなかったものである[45]。それらの診断・治療・アフターケアに関する医療措置は患者、同僚医師および一般大衆から求められる最小基準として考えられる。その最小基準にかなわない行為は、医療従事者にとって理解できないほど重大な過失と認められる。経験上、準則違反に伴い患者が健康被害に脅かされることは明らかであるので、予見可能性の証明をしなくてよい。

DeutschのKunstfehlerreduktion理論[46]は、Giesenから激しい批判を受けている。Giesenの見解は次の通りである[47]。準則違反という意味での医療過誤を是認した結果、準則によって画定された狭い領域においては、医師の注意義務を規定する「特別法」が設けられてしまう。その領域においては、過失の有無はもっぱら、準則とは何かについて専門家間でどのような共通した見解や意見が形成するかということに帰する。そうなると、医療過誤は、法律上の問題よりも医学上の問題として扱われてしまう。

Giesenは医師の過失は法律上の問題として考えられるべきであり、法律上重要な問題となるのは、患者の保護という見地に立脚し社会生活上必要な注

---

[44] E. Deutsch, Reform des Arztrechts : Ergänzende Regeln für das ärztliche Vertrags-(Standes-) und Haftungsrecht?, NJW 1978, S. 1658.

[45] E. Deutsch, Medizinische Fahrlässigkeiten, NJW 1976, S. 2291.

[46] Bodenburg, a.a.O. (Fn 14), S. 128ff, 153ff が、Deutsch と同じ過失の判断方法を採用している。

[47] D. Giesen, Arzthaftungsrecht im Umbruch (I)—Der ärztliche Behandlungsfehler in der Rechtsprechung seit 1974—, JZ 1982, S. 348.

98 第2章 ドイツ法上の対応

意を被告医師が払ったかということであると説いている。社会生活上必要な注意は、法律上要求される注意であり、それを判断するとき、医療上の準則は判断の出発点として位置付けられるにとどまる。裁判官が判断を下すために専門家鑑定人の力を借りるからといって、医師の概念を受け入れなければならないということにはならない。社会生活上必要な注意は法律上の概念であり、その概念に医療上の準則違反のカテゴリーを混同させてはならない[48]。

Katzenmeier は、Giesen が Deutsch の Kunstfehlerreduktion 理論を誤解していると指摘している[49]。Katzenmeier の理解によれば、Deutsch の学説の重点は「医師の特権」領域を作ることにではなく、「医療分野の特殊性に応じて不法行為法の形態を整える」ことにある。しかし、Katzenmeier は準則違反という意味での医療過誤は過失の判断に実益がないと考えている。医療訴訟の実態からみて、医療の領域において一般に認められている準則の数はほんの僅かである。そして、(特に、Deutsch における初歩的な過誤のような) 医業上の義務に対する重大な違反は、一般医師にとって理解できないほど重大な過失と認められるのは異義の余地のないところであるので、そのような過誤に対応するとき、裁判官は医療上の準則および準則違反の概念をわざわざ持ち出さなくても、過失の有無が判断できると論じられている[50]。

以下において、「技術過誤を捨てるか」について、若干の検討を加えたい。

医療の領域においては、新しい医学的知見と臨床的経験が絶えず獲得されることに伴い、義務付けられた基準行為は常に変化している。そして、患者の素因や病気の誘発原因や外的な環境から受けた影響等によってまったく同じ病状はまれである。したがって、ほとんどの場合には、その状況に置かれた医師として特定の病気にどのように対応すべきであるかが個別に検討されなければならない。Schreiber と Giesen は問題意識の核心をそこに置き、それと相容れにくい「準則」を排除しようとする態度をとっている。

しかし、多くの場合に個別的な判断が必要だとしても、日常の医療活動中で、治療をする人として遵守しなければならない基本中の基本の準則が存在

---

[48] Ebd. S. 348.
[49] C. Katzenmeier, Arzthaftung, 2002, S. 275.
[50] Ebd. S. 276.

することも否定できない。Deutsch はそのような準則違反行為に対してはド
イツ民法823条2項が適用されるべきであるとしている。例えば、組織片の
病理検査をせず悪性の腫瘍と誤診して乳房全体を切除した事件、危険な薬剤
の注射部位を間違えた事件、患者が手足の痛みあるいは無感覚を訴えたとき
にギプス包帯を外すべきであるにもかかわらず、それを怠った事件では、一
般医師の目からみて理解できないほど重大な過誤の存在が異議なく認められ
る[51]。特別の状況がない限り、それらの初歩的な過誤は絶対に許されないも
のである。このような Deutsch の理論は、ドイツ民法の規定に基づくもので
あるので、そのまま日本の解釈の参考にするわけにはいかないが、医療の安
全を守るために誰もが遵守すべき基本中の基本といえる準則があり、そのよ
うな準則に違反する行為には、予見可能性を問題にするまでもなく過失が認
められるという考えは、参考にできる点があると思われる。もちろん、その
ような場合にも、予見可能性要件が理論的に不要となるわけではないが、実
際の注意義務違反の判断において予見可能性が問題となることはまずないの
である。

　1970年代以降、法律上要求される注意義務違反が医療上の準則からの逸脱
に等しくないということが認められるようになると、歴史上後者の意味で使
われていた技術過誤は、医療過誤を表現する言葉として妥当ではないと指摘
されるようになり[52]、1980年代以降は、実務上も理論上も、技術過誤という
言葉のかわりに行為過誤が一般に採用されるようになっている。後者は、ド
イツ語の Behandlungsfehler の訳語である。

第3款　20世紀80年代以降の状況

　1980年代以前、医師の裁量を制限する規則は、主として特殊療法と新規療
法による医療事件に取り組む刑事判決で確立されてきたが、民事でも援用さ

---

[51] Deutsch, a.a.O.（Fn 45）, S. 2291.
[52] E. Deutsch/A. Spickhoff, Medizinrecht- Arztrecht, Arzneimittelrecht, Medizinprodukt-
trecht und Transfusionsrecht, 7. Aufl., 2014, § Ⅶ, Rn. 295, 296；Ulsenheimer, a.a.O.（Fn
1）, S. 75-77.

100 第2章 ドイツ法上の対応

れている。1980 年代以降になると、判例集と文献で公表された裁判例では、この問題に関する刑事判決は見当たらず[53]、民事判決が目立つようになっている。特に、先駆的で試行的な医療の領域においては、医師の自由裁量の動きとその制限に関する議論は、民事判決で進められているので、以下でこれらの民事判決を紹介する。

第1項　新水準が形成される時点

医学は日進月歩であり、次々と新たな療法と技術が開発され、臨床治療に適用され、時間をかけて医学界で一般に受け入れられるに至る。ここでの問題は、医学上の新知見・新技術の適用が、どの時点を境として、義務として医師に要求されるようになるかである。ドイツでは、新規治療は新しい医学的知見にとどまり、その採用が医師に義務付けられないものと、義務付けられるものが峻別されている。

---

[53] 刑事裁判においては、医師の裁量の範囲に関する議論は、医薬品の適応外使用の許容性が主である。医薬品の適応外使用とは、承認された適応疾患以外の疾患に対する効能を期待し薬を使用することを指す。連邦通常裁判所 1991 年 5 月 17 日刑事決定（BGHSt 37, 383）が、上記問題に関する議論で有名である。裁判では、開業医である被告人が薬物依存症の患者らに依存症になる恐れの少ない代用麻薬である L-Polamidon あるいは Ritalin を処方したことが法的に許容されるかが、争われた。原審判決は、問題となった麻酔剤の処方が正統医療規則および 1988 年の連邦医師会の推奨のいずれにも反したため、適応性がない処方と判断して、麻薬法（BtMG = Gesetz über den Verkehr mit Betäubungsmitteln）13 条に規定されている処方と調剤に関する犯罪で有罪判決を言い渡した。連邦通常裁判所は原審判決を破棄して、次のように判示している。正統医療規則および 1988 年の連邦医師会の推奨としての一般に認められている医療上の規則に反したことから、直ちに構成要件に該当することを導くことは許されない。正統医療規則は、刑法上要求される注意基準と同一視してはならない。問題の麻酔剤が代用薬物として薬物依存症の患者に処方することができるかについて医学上未だ定説はない。医学上定説がない領域においては、その判断を医師に委ねてよい。ここでの問題は、医師の判断が裁量の範囲を超えたかどうかということになる。麻酔剤の処方が許されるのは、その処方に合理的な根拠が認められる場合に限られる。合理的な根拠はその意義が厳しく捉えられている「医学的」根拠に限らず、「社会的相当医療としての適応性（sozialmedizinische Indikation）」があれば足りる。したがって、争点となった麻酔剤の処方は、患者の苦痛を治癒する目的にかなう治療手段と認められる場合には許される。そこでは、アヘン依存症患者を楽にしてあげるため、麻薬依存症の存続という小さな不利益を甘受することが余儀なくされる。それは刑法上許される。

第1節 注意義務の捉え方 101

1 義務付けられる新規治療

　義務としてその適用が医師に要求される新規治療の特徴は、連邦通常裁判所 1987 年 9 月 22 日民事判決（MedR 1988, 91）で示された。

　本件の事実は以下のようなものである。1980 年 1 月 25 日、地方婦人科病院で働く執刀医は、モノポーラ高周波電流電気凝固法による腹腔鏡下卵管殺菌という方法を使って原告に人工中絶手術を行った際に原告の腸を損傷した。行為当時にはバイポーラ高周波電流電気凝固法という新しい代替療法がすでに開発され、腸を損傷する危険性が低い治療法として婦人科専門界で推奨されていた。1980 年代初頭には、代替療法は新しい医療水準に定着していく過程にあり、普及していなかったが、すでに多くの患者の治療に使用されていた。

　判決によって、新技術は、広く普及していなくとも、次のような特徴を持つものであれば、治療に使われるべきであるとされている。すなわち、「危険性が低く」、「より高い効果が見込まれ」、「医学上基本的に異議がなく」、「継続的に勉強をしている慎重な医師」なら同療法を使用しただろうと認められるといった特徴である。

　この論理に基づき、判決は危険性の低い新しい代替療法による手術を行うべきであるとした上で、行為当時には当該病院にその新しい技術が備えられていなかった場合には、その新しい技術を具備している医療機関に原告を転送すべきであり、あるいは緊急の手術が必要ない場合には、当該病院に新しい技術が配置されるまで手術を延期することも考えられるので、伝統的療法で手術を行うことは許されないと判示している。

　同旨の判決として連邦通常裁判所 1991 年 11 月 26 日民事判決（VersR 1992, 240）も参考になる

　本件の事実は以下のようなものである。当時、放射線治療技術として、伝統的な広範照射野照射技術（Mehrfeldtechnik）と新しく開発された限定照射野照射技術（Einzelfeldtechnik）があった。後者は、危険性が比較的低く、より高い効果が見込まれる。大学付属病院で働く医師である被告が、伝統的な技術でホジキンリンパ腫を治療したことに過失があるかが争われた。専門家鑑定人の証言によって、伝統的な技術は欠陥があるので、新しい技術に取って代

102　第 2 章　ドイツ法上の対応

われており、本件治療の当時にはすでに時代遅れのものになっていたと認められた。

　判決は 1987 年の連邦通常裁判所民事判決と同じ基準を示した上で、大学付属病院の医療設備の充足性に応じた医療水準に関する要求も考慮して、伝統的な技術の使用に過失はないとした原審判決を破棄した。上述判例の態度は学説の支持を得ている[54]。

2　義務付けられない新規治療

　新規療法を義務づけられるレベルにはないと判示したものとしては、まず、ハム高等裁判所 2000 年 3 月 15 日民事判決 (VersR 2000, 1509) をあげてみよう。

　本件の事実は以下のようなものである。1994 年 6 月 9 日、外科医長である被告は静脈血栓抜去術 (Venenstripping nach Babcock) という伝統的な術式を使って原告の右脚に手術を行う際に、不注意で神経を損傷した。7 月 12 日、原告は修復手術を受けたが後遺症が残っている。採用された手術方法は 20 世紀の初頭から臨床治療に使われ始め、1994 年 6 月、つまり本件手術の時点で、通常の医療水準の範囲内であると認められる。代替療法として、バイパス手術が考えられる。バイパス手術は伝統的な術式より優れた点が発見されたので 1986 年から専門文献において議論されていたにもかかわらず、本件手術の時点では、新しい医療水準となるレベルとして考えられるものと評価されていない。

　このような状況を考慮して、判決は専門文献において「新しい術式が議論されているが、だからといって、伝統的な術式が放棄されなければならないわけではなく」、後者を依然として使用したことに過失はないと判示して、原告の訴えを却下した原審判決を維持した。

　また、ハム高等裁判所 2005 年 8 月 31 日民事判決 (MedR 2006, 111) も参考になる。

　本件の事実は以下のようなものである。2000 年初頭、婦人科医師である被告は、患者に X 線マンモグラフィー検査を受けなくてもよいと提案した。原

---

[54] Vgl. Frister/Lindermann/Peters, a.a.O. (Fn 13), S. 45.

第1節　注意義務の捉え方　　103

告は検査の費用を抑えるために、被告の提案に従った。その結果、乳癌の発見が遅くなった。X線マンモグラフィー検査は、乳癌の早期発見に役立つと思われる新技術であり、1996年から同技術に関する医学的知見があったが、2000年当時は一般臨床治療に広く応用されてはおらず、その検査を定期的に受けることの有用性も疑われていた。

　判決は、「最新の医学的知見が必然的に、これまで使われていた治療方法が時代遅れになりもう頼れなくなったものと見なされる事態を生じさせるわけではない。最新の治療法は、その優越性が基本的に争われているときには、要求される質の基準には達しないものとされる。」という態度を示した後、上述の新療法の特徴を踏まえ、X線マンモグラフィー検査は行為当時には新しい医療水準となっておらず、したがって、その検査を行わなかったことは医療過誤ではないと判示している。

　さらに、新しい医学的知見にとどまるレベルとして考えられる新技術であれば、その技術の使用が医師に義務付けられないのみならず、転送義務も普通要求されない。このことは、連邦通常裁判所1984年2月28日民事判決（NJW 1984, 1810）で示唆された。

　本件では既に採用された検査手段であるPEG検査（調節気脳撮影法 Pneumencephalographie）以外に、危険性が比較的低く身体への侵襲性がないCT検査（コンピュータ断層撮影）も存在し、1975年の春の医学雑誌で公表されたが、行為当時にはまだ実験の初期段階にあり、ドイツ全国で3、4カ所の大学付属病院にしか導入されておらず、臨床症例の数も少なかった。専門家鑑定人は、行為当時には検査手段としてCTはPEGと並ぶ選択肢の1つとは考えられてなかったと証言した。上記の状況を考慮し、判決は、問題の大学付属病院MがCT検査を臨床治療に導入しておらず、CT検査を提供できる高次の医療機関に転送する措置もとっていなかったことについて、過失による責任を問われることはないと判示して、原告の訴えを却下した原審判決を是認した。

第2項　最も安全な道の原則の放棄

1　最も安全な道の原則についての議論

危険性が最も低い、つまり安全性が最も高い治療法の適用が常に義務付け

104　第2章　ドイツ法上の対応

られるかについて、1980年代以降、裁判でよく議論されている。この問題に
ついて、学説においては最も安全な道を選ぶべきだと主張する学者がいる。
Mertensは科学が絶えず進歩することを必要とする領域においては、「最も
安全な道の原則（Prinzip des sichersten Wegs）」が、科学の進歩を阻害する効果
を持ちうることを認めるが、それにもかかわらず、「最も安全な道の原則」に
よって職業上の自由裁量に制限を加えるべきであると主張している[55]。最も
安全な道の原則を徹底的に貫く学者はMertens以外には珍しい。

　危険増加禁止を理由に最も安全な道の原則を提唱する学者もいる。例えば、
WalterとHerbertは、危険のないにきびの治療のために、危険性のある麻酔
を行ったことは許されないとするハンブルク高等裁判所民事判決（VersR 1965,
861）を用いて、治療の危険性が病気の危険性自体より高いときには、許され
た危険の上限を超過すると述べている[56]。Ulsenheimerは原則としては、危険
増加禁止の見地から、特別の長所と短所および医療費の自己負担も含めあら
ゆる状況を考量した上で、患者にとって危険性が最も低く障害が最も軽微な
治療方法が常に選択されなければならず、それによって裁量の自由に制限が
加えられると主張するとともに[57]、以下で紹介する連邦通常裁判所1987年7
月7日民事判決を引用して、最も安全な道を選ばないことが例外的に許され
る場合もありうると認めている[58]。

　1987年7月7日の連邦通常裁判所民事判決（NJW 1987, 2927）は、医師とし
て常に最も安全な治療方法を選択しなければならないわけではなく、具体的
な事件でリスクの比較的高い療法を適用することの事実に即した正当化事由
は「特別のやむをえない事情」あるいは「回復の予測」に求められると判示
した。

　本件の事実は以下のようなものである。被告は多数の釘で骨折部位を固定
する方法（Bündelnagelung nach Hackethal）を使用し右上腕骨折の手術を行った

---

[55] H-J. Mertens, Berufshaftung Haftungsproblem alter Professionen, VersR 1974, S. 512.
[56] W. Wilts/H. Kleinewefers, Die zivilrechtliche Haftung des Arztes, in : A. Mergen (Hrsg.),
Die juristische Problematik in der Medizin, Bd. Ⅲ, 1971, S. 33.
[57] Ulsenheimer, a.a.O.（Fn 8）, MedR 1984, S. 164f.
[58] Ulsenheimer, a.a.O.（Fn 1）, S. 43.

が、術後に合併症が発症したため、2度目の修復手術が行われたというものであった。上記の術式は、医学上定評のある治療方法であるが、捻転骨折の発生率の点で欠点があり、安定性の高い骨接合術だとはいえなかった。代替療法として、プレート骨接合術という低侵襲術が考えられ、合併症の発症率を比較したところ、こちらの方が危険性が低いと考えられていた。判決は、最も安全な方法を使用しないことを正当化するための事情の存否が原審で解明されていないとして、原審判決を破棄し事件を差し戻した。判例の立場を批判する学説は見あたらない。

2 実験段階にある新療法の許容条件

　最も安全な道を選ばないことが場合によって許されると認められたことに伴い、実験段階にある新開発療法の臨床治療への適用、つまり、臨床治療の試みを法的に許容することが可能になり、その許容の条件が議論され始めた。

　連邦通常裁判所2006年6月13日民事判決（MedR 2006, 650）は、実験段階にある新開発療法の臨床治療への適用が条件付きで許されうることを正面から判示したものである。

　本件の事実は以下のようなものである。1995年9月、被告は人工股関節置換手術にRobodoc（人工股関節置換手術用医療機器）を使ったため、手術時間が長くなり、手術のリスクを高めた結果、手術中に患者の神経が損傷され、下肢の機能障害になった。Robodocを使い人工股関節置換手術を行う臨床実験は、1992年に米国で開始され、被告は、1994年にはじめてRobodocを使用した。行為当時（1995年）、Robodocは実験段階にある新開発術式であった[59]。

　実験段階にある新開発技術の使用許容性について、判決は、患者の福祉を個別的に考慮し、医学の視点から、期待される長所と予測される短所との比較衡量を責任をもって行い、注意基準に従って新規治療を実施する場合にのみ、新開発技術の使用が許されうるとしている。

　療法選択が問題となった場合、複数の治療方法の有用性と危険性に関し比

---

[59] 判決は、実験段階にある治療手段の適用自体から注意義務違反は認められないが、未知のリスクの存在の可能性を患者に説明しなかったことに不注意があるとしたが、説明義務違反と危険の実現との相当性因果関係が認定できないと判示している。

106 第2章 ドイツ法上の対応

較衡量を行う義務が基本である。新開発療法の適用が問題となった場合も同じである。新開発療法で危険や効果が治療の最初ははっきりと把握されていない[60]。その点をどう解決するかについて、本件の判決では説明されていない。Robodoc のような、実験段階にある手術方法は伝統的な手術方法と比べて劣ってはいないが、安全性と安定性のいずれも確証されていない。Robodoc の使用に伴う具体的危険が使用開始の時点に知られていなかった以上、上述の比較衡量が実際には不可能であると指摘されている[61]。

危険性や有効性が、治療開始時でははっきりと把握されていない新開発療法を臨床治療に適用することがどのような条件で許されるかという問題は、連邦通常裁判所 2007 年 3 月 27 日民事判決（MedR 2007, 653）で答えられている。

本件の事実は以下のようなものである。癲癇治療センターで働く医師である被告は、原告の癲癇発作回数を減少させるために、神経科手術の代わりに、1991 年 9 月末から薬品 V を投与し続け、薬品 V の継続的投与により原告の視力を低下させた。薬品 V は米国ではじめて開発され、本件での治療開始時には、臨床実験段階にあり、米国とドイツでは認可されていなかった。治療進行中の 1991 年 12 月 19 日にドイツにおいて薬品 V の使用が認可されたが、薬品 V の視力に与える長期影響が実験済みでなかったため、定期的な視力測定が許可制限事項として記載されていた。1992 年 3 月末 4 月初頭、原告は視力低下と診断され、眼科治療を受けたが、4 月 10 日、視力が急激に低下したため大学付属眼科治療病院に転院し、転院先で 4 月 16 日から 27 日まで緊急治療を受けた。4 月 28 日から 7 月 9 日まで、原告は癲癇治療センターに戻り治療を受け続けていた。5 月 4 日、大学付属眼科治療病院は、手紙で原告の検査と治療状況を被告に知らせた。しかし、被告は薬品 V の投与を中止しなかった。5 月 8 日、原告は大学病院 T で必要な血液検査を受けた。5 月 27 日、被告は血液検査の結果を伝えられて、はじめて薬品 V の投与を中止する

---

[60] B. Buchner, Der Einsatz neuer medizinischer Behandlungsmethoden–ärztliche Aufklärung oder präventtive Kontrolle?, VersR 2006, S. 1460.

[61] Ebd. S. 1460 は、新開発療法リスクの予防的な管理の必要性（Notwendigkeit einer präventiven Kontrolle）を強調している。

第1節　注意義務の捉え方　　107

ことに決めた。結局、原告は薬品 V の副作用で視力障害になった。

　判決で被告は、新薬の視力への影響に関する情報を獲得するための定期的な視力測定を怠り、視力低下と大学付属眼科治療病院からの通知をきっかけに危険を認識することが可能なときに薬品の投与を中止しなかったとして非難に値するとされている。

　まず、判決では薬品 V の視力への長期な影響が実証済みではなかったから、薬品 V の投与による視力被害が未知の危険と見なされている。未知の危険に関連する医師の注意義務について、判決は次のように判示している。新薬を治療の試みに適用する場合は、これまで知られていないリスクまたは副作用も考慮する必要がある点で、医療水準により決められている通常の治療を行う場合とは異なる。新薬を治療の試みに使う際には、患者の福祉を個別的に考慮して、医学の観点から期待される長所と予測される短所との比較衡量を特に注意深く行うべきである。この比較衡量は治療開始時の1回限りではなく、その時その時に判断を更新しなければならない。治療をする医師として、可能な危険と副作用の存在に関する新しい知見を絶えず獲得すべきである。そのために、誘発原因、作用機序または作用範囲が見極められていない、重大な健康被害を惹起させる恐れのある危険が現れたときには、医師として遅滞のないチェックアップ（unverzügliche Kontrolluntersuchungen）を行わなければならない。

　本件では視力損害がこれまで知られない危険として存在・突発する可能性のあることが許可制限事項にはっきりと提示されていたから、医師としてそれに注意を払うべきであり、治療を開始したときに視力の状況を調べ、また、治療開始後の変化も把握できるように治療中にも定期的な視力測定（月1回）を行うことをすべきであると判示されている。

　そして、視力低下（1992年3月末、4月初）と大学付属眼科専門病院からの通知（5月4日）は、これまで知られていない副作用の影響で薬品 V の継続的投与で視力被害が起こる可能性のあることへの十分な懸念を生じさせたと認められている。その状況を踏まえ、判決は次のように判示している。新開発薬品で治療の試みを行った場合は、そこに未知の危険がありうるというリスクが潜んでいることも考慮されなければならない。薬品投与により原告の視力

108　第2章　ドイツ法上の対応

に取り返しのつかない低下が引き起こされる大きな可能性のあることが大学付属眼科治療病院からの通知で示唆されたときには、原則として必要な利益衡量をもう一度行わなければならない。また、安全保障上の理由で患者の健康のために、新しいチェックアップ結果が出るまで、すぐに薬品投与を中止することが優先的に考えられるべきである。したがって、判決は被告が大学病院Tの血液検査報告を得た後で薬品投与を中止しても遅すぎたとしている。

　このように、判決は遅滞のないチェックアップの懈怠と治療中の薬品投与中止の懈怠の2点について過失責任が問われうるとして[62]、その判断を原審裁判所に求めて事件を差し戻した。

　「遅滞のないチェックアップ」を行為者に命じる根拠について、次のように解されている[63]。遅滞のないチェックアップの必要性は、過程観察・結果チェック義務の帰結である。新開発療法を治療に適用する場合は、身体診断を通じ危険を未然に防止するための配慮をもって、未知の危険が発生する可能性も算入し、新しい認識を絶えず獲得し、所見の状況に基づく判断に応じ対応策を調整し、予防的な措置も通り、疑念を生じさせた状況を捉まえることを内容とする注意が要求される。過程観察義務と結果チェック義務は、そもそも医薬品の投与行為に要求されるが、新開発療法の適用が問題となる場合には、新開発療法の適用自体が含意する不安全な状況から厳しく要求される。言い換えれば、新薬とその使用に関する専門的な情報によって、遅滞のないチェックアップを行うことが動機付けられると考えられている。

　遅滞のないチェックアップと異なり、薬品Vの投与中止は最初からは要求されない。薬品投与中止等の措置は、未知の危険の存在への疑念を生じさせる状況（患者の視力低下や大学付属眼科治療病院からの通告）によって動機付けられる。Katzenmeierにおいては、薬品投与中止等の措置をとる義務は対応義

---

[62] 被告は薬品Vを投与するために患者の明示の同意を得なかったから、説明義務にも違反したとされている。

[63] D. Hart, Arzthaftung wegen Behandlungs- und Aufklärungsfehlern im Zusammenhang mit einem Heilversuch mit einem neuen, erst im Laufe der Behandlung zugelassenen Arzneimittel, MedR 2007, S. 632. C. Katzenmeier, Anmerkung, JZ 2007, S. 1109f も同じ立場をとっている。

第1節　注意義務の捉え方　109

務（Reaktionspflicht）と呼ばれる。対応義務は、特定のリスクが知られるまで、つまり、特定の危険の存在が医学上真面目に指摘され、あるいは少なくともそれに対する具体的な予期が証明されるまで生じない、とされている[64]。

　連邦通常裁判所2007年5月22日民事判決（MedR 2008, 87）は、これまで確立されてきた療法選択に関する規則を適用し、新開発療法の使用を正当化する条件を全面的に示した最新判決である。とりわけ、判決は医療水準により注意義務が決められない場合には、「慎重な医師（ein vorsichtiger Arzt）」の基準が適用されると明言している。

　本件の事実は以下のようなものである。整形外科医師である被告は、原告の椎間板ヘルニア、脊柱管狭窄症、慢性疼痛症候群および椎間関節症候群を治療するために、RaczKatheter という実験療法を使用した。2001年3月6日、1回目のカクテル注射がされた。7日、合併症の発症で激しい痛みが起こったが、被告は電話で状況を尋ねて、2回目の注射を指示した。当日の夜、原告は麻痺を訴え入院した。8日、3回目の注射がされた後、激しい痙攣性の痛みが起こった。結果、原告に膀胱と直腸の機能障害が生じた。RaczKatheter は医学上定評のない、新種の鎮痛療法として、少なくとも2001年1月の頃には、治療効果の統計的根拠には欠けているが、一定の適応性と治療効果があり、重大な副作用はないと思われるものであった。その新療法の適用が過失とされるかが、争われた。

　判決は実験段階にある療法の使用と治療中止の怠慢に過失を否定した原審判決を破棄した[65]。判旨の内容は次の通りである。

　まず、一般に認められている療法以外の療法の適用は、原則として許される。療法選択は医師として当然のことである。実際に治療の役に立つ、同価値の複数療法のいずれも利用可能なとき、医師の自由裁量はなおさら許容される。そこで療法を選択する際に、医師がいつも最も安全な道に決めるとは

---

[64] Katzenmeier, ebd. S. 1110.
[65] 被告は、治療の成功の可能性と危険性を患者に説明したが、それだけで説明義務を果たすのに足りないとされている。被告は、治療が実験段階にある新開発療法をもって行われるものであることを患者に説明しなかったとして、説明義務にも違反したとされている。

110 第2章 ドイツ法上の対応

限られない。だが、リスクの比較的高い療法を適用することの正当化事由は
「特別のやむをえない事情」あるいは「回復の予測」に求められなければなら
ない。

　そして、新開発療法で治療の試みを行う場合は、未知の危険と副作用も考
慮に入れるべきであり、患者の福祉を個別的に考慮して、医学の観点から期
待される長所と予測される短所との比較衡量を特に注意深く行うべきであ
る。この比較衡量は治療開始時の1回限りではなく、いつもその時その時に
判断を更新しなければならない。治療をする医師として、遅滞のないチェッ
クアップを通じ、可能な危険と副作用の存在に関する新しい知見を絶えず獲
得すべきである。

　以上の一般論に基づいて、判決はRaczKatheterの選択それ自体は医療過
誤にあたらないが、治療の過程において合併症が発症したときから、治療方
法を再検討する義務が生じており、合併症の発症原因を解明して、その原因
を排除するまで、治療を続けることは許されないと判示している。すなわち、
被告は原告に急激な疼痛が起こったときに、疼痛の原因を正確に調べたり、
永久的な障害を回避するための必要な措置をとったりすることに注意を払う
べきであり、電話での指示だけで対応することは許されず、健康被害の状況
とその原因を自ら確かめるべきであるとされている。判決理由の中で、「医療
水準に準じた治療方法以外の治療方法を選択する場合、必要な注意の標準と
は慎重な医師（ein vorsichtiger Arzt）の基準である」と判示されている。

　判例評釈において、Spickhoffは「慎重な医師」の概念に次のような解釈を
加えている[66]。ここでの医師とは「専門医」を指す。慎重な医師として、まず、
新開発療法あるいは特殊療法に関する状況が吟味できるよう、科学の発展を
絶えず追いかける義務がある。治療開始後も治療過程における具体的な状況
について観察と評価を継続的に実施すべきである。合併症が起きたときに遠
隔診断を行うことは、十分な対応措置として認められない。具体的な治療の
進行をチェックするときに期待される「慎重さ」として、その状況に置かれ
た慎重な医師なら全般的な状況により具体的にどのような行動をとっただろ

---

[66] A. Spickhoff, Anmerkung, MedR 2008, S. 90.

うかが検討されなければならない。

第2節　注意義務の標準

　行為者が、かかわる領域に属する専門医に期待されうる質の治療を行う義務があり、その水準の治療を行っていなければ、客観的注意義務に違反したと認められる。しかし、実際に求められる診療水準は、彼の知識と能力あるいは利用可能な人的・物的条件によって変わりうるので、必ずしも一律ではない。このことは、過失の判断を困難にさせる。

第1款　医者の知識と能力

第1項　知識と能力の欠如

　医者として、治療に必要な知識と能力を持つかどうかを吟味して、持たないことを認識したときまたは認識し得たときに、患者を他の医者に転送する、あるいは助言を求めるべきである。この注意義務に違反し治療を引き受けた行為は犯罪となりうる。このことは、ライヒ裁判所 1931 年 12 月 1 日刑事判決（RGSt 67, 12）で議論された。

　本件の事実は次のようなものである。虫垂炎の治療法として外科手術が考えられるべきであるにもかかわらず、セラピストである被告人は、自分の熟知しているホメオパシー療法を使用した結果、虫垂炎を悪化させ患者を腹膜炎で死亡させた。

　手術による治療を行わなかったことに過失があるかについて、判決は次のように判示している。被告人は自分の職業能力を吟味することが可能である。吟味していれば、病気の確定診断または、診断によって確定された病気の治療に必要な能力と知識が不十分であることと、病気の確定診断が十分に行われなければ患者の死傷を生じさせるという危険があることが認識できたはずなのに、治療を引き受け、医師あるいは専門医への転送を勧告しなかった場合には、過失責任の問題が生じる。そして、引き受け過失が認められるのは、

112 第 2 章 ドイツ法上の対応

自分の職業能力の不足を洞察することが可能な場合に限られる。例え自ら吟味しても、判断に使える一般的な能力が僅かなときには、治療によって身体傷害ないし死亡が惹起される可能性があることを認識できない場合もあり得る。そのような治療者が能力と知識の重大な欠如によって、違法な結果を回避する可能性が極めて低い場合には、刑法上の責任を問われ得ない、とされる。

　洞察力さえ否定される場合は稀である。継続的に勉強し、医学の進歩について情報を獲得する義務が治療者に要求される被告人の能力・教育から結果の予見可能性は、現にその予見可能性がなくても、結果の予見を可能にしたような能力の獲得が可能な場合にも認められるのがその理由である。これは、「研鑽義務（Fortbildungspflicht）」[67]、「継続勉強（Weiterbildung）」義務[68]等と呼ばれている。研鑽は、「職業上の倫理的義務（berufsethisches Postulat）」にとどまらず、「職業法上の義務（berufsrechtliche Pflicht）」であり、法的責任の根拠付けとしての重要な意味を有するものでもある[69]。研鑽義務が問題となった事例として、連邦通常裁判所 1979 年 10 月 2 日刑事判決（1 StR 440/79）がある。

　本件の事実は以下のようなものである。麻酔専門医である被告人は、患者に挿管された気管チューブが閉塞して、酸素が肺に届かなくなった際、30 秒間、手動の人工呼吸を行い、それによって呼吸量の上昇が見られなかったにもかかわらず、さらに 1 分半自発呼吸が始まるのを待ち、その後、効果のない措置を行ったため、患者を死亡させたとして、過失致死罪で有罪とされた。本判決は被告人の上告を棄却した。

　過失の標準について、判決は「挿管麻酔で合併症が起こるのは全く稀なことではないので、一年半の独自の臨床経験を積んだ麻酔専門医にはその合併症を除去することが期待されうる。確かに、被告人は、……囊内ヘルニアの

---

[67] K. Ulsenheimer, Der Arzt im Strafrecht, in： A. Laufs/B-R Kern（Hrsg.）, Handbuch des Arztrechts, 4. Aufl., 2010, § 140, Rn. 31.

[68] D. Karl, Ärztliche Behandlungsfehler： Geschädigte Patienten und ihre Rechtsansprüche, 1. Aufl., 1989, S. 63.

[69] K.F. Laum/U. Smentkowski, Ärztliche Behandlungsfehler-Statut der Gutachtenkommision, 2005, S. 89； D.H. Laum, Statut der Gutachterkommission für ärztliche Behandlungsfehler, 2002, S. 77f.

病症を取り扱った経験がないが、専門文献からそのような合併症が起こることと、酸素が肺に届かなくなったことが気道内あるいは気管カニューレ内での閉塞を示す徴候であることを習得すべきであった。」と判示している。

　また、連邦通常裁判所 1997 年 11 月 19 日刑事判決 (StV 1998, 199) も参考になる。

　本件の事実は以下のようなものである。医師 K が放射線治療の計画を立てた後、計画の実行を被告人に依頼して、休暇を始めた。被告人は医師 K の立てた治療計画の欠陥を認識せず、計画通り放射線治療を行った結果、患者を放射線に長時間晒させ、目に見えない傷害を生じさせた。

　放射線治療に関する知識の不足のために治療計画の欠陥を認識できなかったという被告人の主張に対して、判決は、「医師として幅広く継続的勉強をする義務があり、医業遂行に必要な専門知識を維持し発展させることが必要である。……休暇中の医師の代理として、代理期間中に計画された治療を医療水準に従って行うための専門知識を持たなければならない。被告人は、少なくとも放射線治療の領域における重要な継続的発展について情報を収集していれば、……放射線治療計画の欠陥が認識できた。必要な知識の欠如に心当たりがあり、あるいは認識しうるにもかかわらず、……行動能力を超えた医業活動を引き受け、その活動を続けた場合には、刑事責任が問われうる。」と判示し、被告人を過失致傷罪で有罪とした原審判決を維持した。

　それから、一般水準の知識・能力を持っている新米医師[70]も、問題の治療に高次の知識・能力が必要とされる場合には、その高次の能力を持つ医師に手伝いを求め、あるいは治療を委託すべきである。このことは、連邦通常裁判所 1979 年 2 月 2 日刑事判決 (NJW 1979, 1258) で示唆されている。

　本件の事実は以下のようなものである。担当医が経験不足から褐色細胞腫

---

[70] H. Franzki, Rechtsfragen der Anfängeroperation, MedR 1984, S. 186 は新米医師の意味を次のように説明している。広義の意味では、新米医師が専門医としての資格を獲得するための研修を受けている者に限らない。疑われる病気が稀なものであって、その治療に必要な知識、技術等が通常の医学教育に含まれていない、あるいは、通常の臨床実践において経験の積み重ねが得られていない場合もある。このような、問題の病気の治療に高次の知識、技術等が必要とされる場合には、その知識、技術等を持たない医師が、同病気を治療する医師としてはベテラン医師ではなく、新米医師と見なされる。

の疑いがある患者の検査結果の判定を確信できなかったため、内科専門医である被告人に相談したが、被告人はそれらの情報に基づき褐色細胞腫の確診ができなかった（50％の蓋然性）状況下で、未確診褐色細胞腫に通常使われる処置をとるよう指示して帰宅させた。4ヶ月後、患者ははじめて褐色細胞腫と診断され治療を受けたが死亡した。

　被告人が病気を予見し得たかについて、判決は次のように判示している。被告人は2年間内科専門医として経験を積み重ねていた。専門医になるための教育を開始した時点からは、7年を重ねていた。しかし、この間には、褐色細胞腫の治療に関する経験を積み重ねる可能性がなかった、あるいは僅かしかなかった。褐色細胞腫は極めて稀な病気であるので、同病に関する知識と経験の欠如だけで被告人の責任を問うことはできない。正確に診断できないことを予見し得たのであれば、結果を回避するために、上司に助言を求めることを思い付かなければならないと判示されている。判決は結果回避可能性が十分に立証されていないとして、原審の有罪判決を破棄して事件を差戻した。

　適切な治療に失敗した原因となった不注意の原因として、知識・経験の欠如のほか、疲労[71]、酩酊[72]、病気[73]なども、治療を開始する時点より前の段階で見つけうる。結果に対し重大な因果的寄与をした不注意を非難するために、過去のある時点まで遡るという考え方を採用するとき、その時点を任意に選び出すことは許されない。「わからないなら、照会しないとはいけない。できないなら、やってはいけない。」というスローガンを本当に実行させるとすれば、あらゆる時点で注意を払う義務が課されて、あらゆる社会活動を停止させることになってしまうから、注意を払っていれば構成要件に該当する事実

---

[71] 例えば、G. Jakobs, Strafrecht AT I : Die Grundlagen und die Zurechnungslehre, 2. Aufl., 1993, 9. Abschn, Rn. 14 は、過労の状態になった運転手の引き受け過失の例を設けている。Martin, a.a.O.（Fn 12）, S. 86f は、過労により医療事故を起こした補助医師の引き受け過失の問題を議論している。

[72] BGHSt Urt. 22.08.1996, BGHSt 42, 235.

[73] 例えば、G. Duttge, in : Münchener Kommentar zum StGB, Bd. 1, 3. Aufl., 2017, §15, Rn. 131（以下、MK として引用する）は、癲癇病にかかっている運転手の引き受け過失の例を設けている。

への誤認が回避できたという理由だけで注意義務を課してはならない[74]。したがって、より以前の行為が結果に重大な因果的寄与をしたからといって必ずしも処罰の対象とされるわけではなく、どの時点まで遡及することが許されるのかは慎重に検討されなければならない[75]。例えば、治療に必要な知識と技術の欠如の原因が、医学部で勉強としているときに、授業をさぼったり、真面目に講義を受けなかったりしたことに見付かったとしても、過失の非難をそのような過去の不注意にまで遡及させることは許されない[76]。そして、被告人が運転中に癲癇病の発作で事故を起こしたような事件で、引き受け過失で有罪とされるのは、これまでの癲癇病の発作に関する経験から、運転中に癲癇病に襲われて重大な交通事故を起こすという危険を認識できた場合に限られる、と考えられている[77]。

第2項 標準の一般化と個別化

　以上の事例で、治療に必要な知識と能力を持たず治療を引き受けることに伴う危険を認識しうることを、処罰の前提とされている。ところが、誰を標準に認識しうるかを判断するかが必ずしも明らかではない。これは過失の標準に関する問題である。

　ドイツの刑法理論では、過失の標準について、2段階説（Zweistufigkeitslehre）と、個別化説（individualisierende Lehre）が対立している。後者は1段階説（Einstufigkeitslehre）とも呼ばれる。前者によって、刑事過失にあたるためには、違法レベルでの客観的注意基準と責任レベルでの主観的注意基準の二重評価尺度（Maßstab）に反することが必要である。主要な主張者としては、Welzel、Kaufmann、Schünemann等があげられる[78]。この説において、客観的行為規

---

[74] Duttge, in：MK, §15, Rn. 132.

[75] D. Sternberg-Lieben/F. Schuster, in：A. Schönke/H. Schröder StGB Kommentar, 29. Aufl., 2014, §15, Rn. 136（以下、Sch/Sch K として引用する）；Duttge, in：MK, §15, Rn. 133, 134.

[76] 例えば、C. Roxin, StR AT I, 4 Aufl., 2006, §24, Rn. 119 は、知識と経験にかけた医師の引き受け過失の例を設けている。日本では、平野龍一「刑法総論 I」196頁（有斐閣、1972年）もほぼ同様な意見をした。「その人の人格形成の過程にまで遡る」という考え方はあり得ないと主張されている。

[77] Duttge, in：MK, §15, Rn. 133.

範は、過失の有無を評価するための前提としてあらかじめ決められなければ
ならず、個人の能力によって左右されない。能力と知識の欠如のため、行為
時点で客観的行為規範に従う行動をとらなかったため、結果を惹起した場合
に、「違法だが責任はない」と判断し犯罪を否定するという不当な結論を出さ
ないよう、「引き受け責任」が認められる。引き受け責任は、主観的注意義務
違反と解されている[79]。医療の領域において、2段階説の立場から、例えば、
Schmidt は、法的義務は主観的能力によって制限が与えられないという見地
から、自らの責任のもとで手術を引き受けた新人医者にも、同手術のために
医学上必要な、経験のある専門医に利用可能な手段を使い結果を回避する義
務が要求される、と主張している[80]。経験の不足はせいぜい責任を否定する
理由として考えられている。

　個別化説は1970年代以降に台頭し、急速に発展して今日大きな影響力を
持っている。主要な主張者としては、Stratenwerth、Jakobs、Freund、
Weigend 等があげられる[81]。この説は、規範に応じた動機付けが与えられる
ためには、構成要件に該当する事実に対する予見能力と予見可能性（不法の主
観的要素として考えられる）が、不法の認定にとって必要不可欠であり、行為規
範の内容は行為者の個人的能力によって左右されうる、とする。例えば、行
為の遂行に必要な経験と能力のある人にとっては適切に行為を成し遂げるこ
とが要求されるのに対して、経験と能力のない人にとっては、一定の行為を
差し控えることが行為規範の内容として要求される[82]。

　両説を比較すると、まず、2段階説は、注意基準を決めるとき、職業分野

---

[78] H. Welzel, Das deutsche Strafrecht, 11. Aufl. 1969, S. 175ff ; A. Kaufmann, Das fahrlässige Delikt, ZfRV 1964, S. 52 ; B. Schünemann, Neue Horizonte der Fahrlässigkeitsdogmatik?, in : FS Schaffstein, 1975, S. 160ff.

[79] A. Hoyer, in : Systematischer Kommentar zum StGB, 39. Lfg. 8. Aufl., 2012, §16, Rn. 22 （以下、SK として引用する）.

[80] Schmidt, a.a.O.（Fn 29）, S. 90.

[81] G. Stratenwerth, Zur Individualisierung des Sorgfaltsmaßstabes beim Fahrlässigkeitsdelikt, in : FS Jescheck, 1985, S. 300 ; G. Jakobs, Studien zum fahrlässigen Erfolgsdelikt, 1972, S. 60f, 64ff ; G. Freund, StR AT : Personale Straftatlehre, 2. Aufl., 2009, S. 168ff ; Th. Weigend, Zum Verhaltensunrecht der Fährlässigen Straftat, in : FS Gössel, 2002, S. 140f.

[82] Weigend, ebd. S. 140f.

第2節　注意義務の標準　　117

（Berufszweig）、生活領域（Lebenskreis）と具体的事情（konkrete Situation）を考慮
にいれること（つまり、注意基準の客観的類型化）を認めているが、責任を負う人
の個人的事情による個別化を否定している[83]。個別化説と比べて、行為者の
個人的事情をどこまで考慮に入れるかが異なる。次に、個別化説と比べて、
引き受け過失が問題となる事件では過失の説明の仕方について異なるが、別
の結論を出すほど異なるわけではない[84]。最後に、両説の真の対立は特別有
能者の注意基準を一般人（医師）にするか、それとも行為者にするかである。
このことは、後文で詳しく説明したい。両説の紹介と比較に関する詳細は、
松宮孝明教授の論文を読んでいただきたいが[85]、以下、医療過誤の判断にお
ける具体的問題を踏まえて両説を検討してみたい。

1　専門性

　ドイツにおいては、1924年から専門医制度が採用され始めた。専門医制度
の下では、家庭医と専門医が明確に分業化されており、家庭医の重要な役割
の1つは、状況に応じ専門的な治療が必要と診断された場合に、専門医を紹
介することである。専門医は1つの専門を選び数年間の特別教育を受けて専
門医資格をとる。専門医の仕事は、その専門領域に限定され、家庭医として
の実務を行ってはならない。1968年に全科診療医、すなわち家庭医を業務と
する専門医が発足した。それ以降は、従来型の家庭医と全科診療医が共存す
るようになった。従来型の家庭医は、その経験と実績により全科診療医の資
格を取得しうる。1994年からは、家庭医としての業務を行う契約医（保険医の
資格を取得していて、定員の枠内で開業する医師）として、新たに認可を受けるため
に、全科診療医資格を取得しなければならなくなった。間もなく、家庭医は
ほぼ全科診療医になった。したがって、今日、全科診療医は、家庭医とほぼ
同義で使われ（開業医と総合医も同じ意味で理解されることが多い）、特定の専門領
域に属する専門医と身分的に分離している。また、ドイツにおいては、以前

---

[83] H-H Jescheck/Th. Weigend, Lehrbuch des Strafrechts：Allgemeiner Teil, 5. Aufl., 1996,
　§55, I 2b, S. 578f；G. Stratenwerth, StR AT I, 2000, S. 411.

[84] Vgl. Roxin, a.a.O.（Fn 76）, §24, Rn.56.

[85] 松宮孝明・刑事過失論の研究126頁以下（成文堂、2005年）。

118   第2章　ドイツ法上の対応

から医師の免許を持たないセラピストが医業に従事することも許されている[86]。

　まず、専門医と全科診療医は、分業によって客観的にサブグループ化されている[87]。患者から専門医に期待される医療水準と全科診療医に期待される医療水準は異なるので、グループ化した過失の概念が基本的に認められている。しかし、期待される医療水準を下回る応急手当てが許される場合もある[88]。

　次に、専門外治療を自ら行った場合には専門外医師であっても、専門水準の治療を提供する義務が要求される[89]。行為者の所属する医療従事者グループに求められる知見または経験から、転送しなければ結果が発生する可能性を認識しうる場合には、専門医への転送が義務付けられる。このことは、ライヒ裁判所1931年12月1日刑事判決（RGSt 67, 12）で示唆された。本件で問題となったのは、ホメオパシー治療を専門とする被告人が、外科手術による治療を要する患者を引き受けた場合に、外科手術を行うことができる医師に患者を転送する義務があるかということである。判決は被告人に代表される医学流派に属する人が転送しないと結果が発生する可能性を予見できる場合には、患者を医師または専門医に転送する義務が生じうるとしている。

---

[86] A. Walter, Spezialisierung und Sorgfaltsstandard im Arzt-und Anwaltshaftungsrecht, 2004, S. 182ff.

[87] Ulsenheimer, a.a.O.（Fn 8）, MedR 1984, S. 162.

[88] Ebd. S. 162.

[89] 例えば、ライヒ裁判所1938年1月7日民事判決（JW 1938, 2203）は、「外傷を扱う以上、開業医でも外科領域の医学発展を追いかけなければならない。したがって、医師が彼の能力と知見に相応しくない治療を引き受けた場合には、彼にとっての職業上の注意義務に違反したとして責任は問われうる。」としている。連邦通常裁判所は、最初は、ライヒ裁判所の態度をそのまま受け継いだ。例えば、連邦通常裁判所1952年11月27日民事判決（BGHZ 8, 138）は、歯科治療士が歯科医師と同様な基準で要求されるべきであるとし、「被告が専門的な教育を受けた歯科医ではなく、歯科治療士であるという事実の証明は意味を有しない。歯科治療士に要求される注意義務は、歯科医に要求される注意義務よりも決して低くはない。……周知の通り、公衆衛生の領域で、歯科治療士の果たす任務の重要性は、医師と歯科医の果たす任務の重要性より少しも低くない。歯科治療士は、彼らが専門の教育と訓練を受けた歯科医より素質の低い、歯の治療をする人と見なされていないことを常に重視している。それゆえ、彼らに課される注意義務は、歯科医に課される注意義務より少しも低くない。」と判示している。

第2節　注意義務の標準　　119

　転送義務と同じく、研鑽義務に違反したとして責任を問われるのも、専門医の研鑽範囲と程度ではなく、行為者の所属する医療従事者グループに求められる研鑽範囲と程度から、危険の予見可能性が認められる場合に限られる。このことは、連邦通常裁判所1991年1月29日民事判決 (NJW 1991, 1535) で認められた。

　本件の事実は以下のようなものである。セラピストである被告は、患者にオゾン療法 (Ozoninjektion) を適用した後、患者にショックが起こり、酸素供給と心臓マッサージなどの措置をとったが、患者が死亡した。効果がなく危険性が高いオゾン療法は使用禁止とされるべきであったという原告側の主張に対し、被告はオゾン療法の使用は行為当時には自分の知見に照らして相応しいことであったと反駁した。

　専門医なら知っていたであろうという当該療法に関する情報の更新を、被告がセラピストとして知らなかったことについて、判決は、確かに民法上の過失は客観的なものであるが、「解釈する際に、グループ化した過失 (Gruppenfahrlässigkeit) の観点から、関連社会生活領域の期待に基づき、ある程度の分化も必要とされる。したがって、注意と能力に関して全科診療医と異なる基準で専門医の義務が要求される。同じく、通常の専門教育と継続的勉強に関して専門医と同様な基準でセラピストに要求することはできない。」としている。そして、本件で被告が誤って採用したのが侵襲的治療方法であったという特別の事情をも考慮した上で、裁判所は、「侵襲的治療方法が適用された場合に限り、情報に対する認識 (Wissen) と継続的勉強に関して、同じ治療方法を同じ取り扱い方で使用した全科診療医と同様な注意基準で、被告の注意を要求しなければならない。」と判示している。オゾン療法は1950年代に人気のある療法として受け入れられ臨床治療に応用されていたが、その後、同療法の効果についての確信がなくなり、あまり使われなくなっていた。それらの情報は専門医向けの文献に紹介されていた。上記の判断基準からそれらの情報を知ることはセラピストである被告に期待され得ないと言える。連邦通常裁判所は原告の訴えを退けた地方裁判所判決を破棄し事件を差し戻した原審判決を破棄した[90]。なお、セラピストは刑事でも起訴されたが、ブレーメン参審裁判所で無罪とされている。

120　　第 2 章　ドイツ法上の対応

　一般論としては、注意の能力に応じて全科診療医より専門医のほうが比較的高度の注意義務を負うとされている。つまり、専門医に注意されない内容は、全科診療医が注意しなくてもよい。しかし、もし全科診療医が専門医に把握されていない特別の情報を獲得したような場合には、一般の論理が適用されなくなり、その特別の情報に応じた高度の注意が要求される。このことについて、連邦通常裁判所 1997 年 6 月 24 日民事判決（MedR 1998. 26）が参考になる。

　本件の事実は以下のようなものである。被告は全科診療医である。3 月 24 日、被告は、原告の腕の痛みと感覚麻痺を治療するために頚椎の整復を行ったが、痛みは消えなかった。3 月 25 日、被告は降圧薬を処方した。7 日目に、原告は痛みが続いていたため神経科専門医 K を訪れた。K は右上肢の麻痺が軽度であり右上肢の運動能力が多少失われたと診断して通常の手当てをした。K は脳の障害の疑いを持って、頭部 CT 検査か輸液治療を提案したが、これを実施しなかった。その後、原告は被告の診療所に行って、輸液治療の提供あるいは輸液治療を提供できる病院への紹介を被告に求めたが応じられなかった。9 日目に、原告は脳卒中の発作により不随になった。原告は輸液治療を受けていれば、あるいは、その治療を提供できる病院に入院していれば、脳卒中の発作が回避され得たと主張し被告を訴えた。裁判での争点は輸液治療等の対応措置を神経科専門医 K が取らなかったことから、同措置をとる義務が全科診療医である被告にないという結論が得られるかである。本件では、被告は 3 月 26 日に原告の患者カルテから中大脳動脈梗塞の疑いをしっかりと持っていたが、同じ情報が神経科専門医 K に知られていなかったという状況が存在した。

　判決はほとんどの場合、全科診療医に適用される注意基準は専門医に適用される注意基準よりも低いものであるが、患者の利益のために特別の認識が

---

[90] 同旨の判決として、バンベルク高等裁判所 2000 年 11 月 27 日民事判決（Az. 4 U 106/99）がある。バンベルク高等裁判所は、筋肉注射を侵襲的治療方法と解釈し、そのような方法を使ったセラピストの注意義務を全科診療医を基準に判定すべきであると判示している。しかし、侵襲的療法以外の場合に、どのような基準でセラピストの注意が要求されるかは明らかではない。この点に関するコメントは、Klinger, a.a.O.（Fn 27）, S. 47 と Tamm, a.a.O.（Fn 27）, S. 128 を参照。

医師に使用できる場合には、これが使用されるべきであるとしている。判決によって、患者の治療にとって重要であり、かつ医師に利用されうるという意味では、個別の患者に対する治療過程で獲得された特別の情報は、医学教育で獲得された理論的知識と区別することはなく、予見可能性の判断にあたっては考慮に入れられるべきである、とされている。そして、判決は、本件で決定的なのは、3月26日に卒中発作のリスクが差し迫っているとの懸念を被告が持っていたことであり、「専門医に把握されていなかった特別の情報を獲得したために、患者に有利な方向でその特別の認識に応じた注意の内容が要求される。」と判示し、特別の情報を考慮せず全科診療医と同じ基準で被告の注意を要求して被告の過失を否定した原審判決を破棄した。全科診療医が、特別の認識から専門的な治療が必要と判断し、自らその治療が提供できないときには、転送義務が生じると判示されている。

2 研修医

ドイツにおいては、医学部の学生は大学で医学教育を受けている間に、一定期間の研修が要求される。1975年5月21日の医師免許規則（die Approbationsordnung für Ärzt）は、卒業前の一年を実習年度と呼び、その1年間に、医学部の学生が臨床経験を積み重ねるために病院で研修をすることを規定していた。卒業後、医師免許を取得するために引き続き研修をすることも要求されていた。1975年に研修制度が発足したことに伴って、研修医が医療活動を行うときの責任が大問題になった[91]。

2009年以降、新しい研修制度が始まり、従来の研修制度は次のように変更された。新制度によって、医学部を卒業した後の研修制度が廃止され、医学部の4年目に行われる1年間の研修が終了すれば、医学部を卒業したときに直接に開業免許が与えられることになった。開業免許の授与は連邦法によって規定されている。

新しい制度によって、医学部を卒業して開業免許を取得した後、専門医になるために、該当専門に関する知識と技能を身につけるための継続的教育が

---

[91] R. Bodenburg, Die zivilrechtliche Haftungssituation des Medizinalstudenten während der praktischen Ausbildung in Krankenanstalten, VersR 1979, S. 308ff.

122　第2章　ドイツ法上の対応

要求されている。継続的教育の詳細は州の法律と州医師会の規約に規定されており、州によってまた専門によって継続的教育の期間が違う。継続的教育を受けている研修医は通常、補助医師として指導医のもとで医療活動を行う。

　開業免許を取得して継続的教育を受けている研修医を対象として、議論を展開するが、昔の文献と判例を紹介すると、いくぶん学生としての研修医も対象に含まれることになるかもしれない。その点を注意していただきたい。

　研修医は医師免許を持っているが、専門医の資格を取得しておらず、経験の不足と技術の未熟のため専門医水準の治療を行うことができないものが多い。サブグループ化された全科診療医という社会領域が基本的に認められていることと異なり、専門医の資格を獲得するまでの段階にある研修医については、専門医と別にサブグループ化された社会領域として認められるかについて議論がある。研修を受けている研修医によって注意基準が客観的に類型化されることに反対する Franzki は、患者にとっては、治療を行う医師が専門医になるための継続的勉強を受けているのか、どの程度の経験を持っているのかといった問題は認識できないものであり、患者の期待と信頼の観点から、研修医による治療の場面においても、専門医水準の治療を医療側に求める権利が患者にあると認められる以上、それに応じて、専門医水準の治療が確保されなければならないと説いている[92]。

　確かに、技術が未熟で経験も足りない研修医に治療を行わせることは、患者の治療リスクを高めるおそれがある。常に患者の福祉と安全を優先に考える見地からは、研修医の関与を抑える方向で作用する法的規則が期待される。しかし、他方で、専門医養成の教育目的を果たすためには、研修医が医療に携わることが必要である。その意味では、治療に研修医が関与することを促すことの意味を否定するわけにはいかない。研修医の関与を促すことと抑えることとのどちらを選ぶかが難しい問題であることは、研修医の法的責任を検討するときに、忘れてはならない。さらに、研修医が医療活動に関与する場合には、専門医水準の確保は、完備な臨床研修制度と病院および指導医によるその執行を前提とする。病院側の研修医の任命あるいは指導に落ち度が

---

[92] Franzki, a.a.O.（Fn 70）, S. 186.

第 2 節　注意義務の標準　123

ある場合にも、研修医の個人責任が問われるのかという問題は重要である。
したがって、研修医に治療を行わせる問題を考える際には、基本的な知識と
経験のない者の過失に関する一般論にとどまってはならない。

　上述の問題をめぐり、1980 年代以降の民事判決では活発な議論が行われて
いる。従来刑事でのみ問題とされていた引き受け過失は、連邦通常裁判所
1983 年 9 月 27 日民事判決（NJW 1984, 655）で、研修医の過失を判断するため
に初めて導入された。

　本件の事実は以下のようなものである。大学の耳鼻咽喉科クリニックの上
級医師が、リンパ節の腫れを罹患している原告に手術を実施するよう、専門
医になるための継続的教育を受けており同手術を実施する経験を持っていな
い補助医師に指示を下し、局部麻酔の針を刺す部位や手術の切開範囲を教え
たが、補助医師の執刀を監督しておらず、その結果、手術中に患者の副神経
が損傷されて右腕に運動障害が惹起された[93]。

　判決は、まず、患者に提供される医療は、専門医水準の医療でなければな
らず、治療者の個人的事情により左右されないのであり、そのような専門医
水準の医療を確保する責任が、治療計画の策定と研修医への任命に対する責
任を負う者にある、という従来の態度を明らかにしている。

　次に、手術中にミスを犯した補助医師の個人的責任について、判決は「教
育を受けている補助医師は、指令を下す権限を持つ専門医から、手術を独立
して行うことを命じられまた手術技術を教えられていたからといって、自ら
執刀する手術で患者にもたらした健康傷害に対して、何らの責任も負わない
ことになるわけではない。」とした後、教育を受けている補助医師において適
用される注意義務の標準について、経験を積み技術を磨いた専門医の医学知
識と臨床経験を基準に補助医師の行為を判断するのではなく、補助医師の責
任が問われるのは、補助医師にとって前提とされている知識と経験によって、
独立して手術を適切に行うことができるかに疑問を抱き、患者に危険を及ぼ
すことを予見すべきであったような場合に限られる、と判示している。この
ように補助医師の個人的責任の追及をも問題にする結果、補助医師の自分自

---

[93] 1 審で原告は敗訴し、控訴審で原告は勝訴したが、上告審で連邦通常裁判所は原審判決
を破棄し事件を差し戻した。

124　第2章　ドイツ法上の対応

身の技術の向上を困難にさせることも考えられるが、判決は患者の健康と生命を守ることに重きを置く見地から、監督なしに手術を行う過程で自分の能力を試すチャンスを捉まえようとする意欲を持つ研修医は、引き受け過失による責任を免れないとしている。

　この判例は民法学者の激しい議論を呼び起こした。組織の責任については、判例の立場が学者からも支持されているが[94]、補助医師の個人的責任については議論が多い。判決理由の中で、補助医師における注意義務の標準は、研修医にとって前提とされている知識と能力により決められるとされている。そのような判例の立場は研修医による手術が専門医水準を下回ってもよいという誤解を生じさせると指摘されている。

　例えば、Deutsch の指摘は次の通りである[95]。民法276条の意味での社会生活上必要な注意は、客観的に類型化された注意であり、治療の遂行に必要な能力によって決められるものである。したがって、手術の執刀者が経験のある専門医であるか経験のない研修医であるかどうかに関わらず、その手術を適切に行うのに必要な注意が果たされなければならない。医療水準にかなった手術が患者から信頼されている以上、主観的・個人的標準の設定を通じその信頼を裏切ることは許されない。これと異なり、刑法では有罪を認めるために行為者の個人的能力も考慮されなければならないので、客観的基準によって行為の違法性が確定された後、引き受け責任がさらに問題とされる。判例は研修医の問題を解釈する際に、誤って刑法上の過失判断図式を採用してしまった結果、社会生活上必要な注意が個人的能力と知識によって左右されるという誤解を招きやすい。なお、民法上も、補助医師の個人的責任への対応策がないわけではない。民法257条における免責請求権（Freistellungsanspruch）に関する規定によって、補助医師は、自らのミスによって患者に対して損害賠償責任を負担している場合において、自分を執刀医に任命した病院の経営者等に対して、当該責任からの免責を請求する権利を有するとされる。その免責請求権は、補助医師への任命に対し責任を負う者（病院の経営者または

---

[94] E. Deutsch, Die Anfängeroperation：Aufklärung, Organasation, Haftung und Beweislastumkehr, NJW 1984, S. 650；D. Giesen, Anmerkung, JZ 1984, S. 331.

[95] Deutsch, ebd. S. 650.

第2節　注意義務の標準　　125

上位医師）に、その任命に関する過失があることを前提とする[96]。

　学説においては、判例の立場を支持して補助医師の個人的責任を判断する見解もある。例えば、Giesen の見解は次の通りである[97]。判例は専門医水準の治療を確保する義務を病院経営者と、補助医師への任命に対し責任を負う医師に課すとともに、その任務を自信を持たずに引き受け自分の能力を超えた手術を無謀に行った場合には補助医師の個人的責任が問われる余地のあることも認めている。外科手術を行う場合には、外科専門医水準の手術を行うことが義務付けられ、それは研修医による手術の場合も同じである。研修医は、その水準の手術を行うことができず、自分の執刀が患者に比較的高い危険をもたらしうることを認識した、あるいは認識すべきであったときには、次の2つの措置の中の1つをとるべきである。措置1は、手術の執刀を断ることである。措置2は、患者が計画された手術への同意を出さないよう、専門医水準の手術を行うことができないことを患者に知らせ、それによって危険な手術の実施を止めさせることである。患者の健康と生命への配慮は、職業技能養成等の目的の達成よりも、何よりも重視されるべきであり、そのような態度が判決で正しくとられている、とコメントされている。

　研修医による手術ミスに関する議論は、連邦通常裁判所 1992 年 10 月 3 日民事判決（NJW 1992, 1560）で、もう一度注目されている。

　本件の事実は以下のようなものである。被告は専門医になるための継続的教育を受けており、5 年の外科経験と 150 例の虫垂切除手術の経験を持っていた。外科研修医 A が、被告を助手にしてその監督下で虫垂切除手術を行った。手術後、患者が合併症で死亡した。

　まず、専門医の資格を持たないが経験のある被告を手術を監督する医師に任命したことに組織の過誤があるかについて、判決は、「専門外科医の水準はどのような場合でも確保されなければならない。……そのために、常に専門医を外科手術を執刀する研修医の助手にしなければならない。専門医しか、専門的な養成教育を受けている医師が適切に指導・監督されることを保証す

---

[96] 渡邊力「一般免責請求権論：ドイツ法の紹介と日本法への示唆」法と政治 61 巻 4 号（2011）103 頁以下参照。

[97] Giesen, a.a.O.（Fn 94), S. 331.

ることができない。専門医しか、必要とあれば、手術に入ることができない。手術時点で被告は専門医養成教育を受けているものにすぎない。したがって、医師Aに被告の協力のもとに手術を行わせたことは、妥当ではない。」として、被告が5年の外科経験と少なくとも150例の虫垂手術を独立して行った経験をすでに持っていたという状況を考えたとしても、上記の結論には変わりがないと判示して、被告の任命に対する組織の責任を認めている。

次に、被告も患者の死亡に対し責任を負うべきかについて、従来の判例の立場を受け継いだ判決は、「彼の自分の意思で仕事に臨んだ、あるいは指示に従って仕事を務めたとき、彼にとって前提とされている知識と経験から、仕事に適任であるかとの疑念を抱き、原告に危険をもたらすことを予見したはずだと認められる場合には、責任が問われうる。」と判示している。

学説においては、被告の過失を認めたことについて議論がある。本件における事実関係は、被告は豊富な経験を持っていた状況を前提とするものであった。それにもかかわらず、判例によって、被告は専門医にまだなっていないから、手術への監督に必要な能力が否定され、引き受け過失につき責任が問われるかという問題として解釈されている[98]。Steffenは本判決では形式的専門医性が要求されているのではないかと指摘する一方、新しい理由付けで判決の立場の妥当性を説明することを試みた。Steffenの説明は、次の通りである[99]。専門医水準は専門医の資格に関係しないものである。具体的な事案で、同専門領域に属する専門医と同じく、医学知識を把握して臨床治療を行うことができる医師は、専門医の能力を具備していると認められる。そのような判断に立脚し、ほかの専門分野に属する医師ないし専門医になるための継続的教育を受けている補助医師の提供した医療が、専門医水準の医療だと認められることも可能である。しかし、本件のような手術の監督医の任命が問題となった場合は、次の2点から、形式的専門医性を要求することに理由のあることも否定できない。第1に、予期されない合併症が起きたとき、監督医には専門知識に裏付けられた能力と統制権（Souveränität）以外に、権威

---

[98] Sternberg-Lieben/Schuster, in：Sch/Sch K、§15, Rn. 136, S. 295.

[99] E. Steffen, Der sogenannte Facharztstatus aus der Sicht der Rechtsprechung des BGH, MedR 1995, S. 360.

第2節　注意義務の標準　　127

に基づく、他人を落ち着かせる影響力も求められる。その権威は、専門医の資格にかかるものである。第2に、専門医でなければ監督医になれないという制限を設けないと、患者側に過大な証明責任を負わせるおそれがある。研修医への任命に組織の過誤があることを証明するために、患者側は、執刀医が自ら専門医水準の手術を行うことができないことと、監督医に任命された研修医には手術の監督に必要な素質・能力がないことの両方を証明しなければならないからである。

　上記の裁判例を見ると、新米医師であっても医療上の注意義務は一律に命じられるわけではない。例えば、Franki は、新米外科医師の執刀を例として、外科専門医になるための継続的教育を、手術を見学する段階、第1助手として手術に参加する段階、指導医師の監督下で手術執刀を担当する段階、指導医師の監督を受けず独立して手術執刀を担当する段階の4つの段階にわけて、研修期間の最後になると、特定領域の専門医として認められるようになると論じている[100]。この見解は今日一般に認められている。研修医の積み重ねた経験、治療の難しさ、治療の手段等によって、専門医水準の治療を研修医に期待できる場合もありうる。研修医が独立して専門医水準の治療を行うことができるかという問題は、事例によって具体的に検討されなければならない[101]。研修医による治療が専門医水準を下回るものとは限らないわけである。

　判例においては、連邦通常裁判所 2001 年 2 月 13 日民事判決（VersR 2001, 646）が、医師の能力は専門医という身分により決められるものではなく、それを決めるのは手術の実施に必要な知識と能力を持つかという事実であるとしている[102]

　本件の事実は以下のようなものである。補助医師である被告は出産を取り扱う際に、肩甲難産が発生し胎児の肩部が出てこなかったため、胎児の頭部を持って引き出す操作を行い、それに伴う合併症で、生まれた新生児の左腕、

---

[100] Franzki, a.a.O.（Fn 70）, S. 186.
[101] Walter, a.a.O.（Fn 86）, S. 210.
[102] 下級審判決である、デュッセルドルフ高等裁判所 1995 年 2 月 16 日民事判決（NJW 1995, 1620）で同じ旨を表明している。

128　第2章　ドイツ法上の対応

顔面および眼瞼に神経麻痺が生じた。補助医師は胎児の頭部を引き出した操作が注意義務に違反したとして訴えられた。判決は胎児の頭部を持って引き出す操作が肩甲難産の対応措置として医学上禁止されていることが、医学文献に紹介されているから、被告が肩部の出てこなかった理由を調べず頭部を持って引き出したことは注意義務に違反するとしている。注意義務の基準について、判決は、被告は「確かに、未だ専門医ではないが、ただの研修医でもなく、本人の仕事状態から『ベテラン医師（erfahrenerer Arzt）』」と見なされる以上、「出産取扱をする医師」を基準に被告の行為を評価すべきであるとしている。

　研修医であっても、必要な能力と知識を持っていれば、独立して治療を引き受けることが許される。Walter から正しく指摘されているように、研修医の個人的能力によって、専門医水準の治療を提供することができる者には、その水準の治療を行うことを内容とする実施による責任（Ausführungsver-schuld）を負わせるのに対して、その水準の治療を提供できないものには、治療を引き受けることを差し控えるべき義務がありその義務に違反した場合には、引き受けによる責任が問われる[103]。研修医の引き受け過失の範囲を狭くさせるという意味では、個人的能力によるサブグループ化は、研修医が医療に関与することを促す方向で作用し、専門医教育の目標を実現させる意義を果たすことができる。そして、患者の利益を守るために専門医水準の治療を確保する責任は主として組織に負わせることができるから、民法上の対応としては、個人的能力によるサブグループ化によって、患者の利益は不利に扱われない。

　確かに、ドイツ法では刑事では組織を処罰できない（この点については本章の最後のところでもう一度触れたい）ので民事と事情が同じではないが、前に紹介したように、そもそも、民事判例で問題とされた補助医師の引き受け過失は刑法から導入された概念であり、1987年の民事判決をきっかけに、引き受け過失を導入する必要があるかについて争われていたものである。したがって、補助医師による治療に関して、引き受け過失およびそれによる非難の条件に

---

[103] Walter, a.a.O.（Fn 86）, S. 209.

関する民法の議論は、刑法理論との親和性が非常に高く、次に述べるように、刑法でも参考になるものと言える。

　なお、研修医による医療過誤に関する刑事裁判例は数が極めて少ない。次の1件を見付けただけである。連邦通常裁判所1984年12月20日刑事判決（JR 1986, 248）では、伝統的な2段階説の判断枠組みが採用されている。

　本件の事実は以下のようなものである。被告人は、専門医になるための教育を受けており、補助医師として、12ヶ月間、分娩室で勤務をしていた。被告人は、当直の日、出産を取り扱う際に、胎児心拍図に胎児の命に関わる危険が示されていたのに、その異常を読み取れなかったため、胎児の酸素不足を見逃し、その結果、生まれた胎児が脳障害になり、産婦の膣裂傷が惹起された。原審判決は、被告人の教育状態を考慮した上で、被告人には胎児心拍数基線の異常と胎児の命にかかわる危険を認識できなかったという理由で、無罪判決を言い渡した。連邦通常裁判所は原審判決を破棄して事件を差し戻した。

　被告人の過失判断について、連邦通常裁判所判決は、解決されるべき3つの問題を提起してそれぞれに検討を与えている。

　問題1は、客観的にどの時点でどのような措置がとられるべきかである。判決は客観的に義務付けられた行為は「被告人の状況に置かれた、教育を受けた慎重な医師」を基準に判断されるべきであるとしている。具体的に、本件のような、胎児心拍図の読み取りが問題となった場合には、正常値から離れた異常な波形の動き、出現頻度と認識可能性などの状況を考慮にいれ、それらの状況に置かれた医師ならどのような注意を払っただろうかがまず確かめられるべきであるとされる。その問題の解明は差戻し裁判所に指示されている。

　問題2は、被告人の個人的経験から胎児心拍図に示された異常を正確に読み取れたかである。判決は次のように判示している。通常、被告人のような分娩室でおよそ12ヶ月間働いた医師にとって、過失がなくても、正常値から離れた異常な波形が目につかないような場合もありうる。しかし、本件のように、胎児の命にかかわる危険が、胎児心拍図で繰り返し示された場合には、異常な波形が出て、そして波形変更の時間も考えた上で、それが被告人に読

130 第2章　ドイツ法上の対応

み取れたことが証明されれば、その危険の予見可能性が認められる。その証明も差戻し裁判所に指示されている。

　最後に、引き受け過失につき有罪とされるかについて、判決は、自分自身の知識と能力が、胎児心拍図を正確に読み取り、命にかかわる危険を間違いなく診断するのに足りないことを知っており、あるいは知ったはずの人が治療を引き受け、あるいは治療を継続した場合には、刑事責任が問われるとしている。

　以下で、Ulsenheimer の判例評釈を参照し、連邦通常裁判所の考え方をもう一度確認してみることにしたい。

　まず、本件では、客観的注意基準として、①産科専門医の基準、②出産取扱をする全科診療医の基準、③補助医師の基準、および④産科専門医になるために一定期間の教育を受けた補助医師の基準、という4つの基準のどれが採用されるかが問題となっていた。Ulsenheimer は個々の職業によって狭い社会領域を作成し、狭い社会領域に属する平均医師を基準に過失を判断すべきであるので、①ではなく②を基準に、産科専門医にまだなっていない被告人の注意を要求するという判例の立場が正しいと論じるとともに、個人的能力によるサブグループ化、つまり、③ないし④を「基準となる職業領域」と認めることは、不法レベルで主観的・個人的要素が客観的注意基準の代わりになることを意味するものであるので、認められるべきではないと主張している[104]。

　客観的違法が確認された後、個人の認識可能性と注意義務の実現可能性、つまり主観的個人的標準（subjektiv persönlich Maßstab）を基準に責任の有無が判断される。その判断も判決で正しくなされていると Ulsenheimer は考えている[105]。

　最後に、違法であるが責任がない場合には、引き受け責任の問題が生じる。そのことについても、判例は正確に解明していると Ulsenheimer は考えている[106]。

---

[104] K. Ulsenheimer, Anmerkung, JR 1986, S. 251.
[105] Ebd. S. 251.
[106] Ebd. S. 251.

第 2 節　注意義務の標準　　131

　このように、職業の集団内で教育程度等によって研修医というサブグルー
プを作成する考え方は、上記事件の判決では取られていない。ただ、本判決
は専門医ではなく、全科診療医を基準に研修医の行為を判断している点で、
一律に専門医水準を採用する従来の見解とは異なるところがあるように思わ
れる。しかし、前に紹介したように、全科診療医の基準と専門医の基準の区
別は、注意の能力にかかわる、研鑽の範囲と内容が正面から問題となった場
合に、重要になる。言い換えれば、専門的知識等が全科診療医にも周知され
ているような場合には、全科診療医がその危険を予見しなかったことに過失
が認められる。本件では裁判所は専門医と全科診療医を意識的に峻別せず、
包括的に医師という概念を使っており、その理由は予見の対象とされる危険
が専門医しか予見できないようなものではないことにあるのではないかと筆
者は推測している。

　この判決は1970年代に下された古いものであって、その後急速に発展し
た個別化基準説が反映されていない。したがって、この問題が今日のドイツ
においてどのように考えられているのかを理解するためには、先に紹介した
民事判決が参考になるであろう。

3　名　医

　高次の知識・能力等を持つ医師としては、通常の専門医より高度の注意を
払うことが法的義務として要求されるかが問題である。

　高次の専門的能力を使わず、結果を回避しなかった医師に過失を認めた初
めての判決として有名になったのが、連邦通常裁判所1987年2月10日民事
判決（JZ 1987, 877）である。

　本件の事実は以下のようなものである。18日、外科研修医Nが原告を初
期のコンパートメント症候群を呈した右脛骨骨折と診断して手術日を20日
に決めた。計画通り手術が実施されたが、手術に遅れがあったために原告は、
血行不全による筋肉組織壊死で下肢が切断された。原告は、外科医局長であ
る被告が、19日の朝、定例診察をしている際に、原告の病院記録を読まず詳
しい検査を行わずこれまでの診断・治療の正誤を検討したりすることもしな
かった結果、治療の手遅れを回避しえなかったと主張して、訴訟を提起した。

132　第 2 章　ドイツ法上の対応

判決は被告に過失がないとした原審判決を破棄して事件を差し戻した。

　判決は、病院の外科医局長にとって前提とされる知識と経験に準じ、被告の注意義務を議論している。判決は、「被告は治療にとって重要な特別の医学的知見を持っている以上、原告に有利になるようにそれを利用すべきである。」という基本的立場を表明した後、「朝、被告は原告を診察しているときに、これまで取られた診断・治療措置を尋ねたり正しいかどうかを調べたりして、場合によって、予定された治療を続けていくか、あるいは更なる診断により解明された状況に基づき彼の優れた医学的知識と経験からして予定された治療を変更しなければならないかについて判断を下す義務がある。」としている[107]。また、判決は、「当時の医学的知識と情報からコンパートメント症候群が存在するとき、壊疽の発生を回避するために筋膜切開手術を速やかに行うべきであろうかという問題には、……専門医である被告に期待される知識を前提として答えられる。決定的なのは、病院の外科医局長なら筋膜切開をできるだけ早く行うことを知らなければならないかということである。科学的な仕事の名において特別の知識が彼には期待され、またそれを患者が予想してもよいことになるということが、考慮されるべきである。」としている。

　このように、判決は、病院の外科医局長を基準にする立場は、学者の大方の支持を得ている[108]。

　客観的注意基準を設定する際に行為者個人の特別の知識または能力が考えられるべきかについて、刑法の学説においては、客観的に過失を類型化する観点から、医療集団内部で高次の知識または能力を持つ医師というサブグループを作成する見解が有力となっている。ただ、そのような医師が 1 人しかいない場合に 1 人グループを作成してもよいかという問題については未だ

---

[107] D. Giesen, Anmerkung, JZ 1987, S. 879；E. Deutsch, Einsatz medizinischer Spezialkenntnisse zugunsten des Patienten, NJW 1987, S. 1480 も同様な意見をしている。

[108] Sternberg-Lieben/Schuster, in：Sch/Sch K, §15, Rn. 139；Hoyer, in：SK, §16, Rn. 14；U. Schroth, Die strafrechtliche Verantwortlichkeit des Arztes bei Behandlungsfehlern, in：C. Roxin/U. Schroth（Hrsg.）, Handbuch des Medizinstrafrechts, 4. Aufl., 2000, S. 148, 151f；Ulsenheimer, a.a.O.（Fn 67）, §139, Rn. 34；Frister/Lindermann/Peters, a.a.O.（Fn 13）, S. 50；K. Geiss/H-P. Greiner, Arzthaftungrecht, 4. Aufl., 2001, S. 45.

第2節　注意義務の標準　　133

議論が分かれている。

　特別有能者の注意義務の基準について、学説では、特別知見（Sonderwissen）が特別能力（Sonderfähigkeit）と並んで議論される場合もあるが[109]、論争は主として後者で生じる。知識と情報を把握した場合には、注意の内容を決める際にその特別知見が考えられるべきであることについては、あまり異議がない。個人的事情を考えるのは責任レベルに限られるべきであるという学説を支持する代表的な学者である Schünemann は、特別能力の問題が特別知見の問題と別に検討されなければならないと主張している[110]。個人的事情が違法性の判断に影響を及ぼすという学説を支持する代表的な学者である Jakobs も、主として問題となるのは構成要件の実現を予測するための特別能力であるとしている[111]。また、Sternberg-Lieben/Schuster は特別の危険を知っている人は、平均より慎重に行動すべきであるとしている[112]。要するに、特別有能者に関して最も争われているのは、特別能力を生かして結果を予見・回避する義務が行為者に要求されうるかという問題である。ところが、特別知見の問題と特別能力の問題は必ずしも常に明白に区別されうるわけではない。というのは、特別知見は行為者が具体的事情の発生をきっかけに獲得する場合があり、特別能力を使って獲得する場合もあり、後者のような場合には、特別知見と特別能力の境界線が消えている[113]。

　Schünemann は2段階判断説の立場から、2つの設例を用いて特別有能者に関する問題を説明している[114]。

　例1：判例が車の右側通行規則（道路交通法2条）を道路の右の縁石から50 cm 以内で走行することと解しており、常に30 cm 以内の間隔を保つことは平均的な運転手にとって過度な要求であるが、カーブを曲がる運転手 X に

---

[109] In. Puppe, in：Nomos Kommentar zum StGB, 3. Aufl., 2010, §13, Rn. 161（以下、NK として引用する）；Duttge, in：MK, §15, Rn. 95；Sterberg-Lieben/Schuster, in：Sch/Sch K, §15, Rn. 139；Roxin, a.a.O.（Fn 76）, §24, Rn. 54f.

[110] Schünemann, a.a.O.（Fn 78）, S. 166.

[111] Jakobs, a.a.O.（Fn 71）9. Abchn, Rn. 11.

[112] Sternberg-Lieben/Schuster, in：Sch/Sch K, §15, Rn. 139.

[113] L. Staudt, Medizinische Richt-und Leitlien im Strafrecht, 2012, S. 59.

[114] Schünemann, a.a.O.（Fn 78）, S. 166-167.

134　第2章　ドイツ法上の対応

はそうではなかった。Xは50 cmの間隔で走っていて自転車運転者を負傷さ
せたが、30 cmの間隔で走っていたならその事故は回避されていたというも
のである。Schünemannは、例1の危険は社会によって道路交通のために一
般的に甘受されており、したがって、自分の個人的能力によってそれを回避
できる者も冒して良いものであると主張している。

　例2：外科医Yは危険の少ない新しい開頭手術の方法を開発した。しかし、
それを行える外科医はわずかしかいない。Yはある手術の際に怠慢によって
その術式の適用をやめ、これまでどおりの手術を行い、その際、患者Zは侵
襲上の危険を被ったというものである。Schünemannは例2では、技術の発
展によってこれまで妥当していた客観的注意の基準は旧式のものになり、よ
り厳しい基準に置き換えられているのであって、Yもそれに従わねばならな
いとする。その際、新しい手術方法を使えない外科医が手術を行った場合に
は、緊急避難または被害者の同意の要件が存在しないなら、引き受け過失の
責任を負うとされる。結局、特別の能力は新たな客観的注意義務を作るか、
あるいは許された危険の域内に吸収されるかのいずれかである。そのように
解さないと、たとえば、個人の数だけの無数の交通規則ができることになる
とする。

　Schünemannは注意基準とされる準則の性質によって2つの例をあげて、
その扱いを区別している。例1で注意基準を確定するとき参考になるのは法
律上のルールであり[115]、例2では医療上の経験則という意味での医療水準で
ある。医療水準は前に紹介したように流動性があり、医学進歩の結果、旧水
準が絶えず新水準により取って代わられることにより特徴付けられるもので
ある。法定の規則の場合は特殊の考えが必要であるかもしれないが、経験則
としての準則により決められる注意基準について、2段階判断説を主張する

---

[115]例1に関するSchünemannの解釈に対する反論として、例えば、Sternberg-Lieben/
Schusterの意見は次の通りである（Sternberg-Lieben/Schuster, in：Sch/Sch K, §15, Rn.
140.）。確かに、道路交通法は、特別能力を有する自動車運転手（Kraftfahrer）が通常の
状況下では路の右の縁石から50 cm以内で走行することを規定している。しかし、彼だ
け交通事故を回避することが可能なときには、さらに狭い距離以内の間隔を保ち運転し
なければならない。道路交通法は、平均要求しか示していない。それは、社会生活領域
においてあらゆる人が果たすべき最低水準の注意である。

第2節　注意義務の標準　135

Schünemann も、特別能力をまったく考慮していないわけではない[116]。

　しかし、例2に関する Schünemann の解釈方法に対しては、次のような批判が出されている。「行為者の能力が『結果的に技術革新』を導く限りでは、それを客観的注意の基準にする」という Schünemann の「提案は、多数の平均的な行為者に対して不注意を過度に拡張するものである」という批判である[117]。

　Schünemann の説に存在する問題を克服するために、過失を客観的に類型化する見地から、職業の集団内で特別有能者というサブグループを作成する解釈方法が提出されている[118]。すなわち、特別有能者という狭い社会生活領域の存在を認め、その社会生活領域に属する標準人に期待される知見と能力を前提として、特別有能者の注意義務の基準を決める。例えば、Roxin は設例を通じ理論の適用を説明している。平均外科水準の手術を行うことが、手術を行う医師にとっての最低限の要求である。世界に冠たる技術と能力を持っている極めて優秀な外科医師が、平均外科医のように手術を行い、患者を死亡させることは許されない。ある外科医が新しい手術方法を開発したが、それを行える外科医が僅かしかいないという場合、そのめったにいない優秀な外科医の能力が、新しい手術方法を使える外科医にとっての客観的基準として認められると説明されている。

　Freund は標準的な人間像を定義する有用性およびその限界について、次のように検討を加えている[119]。第1に、具体的な事件の解決には、人がある属性を持つとの個別的な判断をなさないと、無意味である[120]。まず、標準的な人間像の構築に必要な条件が明らかではないから、その構築が実は非常に困難な場合がある。そのような場合として、稀に起こった事件の場合が考え

---

[116] Staudt, a.a.O.（Fn 113）, S. 59.

[117] ザムゾンの指摘は、松宮・前掲注（85）143 頁を参照。

[118] Roxin, a.a.O.（Fn 76）, §24, Rn. 63；Puppe, in：NK, §13, Rn. 161；W. Gropp, StR AT, 2. Aufl., 2001, S. 423；A. R Castaldo, Offene und verschleierte Individualisierung im Rahmen des Fahrlässigkeitsdelikts, GA 1993, S. 109.

[119] K. Schmoller, Zur Argumentation mit Maßstabfiguren, JBl 1990, S. 640ff は同じ意見をしている。

[120] Freund, a.a.O.（Fn 81）S. 170.

136 第2章 ドイツ法上の対応

られる。例えば、治療を施す者が多くの手術を経験しているにも関わらず、ブラジルのサバンナの居住地で不衛生な状況下で緊急手術を実施していて、不幸な事故を起こした場合は、過失判断において適用されうる標準的な人間像を作り出すことはあまり意味を持たない。第2に、標準的な人間像には法的に要求される行為遂行能力が示されていないので、個別的な判断が常に必要である[121]。注意基準の個別的な判断とは、個人の視点からの判断を意味するものではなく、法的判断である。個人的・社会的生活領域を通じて、つまり、社会関係の視点から、行為者が具体的に評価されるのである。標準的な人間像は単なる虚構の人間像である。行動遂行の能力について決定的なのは、特定の可能な侵害が正しく避けられるべきであるかという、法的回避義務の問題である。この問題の解決は、標準的な人間像の概念によって完全には解決できない。言い換えれば、標準的な人間像は先に作っておくわけではなく、標準的な人間像によってその問題の解決に必要な条件が揃うだろうと思われて、はじめて標準的な人間像を構築することが必要になる[122]。第3に、上記のような意味では、標準的な人間像の構築が、その人間像の属性を確かに持つ行為者の行為の判断に役に立つことは否定できない。しかし、標準的な人間像に依拠する判断は、判断結果の正確性が保証されえないので、実はどのような行為が適切かを、そのつど確かめなければならないのである[123]。したがって、個別的判断が常に必要であり、そうだとすれば、虚構の人間像に依拠する判断の実益がなくなる。結論として、Freund は、犯罪は個人的な誤った行為である以上、結局、標準的な人間像に依拠する判断ではなく、個別的な判断を支持すべきであるとしている。Freund においては、特別な能力に関する考えも、個別的な判断の一環として取り扱うべきであると、されている。

　特別有能者が1人しかいない場合も、特別能力によるサブグループ化が貫徹されなければならないかが問題である。「『上』に向かって個々に扱う（individualisierung nach oben)」という論理の適用の一貫性の見地から、1人のグ

---

[121] Ebd. S. 173f.
[122] Ebd. S. 174.
[123] Ebd. S. 175.

ループでも認められるべきであるとする見解がある。例えば、Roxin は、上述の原理は特別有能者が1人しかいない場合にも適用され得ると明言している[124]。Freund は、先駆的な手術ができる外科医がただ1人であるような場合には、上に向けての個別化の原理では、その人によって基準を作ることになるが、実は判断において決定的な問題は、その具体的な人にはどのような行為が正しく期待されるべきであるかという問題に帰着すると指摘している[125]。基準が1人になれば、グループ化された基準による判断と個別的判断の違いがなくなるというのはそのとおりであろう。

　次に検討したいのは、特別能力に応じて医師に高度の注意義務を課すことによって医師が不利に扱われるのかという問題である。結論から言えば、特別有能者が不利に扱われるという結論は得られない。

　普通の医師の注意義務を判断する際には、平均医師を基準に専門医水準の治療を行うよう彼にできることをすることが要求される。同じく、特別有能者の注意義務を判断する際には、特別有能者に彼の特別能力を最大限生かすことが要求されるのではなく、彼と同じ特別能力を持つ医師で構成した社会生活領域に属する平均の技能を持つ者に期待される水準の治療を行うよう、彼にできることをすることが要求される[126]。つまり、特別有能者に要求されるのは特別有能者という狭い社会生活領域に属する標準的な人間に要求される能力と知識にすぎない。

　また、人間として特別の才能を使い続けることはできないし、どんな場合でも特別の才能を最高限に使うことは期待され得ないという指摘に対して、Freund は次の設例を用いて反駁している[127]。ラリー競技参加者は通常の状況下では、ほかの運転者と同様の集中力と注意をもって道路を走ってもよい。しかし、危険な交通状況が発生したときは、普通の自動車運転手より追加された能力を有する行為者は、法益を守るためにその追加された能力を出すこ

---

[124] Roxin, a.a.O.（Fn 76）, §24, Rn. 63.

[125] Freund, a.a.O.（Fn 81）, S. 172.

[126] Staudt, a.a.O.（Fn 113）, S. 58 ; Stratenwerth, a.a.O.（Fn 81）, S. 300 ; Martin, a.a.O.（Fn 12）, S. 63.

[127] Freund, a.a.O.（Fn 81）, S. 173.

138   第2章　ドイツ法上の対応

とが要求される。それは追加された負担ではなく、追加された能力に相応する負担であって、義務付けられる措置として認められる。特別有能者にとって、特別能力を生かすことは自分の能力の範囲内であるから、過度な負担とはならない[128]。Stratenwerth の説明でも、注意義務は一般的規則によって決められるだけではなく、行為者の行為の可能性から決められることもあるが、特別有能者に要求されるのは、仕事に倫理的に最も高い程度の注意を払うことではなく、行為者の「道具的（手段的）能力（das instrumentelle Können）」を使うだけであるから、行為者に過度な負担を負わせることはない、とされている[129]。

　そして、引き受け過失の範囲を狭めるという意味では、特別有能者が有利に扱われる可能性もある。Stratenwerth によって、スキーヤーの設例があげられている[130]。深雪に覆われたゲレンデにおいてスキーヤーは、雪崩をはじめとした危険を避けるために、コンディション状況、一日の時間区分、日光の照射等の諸状況によって一番安全なコースを選択すべきであるが、それらの状況を認識するためには高度の専門的経験が必要である。その経験は標準化されたものではないから、誰でも理想的なコースを選択するために必要な経験を持つわけではない。必要な経験を持つ熟練スキーヤーは、立ち入ることが禁止されないが、理想的なコースを選び安全にそのゲレンデを通過することが義務付けられる。それ以外の人は、立ち入ることが禁止される。松宮孝明は、設例に検討を加えて、Stratenwerth の分析に示唆されたように、「行為者の特別に高い能力は、必ずしも、彼に不利に動くものではない。逆に、そのような能力は『引き受け過失』の範囲を狭め行為者の自由を拡大することもあるのであって、さもないと、先の設例では熟練スキーヤーらにも立ち入り自体を禁止することになり、過失結果犯はヤコブスの言う不服従犯（Ungehorsamsdelikt―筆者注）に転化してしまう。」と論じている[131]。

　最後に、患者保護の要請からは、特別有能者には特別能力に応じた高度の

---

[128] Duttge, in：MK, §15, Rn. 98；Sternberg-Lieben/Schuster, in：Sch/Sch K, §15, Rn. 141.
[129] Stratenwerth, a.a.O.（Fn 83）, S. 412.
[130] Stratenwerth, a.a.O.（Fn 81）, S. 293f；松宮・前掲注（85）157 頁以下にも紹介されている。
[131] 松宮・前掲注（85）158 頁。

注意義務を課すことが望ましいのは明らかである。

結論として、患者保護の要請と医師の行動自由の制限の両面から、一方で患者を守る法的要請に相応し、他方で特別有能者に過度の負担をかけないし、引き受け過失の範囲を狭めるという意味で特別有能者に有利な方向で作用することもあるから、それに見合う特別能力によるサブグループの解釈を妥当と言ってよいであろう。

第2款　人的・物的条件

治療水準に必要な人的・物的設備も医療の質を確保するための前提として要求されている。必要な人的・物的設備の欠如から許された程度を超過した危険な治療をしたことにより結果が惹起された場合には過失犯が成立しうる。しかし、医療の質は社会的・経済的・地域的格差により左右される場合もありうる。すでに、1950年代に、Mezger は、医療の一般水準の中身には具体的な環境と状況が含まれ、例えば、先端的な技術と先端的な学術的成果を蓄積した大学付属病院での治療には、田舎の診療所での診療と同じ医術水準は適用され得ないと説いている[132]。1980年代以降、経済的制約による医療の質をめぐり、判例と学説において議論が盛んになっている。今日では、医療上の水準を決めるものとして、医学知識と技術のみならず、行為当時の具体的状況において利用可能な手段およびその手段を現実に利用する可能性も考えられるべきであるという認識が広がり支持を得ている[133]。

第1項　処罰の現状

人的・物的条件の整備の問題に起因する医療事件は、1980年代から仕事の交代勤務体制に関する刑事事例が出て、最近の十数年間には、人的・物的条件が具備されていない環境の下での治療によって患者の死傷結果を起こした

---

[132] Mezger, a.a.O.（Fn 30), S. 372.

[133] K. Ulsenheimer, Grenzen der ärztlichen Behandlungspflicht vor dem Hintergrund begrenzter finanzieller Ressourcen, in：FS Kuhlmann, 2003, S. 330；Steffen, a.a.O.（Fn 6), S. 496；BGHZ Urt. 22.09.1987, in：MedR 1988, 91.

140　第2章　ドイツ法上の対応

場合に引き受け過失を認める刑事事例も現れた。

1　夜間・休日・祝日医療

　患者は常に専門医水準の治療を求める権利があるという見地から、医療水準の治療が夜間、休日あるいは祝日にもかかわらず確保されるべきであるとされる。しかし、夜間・休日・祝日にも、専門医水準の治療を行うことのできる医師を当直医に任命することは、現実には不可能なことである。だからといって、夜間・休日・祝日の医療の質が低下を余儀なくされるわけではない[134]。患者の利益と医療現場の実態の両面にわたる問題を解決するために、専門医水準の実現形態を整える重要な手段として、ドイツではオンコール制が採用されている。すなわち、夜間・休日・祝日には、当直医のほかに、オンコール医師（Hintergrundarzt）も任命される。オンコール医師には、当直医師との連絡をとれる状況にいて、当直医師が対応できない状況が起こり専門的な対応が必要となったときには、当直医師の呼び出しに応じてそこにいる義務（Anwesenheitspflicht）が生じる。

　呼ばれたオンコール医師にそこにいる義務が常にあるわけではなく、そこにいることが法的義務となる条件が、連邦通常裁判所1983年2月2日刑事判決（NStZ 1983, 263）で議論されている。

　本件の事実は以下のようなものである。上級医師である被告人は待機中のオンコール医師であり、Fは当直医師であった。夜間、Fが電話で患者が血のかたまりを吐いたと第1回目の報告したとき、被告人は胃腸の急性出血と診断し、内科的治療を行い患者の状態を監視し状況を報告するよう指示した。23時、当直医師は患者の状況が安定で異常がないと被告人に報告した。被告人は当夜患者の状況を自ら診断せず、翌朝、患者に出血原因を発見・除去するための手術を行ったが、患者は胃腸の急性出血で死亡した。連邦通常裁判所は被告人を有罪とした原審判決を破棄して、無罪判決を言い渡した。

　裁判で議論された問題の1つは、Fからの第1回目の報告を受けた被告人が、自ら患者を診察し容態を把握することをせず、対応措置を補助医師に指

---

[134] B. Boemke, Facharztstandard bei fachübergreifendem Bereitschaftsdienst, NJW 201?, S. 1563f.

示しただけで済ませたことに注意義務違反が認められるかである。原審判決はＦの経験が少ないことから、指示通り措置をとり、患者の状況を的確に診断して緊急手術が必要になる場合かどうかを正確に判断することを、Ｆが適切にできるか疑いがあり、そのような場合には、被告人として、自ら患者を診察するなどの対応をとるべきであるとした。連邦通常裁判所判決は原審の判断を否定し、次のように判示している。夜勤交代制勤務において、夜勤を担当する者が待機医師と同じくらいの能力を持つことはない。夜勤を担当する者は、そもそも、患者の病状について的確に診断することが期待されていない。夜勤を担当する者には患者の全身状況が悪化したときに、速やかにその状況を待機医師に報告することだけが要求されている。したがって、患者の状況を的確に判断するのに必要な経験がないことだけでは、報告を受けた後の医師の対応に過失があるとは認められない。

　次の問題は、第１回目の報告を受けた後に被告人が電話だけで患者の状況を問い合せたことに過失があるかである。原審判決は、被告人は第１回目の報告を受けた後の１時間後くらい、つまり 20 時頃に、再度患者の状況について診察を行うべきであったのにそれを怠り、23 時以降も、電話で患者の状況を尋ねただけで、自ら診察を行わなかったことを非難されるべきであるとしている。原審判決では、被告人が自ら診察を行っていれば、早い時点で患者の状況の悪化を的確に判断でき、そうしていれば、手術を適時に実施できて、患者の死亡を回避できたという考え方が採用されていた。連邦通常裁判所判決はそのような考え方の妥当性を否定し、その理由として主に次の２点をあげている。第１に、胃腸の出血という症状だけから病気がどのように進行するかが、明らかではなかった。病気の状況が改善される可能性もありうる場合には、被告人として、電話で患者の状況を尋ねたことで十分であり、その対応が許されうる。第２に、23 時に、Ｆは患者の血液循環が安定しており、目立つような異常がないと被告人に報告しており、被告人はその報告内容の正確性を信頼してよい。

　これに対して、休暇中の医師が合併症を裏付ける具体的な状況を告げられたにもかかわらず、適宜に対応措置をとることを怠ったとして有罪とされた例として、連邦通常裁判所 1984 年 8 月 10 日刑事判決（NStZ 1985, 26）がある。

142　第2章　ドイツ法上の対応

　本件の事実は以下のようなものである。被告人は区病院の婦人科上級医師
であった。22日、患者は被告人の手術を受けた後で下腹部痛を訴えため、鎮
痛剤が注射された。23日午後、被告人は患者を診察しているとき、患者は癒
着部周辺の痛みが続いていたが下腹部の膨らみや押し込まれるような痛みは
なかった。その後、26日朝まで被告人は休暇中であった。その間、医師Ｆが
患者の治療を担当していた。医師Ｆは当直医師との連絡をとれる状態にあり
呼び出しに応じて病院に到着するオンコール医師として任命されたもので
あった。24日、休暇中の被告人は病院に現れ3人の看護師に出会ったとき、
患者の状況が危険だと知らされたが対応しなかった。25日、休暇中の被告人
は当直医師に呼ばれて病院にやってきて患者を診察して、全腹部が痛く特に
癒着部周辺で痛いとの訴えを聞いて、開腹手術を行うことを決めた。手術中
に腸損傷で大腸菌が全腹腔に入り込んで腹膜炎が惹起されていたことが発見
された。手術後、患者は腹膜炎による中毒性肺機能不全で死亡した。

　地方裁判所は被告人に過失致死を認めた。被告人の控訴は棄却された。

　休暇中の被告人が看護師から具体的危険が知られたときに対応をしなかっ
たことして注意義務に違反したかについて、連邦通常裁判所は次のように判
示している。被告人は補助医師が病院で当直をしており、また専門医Ｆがオ
ンコール制によって協力を行っていたという状況によると、自分の非番とな
る週末にも患者に必要な医療が提供されることを信頼することが許される。
しかしながら、24日に病院にいる間に「患者の状況が悪化して、ベッドから
起き上がることもできなくなり、痛みに苦しんでいる。」と3人の看護師から
指摘されたり、「腹腔鏡のために臓器が正常な位置から脱出するようなこと
が起こったのか」と聞かれたりしたときには、この信頼は動揺させられた。
看護師との会話から、被告人にとって警戒すべき徴候が明らかとなった。こ
のように、休暇中の医師は病気の悪化を知らせた具体的な状況を認識して、
それゆえ自分の非番の間に同僚医師が必要な治療を提供していることを信頼
することができなくなったときには、その場におり診断を行うべきであると
されている。

第 2 節　注意義務の標準　　143

2　引き受け過失の問題

　人的・物的設備を充たさないまま危険な治療を行って結果を生じさせた場
合、引き受け過失が認められれば、犯罪が成立しうる。参考になるものとし
て、ミュンヘン地方裁判所 2005 年 12 月 13 日刑事判決（ArztR 2007, 69）をあ
げる。

　本件の事実は以下のようなものである。産婦人科開業医である被告人は、
麻酔医または集中治療医学専門教育を受けた医師の立ち会いなしで、酸素飽
和時計等の医療設備を十分に備えていない手術室で、独りで患者に麻酔をか
けて子宮掻爬手術を行っている間に、患者が心肺停止状態に陥っていること
に気付かず、適切な蘇生措置を取らなかった。患者は死亡した。手術の麻酔
に中枢神経に作用する薬剤を使用する場合、同薬剤の作用で手術中の患者の
状態が浅い昏睡状態から全身麻酔状態へと発展するリスクがあるということ
は周知の事実であった。

　判決は本件ではその薬剤の作用で手術中に患者が全身麻酔状態に陥る状況
に対応するために、そのような状況になったら麻酔を施された患者の生命バ
イタルサインを観察し、呼吸停止になってからすぐに蘇生措置を行うための
医療設備と能力のある医師（主として麻酔医または集中治療医学専門教育を受けた医
師を指す）が配置されていなければならないとしている。被告人は中枢神経に
作用する薬剤を使うための人的・物的配置を知っており、あるいは知るべき
なのに[135]、必要な医療設備を備えていない手術室で 2 人目の医師を立ち会わ
せず手術を行ったことによって結果を生じさせたとして、過失致死罪で有罪
とされた[136]。

---

[135]判決はその薬剤の使用によるリスクおよびそのリスクに対応するための人的・物的配置
　に関する要求を被告人が知っていたはずであると判断している。そう判断した理由につ
　いて次のように説明されている。すなわち、薬剤使用に特定のリスクが伴うことは麻酔
　薬の能書に書かれてありすでに公表されている以上、あらゆる医師はそのリスクを知る
　べきである。また、一人で手術を行う場合、事故が発生する可能性は稀であっても、いっ
　たん発生すれば重篤な身体障害または死を生ぜしめる重大な麻酔事故になるので、突発
　的で重大な麻酔事故が発生する可能性のあることを思いつく。そして、麻酔剤の生産者
　から得た使用情報によって、その麻酔剤の使用は、病院あるいは設備を十分に備えたク
　リニックで、麻酔あるいは集中治療医学専門教育を受けた医師によってでなければ許さ
　れないことが指示されている。

144 第2章 ドイツ法上の対応

　これに対して、次の事例では最善の治療に必要な人員配置に不備があったが、その不備は過失ではないと認められた[137]。事故で左の太腿が切断された患者が病院に搬送され緊急手術を受けた。手術中に、大量出血で止血管理のために自己輸血装置（Bentley-Maschine）の使用が必要となった。麻酔医である被告人は一人で麻酔を導入しながらその装置を操作している際に、自己輸血装置の調節レバーを誤って止めてしまい、その結果、安全装置のスイッチが切れ、血液の代わりに空気が血管に注入され、患者を死亡させた。自己輸血装置の操作は専任スタッフが行うべきであるが、行為当時、専任スタッフの用意ができなかったため、被告人がその装置の操作も担当したのであった。本件では、一人で麻酔を導入しながら同時に自己輸血装置を操作することには危険が伴うが、自己輸血装置の使用がその場合の唯一の救命措置であった。被告人は行為の危険性と必要性を考量した上で分別をもってその装置を使用したのであって、その行為は正当化され得る。被告人に対する起訴は撤回された。

　もっとも、人的・物的条件の不備が常に医療体制の問題として放置されるにとどまってよいわけではなく、医師に引き受け過失が認められる場合もあることは、連邦通常裁判所 2010 年 4 月 29 日刑事判決（MedR 2011, 718）で示された。

　本件の事実は以下のようなものである。被告人は法医鑑定業務に従事していた。被害者 C がコカインを渡した疑いで逮捕され拘置所に収容され、麻薬を服用したと疑われた。拘置所の治療室で、被告人は C に胃の中の麻薬を吐き出させるために、身体を警察官に拘束された C に強制的に胃ゾンデを用いて催吐剤を投与した。C は 3、4 回吐いた後、意識が朦朧となった。被告人は虚脱による一時的な意識喪失にすぎないと思って、催吐剤を投与し続けていた。20 分後、C は酸素飽和度の低下が測定され、指の酸素飽和時計も検出で

---

[136] 区地方裁判所は、1 年 8 月の実刑に処した。被告人は、量刑の点についてだけ控訴を行い、地方裁判所は、被告人が、70 歳で健康を害していること、すでに廃業していること、1 万ユーロの賠償金を任意に支払っていること、長年前科なく治療を行ってきたこと、等の事情を指摘して、刑の執行を猶予した（LG München I, Urt. v.26.7.2006, in：ArztR 2007, 69）。

[137] StA LG Karlsruhe, 5 UJs 6868/81, 1 Ls 56/82, in：Ulsenheimer, a.a.O.（Fn 1), S. 346-347.

きなくなった。拘置所の治療室には緊急対応設備がなかった。被告人は同様の状況を扱う経験を持たず、救助措置を取らずに C を救命医のところに転送して、救命医の診療所における医療器具などを使って、C に胃洗浄を行ったが、C の意識は戻らなかった。数日後、C は死亡した。死因は拘置所の治療室で胃洗浄を強制的に行われたとき起こった低酸素脳症であった。

判決は引き受け過失で被告人の刑事責任が問われるかが検討されていないとして、原審の無罪判決を破棄し、次のように判示している。被告人は胃洗浄を行うための病歴調査と身体検査を行わなかった。医療設備の使用について詳しく知らなかった。患者が意識を失ったときの対応措置に関する基礎知識も具備していない。要するに、治療前に、必要な資料の調査と身体検査をほとんど行わず、軽率に胃洗浄を行っていた。上記のような状況において、引き受け過失による責任が問題となっていると判示されている。

組織である第三者も結果の発生に寄与した場合に、個人が責任を免れうるかについて、判決は、「第三者の注意義務違反の行為が結果発生に因果的寄与をした。それに加えて、被告人は実行犯として注意義務に違反し危険を実現させた。それによって、被告人と彼を働かせた組織である第三者は、同時犯（Nebentäterschaft）として取り扱われる。」としている。

第2項　医療資源の分配による修正

以上で紹介したように、医療の一般水準として、「不可欠な基準線（unverzichtbare Basisschwelle）」[138]が存在し、患者に提供される治療はその基準線を下回ることが許されない。言い換えれば、その不可欠な基準線によって、法的に許容されうる医療の質の下限が画定されている。これに対して、先端的医療機構にはより高い水準の医療が期待されうる。しかし、多くの場合には、その期待されうる「最善の医療」が具体的状況によって現に実現されること

---

[138] A. Künschner, Wirtschaftlicher Behandlungsverzicht und Patientenauswahl, 1992, S. 223. そのほかに、K. Ulsenheimer, Qualitätssicherung und risk-management im Spannungsverhältnis zwischen Kostendruck und medizinischem Standard, MedR 1995, S438；Frister/Lindermann/Peters, a.a.O.（Fn 13）, S. 52；Martin, a.a.O.（Fn 12）, S. 63, 70f もほぼ同様な意見をしている。

146 第2章 ドイツ法上の対応

ができないこともある。この意味では、「最善の医療」が行為当時の状況において利用可能な手段あるいはそれらの手段が現実に利用される可能性等により修正されることがある[139]。この問題に関する議論は、主として民事判決で行われている。この議論の状況について、以下で「下向きの修正」と「上向きの修正」にわけて紹介してみよう。

1　下向きの修正

医療水準の判定標準（Maßstab für Beurteilung des medizinischen Standards）という概念が連邦通常裁判所1993年12月14日民事判決（VersR 1994, 480）で明確に提出された。

本件の事実は以下のようなものである。常駐の医師である被告は医師B、医師Kと助産師Mでチームを構成し、双子の出産を取り扱っている際に、最初は自然出産をさせる試みをしたが、羊膜嚢を穿刺した後で双子の兄の臍帯が落ちたため、帝王切開に移行し、兄と妹を順番に取り出した。生まれた胎児が未熟児で器官機能が弱かったため、速やかに地域病院に転送されたが、手術中の酸素不足で脳障害になった。

双子出産の取り扱いに関する医療水準について、専門家鑑定人の証言によって、1人の胎児を扱うために2人の医療従事者を投入する（1人の小児科医師と1人の蘇生措置をとる経験を持つ看護師の配置が、一番望ましい）ことが当時の医療水準に相応しいとされた。

原審判決は上記の専門家鑑定人の証言に示された医療水準を採用して次のような判断を下した。すなわち、本件では双子出産の取り扱いだけではなく、母体状況の観察と変化への対応も必要であったから、分娩にあたるチームの構成員が十分に配置されておらず、それはバイタルサインや脈拍数やPH値等の基本的データの確認の怠慢の重要な原因となった。被告は出産取扱に対し責任を負う医師として双子の出産取扱に必要な組織的な予防措置をとることを怠ったとして注意義務に違反したとされた。

連邦通常裁判所は、原審判決を破棄し事件を差し戻した。判断根拠につい

---

[139] Kifmann/Rosenau, a.a.O. (Fn 6), S. 69.

て次のように説明されている。周産期母子医療センターで出産が取り扱われる場合は、リスク管理に必要な医療スタッフと設備の完備に関する要求が満たされなければならない。しかし、大学付属病院と特別専門病院における人的・物的配置の可能性から導き出された専門家鑑定人の提案した水準を、無差別に適用することは許されない。その水準は患者のために実際に提供可能な医療の実態に応じて修正されるべきである。その意味での医療水準は、最善ではなくとも充分な水準であり、行為者でも実現しうるものであるべきである。

　上述の理由で、判決は、専門家鑑定人に示された、分娩にあたるチームの構成に関する医療水準が常に採用されているわけではないという被告側の主張を採用し、行為当時、その時その場で実現可能な医療の実態に応じた「最善でなくとも充分な医療水準（ein zwar nicht optimaler, aber noch ausreichender medizinischer Standard）」という有名な医療水準の判定標準を示している。判決理由の中では、転送の問題は議論されていない。

　人的・物的設備が必要な治療に不十分である場合には、救命治療が必要な場合を除いて、必要な設備が備えられる時点まで治療を延期することが許される。このことについて、連邦通常裁判所 1991 年 7 月 10 日民事判決（VersR 1993, 52）が参考になる。

　本件の事実は以下のようなものである。7 月 25 日、原告が心不全をきたした重篤な僧帽弁狭窄症に襲われ入院した。担当医師が病院に使用可能な人工心肺装置が備えられていない状況を考慮して、手術日を先に伸ばして 9 月 15 日に決めた。その結果、手術が遅れて原告は脳梗塞で左半身不随になった。原告には、生命に差し迫った危険はなく、病状が急速に進行悪化する状態でもなかった。

　判決は、「事件ごとにどのような注意基準が使われるかを判断するにあたって、医療サービス・システムの不備、とりわけ財政的・経済的限界が問題となった場合には、その不備による制限を完全に無視するわけにはいかない。」という基本的な態度を表明した後、緊急手術をしなければ、生命に差し迫った危険があった場合を除き、「ドイツ連邦共和国においては、心臓手術を行う能力は、人工心肺装置の使用可能性により制限が与えられているので、……

148　第2章　ドイツ法上の対応

生命に差し迫った危険がなく、病気の進行状態が把握され得た場合には、……手術の延期が医療過誤で訴えられることはない。」としている。本件においても、転送義務の有無は問題となっていない。

前に紹介したように、一定の医療行為に必要な特別の技術・設備、あるいは、人的体制などについて、全国一律の医療水準を考えることは現実的でないが、通常の町医者や患者の自宅に往診する医師はその必要性を認識すべき場合には、患者を適切な医療機関に転送する義務が要求される。問題となりうるのは、技術・設備などについて全国の医療機構の平均的な水準に達している病院が、より高次の技術・設備を要する治療を患者に提供しなかったことについて過失があるかということである。この問題はオルデンブルク高等裁判所1993年7月27日民事判決（VersR 1995, 49）で争われた[140]。

本件の事実関係は次の通りである。腎動脈狭窄で病院Bに入院した原告が、合併症を発症してバルーン拡張緊急手術が必要となった。病院Bは脈管外科手術チームのメンバーを速やかに揃えることができなかったので、原告を病院Yに転送させた。原告は移送先で緊急手術を受けたが、手術が遅れたので、手術後に高血圧、頭痛、眩暈、疲労困憊などの症状が続いて就業不能に陥った。原告は緊急手術可能な脈管外科手術チームがないことについて病院Bの経営者を訴えたが、原審で敗訴し、控訴したが棄却された。

専門家鑑定人の証言によって、およそ7年前から心臓血管疾病と腎臓動脈閉塞の治療にバルーン拡張術を適用することが通例となっているが、その手術のための脈管外科手術チームが常に待機し緊急手術に対応できる状態にあるわけではないとされる。判決は「法律上の注意基準を判断する際に、医療水準が考慮されるべきであり、その中には財政的・経済的限界も含まれており、医療サービス・システムの不備を完全に無視するわけにはいかない」旨を判示した後、当時の医療実態を踏まえて、「あらゆる可能な合併症に対応できる緊急出動チームを配置することを要求することはあり得ない。」として、脈管外科手術チームが緊急手術に備えていないことが当時の医療水準から逸脱していたとの原告の主張を否定した。

---

[140] 連邦通常裁判所1994年7月12日民事決定（VI ZR 251/93）は、本件上告審として受理しないとしている。

第2節 注意義務の標準　　149

　本判決は学者の賛成を得ている。Steffen は、「医療サービス・システムの
枠の尺度（Rahmenvorgabe）によって医療行為の範囲が制限される場合」には、
患者はその普遍的な問題になった医療サービスの不足をやむをえず甘受する
しかないと論じている[141]。同旨で、Franzki は資源配置から生じる制約の外
側で治療を求めるとき、その治療行為が提供され得ないというリスクは、病
気に伴うリスクに含まれ、患者のほうがそのリスクを負うしかないと説明し
ている[142]。

2　上向きの修正

　医療資源の充足から、医療水準が上向きに修正される場合もありうる。医
学は日進月歩で発展しており、新たな技術はまず大学付属病院や先端医療セ
ンターで開発され実験に成功後、臨床治療に応用される。そして、専門界で
受け入れられて、はじめて全国各地に広い範囲で普及し、新しい医療水準に
定着していく。新技術の普及の程度は時間によって地域によって医療資源の
分配によって差がある。真っ先にその新技術が備えられる医療機関において
は、その新しい技術を治療に適用することが義務付けられうる[143]。そのよう
な事案では、資源分配等の要素は患者に有利な方向で作用する。連邦通常裁
判所 1988 年 6 月 28 日民事判決（NJW 1988, 2949）が参考になる。

　本件の事実関係は次の通りである。1981 年 3 月 11 日、被告医師は出産手
術中に胎児心拍数を精緻に記録するための胎児心拍数図を約 3 時間 30 分（13
時 20 分から 17 時まで）使用しておらず、簡易な記録方法で胎児心拍数を記録し
ていたため、緑色の羊水が出て胎児が重度の低酸素状態に陥る危険性を示す
症候が著しくなるまで、帝王切開に移行しなかった。その結果、生まれた胎
児が器質性脳障害になった。

　胎児心拍図を使用しなかったことを過失として非難することができるかに

---

[141] Steffen, a.a.O.（Fn 6）, S. 493.
[142] H. Franzki, von der Verantwortung des Richters für die Medizin-Entwicklungen und
Fehlentwicklungen der Rechtsprechung zur Arzthaftung, MedR 1994, S. 178.
[143] Frister/Lindermann/Peters, a.a.O.（Fn 13）, S. 50f；Walter, a.a.O.（Fn 86）, S. 216；Geiss/
Greiner, a.a.O.（Fn 108）, S. 45.

ついては、専門家鑑定人の証言によって、胎児心拍図による分娩監視は1981年にはいたるところで使用されてはいなかったことから、未だ「責任を発生させる行為基準（ein geschuldete Behandlungsstandard）」となっていなかったとされたにもかかわらず、判決は、医師は「優れた先端設備を使用でき」、また「その設備の使用によって治療のチャンスが改善される」場合には、その設備を使用する義務があると述べて、「胎児心拍図監視設備が手元にあって接続済みであり、13時20分からの危険な段階において、引き続き使用することが可能であれば、使用されなければならない。」と判示した。

第3款　若干の検討

　私見について3点をまとめておきたい。
　第1に、過失の標準は知識と能力に応じて個別的に設定されることを主張したい。
　下に向けての個別化は2段階説において否定されている。能力が劣っている者の責任を認めるために、引き受け責任を考えることが必要になる。同説は特別な能力が注意基準の設定に影響を与えうることを否定していないが、特別有能者に代表される医療水準が新しい医療水準として認められることをその影響を肯定する前提としている。上記のような考え方は、新しい医療水準が定着する初期段階では、大多数の特別能力を持たない普通の医師が従来の治療方法を使った場合には、新しい医療水準に当たる治療を行わなかったため、過失責任を問われてしまう。彼らは、新しい医療水準に当たる治療を挑戦した場合には、自身の能力を超える治療を意識的に引き受けたため、引き受け責任を問われてしまう。したがって、上記の考え方は、処罰の範囲が広がる欠点があると言える。
　これに対して、個別化説をとると、下に向けての個別化は適切な結論を導き出せる。上向けての個別化は行為者に命じられるのは利用可能な、道具的（手段的）能力を使うことであるので、過度の負担を与えることにはならない。また、そう命じられるのは、結果を回避するために特別な能力を使うこと以外の方法がない場合に限られる。さらに、特別有能者にとっては、一般医師

に許されない危険な行為を引き受けることが許されるので、自由に行動する範囲が広がる。従って、個別化説は患者の利益と行為者の利益の両方を兼ね備える良い説だと言えよう。

　第2に、過失の標準は人的・物的条件に応じて個別的に設定されることも主張したい。

　この問題は基本的に、上記の問題と解決する途は同じである。当時の医療水準からみて考えられうる手段および行為当時の状況における人的・物的条件下で利用可能な手段によって、下に向けての個別化だけでなく、上に向けての個別化も認められる。医療資源の制限のために、当時の医療水準からみて考えられうる最善な手段を使わないことが許されることがある。他方では、広く普及していなくとも現に利用可能であれば、結果を回避するための最善の手段が使われるべきである。

　知識・能力に応じる個別化と人的・物的条件に応じる個別化は、知識・能力あるいは医療技術が治療の道具として行為者に利用される可能性のあることを前提とするという点で違いがない。日本では地理的・社会的・経済的要素による医療の格差を是正するための転送義務を医師に命じることが妥当と認められている以上、医療の専門性または教育の程度等により生じた知識または能力の格差を是正するという意味で専門医または高次の能力を持つ医師に照会する、あるいは手伝いを求める義務を医師に命じることの妥当性を否定する理由はないであろう。同じく、医療資源について医師が優れた医療機器（例えば優れた手術機器）を現に有していればそれを使用する義務があることが否定されていない以上、医師が優れた能力（例えば手術技術）を持っている場合も同様に扱われるべきである。

　第3に、上向きの修正を認めるのであれば、1人であっても認めるのが一貫している。Freund が指摘したように、1人の基準と銘打たれていても、過失の有無の判断はその人にとってどのような行為が許されるかという個別的評価を要する問題に帰着する。そのような、個別的評価において問題となるのは、前文で検討された医師の自由裁量の問題である。

152　第2章　ドイツ法上の対応

第3節　予見可能性の判断

　2段階説と個別化説はどちらをとっても、結果を予見できなければ、犯罪は成立しない。予見可能性について、どの程度の予見可能性が必要とされるかが問題である。実務上、予見可能性を緩やかに解する判決と高度な予見可能性を要求する判決が両方存在する。

第1款　予見可能性を緩やかに解する判決

　医療過誤で起訴された事例からみれば、予見可能性は必ずしも高度なものとは言えない。このことから、刑事司法の介入は必ずしも高度な予見可能性が認められる場合に限られないように見える。

第1項　予見可能性の弛緩

　筆者の観察によれば、次の特別な事情がある場合には、予見可能性は緩やかに解されている。

1　治療手段自体の危険性

　治療手段自体の危険性が著しい場合には、危険な治療手段を用いるという事実を認識すれば、予見可能性要件の充足が認められうる。実験段階における治療方法の使用はその場合にあたる（詳細な紹介は、本章第1節第3款第2項2を参照）。

　実験段階にある新薬でなくても、計画された医薬品の投与に特別の危険が伴うことが経験上認識できる場合には、結果回避義務を厳しく命じようとする裁判所の取り扱いは、次の事例で見極められる。

　本件の事実は以下のようなものである[144]。医師である被告人は、かゆみ症にかかっている患者に局部麻酔をかけるときに、患者の状況を考慮してNo-

---

[144] G. Malorny, Percain-Todfall durch Druckfehler in einer medizinischen Zeitschrift, in：Archives of Toxicology, Vol. 14, Number 1, 1952, S. 40.

第3節　予見可能性の判断　153

vocain 溶液による慣用麻酔法を諦め、11 月の権威ある医学雑誌に掲載され
た Böhm（有名な大学付属病院の専門家）の論文に推薦された Percain 溶液によ
る新しい麻酔法に決めて、同論文に示された使用量（比率：1%）の通り調剤し
て患者に注射した。その論文の中には 2 カ所の印刷ミスで使用量が誤って記
載されており（正確な比率：1‰）、12 月の雑誌で発表された正誤表で訂正され
た。R. Franck の旧版教科書にも Percain の投与量に関する紹介があったが、
被告人は、新しい麻酔法に関する専門的な知識と使用経験のいずれも持って
いなかったので、論文に書かれている使用量を疑わず、もう一度資料を調べ
ることもしなかった結果、印刷ミスがわからないまま過量の Percain を投与
して血液循環系統と心臓麻痺を惹起させ、患者を死亡させた。

　1948 年のリューベック地方裁判所判決は、医師に過失致死罪の成立を認
め、1ヶ月の懲役と 1500DM の罰金に処した。シュレースヴィヒ高等裁判所
は、被告人の上訴を棄却し、判断理由について次のように述べている。Per-
cain について、被告人は、その名前しか知らなかったが、強い毒性があるこ
とと病院で使われていないことを知っていた。そして、論文の内容、つまり、
Percain が注射液として使われ得ることなどは、彼にとって新しい知見で
あった。Percain に関する専門的な知識の欠如のほかに、被告人は Percain を
これまで使用したこともなかった。そのような状況下で、被告人は Percain
を治療に投与するにあたって、特別の注意を払う義務があり、もう一度調べ
熟考するなどの配慮を払わず論文の内容を信頼することは許されない。大学
付属病院での経験を基に作成され、そして医学専門雑誌に掲載されている論
文であっても、その論文の内容を信頼することは許されない。薦められた治
療方法を使用する前に、患者に危険があるか、どのような条件で患者に危険
があるかを確かめなければならない。Percain の使用量の上限は Franck の
旧版教科書に書かれている。被告人はその教科書を自由に使えていた以上、
閲覧すべきであり、調べていれば、論文に使用量が正確に示されているかと
の疑問を抱いたはずである。そして、経験からすると、印刷ミスがその後発
行された雑誌で訂正されることは珍しくない。被告人は専門的素養を具備し
ている医師として、少なくとも翌年の 4 月初までの雑誌に目を通さなければ
ならない。12 月の雑誌で発表された正誤表の中に、Böhm の論文のタイトル

154　第2章　ドイツ法上の対応

が太字で示されているから、被告人は、その雑誌にざっと目を通しただけでも、11月の雑誌に掲載された論文には使用量に関する印刷ミスのあることがわかったはずである。

　以上のようなシュレースヴィヒ高等裁判所の判決に対して、Malornyは被告人は有名な大学付属病院での研究結果を公表した論文の内容を信頼でき、印刷ミスの有無を調べなかったことを過失として非難することはできないと主張している。こうした判断の理由として、Malornyは次の3点をあげている。

　第1に、普通、新薬の効果を調べる実験が、まず大学付属病院で行われて、実験結果が公開されてはじめて一般の診療所でも新薬の使用が許される。本件では、Percainが新薬であったからこそ、評判のよい大学付属病院での研究結果を報道する論文に紹介された内容を正確であると想定してよい。

　第2に、行為当時には、Percainは注射用麻酔剤としてはほとんど使われていなかったし、注射時の使用量が最新の教科書と有名な学術論文の中でほとんど紹介されていなかった。そのような状況下で、医師にとって論文に示された使用量の正誤をもう一度調べる可能性はほんの僅かなものであった。確かに、被告人はR. Franckの旧版教科書を持っており、その点で特別の注意を払うことが可能であり、同状況は被告人に不利な事実になると考えられる。しかしながら、使用量に関する印刷ミスが2箇所あるという状況に鑑みると、被告人が単純な印刷ミスではなく、論文の作者の提案した使用量だと理解することもありうる。

　第3に、医学の週刊誌・月刊誌は大量に存在する。多忙な医師にとって、時間の関係で、あらゆる雑誌を迅速に丁寧に検討することは不可能であろう。12月の雑誌で発表された正誤表を調べることは医師に過度の要求である。

　本件の判決では、被告人は11月の医学雑誌に掲載された内容を見間違えていないが、その内容の正誤をさらに確認しなかったとして、過失による責任が問われている。つまり、過失の非難根拠は、新しい麻酔剤の使用に関する直接の情報源を調べなかったことにではなく、その直接の情報源泉をもう一度確認するために旧版の教科書を調べ、医学雑誌で発表された正誤表を定期的に確認する等のことを怠ったことに求められている。判決では、正誤表

第3節　予見可能性の判断　　155

の確認は「印刷ミスが出たらその後発行された雑誌で訂正されることは珍しくない」という一般的な経験に由来する注意事項として解されており、「専門的素養を具備している医師」なら翌年の4月までの雑誌を丁寧に確認しただろうことから、そうしなかった被告人には過失があるとされた。これに対して、Malorny は印刷ミスの確認を動機付ける具体的な手がかりがどこにもなく、そのような状況下で、定期的に医学雑誌を丁寧に調べることは多忙な医師にとって過度の要求と思えると指摘している。

2　疑われる病気の性質

初診時の所見から重大な病気が疑われたとき、特に、命にかかわる病気に発展する可能性のあることへの疑問が生じたときには、その疑問を晴らすための手段をとる義務が厳しく要求されることが多い。

子宮頸癌を「腎臓痛」と誤診して患者を死亡させた事件に対する、ライヒ裁判所1941年8月8日刑事判決（RGSt 75, 324）は、被告人が子宮頸癌と疑ったときには、適切な診療を受けさせるよう、入院を指示するなどの措置をとるべきであるとしている。

心筋炎の患者にクロルエチルの麻酔をかけることは比較的高い危険を意味する。連邦通常裁判所1966年4月27日刑事判決（BGHSt 21, 59）によって、手術前に患者から「心臓がおかしい」と告げられた歯科医師は、クロルエチルの麻酔を安全に実施するために内科検査を受けるよう指示すべきであるとされている[145]。本件における注意義務の認定を、学者も支持している[146]。

ポツダム地方裁判所2008年8月25日刑事判決（ZMGR 2009, 257）は、被告人は、患者の訴えた症状から、急性心臓冠動脈疾患、とりわけ心筋梗塞を考慮に入れるべきであり、確実な診断結論が得られなかった場合には、最も命を脅かす病気の仮定のもとに専門クリニックに入院するよう患者に指示すべ

---

[145] 必要だと思われる措置をとっていれば、死亡の結果が少なくとも遅くなったかという因果関連に関する問題の証明を原審裁判所に求めて原審判決を破棄した。

[146] Jescheck/Weigend, a.a.O.（Fn 83），§55, I 3c, S. 580；J. Krümpelmann, Die Verwirkung des Vertrauensgrundsatzes bei pflichtwidrigem Verhalten in der kritischen Verkehrssituation, in：FS Lackner, 1987, S. 296；Roxin, a.a.O.（Fn 76），§24, Rn. 36；Gropp, a.a.O.（Fn 118），S. 422.

156　第2章　ドイツ法上の対応

きであるとしている。

　事故の重大さや外傷の性質等の具体的な状況によって、精密な検査が最初から要求される場合もある。ケルン高等裁判所 1973 年 11 月 16 日刑事決定 (KH 1974, 30) は、酩酊で意識がなくなり、街で寝ころんでいた患者が病院に運ばれたときに治療を引き受けた医師がすぐに超音波脳検査を行い継続的な監視をすべきでありそれを怠ったとして、注意義務違反があったとしている。学者はただの運動中に起きた怪我の治療ではなく、重大な外傷を起こす程度の事故に遭遇した患者を治療する際には、放射線検査の実施が一般に認められている医業上の慣行として要求されると解説している[147]。

　症状から合併症が疑われたにもかかわらず、それを検討せず見落としたことに刑事過失が認められた例として虫垂切除手術後合併症致死事件に対する、連邦通常裁判所 1980 年 5 月 20 日刑事判決 (NStZ 1981, 218) がある。被害者が手術後に 9 日に白血球増加、血圧上昇と腹壁板状硬等の症状がはじめて現れたとき、被告人医師は、それらの症状を検討せず、12 日に検討したがすでに手遅れになっていた。10 日に適切な検査が行われていれば、その検査結果に基づき必要な措置が講じられたと認められる。原審判決は、「被告人は、遅くとも 10 日に非定型的な疾病推移経過 (atypischer Krankheitsverlauf) に対応すべきであったのにそれを怠ったとして罪に問われる。」としている[148]。連邦通常裁判所判決は、被告人の不注意が「重大な注意義務違反」であったとして、原審判決を維持した。

　初診時の所見からある病気が疑われたとき、当時の医療水準によって利用可能な検査手段をもって確定診断を行う義務は、多くの場合に厳しい法的要請である。そこでは、症状から結果に至るまでの過程の予見可能性が緩やかに解される傾向がある。Ulsenheimer は次のように指摘している。連邦通常裁判所判決は、「予見可能性はそれに続く被害者の死亡に至る事象結果のあらゆる詳細の及ぶ必要はない」という態度をとっており、判例では予見可能性要件は、「その事象の経過 (Geschehensablauf)」よりも、「その終末の結末における結果 (Erfolg in seinem Endergebnis)」に結びつけられている。その結果、今

---

[147] Goetze, a.a.O. (Fn 6), S. 83 ; Deutsch, a.a.O. (Fn 45), 2290.
[148] 被告人は過失致死で有罪となった。

日、「予見可能性が過度に引き延ばされる（Überdehnung der Voraussehbarkeit）」傾向が強まっているとされている[149]。予見可能性が緩やかに解される結果、基本的診断義務の懈怠の類型においては、予見可能性は過失犯の成立範囲を制限する要件として機能しなくなっており、過失の範囲を制限するためには、他の手段を使わなければならなくなっている。

　予見可能性の弛緩への対応として、今日の実務においては、過失犯の成立範囲を制限する手段として、注意義務違反と結果との帰責関連が厳格に審査されている[150]。

(1)　因果関係（結果回避可能性）の否定

　法的意味において注意義務に違反する行為が損害結果に対して因果的であるとみなされるのは、義務を守って行為していれば、損害結果に至らなかったであろうときのみである。必要だと思われる措置をとっても、結果に至っていたほかの事情が存在するとして、因果関係（結果回避可能性）が否定された場合も多い。

　専門医である被告人が患者の夫に求められた往診を断って、患者を死亡させた事件に対する、連邦通常裁判所 1961 年 4 月 21 日刑事判決（NJW 1961, 2068）は、往診したとしても、患者の自宅には適切な検査に必要な設備がないので、患者の病状を確実に調べ確かめることができなかったとして、因果関係を否定している。

　また、連邦通常裁判所 1985 年 11 月 29 日刑事判決（NStZ 1986, 217）も例としてあげられる。本件の事実は以下のようなものである。患者が 10 日に病院で虫垂炎の手術を受け、23 日に横隔膜下膿瘍と言われる合併症を発症して死亡した。必要な検査が 21 日までに行われていれば、横隔膜下膿瘍が発見され、患者を救命するための手術が行われただろうと認められる。

　治療を担当する病棟医である被告人の診断の怠慢について、原審判決は、被告人医師は 16 日から 20 日まで炎症を示す諸徴候が現れたときに、更なる診断を行うための措置をとらなかったし、上級医師に合併症の疑いも報告しなかったため、注意義務に違反して過失致死罪につき有罪であると判示した。

---

[149] Ulsenheimer, a.a.O.（Fn 1），S. 328.
[150] この点については、山中・前掲注（1）論文 129 頁以下で検討されている。

158　第2章　ドイツ法上の対応

連邦通常裁判所判決は、更なる診断の怠慢と結果との因果関係の証明が十分になされていないとして、原審判決を破棄して事件を差し戻した。まず、被告人医師が更なる診断のための措置をとったとしても、その診断の結果では不自然な炎症しか示されず、その炎症だけで病状が解明されたのかという問題が、原審判決で解決されていない。そして、当時、週末にあたりレントゲン検査を担当する技師が出勤していなかったので、検査の実施が延期されることも考えられうることであり、したがって、被告人医師が合併症の疑いを上級医師に報告していれば、確定診断が確実に行われたのかという問題も、原審判決で議論されていない、とされている。

　コブレンツ高等裁判所 1980 年 8 月 28 日刑事決定（OLGSt zu§222 StGB, S. 63)[151]は、因果関係を判断する際に危険増加理論の適用を否定する旨を判示している。

　本件の事実は以下のようなものである。事故で負傷した患者が補助医師と上級医師の検査を受けたが、誤診で直接に手術をする必要性が見落とされた。翌日、同患者は医長によって手術が行われたが、重度の腹膜炎の発症のために死亡した。

　直ちに手術をする必要性を見逃した点に注意義務違反が認められているが、正しい診断に基づいて手術がなされたとしても患者が延命したことの証明ができないので、過失致死罪は認められないと判示されている[152]。因果関係を判断する際に、コブレンツ高等裁判所決定は危険増加理論の適用を否定している[153]。死亡の原因とされる腹膜炎の手術は、大きな危険を伴っており、それによって確実に延命のチャンスがあったとは言えない。被告人の行為から確実にいいうるのは、それが、生き延びるチャンスを減少させたということであるが、危険の増加の認定は、因果関係を認めるのに十分ではない。

---

[151] Ulsenheimer, a.a.O.（Fn 1), S. 309 に紹介された判例である。

[152] 検察官は鑑定意見に基づき、医師の義務違反と患者の死亡結果との間の因果関係を立証できないとして捜査手続の打切りを決定した。告訴人の不服申立に対して、上級検察庁検事長が申立を却下したので、告訴人は強制起訴の訴えを提起した。コブレンツ高等裁判所は上訴を却下した。

[153] Ulsenheimer, a.a.O.（Fn 1), S. 310.

(2) 保護目的連関の否定

　注意義務違反の行為が合義務的行為によって置換されていれば、結果が発生しなかったと言えても、当該行為を義務付ける規範の目的が発生した結果とは別の結果を回避するためのものである場合には、保護目的連関（Schutzzweckzusammenhang）が認められないとして、結果の帰属が否定される[154]。連邦通常裁判所 1966 年 4 月 27 日刑事判決（BGHSt 21, 59）が参考になる。

　本件の事実は以下のようなものである。歯科医師である被告人は、12 月 5 日に麻酔専門医師の立会いなしで、慢性心筋炎にかかっている患者にクロルエチルの全身麻酔をかけて抜歯手術を行った。手術後、患者の容体が急変し、脈拍、呼吸、瞳孔反応が弱まり、麻酔に起因する急性心停止で死亡した。

　まず、判決は、「刑事裁判所は、患者の外面的な様子と『心臓がおかしい』という申し立てから、より安全な笑気ガスのかわりクロルエチルを使ったにもかかわらず、まず内科医に精密検査をさせることを怠ったことを非難する。その際、心筋炎そのものが診断されていたことは期待できないとしても、心臓の重篤な障害に対するヒントが得られる可能性は生じていたであろう。そのほかに、被告人は、事件の特別な状況を目の前にしていれば、麻酔専門医を呼んだであろう。」として、歯科医師である被告人に、精密検査を指示し麻酔医師を呼ぶ義務の違反を認めている。

　次に、重要な論争が因果関係の認定をめぐり展開されている。刑事裁判所は、内科検査を受けさせていれば、内科検査に呼ばれた医師によるカルテ確認に一定の時間を要し、手術は 12 月 5 日の朝には行われていなかったから、注意義務違反によって結果が時間的に早期の段階で惹起されたので、注意義務違反が死亡の原因となったとしている。連邦通常裁判所判決は、この考え方を否定し、必要だと思われる措置をとっていれば、手術の開始時間が後になり、死亡の発生を早めることを回避できたけれども、要求された注意はそのような目的を持つものではないと指摘している。つまり、精密検査を指示し麻酔医師を呼ぶ義務を要求するのは、手術の開始時間が後になることを確保するためではない。連邦通常裁判所は因果関係を肯定した原判決の考え方

---

[154] M. Terbille（Hrsg.）, Münchener Anwaltshandbuch Medizinrecht, 2009, S. 303.

160　第2章　ドイツ法上の対応

が適切ではないことを理由として、原判決を破棄して事件を差し戻した。

第2項　単純ミス

聞き違え、取り違えなどのミスに取り組む刑事裁判例が、1950年代以降、判例集あるいは文献に初めて見られるようになった。これらのミスは、コミュニケーション不足で惹起されたものが多い[155]。

医師が補助者に指示を下す過程でコミュニケーション上の過誤が生じうる。次の二つの事例をあげてみたい。

医師の口述した薬剤の種類と使用量を看護師が聞き間違え書き間違えたことによる致死事件において、看護師の過失について、連邦通常裁判所 1952年7月10日刑事判決（BGHSt 3, 91）は、聞き間違いと書き間違いだけで処罰が正当化されるわけではなく、問題の薬剤を使用する経験を持たないため、上級看護師から同薬剤を詳しく知っている看護師仲間に尋ねるよう注意されたときに、ほかの看護師に尋ね、あるいは委ねるべきであったのに、それを怠って独断で過量の薬剤を投与した状況を踏まえ、看護師を有罪とした原審裁判所の判断に賛成した。医師の過失について、判決は、医師が、薬剤の種類と使用量を口述してそのメモを看護師に取らせたときに、疲れていたとしても、生命に危険のある薬剤が投与される場合には、メモを取った看護師に対する監督が基本的な注意義務として要求され、「他人を生命にかかわる重大な危険から守るために、少しばかり疲労していても、注意義務を果たすべきである。」とするとともに、看護師が受けた専門教育がまだ不十分であり、また、問題の薬剤を使用する経験を全く持っていないという特別な状況を考慮すると、本件の医師と看護師の関係では信頼の原則の適用は認められない、と判示して、医師を無罪とした原審判決を破棄した。

連邦通常裁判所 1954年7月1日刑事判決（NJW 1954, 1536）も参考になる。被告人である医師は胆嚢炎の治療に使われる Protocid と Decholin の混合注射液の用意を看護師に指示した。看護師は Decholin を Cholin と聞き間違えた。その結果、患者が誤った薬剤を注射されて死亡した。裁判で、胆嚢炎の

---

[155] Koch, a.a.O.（Fn 3）, S. 209.

第3節　予見可能性の判断　　161

治療に Decholin を使用し同薬剤の用意を看護師に指示するようなことがご
く一般的であるので、看護師がその指示を正しく受け取ることを信頼できた
という医師の主張に対して、判決は、「口頭で補助者への指示を伝える際に言
い間違えの危険があり、補助者が受け止める際に聞き間違えの可能性もある。
そのような危険は、複数の人が特定の任務を成し遂げるために共同で働く場
合に普遍的に存在するから、誰にもわかりやすいことである。そのような危
険は、だらしない話し方をしたこととか、聞いたとき気配りが足りなかった
こととか、方言が使われたこととか、似た別の名称が聞こえたこと等の原因
に起因するものである。したがって、医師がよく使用する薬品を指示したの
か、めったに使用されない薬品を指示したのかということは、決定的な意味
を持っていない。」として、「どんな医師もそれらの容易に思いつく危険を考
慮に入れるべきである」とするとともに、看護師への監督を医師に要求する
根拠は、「特別の環境」下で、「慎重な考慮と経験に基づき、起こりうる危険
を概括的に幅広く予測する」という要請にあり、そのような危険の予測は看
護師の個人的素質により左右されず、つまり、仮に教育を充分に受け経験を
積み重ねた看護師に指示を下すような場合にも、監督義務が認められると判
示している。

　交替制勤務（手術施行中のスタッフの頻繁な交替も含める）でコミュニケーショ
ン上の過誤が生じる危険もある。

　例として、被告人の執刀医が帝王切開手術を行う際、患者の腹腔内に鈎を
遺留したまま閉腹したため、その後に鈎除去のため開腹手術を余儀なくされ、
2度目の手術で患者を血栓症で死亡させた事件に対する、連邦通常裁判所
1955年6月10日刑事判決（NJW 1955, 1487）があげられる。外科医は監督義務
に違反したとして過失致死罪で有罪とされた。監督義務の根拠について、判
決は次のように判示している。まず、手術は複数の人の協同で行われる。そ
のような協同作業環境の欠陥は手術施行中のスタッフの頻繁な交替で生じ
る。執刀医はそのことをあらかじめ知っている以上、自分の手術技術のみな
らず、補助者に仕事を分配し、分配された仕事をする補助者を指導・監督し、
外観の異なる器具を使用するなど、チームワークの構築にも配慮をすべきで
ある。また、病院管理者の責務が果たされていないため、補助者数が不足し

ており、十分な職業訓練を受けていないという問題の存在も被告人は認識しており、さらに、被害者の手術がそれらの一般的に考えられうる不利な状況下で行われ、一緒に手術室で働く看護師もそのような状況に置かれていることも被告人は知っていた以上、看護師が分配された仕事を適切に成し遂げることを信頼することは許されないと判示されている。判決は執刀医の置かれた「物的・人的（sachlich und persönlich）状況」を考慮し、鉤の遺留という危険を予見しなかったことに過失を認め、「手術前に器具を置き忘れないよう、手術後に器具の数を確認するよう、指示・監督する」義務が執刀医として果たされるべきであるとしている。

　コミュニケーション上の過誤は異なる医師仲間の仕事引き継ぎでも起こりやすい。以下で2つの事例をあげてみよう。

　まずは、連邦通常裁判所1971年12月21日刑事判決（MDR 1972, 384）である。本件の事実は以下のようなものである。外科医長（Chefarzt）Aが休暇中、仕事を上級医Bに委託していた。Bは当病院でごく稀に使われる麻酔剤Pを被害者の手術麻酔に使用することを決め、手術告知板に「麻酔剤P……offen」という内容を記した。手術の補助者が麻酔剤Pを用意した。麻酔剤Pの静脈注射の場合、低濃度で注射速度をできるだけゆっくり行うことが要求される。休暇から戻った医長Aは被害者の手術を行う際、静脈注射用の麻酔剤Eが用意されたと思い込んで、静脈注射を実施し始めたが、1回目の注射に失敗した。そのとき、Bがやってきたが、麻酔剤のことについてAに確認しなかった。その結果、過量の麻酔剤Pが投与され、被害者が死亡した。地方裁判所は、両医師をそれぞれ過失致死罪で有罪とした。Bの上訴に対して、判決は、Bには手術の計画を立てた先行行為により保障人的地位が認められ、それゆえ、医長が自分の指示を誤解していないかどうか、新しい指示を正しく下したかどうかを確認すべき義務があるので、ミスを見逃すことは許されず、自分に知らせず手術計画を変更するようなことを医長がしないことを信頼することも許されないと判示し、原審判決を維持している。

　また、連邦通常裁判所1997年11月19日刑事判決（StV 1998, 199）も参考になる。本件の事実は以下のようなものである。医師Kが放射線治療の計画を立てた後、同計画の実施を被告人に依頼して休暇を始めた。被告人は治療計

画の欠陥を認識せず、計画通り放射線治療を行った結果、患者を長時間放射線に晒させ視力障害を生じさせたとして、過失致傷で有罪となった。被告人の過失について、判決は、「正確性に関する重大な疑念の根拠が十分あり、被告人はそれを認識できたにもかかわらず、吟味せず、同僚医師 K により立てられた治療計画に示された時間で放射線治療を実施し、標本検査等の妥当性チェックを一度も行ったこともないとして非難されている」としている。具体的には、医師 R が放射線治療を計画しているときに、「参考資料が不十分であり、書き留めた手記が欠け、放射線量の安全基準を確定するための予備調査をしなかった」といった状況から、被告人は医師 R が医業活動をぞんざいに扱っていたことを認識することができたとされている。本件の判決では、医師 K の治療計画への信頼を失わせる決定的な理由は「被告人が医師 K のなげやりな仕事を知っていた」ことにある。言い換えれば、医師 K のなげやりな仕事の認識をきっかけに、治療計画を吟味・チェックすることが動機付けられている。

　日本では患者の取り違えが刑事事件になったが、ドイツにおける同様の事件として、似た名前を持った 2 人の女性患者の取り違え事件に対するヨーロッパ人権裁判所 2004 年 7 月 8 日判決 (NJW 2005, 727) がある。本件の事実は以下のようなものである。被害者 Thin Nbo Vo が、妊婦定期健診を受けに来た。患者 Thi Thanb Van Vo が子宮内避妊リングを除去する手術を受けに病院に来た。手術を担当する医師 G が「Frau Vo」を呼んだとき、被害者が誤って診察室に入った。医師 G はフランス語で被害者に話しかけたが、フランス語ができない被害者に通じておらず、子宮内避妊リングを除去されるべき患者であるかのように思い込んで、診察を行わず手術を開始して羊膜嚢を突き刺し、最終的に胎児の喪失をもたらした。医師 G は被害者の生命を危険に晒させたとして過失致傷罪で、また、胎児を死亡させたとして過失致死罪で起訴された。過失致傷罪については、地方裁判所は、1995 年 8 月 3 日の大赦法によって被告人に免訴を言い渡した。過失致死罪については、上告審で連邦通常裁判所は、胎児が刑法に保護される人にあたらないことを理由に過失致死罪の成立を否定した。被害者は被告人がヨーロッパ人権法第 2 条 (生命権) を侵害したと主張して、ヨーロッパ人権裁判所に訴えた。ヨーロッパ人権裁

164 第2章 ドイツ法上の対応

判所は、胎児は保護対象と認められないとして被害者の主張を退けている。

単純ミスの可罰性について、学説上、最も経験のある医師でも聞き間違えのようなミスをしばしば犯すので、簡単なミスの回避可能性を否定することはできないが、当該行為が重大な過誤であるかという問題は、ドイツ刑事訴訟法153条a[156]により手続を打ち切るかについての検察官の判断において決定的な意味を有するという指摘がある[157]。

実務上、薬剤の取り違えが重大な結果を生じさせたが、違法性の程度が重大ではないとして、刑事訴訟法153条aにより処理された事例として、連邦通常裁判所1999年2月10日決定（NStZ 1999, 312）がある。

本件の事実は以下のようなものである。麻酔医である被告人は、生後5ヶ月の乳児の口蓋手術中に、食塩水での洗浄を行うべきであったのに、食塩水のかわりに、うっかりして液体容器の中に過酸化水素（Wasserstoffperoxid）を注入して、乳児を死亡させた。地方裁判所は被告人に過失致死の成立を認め、被告人は上訴した。連邦通常裁判所決定は、確かに被告人の過誤によって重大な非可逆性障害を惹起させたが、しかし、非難の基準は障害結果だけで量られるものではなく、被告人の重大な影響をもたらした過誤の惹起に、助手の注意義務に反する有責の行為が関与していたから、被告人の責任は軽いとするとともに、刑事訴訟法153条aに要求される「公の利益」が本件には存在しないと判断して、刑事手続を打ち切って刑の執行を停止した。本決定に賛成するDeutschは、本件における医療過誤は純粋な単純ミスにより惹起されたものであって、結果は重大であったが過失は軽微であったとコメントしている[158]。

第3項 比例原則の適用

より困難な問題は、前の段階での不注意が結果発生に重大な因果的寄与をしたと認められるが、結果を直接惹起した行動との間に時間的・場所的離隔

---

[156] ドイツの刑事訴訟法153条aによって、軽罪につき、責任が軽微で訴追することについて公益が存しない場合には、手続が打ち切られうる。

[157] Ulsenheimer, a.a.O.（Fn 1）, S. 84.

[158] Deutsch/Spickhoff, a.a.O.（Fn 52）, §XIII, Rn. 716.

第3節　予見可能性の判断　　165

があり、その離隔の程度が特定され得ない場合に存在する。

　最近出された、2003年3月14日の連邦通常裁判所刑事判決(MedR 2003, 457)を契機として患者の生命、健康などの利益と医師の自由な行動の利益の間でどのようにバランスをとるかをめぐり議論がなされている。

　本件の事実は以下のようなものである。心臓外科医である被告人は、B型肝炎ウイルスに感染していたが、定期検診を受けなかったため、感染に気づかないまま外科手術を行い、患者12人にB型肝炎ウイルスを感染させた。連邦通常裁判所は被告人に過失傷害罪を認めた原審判決を認めた。

　判決は、手術自体は適切に行われたものであって、処罰の対象とされるべきではないという上訴理由を否定した。判決は、過失違法評価の重点を、患者に感染を惹起させた心臓手術を行ったという意味での「作為」におき、「伝染性の高いB型肝炎にかかっている外科医として、手術を行うことが許されない。したがって、外科医が伝染性の疾病になった状態下で手術を行ったことが、行為準則に反して犯罪となる。」とするとともに、「要求された定期検診を受けなかった事実自体から、処罰に値するという結論を導き出すことはできない。手術を行っているときに感染が初めて起こり、健康侵害の構成要件を直接に実現させたからである。……不作為の成分は過失の作為と本質必然的に結びついているが、犯罪が作為により構成されているという結論は少しも変わらない」と判示している。

　感染に気づかないまま外科手術を行ったことを過失として非難する根拠について、判決は、「医師を介して患者がウイルスに感染するリスクがあることは、当時、ウイルス学者だけでなく、医師にも一般に知られていたことである。……ウイルス予防接種をしていない被告人は、少なくとも定期検診を受ける義務がある。……被告人は多数の手術を行う外科医として、彼の医療活動が高度の感染リスクを伴うことの責任を自覚して注意を払い、リスクを最低限に抑えるという目標の達成に少しでも近づくために、少なくとも毎年の定期検診を受けることが要求されている。」としている。

　本判決は、違法評価の重点を作為に置きながら、手術の実施過程では落ち度がある行動がないため、作為に結び付いている「不作為の成分」に非難の根拠を求めようとしている。本件では、慢性B型肝炎が常に注意される病気

166 第2章 ドイツ法上の対応

ではない、被告人は慢性B型肝炎ウイルスの保有者であるが、そのことを示す徴候がなかった、被告人本人を含めて誰にも知られていなかった[159]、被告人にとっては、定期検診を受けることは法定の義務ではない[160]、といった事情の存在が指摘されたが、判決は危険を認識するための「契機」を要求せず、手術感染の危険性に関する一般的な経験から非難の根拠を導出している。

　Ulsenheimer は引き受け責任の構造を採用して被告人の行為を解釈し、有罪判決に賛成している。Ulsenheimer の解説は以下の通りである[161]。判決が違法評価の重点を指定して、事件の経過を作為（手術）と不作為（定期検診または免疫接種の怠慢）の2つの段階にわけていることには意味がない。本件では、外科医の過失の構造は引き受け責任の構造に類似している。すなわち、引き受け責任にあっては、知識・経験の欠陥、あるいは疲労、酩酊、病気、薬物の影響のために、治療を遂行するための個人的な能力・技術が欠けたまま、治療を引き受けて被害を生じさせる。このような構造を本件に当てはめると、被告外科医は感染性の高いウイルスの保有者として手術の実施に必要な素質を持たなくなったままで、手術を引き受けて患者に害をもたらしたと考えられる。法律上禁止された対象は、安全措置をとらないままで手術を実施したことである。引き受け責任につき有罪となるためには、不作為と作為がどのように区別されるかという問題ではなく、医師として、自分の知識・能力・個人的資質を超えた治療を引き受けていることを認識したか、あるいは認識すべきであったかという問題が検討されるべきである。この問題は被告人と同じ状況に置かれた慎重で経験のある心臓外科医を基準に判断されるべきであり、不法行為に出たかという問題を提起するための「契機」は必要とされない。すなわち、通常の心臓外科医なら感染のリスクを減少させるための定期検診を受けただろうと認められれば、定期検診の怠慢は許されないという結論が得られる。この問題は判決理由の中で詳しく議論されている。Ulsen-

---

[159] H-U Päffgen, Gefahr-Definition, Gefahr-Verringerung und Einwilligung im medizinischen Bereich, in：FS Rodolph, 2004, S. 187.

[160] 評釈では、慢性肝炎感染の場合にも申告が要求され（MedR 2005, 2）、患者に知らせるべきである（ArztR 2004, 102）という意見がある。

[161] K. Ulsenheimer, Anmerkung, StV 2007, S. 79f.

第3節　予見可能性の判断　167

heimer は、判決は不作為と作為との区別の問題を提起した点で妥当性に欠けているが、過失の有無を正しく判断したとしている。

　これに対して、もう1つの考え方も提出されている。Nepomuck は定期検診を受ける義務は、行為者の行動の自由の保障と患者の法益保護の両方に適うものであるから、医師に課されても過酷ではないと主張している。Nepomuck の解釈は次の通りである[162]。前の段階での抽象的危険がその後の行為によって実現された場合に、前の段階の行為に処罰の根拠を認めるためには、比例原則（Verhältnismäßigkeitsprinzip）に合致しているかが検討されなければならない。この見地から次のような考慮が可能となる。患者を手術中の感染から守るためには2つの手段が考えられる。手術の実施の禁止と定期検診の受診である。前者と比べて、定期検診の受診はより自由の制限の少ない方法である。そして、患者の法益保護の観点からは、手術の実施の禁止が感染による事故の発生を防止するために一番理想的な措置である。年1回の検診は事故を防止する効果が比較的弱い。比例原則は、比較衡量の上、行為者の行動自由をどの程度制限することが許されるかを判断することを要求する。ま
ず、未必的故意あるいは認識ある過失が問題となった場合は、手術の実施の禁止が要求される。つまり、医師は自分が肝炎ウイルスに感染したことを認識した場合には、手術によって患者に感染させることが起こらないことを過信して手術を実施することが許されない。しかし、本件ではこの問題は存在しない。被告人は自分が肝炎ウイルスに感染したことを知らなかったし、肝炎ウイルスに感染したことを示す徴候もなかった。そのような場合は、年1回の検診を受ける義務を医師に要求するのが許されるかについての判断は、比例原則によって下されるべきである。刑法は最終的手段（ultima ratio）として、法益保護に必要不可欠な最低限の基準の遵守だけを配慮する。その判断に際しては、次の状況が検討されるべきである。患者の利益を守る見地から、年1回の検診を受ける場合の感染発生の蓋然性と規模等を考慮にいれるべきである。肝炎ウイルスの感染は、常に徴候がなく、稀に致命的な危険を招致し、ほとんどは医学上治癒可能である。医師の行動の自由の見地から、肝炎

---

[162] L. Nepomuck, Zur Abgrenzung von Tun und Unterlassen nach dem Schwerpunkt der Vorwerfbarkeit, Stra 2004, S. 11ff.

168   第2章　ドイツ法上の対応

ウイルス感染は誰にもいつでも存在可能な危険であり、その危険を防止するためにあらゆる医師に手術を実施させないことは、比例原則から妥当ではない。比較衡量の上、本件の事実関係を前提として、定期検診の受診は法益を守るために最低限必要な措置であるから、その措置をとることを怠った行為者を処罰することが許される。

Andreas も被告人である医師の注意義務は高度の基準により要求されているが、憲法の比例原則から、そのような高度の要請は正当化されうるとしている[163]。

前文（本章の第2節第1款第2項参照）で検討されたように、注意義務の標準を一般人に置く2段階説によって、結果を惹起した治療行為は違法であり、責任のない結果の発生の予見を可能にした能力の獲得が一般人にとって可能な時点にまで遡って責任の根拠を問うことが許されうるので、その前段階の時点が違法な行為に出た時点から時間的に空間的に離れた場合には[164]、引き受け責任の過度の遡及の問題が生じうる[165]。比例原則の適用は規範的分析を通じて、「契機」がなくても義務を命じられることの正当化に根拠を持たせてい

---

[163] M. Andreas, Anmerkung, ArztR 2004, S. 101.

[164] 連邦通常裁判所 1957 年 2 月 5 日刑事判決（BGHSt 10, 133）は、医療過誤の事例ではないが、この問題に取り組む典型的な判決である。事案は、雑誌販売者である被告人が、未成年者らに有害な内容を含む雑誌を、未成年者である被害者らに販売したとして有罪となったものである。未成年者らに有害な内容であるかどうかを判断するための専門的な知識を持たないという被告人側の主張に対して、判決は、「未成年の教育と保護は、被告人の個人性（Persönlichkeit）によって左右されるものではない。彼は自分の意思で仕事をする場合には、その仕事を取り扱う能力を前提として具備しなければならない。個人的な・技術的な能力に欠けた場合には、専門家の手伝いを確保しなければならない。」と判示している。学説においては、照会の怠慢を過失として非難する理由について、Roxin は雑誌の販売者として法益を守るために、専門家への照会と営業停止の二つの措置の中の一つをとらなければならないとしている（Roxin, a.a.O.（Fn 76）, §24, Rn. 40）。Sternberg-Lieben/Schuster は未成年者らへの有害な雑誌の販売ではなく、必要な専門的知識がないまま有害な雑誌の販売を引き受けたことを過失犯の実行行為と捉えて、被告人に過失を認めている（Sternberg-Lieben/Schuster, in：Sch/Sch K, §15, Rn. 136）。これに対して、Fellenberg は「故意犯の処罰範囲との均衡論（Erst-recht-Schluß-Lösung）」によって本件を分析して、有罪判決に疑問を投げかけている（M. Fellenberg, Zeitliche Grenzen der Fahrlässigkeitshaftung：Ein Beitrag zur Harmonisierung des zeitlichen Haftungsrahmens bei vorsätzlichen und fahrlässigen Erfolgsdelikten, 2000, S. 17ff）。

[165] G. Jakobs, Studien zum fahrlässigen Erfolgsdelikt, 1972, S. 151.

第3節　予見可能性の判断　169

ると思われる。

第2款　高度な予見可能性を要求する判決

　一般論として、過失犯の成立には高度な予見可能性が必要ではないが、医師に過大な負担を課さないよう、注意義務を命じる前提として高度な予見可能性を要求する判決もある。

第1項　遠隔診療

　ドイツにおいては、救助義務を尽くさなかった医師が刑事責任を問われる2つの場合がある。医師が保障人としての注意義務を怠ったとして過失致死罪または過失致傷罪で刑事責任が問われる場合と、事故又は公共の危険若しくは緊急の際に、救助が必要でありかつ可能なのに救助を履行しなかったとして不救助罪[166]で刑事責任が問われる場合である[167]。

　医師は治療を引き受けてはじめて患者の保障人となり、それによって患者に対する特別の保護義務および配慮義務（Obhuts- und Fürsorgepflicht）が根拠付けられる[168]。契約があるかどうかは決定的な条件ではない[169]。この義務には往診義務も含まれている。往診の場合、最初の電話での相談から医師の（刑法上）作為義務が生じうるが[170]、往診を断ったことが過失として非難されるの

---

[166] 不救助罪について、ドイツ刑法第323条cは、「事故又は公共の危険若しくは緊急の際に、救助が必要であり、当該状況によれば行為者に救助を期待することができ、特に自身への著しい危険も他の重要な義務に違反することもなく救助が可能であったにもかかわらず、救助を行わなかった者は、1年以下の自由刑又は罰金に処する」ことを規定している。

[167] Ulsenheimer, a.a.O.（Fn 1), S. 70f；H. Schöch, Unterlassene Hilfeleistung, in：Roxin/Schroth（Hrsg.), a.a.O.（Fn 108), S. 178；Frister/Lindermann/Peters, a.a.O.（Fn 13), S. 85ff。日本語文献として、山本啓一ほか「救助義務違反（ドイツ刑法323条c）で訴えられた医師に関する5判例」犯罪学雑誌67巻1号8頁（2001）がある。

[168] A. Laufs, Die Entwicklung des Arztrechts 1978/79, NJW 1979, 1231.

[169] Frister/Lindermann/Peters, a.a.O.（Fn 13), S. 80.

[170] J. Schmidt/J. Giring, Arztstrafrecht, in：R. Ratzel/B. Luxenburger（Hrsg.), Handbuch Medizinrecht, 2008, §14, Rn. 17；V. Lipp, Die ärztliche Hilftspflicht, in：A. Laufs/C. Katzenmeier/V. Lipp, Arztrecht, 6.Aufl., 2009, §VI, Rn. 4.

170 第 2 章 ドイツ法上の対応

は、治療を現実に引き受けた場合に限られる[171]。夜間、患者から往診を求められた待機医師は往診を断り、電話で告げられた情報に基づき遠隔診断を行うことが絶対に許されないわけではない。どのような条件で往診義務が課されるのかが検討されなければならない。

1950 年代以降、連邦通常裁判所の刑事判例では、待機中の医師が往診を怠ったことについて刑事責任を問われうることが認められている。往診義務の根拠について、連邦通常裁判所 1955 年 3 月 1 日刑事判決（BGHSt 7, 211）で議論が行われている。

本件の事実は以下のようなものである。患者の夫が夜間待機医である被告人を訪ねて、患者の体の強い痛み、吐き気、下痢、低体温などの症状を伝え、往診を求めた。被告人は、夫から患者が前日に受けた定期血液検査で異常が見つからなかったことを知った後に、往診を断り、胃腸カタルと診断して、鎮静剤を服用し腹部に湿布をはかるよう指示した。その結果、患者は子宮外妊娠による内出血で死亡した。被告人は患者を往診する義務を怠ったとして過失致死罪で有罪となり、判決は被告人の上告を棄却した。

判決は、被告人が鎮静剤を服用し腹部に湿布をはかるよう指示したことから、患者の治療を引き受けたことが明らかになったとした上で、往診を断ったことについて、「根拠のない往診依頼は断ってもよい。……依頼された往診が必要とされる場合は、それを断る権利を待機医師は有しているが、それは狭い範囲で許される。信頼性の高い遠隔診断がほとんど不可能であるのがその理由である。遠隔診断は少なくとも医師が電話で患者本人と話をできる事案では許されることが多い。本件では、医師が患者の親族を介し情報を問い合わせした事案で、遠隔診断が許されるかが問題となっている。そのような場合には、特別な状況がなければ、往診を断ることが正当化され得ない。」と判示している。そして、判決は、夫から「告げられた病状に基づき、危険な病気の可能性が想定でき」、前日の血液検査結果を信頼できなくなったとし

---

[171] A. Weimann／N. Auffermann, Strafrechtliche Haftung, in：M.H. Stellpflug／S.M, Meier／A. Tadayon (Hrsg.), Handbuch Medizinrecht, 2011, F 5000, Rn. 216；Ulsenheimer, a.a.O. (Fn 1), S. 69. なお、保障人的地位の根拠付けは、2 つがあり、実質的な引き受けと、注意義務に違反した危険な先行行為の実施である（Ulsenheimer, a.a.O. (Fn 67), §140, Rn. 15.）。

て、本件では往診拒絶を正当化する特別な状況が存在しないとしている。

電話で患者の夫から告げられた所見から、我慢し続けると症状が消えるような軽病ではないことは医師として認識し得たはずであろう。このことは、往診の義務化に決定的な意味を有すると思われる。

また、医師の往診拒絶による産婦致傷事件に対する、連邦通常裁判所1961年4月21日刑事判決（NJW 1961, 2068）は、「婦人Fは、1ヶ月前から被告人のケアを受けていた。出産予定日まであと9週間だと診断されたことを被告人は知っており、出産予定日の少し前に合併症が生じる可能性があり、その時に即座に手術の支援を要することもわかっていた。そして、婦人のそばにいる産婆が対応できなくなったから医師に往診を求めてきたのであろうと、夫の電話から推測できた。したがって、被告人には、往診依頼に応じる義務が、……課されている。」と判示している。

上記の二つの事例では、予見可能性の内容としては往診しよう動機づける程度に具体的なものであると認められるであろう。病院にやってきた患者から診療を求められる場合と比べて、患者の要請に応じて往診する場合は、待機中の医師にとって、治療の引き受けがより重い負担を意味する。往診を命じられる医師には過度な負担をかけないよう、比較的に高い程度の予見可能性が要求されるのは、規範的分析に基づき導き出される結論だと思われる。

第2項　精神医療

1980年代以降、精神医療の領域においては、医師として、精神病患者が自殺を遂行することまたは第三者を傷害・殺人することを防止するための措置を取らなかったことに過失が認められ、有罪とされた事例が目立つ。

1　病院内の自殺行為

精神病患者の自殺を防止するためには、「隔離と監視（Einzelbeobachtung und Sitzwache）」などの厳格な措置がとられるべきである。しかし、他方では、それらの措置は通常、うつ、幻覚、自殺傾向などを強め、治療効果を妨げるという消極的な側面もある。隔離または監視などは、もっぱら自殺防止の措置として機能し、治療措置としての性格を持たない。また、現代の精神医療の

172　第2章　ドイツ法上の対応

基本的理念では、入院患者の人間的な処遇が提唱されている。すなわち、処遇に当たって入院患者には一定程度の自由が与えられるべきであり、それに伴う自殺の危険性があっても許された範囲内であれば許容される。例えば、フランクフルト高等裁判所1975年5月5日民事判決（VersR 1979, 451）は、自殺の危険が予測され得たが、自殺防止の措置をとることについて十分に配慮したことを前提として、患者を開放病棟に収容することが許されると判示している[172]。許された危険の範囲がどのように画定されるかが検討されざるをえない。

　患者の自由の制限が「高度の自殺危険」が存在する場合に限られることは、ハム高等裁判所1980年11月26日民事判決（VersR 1983, 43）で示された。

　本件の事実は以下のようなものである。うつ病患者である原告が、精神病クリニックに入院する際に、入院1年前にバスタオルで首を吊り自殺未遂を起こしたと告げた。入院後、原告は2人部屋に入居し薬物治療を受けていたが、1週間後にヒステリー発作が起きた。そのため、病棟医師Hが時間をかけて原告の相談に乗っていた。原告の夫も原告に電話をした。原告は電話で2度と自殺しないと言った。ところが、当日の夜、原告は夜勤看護師が目を離した隙に首を吊って自殺を図った。最終的には原告は一命を取り留めたが酸素不足で障害が残った。

　判決は、「一般的な自殺傾向（allgemeine Suizidgefährdung）」があるかを診断するときには、自殺未遂歴も考慮されるべきであるが、1年前に起こった自殺未遂で「高度の危険（ein erhöhtes Risiko）」が示されたかについては、明らかではないとしている。そして、ヒステリー発作が起きたとき、病棟医師Hに相談したり夫と電話で話をしたり、また原告が2度と自殺しないと言ったといった具体的な状況を考慮して、判決は「高度の自殺危険（eine erhöhte Sui-

---

[172] 本件は、内因性のうつ病女性Mが睡眠薬を飲んだ自殺未遂であり、精神科の開放病棟に収容されていた。1回目の自殺未遂から2.5週間後に、Mは病棟から逃走して列車に飛び込み、大腿が切断された。問題は、自殺の危険のある患者を開放病棟に収容したことに過失があるかである。専門家鑑定人の証言によって、うつ病治療を受けて7-10日後に治療の効果が現れるようになるが、状態の十分な改善には普通数週間かかり、したがって、2.5週間を経た時点では、内因性のうつ病患者の自殺の危険がまだ予測されうるとされた。

zidgefahr)」が存在しないと判断し、自殺の予見可能性を否定している。

　次に、精神医療における医療過誤に関する初めての刑事判決である、アーヘン地方裁判所1983年1月20日判決によって、刑罰を科すのは、「自殺の切迫したおそれ（eine akute Suizidgefahr）」がある場合に限られるとされている。

　本件の事実は以下のようなものである。60歳の妄想症患者が自殺未遂で、地方病院の閉鎖病棟に収容され、病棟医師である被告人の治療を受けていた。朝に患者は自殺を図ったが止められた後、被告人から精神心理的なカウセリングを受け、カウンセリング中に、被告人の同意を得て息子に電話をした。また、息子と当日の午後に面談できることが約束された。ところが、昼食時、患者は食堂から離れてトイレで自分の首を絞めて自殺をした。

　アーヘン地裁判決は、朝の自殺未遂から自殺の危険が非常に高かったので、被告人は特別な注意を払い患者から目を離さず絶えず監視するよう看護職員に指示すべきであったのに、それを怠ったとして、過失致死罪で有罪とした。連邦通常裁判所1982年2月17日刑事判決（2 StR 520/81）は、この有罪判決を破棄して事件を差し戻した（理由不詳）。差戻し審判決では、予見可能性が否定され、無罪判決が言い渡された[173]。差戻し審判決は、被告人が患者の相談を受け、また息子との通話と面会のチャンスを与えたといった状況を考慮し、午後まで自殺を図る行動がとられないと推断してよい、と判断した上で、上記の状況において「自殺の切迫したおそれ」は考えられなくなったので、患者の厳格な監視およびその実施に関する指示は必要でなかったと判示している。

　Wolfslast は入院患者が人間として尊重されるべきであるという現代精神医療の根本的理念から、現にとられた監視措置が自殺を防止するのには不十分であるとしても、その許容を余儀なくされるとして、本判決を支持している[174]。

　自殺の切迫したおそれがある場合に限られるという判断基準はシュトゥットガルト高等裁判所1997年2月3日刑事決定（NJW 1997, 3103）でも採用され

---

[173]G. Wolfslast, Zur Haftung für Suizide während klinisch-psychiatrischer Therapie, NStZ1984, S. 106 に紹介されている。

[174]Ebd. S. 106.

174　第2章　ドイツ法上の対応

ている。

　本件の事実は以下のようなものである。子ども病院の精神科医師は、自殺傾向のある17歳の患者が入院したときに、自殺に使われる器具を所持しているかの確認を職員に指示しなかった結果、患者を自殺で死亡させた。

　精神科医師は入院当日に潜在的に自殺の危険が迫っていることを知ったときには、所持品を調べるよう指示すべきなのにそれを怠ったとして、注意義務に違反したと認められている。その注意義務を裏付けるものとして次の状況が考慮されている。第1に、入院前の数日間の状況から、自殺の危険は抽象的なものを超え、その実現がいつでも起こりうるものと認められる。入院当日に「自殺の切迫したおそれ（eine akute Suizidalität）」があると診断されていた。第2に、入院後に両親との通話と面会が禁止され、外界から隔絶された孤独な状態になっていた。第3に、散歩に行って自分の部屋から離れている間に所持品調査等を行えば、患者に気付かれないうちに検査を済ませられるので、医師への不信感を招かない。裁判所は、精神科医師に過失致死罪の成立を認めながら、刑事訴訟法153条aに基づき公訴の提起を暫定的に停止した。

　このように、判例では、精神病院入院患者の自殺を防止する義務について、自殺防止の措置は治療と福祉に消極的な影響を与えるという側面をも考慮して、患者の自由の制限が正当化されるのは、予見の対象とされる自殺の危険が切迫したほど具体的なものと認められる場合に限られると解されている。判例の立場をどのように理解すればよいかについて、Ulsenheimer は次のように分析している[175]。精神医学の研究成果で示されているように、ほとんどの事件で自殺危険の予見可能性がないとは断言できない。その程度の予見可能性を、注意義務違反を判断するための手がかりとして、利用することは、許されるべきではない。そうでなければ、自殺の危険がなくまるまで、監護措置を続けなければならないということになってしまうからである。要するに、精神病医療に関して、自殺防止の措置は治療と福祉に消極的な影響を与えるという側面があるので、自殺防止ための措置を取ることを医師に命じる

---

[175] Ulsenheimer, a.a.O.（Fn 67）, §140, Rn. 46.

第 3 節　予見可能性の判断　　175

ために、自殺の危険が切迫したほど具体的なものでなければならず、言い換えれば、高度の予見可能性でなければならない。

2　病院外の他害行為

　近年、犯罪の傾向のある精神病患者が病院等の収容施設から逃げ出して第三者を対象とする犯行を行った事件で、医師が入院患者の逃走を防止するための措置をとらなかったことに過失が認められた場合に、犯人を介して構成要件を実現させたとして、過失致死罪の責任が問われている[176]。過失を判断する際には、犯罪を犯す傾向の甚だしい患者の治療利益と、彼に脅かされる潜在的な被害者の安全利益との間の利益衝突[177]が考慮されなければならない。ここで、予見可能性要件が過失の判断にどのような役割を果たすかが、重要な問題として提起された。

　まず、入院患者の逃走後の殺人に基づく医師の刑罰につき、はじめて注目されたのが、パーダーボルン地方検察庁1997年1月30日決定NStZ 1999, 51である。

　本件の事実は以下のようなものである。精神科病院の医師は7月8日から収容されたSが1日1時間監視も同行もなしに外出することを許可していた。9月22日、Sは自由に外出している間に7歳のEを殺害した。

　検察庁は、Sに半開放処遇を認めた医師の判断に誤りはないとして、強制起訴の訴えを却下した。その理由について次のように説明されている。半開放処遇の許可が、医師の注意義務違反を根拠付けることができるとは断言できない。危険な犯罪者から市民を守るという要請と、収容者の精神医療を確保し社会復帰を促進するという要請とは、緊張関係にある。問題はどのような条件で半開放処遇が許されうるかである。半開放処遇が許されるかどうかの判断においては、その半開放処遇が収容者によって犯行の実行に使われる可能性があるか、あるとすればどの程度の可能性があるかが決定的である。この問題に答えるとき、「一般的に知られている危険予測の不確実さ」だけで、医師の半開放処遇または開放処遇の決定を非難することはできない。収容者

---

[176] StA Paderborn, Vfg. v.30.1.1997, in：NStZ 1999, 51.
[177] F. Saliger, Anmerkung, JZ 2004, S. 977.

が半開放処遇を犯罪に利用する可能性について懸念が示されれば半開放処遇が禁止されてしまうのでは、精神医療を確保し社会復帰を促進するという法的要請に反することになるからである、とされている。

連邦通常裁判所の態度は連邦通常裁判所2003年11月13日刑事判決（MedR 2004, 86）で示された。

本件の事実は以下のようなものである。病院精神科の閉鎖病棟に収容されたSが、「犯罪行為に至る高い可能性」があり、治療の可能性がなかった。それにもかかわらず、上級医師Hは医長Lの合意を得て、Sの自由外出を許可した。その結果、Sは外出中に8件の悪質な傷害、強盗と2件の謀殺を犯した。HとLが起訴された。

原審判決は、外出が許可されなくても、暴力的な脱出の可能性があることから、外出許可と結果の間の因果関係が存在しないとして、無罪判決を言い渡した。連邦通常裁判所判決は、暴力的な脱出という仮定的な可能性は直接結果に結び付く具体的な行為状況に属さないので、因果関係を否定できないとして、原審判決を破棄して事件を差し戻した。

裁判で主に争われたのは、因果関係の存否であった。予見可能性の判断に関しては、Saligerが判例評釈に際して検討を加えている。Saligerの解説は次の通りである[178]。

被告人らは人格と犯行の間の因果関連について確実な認識に欠けていたので、犯行が行われるかを正確に予測できなかった。人間の行為に関する予測が不確実性にかかるのは無理も無いことである。そこで、過失の解釈においては、日常経験から結果が予見できるのであれば、予見可能性要件の充足が認められるという考え方が、一般的である。このような普通の解釈方法を採用すると、ほとんどの場合には、半開放処遇が危険な行為者により犯罪の実施に利用されることが予見できたという結論を導くことになる。通常の解釈で客観的予見可能が否定されるのは、現に実施された犯行が病気に関係しない機会犯罪（Anlaßtat）と見なされ、事前の状況との繋がりが証明できない場合に限られる。本件はそういうような場合にあたらないので、本件で普通の

---

[178] Ebd. S. 978.

解釈方法を採用すると、予見可能性は否定され得ない。

　しかし、このような結論は妥当でない。なぜなら、普通の解釈方法で要求される程度の予見可能性だけでよいのであれば、半開放処遇が法的に許容される余地が狭くなり、医師側は刑罰を受けるリスクを減らすために患者の外出を許可しなくなるので、適切な治療を確保し社会復帰を促進する目標から外れてしまうからである。この問題の解決策として、連邦通常裁判所は危険判断を医師の裁量に任せている。つまり、精神医療上の一般準則に準じて外出許可を犯罪に利用するというリスクがないという結論を支える事情をも考慮した上で、危険が予測できるかどうかについて、医師は自分の裁量で判断をなすことが許される。

　Saliger は医師の自由裁量に問題の解決策を求めることも、裁量権の濫用が懸念される点で批判を免れないとしている。例えば、違法な事実を十分に考えなかった、あるいはそれらの事実を正確に評価しなかったような場合には、裁量権の濫用が問題になりうる。しかし、他方では、Saliger は入院患者の治療・更生と第三者の安全が衝突しているという点で、刑法上、医師の裁量権が狭い範囲に制限されるべきではなく、医学的判断を過失犯として非難するために、「著しい」注意義務違反が確定されなければならないと論じている。

第3項　医師の殺意

　ほとんどの場合、治療をする人の動機は殺人の故意とは相容れない[179]。従来、医療過誤は過失犯として取り扱われてきた[180]。しかし、最近になると、故意犯として争われた事例も目についてきた。連邦通常裁判所の対応について、結論を先に言うと、結果の予見に加えて、患者の福祉と「無関係な動機」が確認された場合には、未必的故意による故殺罪ないし謀殺罪が成立しうる。

　まず注目されたのが、連邦通常裁判所 2003 年 6 月 26 日刑事判決（NStZ 2004, 35) である。

---

[179] D. Sternberg-Lieben/P.C. Reichmann, Zur Vorsatzstrafbarkeit eines Schönheitschirurgen nach gravierendem Fehlverhalten, MedR 2012, S. 99.

[180] Ebd. S. 99.

178　第 2 章　ドイツ法上の対応

　本件の事実は以下のようなものである。被告人は手術中に不注意で患者の
腎臓動脈を損傷させ大量出血が発生し手術後合併症が起こった。13 時頃、被
告人は患者を腹部大動脈断裂と診断し血液循環を安定させる薬品を投与し
た。医学の観点からみて、その対応措置は間違っていたと事後的に証明され
た。緊急手術を受けさせるよう患者を一番近くにある S 区のアリーザベト病
院に転送することはすでに一刻の猶予もならなくなっていた。にもかかわら
ず、被告人は 50 キロ離れた R 区の病院に患者を転送することに決めて、17
時 50 分、S 区の指令センターではなく、R 区の指令センターに救急車を要請
したが、緊急事態であることを伝えなかった。18 時 40 分、救護員がやってき
て緊急状況だと判断した上で、被告人の同行を要請したが、被告人はそれを
断り、患者の状況を記録した書類（Arztbrief）も出さなかった。患者は移送先
で緊急手術を受けたが、翌日死亡した。患者は 13 時頃に近くの病院に運ばれ
手術を受けていれば、少なくとも延命できた。

　原審で被告人は過失致死罪で有罪となった。判決は故意を裏付ける状況が
十分に検討されていないとして、原審判決を破棄した。

　まず、判決は重大な医療過誤があることから、争点である治療が患者の福
祉のために行われたものではないと推定することは許されない以上、患者の
生命または健康を侵害する故意が医師にあるかをめぐる本格的な検討は、(普
通の医療過誤の場面に存在しない)「特別の状況（besondere Umstände)」が存在する
場合にしか行われない、としている。「特別の状況」の判断について、本件で
は、S 区の指令センターに救急車を要請せず、患者の緊急状態になったこと
を告げず、患者に同行することを断り、病院記録書類を渡さなかったといっ
た一連の行動は、被告人が持っていた「患者の福祉と無関係な動機」と関連
がある、ということが証明された場合にのみ、故意犯は成立しうると判示さ
れている[181]。

　動機が解明された場合には、未必的故意だけではなく、謀殺の故意も認め
られうることは、連邦通常裁判所 2011 年 7 月 7 日刑事判決（NJW 2011, 2895)
ではじめて示唆された。

　本件の事実は以下のようなものである。医師である被告人はクリニックを
経営していた。手術前、被告人は麻酔医が手術に立ち会うことを説明して患

者の同意を得た。手術当日、被告人は麻酔医の立ち会いなしで自ら患者に麻酔をかけ手術を行っていた。手術後、12時30分頃、患者が一時的に心停止状態になった。被告人は心臓マッサージ、酸素導入、薬投与などの措置をとって、患者を正常な状態に戻らせた。13時になると、麻酔の効果が消えたはずなのに、患者は麻酔から目覚めなかった。18時頃、患者は眠り続けていたが、被告人は正常な状態に戻っただろうと思い込んで、同患者を集中治療室に運ぶことを助手に指示した。19時10分、患者は意識を失った。被告人は救急車を呼んだ。救急車が19時45分に到着した。救護員が患者の深刻な状況を知った後、酸素導入が必要だと判断した。しかし、被告人は救護員の意見に反対し口論が起こり出発時間を遅らせた。また、被告人はその前に患者に一度起こった呼吸停止などの状況を告げなかったし、病院記録書類も渡さなかった。患者は転送先で意識が戻らないまま、死亡した。死因は長時間十分な酸素が脳に与えられなかったことであった。

　原審判決は被告人を傷害致死罪（227条）と故殺罪（212条、22条）の競合で有罪とし、被告人が上訴した。原審判決は破棄されて事件は差し戻された。

　まず、患者は麻酔医師の立ち会いを前提として手術に同意したので、同意は無効であり、被告人は患者の有効な同意なしに手術を行ったとして身体傷害で有罪となりうるとされている。

　裁判で争われたのは、手術後に患者が麻酔から目覚めなかったことが患者の命にかかわる危険を意味することを、被告人が認識しながら、適切な救命措置をとらなかったことに殺人の故意が認められるかという問題である。判決は未必的故意と認識ある過失は「意思的要素（Willenselement）」によって区別され、その判断においては、「無関係な動機」の検討が重要であると指摘した上で、被告人が速やかに救急車を呼ばず、やってきた救護員にこれまでの

---

[181] 患者の福祉と無関係な動機の証明について、判決は次のように説明している。証拠によって、被告人はS区のエリザーベト病院の医師と長年対立する関係にあった。被告人は患者が自分の病院で手術を受ける際に内臓損傷で命にかかわる危険な状態になったことを、S区のエリザーベト病院の医師に知らせたくなかったという動機を持っていたために、上述の一連の不当な行動をとったことが証明された場合には、結果発生が被告人の希望に反するかにもかかわらず、生命への侵害を認容していた以上、故殺罪で有罪となりうる。

180　第2章　ドイツ法上の対応

治療過程を告げなかったことに、麻酔医師の立ち会いなしで違法な手術を行ったことをもみ消すという被告人の「無関係な動機」が示されているとした原審判決の判断は、被告人が自分の能力を過大評価し頑固な面を持つことが転送を怠ったことの理由であるとすれば維持できないとして、事実の更なる解明を求めて、事件を原審に差し戻した[182]。

　次に、患者の夫が付帯私訴において、被告人が違法な手術を隠蔽するという卑劣な動機でもって転送を遅らせたとして刑法211条の謀殺につき有罪となる、と主張した事件がある。謀殺罪の成否について、判決は18時30分頃救命可能性があったとき、被告人は命に差し迫った危険があることを認識したにもかかわらず、転送が遅れると、患者が転送先の病院で死亡するのであれば治療過程での違法な行為を隠蔽できるようになると考えて、患者を適時に病院へ転送しなかったことが証明されれば、謀殺罪で有罪となりうるとして、謀殺の故意が被告人にあるかの判断を差戻し裁判所に指示した。

　謀殺罪の問題は患者の福祉と無関係な動機が証明されてはじめて考えられうる[183]。

---

[182] K. Beckemper, Anmerkung, ZJS 1 (2012), S. 135.

[183] Beckemper, ebd. S. 136；H. Kudlich, Grenzen des Tötungsvorsatzes im Medizinstrafrecht, NJW 2011, S. 2856f；Th. Weigend, Recht Aktiv—Urteil des Monats (Strafrecht), Entscheidung：BGH, Urt 7.7.2011-5 StR 561/10 (Th. Weigend から判例評釈の原稿を頂いた). なお、どの時点から故意犯の成否が問題となりうるかについて、Beckemper の解説は以下の通りである。すなわち、麻酔医の立ち会いなしで手術を実施したのは、医学上認められない軽率な行為である。それに伴う危険を被告人は認識できた。しかし、その認識可能性だけでは、未必的故意は認められない。まず、患者が手術で死亡したことから、医師が何らの利益も得られない。そして、被告人は自分の能力を過大評価するため、自分なら麻酔の実施ができて、麻酔医の立ち会いが必要ではないと思うに至る場合もありうる。さらに、合併症が出たとき、被告人は自分の能力を過大評価するため、自分で対応できなくなったことを検討しないという可能性もありうる。要するに、少なくとも患者を病院へ転送する決定を下すまで、被告人は自分の能力を誤信していたという状況がありうる。したがって、転送を決めるまでの段階では、被告人の殺意を証明することはできない。これに対して、転送が始まった時点で、遅くとも、多くの人から危険な状況を知られた時点では、被告人は命にかかわる危険があることを確実に認識したと認められる。その後、これまでの治療状況についての告知が重要ではないことを証明できる証拠がある場合を除き、故殺罪の成立が可能になる。その成立には、さらに無関係な動機が立証されなければならない。

第4節　システム・エラー

　ドイツ法では、法人が処罰の対象とされていないので[184]、医療過誤の源泉たるシステム・エラーへの刑法上の対応について議論が行われるのは、医療システムを安全、有効に機能させ運営させるための責務を負う組織の上位者が、基本的な技術・設備・人的体制を充実させなかった場合の刑事責任である。

　判例においては、組織として医療事故の防止システムが構築されていない業務環境下で働く時に起こりうる危険を、あらかじめ認識し得た医師などについて、引き受け責任が問われたことがある[185]。2010年4月29日の連邦通常裁判所刑事判決（MedR 2011, 718）が、組織上の不備が事件発生に因果的寄与をしたと認められたとしても、それだけで個人責任を免れないとして、医師の引き受け責任を確認した（判例の紹介は本章第2節第2款第1項2を参照）。

第1款　従来の対応の在り方への批判

　最近、学説においては、多くの医療事故の発生が、医師個人のミスよりも、エラーに対して脆弱な構造を持つシステムに起因するものであり、医療資源の不足と医療システムの劣化の原因が安全な医療組織の構築に責任を負う組織の上位者（経営者、院長あるいは医局長）による病院等の運営経費の節約・削減にあるような場合には、直接医療を担当した医師よりも、組織の上位者の責任を追及すべきではないかということが議論され始めている。その議論では、例えば、医師不足で、被告医師が2件目の手術を行うために、1件目の手術を受けた患者の術後過程観察とケアを怠り、あるいは患者の親族ないし基本的

---

[184] ドイツにおける法人処罰を巡る議論を紹介した日本語文献として、松原久利「ドイツにおける法人処罰」同法42巻3号47頁（1990）以下、伊藤利明「ドイツにおける法人処罰問題」東北学院（法律学）39号51頁以下（1991）、樋口亮介・法人処罰と刑法理論117頁以下（東京大学出版会、2009年）がある。

[185] D. Berg/K. Ulsenheimer（Hrsg.）, Patientensicherheit, Arzthaftung, Praxis-und Krankenhausorganisation, 2006, S. 265.

182 第2章 ドイツ法上の対応

な知識と経験のない産婆に任せた場合には、医師の責任ではなく、術後観察連携体制を構築していないことに対する組織の上位者の責任こそ問題視されるべきであると説かれている[186]。また、局部麻酔である硬膜外麻酔が採用される場合、手術中に合併症が起こるというリスクがあり、合併症が起こったときに麻酔専門医の速やかな対応が必要であることから、並行した硬膜外麻酔は特別な事情がある場合を除き許されないにもかかわらず、病院の経営利益を重視する医局長が麻酔医に並行した硬膜外麻酔を命じ、麻酔医がこれを実施して麻酔事故を起こしたような場合には、医局長が責任を問われるべきであるという指摘もある[187]。

第2款 下級審裁判例の新動向

　最近、下級審裁判では、組織の上位者の過失によって事故に対して抵抗性が弱いシステムが作り出されたことに起因する医療事件について、結果を直接に起こした個人ではなく、組織の上位者の刑事責任が問われる動きが始まっている。医療過誤事例として、アウクスブルク地方裁判所2004年9月30日刑事判決（ArztR 2005, 205）がある。

　本件の事実は以下のようなものである。問題となった甲状腺患者の夜間の術後観察には、外科の専門的知識と経験が必要である。外科医長である被告人は、人件費を節約するために、その術後観察を内科補助医Bに委託した。Bが患者の頸部からの術後出血を適時に認識しなかったため、患者は出血による気管閉鎖で低酸素脳障害になった。医長だけが過失致死罪で起訴され有罪となったが、補助医は起訴されていない。

　判決は、被告人は医長として、甲状腺手術のアフターケアの段階で術後出血を適時に認識し出血による気管閉鎖と脳障害発生を回避するための組織的安全管理措置を講じるべき義務を怠ったため、組織的責任（Organisationsver-

---

[186] Berg/Ulsenheimer（Hrsg.）, ebd. S. 265；U. Schulte-Sasse, Der Täter hinter dem Täter, ArztR 2010, S. 205f.

[187] W. Bruns, Persönliche Haftung des Krankenhaus-Geschäftsführers für Organisationsfehler?, Arzt 2003, S. 62.

第 4 節　システム・エラー　　183

schulden) が問われるとしている。具体的には、医師 B は内科補助医師として外傷治療と腹部手術に関する経験しか持っておらず、甲状腺手術の術後合併症をこれまで扱ったことは一度もないという状況によって、被告人は、起こりうる具体的状況に対応するための能力が B にないことを予見すべきであり、それにもかかわらず、合併症発生時の危険な状況を正確に把握するための能力を持たない専門外の補助医を当直医師に任命したことに過誤があると判示されている。専門外の補助医師には、彼の医学教育または研修の内容に関連しない、ほかの専門領域の医業活動を行わせることが許されない判旨は、学者の支持を得ている[188]。

　この事件で刑事責任が問われるのがなぜ病院の経営者でなく医長であったかについて、本件の検察官は、当直医または待機医への任命を指示または提案することは、病院の経営者でなく医長の役目であると説明している[189]。

　なお、医療過誤事件ではないが、システム・エラーに基づく会社の管理者の処罰が認められるという実務の新動向を示した判決として、ニュルンベルク・フュルト地方裁判所 2006 年 2 月 8 日刑事判決 (NJW 2006, 1824) がある。

　本件の事実は以下のようなものである。運送会社の管理者が運転手に法定時間以上運転させた結果、運転手が疲労で交通事故を起こして人を死亡させた。管理者のみ過失致死罪で起訴された。判決では、管理者は法定時間以上運転させる危険性の高いシステムを作って維持していた結果、第 3 者に対する被害の著しい危険を創出したとして、過失致死罪で有罪とした。

　医療の領域においても、病院の経営者の刑事責任を問うことが可能である。責任追及の対象となる者は、医師免許のあるものとは限られない。医師でない経営者であっても、彼の受けた教育、仕事を通じ得られた経験と、医師からもらった助言から、一定程度の専門的な知識を知ってリスクの存在に気付けた場合がありうる。そのような場合には、経営者は、少なくとも、最初の所見をきっかけにもっと詳しく専門的な調査・検証を進めるべきであり、そ

---

[188] U. Schulte-Sasse/W. Bruns, Fachübergreifender Bereitschaftsdienst—Lebensgefahr als Folge von Kosteneinsparungen, ArztR 2006, S. 116；Boemke, a.a.O. (Fn 134), S. 1563；Frister/Lindermann/Peters, a.a.O. (Fn 13), S. 57.
[189] Schulte-Sasse, a.a.O. (Fn 185), S. 206.

184 第2章 ドイツ法上の対応

れを怠れば有罪となりうると論じられている[190]。

　責任追及の対象となる組織の上位者の範囲確定に際しては、その線がどこで引かれるかが必ずしも明らかではなく、議論のあるところである[191]。

---

[190] H. Kudlich/U. Schulte-Sasse, "Täter hinter den Tätern" in deutschen Krankenhäusern?, NStZ 2011, S. 246.

[191] Bruns, a.a.O.（Fn 187）, S. 64.

第3章　イギリス法上の対応

はじめに

　イギリスでは、医療事故をめぐる紛争の圧倒的多数が民事事例として扱われているが、悪質な医療について医師が故殺罪（Manslaughter）として起訴・処罰された場合もある。これまで散見されていた医療過誤刑事訴訟は、1970年代半ばから増加の傾向を見せ始め、1990年代からブームが現れた[1]。事件数の増加原因として、まず医療事故に対する社会全体の態度が変わってきており、診療過程でのミスにより起こった患者の死傷に関して、国民もマスコミも刑事事件ではないかと疑うようになってきている[2]。Ferner は、過去には医療ミスに寛容な態度が示され、事故のように扱われていたが、今日では、医療ミスによる大惨事が起こると、刑事犯罪として捜査が求められる傾向がある、と評している[3]。1990 年に検察庁（Crown Prosecution Service）が職業上の重大なネグリジェンスまたは無謀（gross negligence or recklessness at work）による致死事件に対して故殺罪による訴追を認めるという政策決定（a policy decision）を下したことに伴い、医師による致死事件を対象とする刑事訴訟の数が増加し始めた[4]。2005 年、検察庁では、もっとも取り扱いに慎重を要する難しい事件（most sensitive and demanding cases）に全国範囲で取り組み警察と健康安全局などの捜査機関および地方の検察官に助言を提供することを役目とする刑事事件対応特命係[5]が設置され、医療の領域においても事件捜査を導く機能を積極的に発揮することが期待されている。

　医療過誤事件の訴追数は増えているが、一般の故殺事件と比べると医療過誤刑事事件の有罪率は遥かに低い。致死原因の証明が困難であることが主要な原因として考えられている[6]。

　ここまでの 20 年間は次の 3 点で新しい動向が見られ、医療過誤の処罰範

186　第3章　イギリス法上の対応

---

[1] R.E. Ferner/S.E. McDowell, Doctors Charged With Manslaughter in The Course of Medical Practice, 1795-2005：A Literature Review, 99（6）J R Soc Med. 309-14（2006）の統計結果について、表1参照。

表1　故殺罪で起訴され有罪とされた医師の人数

期　　間	起訴された者	有罪とされた、あるいは罪を認めた者	有罪率
1795-1824	0	0	0%
1825-1854	11	4	36%
1855-1884	18	4	22%
1885-1914	4	1	25%
1915-1944	7	1	14%
1945-1974	1	1	100%
1975-2005	44	14	32%
1795-1899	32	9	28%
1900-2005	53	16	30%

O. Quick, Prosecuting "Gross" Medical Negligence：Manslaughter, Discretion, and the Crown Prosecution Service, 33 J. L. & Soc'y, 426-27（2006）；O. Quick, Medical Manslaughter：The Rise（and Replacement）of a contested Crime?, in：Ch. A. Erin/S. Ost（eds.）, The Criminal Justice System and Health Care, 33（2008）の統計結果について、表2参照。

表2　捜査され（起訴されなかったものも含め）、有罪とされた事件数または医療従事者人数

期　　間	捜査された事件	捜査された医療従事者	有罪とされた医療従事者
1976-1985	7	9	1
1986-1995	13	13	6
1996-2005	40	50	7

C. Dyer, Doctors Face Trial for Manslaughter as Criminal Charges against Doctors Continue to Rise, 325 BMJ. 63（2002）の統計結果について、表3参照。

表3　起訴され有罪とされた医師人数

期　　間	起訴された者	有罪とされた者
1970-1999	21	10
2000-2002	6	1

[2] J. Holbrook, The Criminalisation of Fatal Medical Mistakes, 327 BMJ. 1118（2003）.

[3] R.E. Ferner, Medication Errors That Have Led to Manslaughter Charges, 321 BMJ. 1212（2000）.

[4] Dyer, supra note 1, 63.

[5] 2011年、特別犯とテロ対処係（Special Crime and Counter Terrorism Divisions）に取って代わられた。医療上の重大なネグリジェンスによる故殺（gross negligence medical manslaughter）も特別犯に含まれている。詳細は検察庁のホームページ（https://www.cps.gov.uk/your_cps/our_organisation/sc_and_ctd.html）に掲載されている情報を参照。

[6] Dyer, supra note 1, 63.

囲に実質的な影響を及ぼしうるので、注目に値する。第1に、1994年、危険を予見していないことに重大なネグリジェンスがあれば、故殺罪は成立しうる、と示す画期的な判決が出た。第2に、2012年、悪質な医療の厳罰化の表明として、診療怠慢による致死事件に対して故殺罪に問われた上級医師に2年の有期懲役の実刑判決を言い渡したことは減軽事由を考慮にいれていても、「著しく重すぎることはない」、と上級審判決で示されている。第3に、システム・エラーによる致死事件への対応について、2007年法人故殺罪法の施行に伴い、2016年、同法によって医療組織の刑事責任を問われるかが問題とされた、第1例目の事例が出た。

　上記のように、事件数からも処置状況からもイギリスでは医療過誤の厳罰化の流れが進んでいるようである。

第1節　早期の対応状況

第1款　裁判例から見た処罰基準

　イギリス法においては、医療過誤刑事訴訟の歴史は、19世紀初頭まで遡ることができる[7]。当時の医療過誤刑事事件は珍しかったが、故殺の責任原理を発展させる先駆的な判決が判例集に収録されている。

　以下で、検索して発見できた医療過誤刑事事件の中で、事実関係と判決理由が比較的詳細なものを紹介してみよう。

　Williamson事件（R v. Williamson [1807] 172 E.R. 579）では、無資格の助産士が

---

[7] 18世紀までの刑事過失は、傷害致死の他に「相当重大な不注意」による致死が故殺のもう一つの形態として発展してきた。イギリスにおける刑事過失概念の発展について、詳しく、井上裕司『行為無価値と過失犯論』315頁以下、特に325頁以下（成文堂、1973年）参照。イギリスにおける民事過失概念の発展について、佐野隆「ネグリジェンスにおける一般的傾向および制限的側面」早稲田法学会誌43巻238頁以下（1993）参照。本稿の紹介によれば、19世紀までは、ネグリジェンスの責任は、現在知られているような注意義務の概念は存在していなかったが、医師、患者、渡船業者、乗客、かじ屋、顧客といった限定された関係において存在していた。

188 第3章　イギリス法上の対応

脱垂した子宮を胎盤の一部と錯覚し取り除こうとした際に子宮を引裂いて腸間膜動脈も損傷したために産婦を死亡させた。裁判官は、故殺罪の成立には、「最も重大な知識の欠如（grossest ignorance）あるいは最も可罰的な不注意（the most criminal inattention）により刑法上の違法行為に出た」ことが必要であるとして、本件では、「彼の最善の判断（best of his judgment）に従い行動をした」のであるから、「被告人側に何らの注意の欠如もなく」、「多くの婦人の出産を扱った経験もあり、ある程度の技能を持っていたに違いないと思われ」、「危険な状況に置かれた被告人としてショックを受けたり困惑したりしていた」といった諸状況を指摘した上で、医業を実践する者を処罰すると、「医業に身を投じるのを思い止まらせる恐れがある」と陪審に説示している。陪審は無罪評決を下した。

Butchell 事件（R v. Butchell［1829］172 E.R. 576）では、直腸の病気を訴えた患者が無資格の治療者による手術を受けて死亡した。裁判官は、「……治療者として技能の欠如（want of skill）のために損害賠償責任を問われうるのは疑いない。……しかしながら、『神はこの種の不幸が人をして謀殺罪や故殺罪について有罪たらしめることを許されない。』……善意、かつ誠実に彼の最善の技能を患者の治療に運用し手術を行った場合には、手術を受けた患者が死亡しても、故殺罪は問われない。」と陪審に説示している。陪審は無罪評決を下した。

1847 年の Robbs 事件に対する検視判定[8]では、当時、一般に使われていないエーテルという麻酔剤を腫瘍切除手術に使い患者を死亡させたことに事件性があるかについて、「医業に従事する者として、危険で致死的な薬物を選択、使用するかを理解すべきであり、それをする際には最大限の注意と慎重さを使う義務があり、それは、公衆保護のために必要であるが」、一方、「医学の権威により開かれている道路から逸脱すべきな場合もときどきある。……ただ、危険な実験を試みようとすれば、実行者は実験を適度な範囲内に保つよう考えなければならず、実験を行うことに最大の慎重さを使わなければならない」とされている。上記の論理を元に、問題となった薬剤は肉体の苦痛を緩和する効果が著しくあるものであったこと、同薬剤の使用が患者から求め

---

[8] Medical Jurisprudence：Fatal Operation under the Influnce of Ether, 49 Lancet, 340-342 （1847）.

第1節　早期の対応状況　　189

られたこと、同薬剤を使用して患者を助けた経験があったこと、本件の手術に使う前にその効果及び使用後の患者の反応などを確かめるために2回の実験を無事行ったことと、本件は被告人がほかの3人の医学専門家の立ち会いのもと手術していたことなどの状況が立証された上で、本件の事件性を否定し調査を停止する評決が下された。

　Crick事件（R v. Crick [1859] 175 E.R. 835）では、危険な薬剤を処方した無資格の治療者が患児の死亡に対し刑事責任を問われるかについて、裁判官は、処方された薬は患児に効きめがあったことを確認した上、「絞首されるリスクを冒さなければ薬剤を投与できないと思わせると、これは医者の能力発揮にとって最も致命的であろう」と考えると、「彼の行為を最大限好意的に見たほうがよかろう」と陪審に説示している。陪審員は無罪評決を下した。

　1862年のFrederick Robinson事件判決[9]では、外科医が出産を取り扱っている間に腸の一部を胎盤と勘違いして取り出した結果、妊婦が死亡した。裁判官は、「当然のことながら、治療者は誰でも間違える。合理的な技能を運用し、慎重さを持っていた場合には、結果に対して刑事責任を負わない。既に医師を自称した者は、重大なネグリジェンスを犯した、あるいは職業に関する知識がほとんどない場合にのみ、刑事責任を問われうる。」と説示している。陪審は有罪評決を下した。

　Markuss事件（R v. Markuss [1864] 176 E.R. 598）[10]では、薬草医（herb doctor）が心臓病に罹患している妊婦に犬サフランを成分とする薬を服用するよう指示し、同妊婦がその指示に従いこれを大量に服用して胃の炎症によって死亡した。裁判官は、妊娠して心臓病に疾患がある婦人にとって犬サフランは心臓を衰弱させ血液循環に支障を生じさせるおそれがあるので、本件の治療にネグリジェンスが認められうるが、処方された危険の薬剤の性質に関する知識の欠如、またはネグリジェンスが非難に値する重大なネグリジェンスである場合にのみ、故殺罪に当たるとしている。続けて、裁判官は、重大なネグリジェンスには、「例えば、ある人が狩りをしに出かけてその患者をおろそかに

---

[9] Ferner/McDowell, supra note 1, 313.
[10] この事案を紹介した日本語文献として、井上祐司「現代英米刑事過失論について（その一）」法政研究40巻2-4号258頁（1974）がある。

し、その結果、死に致した」場合、「注意深く取り扱うべき危険な医薬品を取り扱う時、十分な技能がなく、その特性も適当な投与量も知らずに」「軽率に行動をした」場合と、「暗闇で敢えて医薬品を投与した」場合に存在すると陪審に説示している。陪審は無罪評決を下した。

1867年のSpencer事件（R v. Spencer [1867] 10 Cox. C.C. 525）では、毒物であるストリキニーネは、外観上、処方されたビスマスに非常に似ている散薬であり、医師に出会った被告人は助手のいない状況で自ら調剤しているときに大量のストリキニーネをビスマスの中に混入した事実に気付かず、患者に渡した結果、ストリキニーネを服用した患者が死亡した[11]。本件は一見したところで（prima facie）の過ちによるものであったが、被告人は医学教育を受け、資格も持っている有能な医師であることから、治療をうまく遂行するための技術さえない偽医者による事件とは違い、悪い動機をもって治療を行った事件でもないと判断した上で、「犯罪となるためには、邪悪な心理的状態を持つべきであるが、調剤際に不誠実な態度がなかったことが明らかであったため、故意的ではない」としている。さらに、裁判官は、そもそも、その誤混入の原因が不明確であったと指摘し、①薬品と毒薬の保管がきちんとされていないことがその原因であれば、それだけでは犯罪とはならない、②うっかりミスがその原因であれば、そのようなばかな間違いには刑事責任を正当化する根拠を求められない、③第三者のミスにより偶然混入させたかもしれないが、その場合には、残念な事故としか考えられない、と詳細に検討した上で、具体的な状況によって処罰に値する重大なネグリジェンスが存在し、それに邪悪な心理的状態が示されたと認められれば犯罪であるが、認められなければ無罪であると、陪審に説示している。陪審は無罪評決を下した。

Doherty事件（R v. Doherty [1887] 16 Cox CC 306）では、人を死亡に至らせた手術ミスに重大なネグリジェンスがあるかの判断基準について、裁判官は、「外科手術を行う人として、理性を失ったから、うっかりして失念したから、ほかにある何らかの理由ですべきことをしていなかった、あるいは、してはいけないことをしてしまったような場合には、ネグリジェンスはある。しか

---

[11] C. Dyer, Coroners and Manslaughter, 3 BMJ. 108 (1975).

し、誰にでも起こりうるような失念、あるいは少々の技能不足があっただけ
で、民事上は、傷害の損害賠償請求が根拠付けられるが、刑事上は、人がこ
のような傷害をして有罪をたらしめるなら、それは間違いであろう。しかし、
外科医として難産になった婦人を扱うにもかかわらず、先約の酒を飲みに
行って酩酊したため、職務を怠った結果、婦人の命を犠牲にした場合には、
非難に値する重大なネグリジェンスがある。」と説示している。評決結果は文
献で紹介されていない。

第2款　小　結

　上述した諸判決を概観すると、19世紀の裁判官は処罰に値する医療過誤を
次のように解釈していたと思われる。

　故殺罪の構成要件の面において、処罰の対象とされるのは重大なネグリ
ジェンスに限られ、重大なネグリジェンスは知識・能力の重大な欠如と道徳
的な非難に値する怠慢、または、著しく無謀な行動の二つの意味に限定され
ていた。

　前者について、治療の前提として、一定の知識と技能がすでに要求されて
いたが（Robinson事件判決、Markuss事件判決、Doherty事件判決）、現在知られてい
るような客観的に適切な治療が医療の一般水準に達するものでなければなら
ないという規範的要請は存在していなかった（Williamson事件判決、Butchell事
件判決）。

　後者について、例えば、狩りをしに出かけてその患者をおろそかにした場
合（Markuss事件判決）、暗闇で敢えて医薬品を投与した場合（Markuss事件判決）、
手術を担当するにもかかわらず、飲酒に行って酩酊状態の下で施術をして職
務を怠った場合（Doherty事件判決）がある。それに対し、誰にでも起こりうる
ような失念をしてしまった場合（Doherty事件判決）や、毒物をうっかり混入さ
せることを示す事実についての認識が全くなかったので、なぜそのばかげた
間違いが起こったのかについて事後にも心当たりがなかった場合（Spencer事
件判決）には、ネグリジェンスはあるが、重大なものと評価されていない。

　そのほかに、危険な治療手段の採用に重大なネグリジェンスがあるかにつ

192　第3章　イギリス法上の対応

いて、治療に効果があった事実は刑事責任を否定する方向へ働いていた（Robb
事件判決、Crick 事件判決）ように見える。

　刑事政策の面において、医を実践する者は人類の福祉に寄与するものであ
り、彼らを処罰すると「医業に身を投じるのを思い止まらせる恐れがある」
（Williamson 事件判決、Crick 事件判決）という考えも強かった。

　以上をひと言でまとめると、早期の裁判官は、重大なネグリジェンスの処
罰範囲を狭く画定しており、医療過誤について刑事政策的配慮を加味し、な
おさら処罰の使用を控えるようにしていたと思われる。

第2節　刑事上の過失の定義

第1款　判例法の起点

　20 世紀に入ると、医師は医業上の注意義務を果たすことが要求されるよう
になった（客観的基準に関する紹介は、第2節第3款に譲る）。一般医師を基準とし
た客観的注意基準からの逸脱が認められる場合には、民事責任が問われうる
が、犯罪の成立にはこれに加えて、何かがさらに必要とされる。それが何か
が主な争点となった。

　イギリスで刑事過失の判断基準を明確に提示し、その後の判例法の起点を
建築した有名な判決が、1925 年の Bateman 事件判決（R v. Bateman［1925］19
CrApp Rep 8）である。

　本件の事実は以下のようなものである。資格を持つ開業医である被告人が
自宅出産を取り扱う際に、「胎位回転法を使って内部破裂を生じさせ」、死胎
が排出された後、「誤って子宮の一部を胎盤と一緒に取り去ってしまい」、そ
の際に夫と産婆から婦人を入院させるべきかという相談に対してそっぽを向
き、自宅での経過観察を指示し、その後1日に2回の往診をし、5日目になっ
て、婦人のために入院紹介状を書いたが、「入院させたのが遅れた」ため、婦
人はすでに手術に耐えられない状態になっており、入院先の病院で死亡した、
というものであった。原審で有罪判決が言い渡されたが、控訴院は、証明不

十分を理由に原審判決を破棄した。

　控訴院の判決理由は次の通りである。「民事裁判においては、法律上要求される合理的注意基準を下回ったことが証明されれば、どの程度その基準を下回ったかは問題となってこない。……これに対して、刑事裁判においては、ネグリジェンスの量と程度こそが決定的な問題である。……刑事責任を問われるためには、被告人のネグリジェンスが当事者間で発生した損害の賠償という単純な事項を超え、国家にとって犯罪として処罰に値する行為に当たるほど他人の生命・身体に対する無視を示すものであった、という意見が陪審員に形成されなければならない。」「ネグリジェンスによる故殺事件の裁判で、陪審員にはっきりと分からせるべきことは、ネグリジェンスがあるかないかではなく、重罪（felony）があるかないかが問題であることである。……ある意味で、それは程度の問題であり、損害賠償を根拠付けるネグリジェンスと犯罪にあたるネグリジェンスとの間に線を引くのは、陪審員の役目である。」

　本判決は、刑事過失は合理的注意基準からの逸脱の程度で民事過失と区別され、「国家にとって犯罪として処罰に値する行為に当たるほどの他人の生命・身体に対する無視を示すものである」と解し、その程度の判断を陪審に委ねてよいとしている。どのような重大なネグリジェンスが他人の生命に対する無視を示すものといえるかについて、その後に出た医療過誤刑事判決以外の刑事判決では、活発な議論が行われている。

第2款　無謀の2つのテスト

　貴族院は、1937年の道路交通事件判決（Andrews v. DPP［1937］AC 576）において、「おそらく全ての形容詞のうち、『無謀な』という形容詞が最も処罰に値する範囲を表現している」と判示して、刑事責任の下限を無謀に設定する旨を表明した。その後の判例では、無謀をどのように定義するかをめぐり、危険の認識を重視する主観的テストと重大な危険の創出を重視する客観的テストが提出された。

194　第 3 章　イギリス法上の対応

第 1 項　主観的テスト

　ガスの漏出により生命を危殆化させた事件に対する、1957 年の控訴院判決
（R v. Cunningham［1957］2 QB 396）は、故殺罪の要件である「悪意（malice）」の
含意には故意（intention）と無謀（recklessness）の両方が含まれ、後者は、「特定
の被害が発生するかもしれないことを予見したのに、その危険を冒す」もの
である、と判示している[12]。その後、悪意を表現するにあたっては、故意と無
謀はそれぞれ単独で使われるのが普通になった。

　この考えに沿って[13]、1977 年の自動車損壊事件判決（R v. Briggs「1977」1 All
ER 475）、1977 年の受話器物損壊事件判決（R v. Parker［1977］2 All ER 37）、1979
年の失火による器物損壊事件判決（R v. Stephenson［1979］2 All ER 1198）などの
一連の控訴院判決が、無謀の判断テストは、自分の行為から損害が生じる危
険があることを知ったかという主観的テストであると判示している。

第 2 項　客観的テスト

　以上のような主観的テストに対して、貴族院の 2 つの判決、つまり、1982
年の生命に危険のある器物損壊事件判決（R v. Caldwell［1982］AC 341）と同年の
道路交通事件判決（R v. Lawrence［1982］AC510）は、無謀を解釈し直し、認識し
た危険を冒した場合と、行為の実行を通じて結果を惹起する「著しく、かつ
重大な危険（obvious and serious risk）」を創出し、そのような危険の存在の可能
性に全く配慮を払わなかった場合の 2 態様を認め、必ずしも後者が前者より
も責任が軽いとは限らない、と判示した。後者は、客観的テストと言われ[14]、

---

[12] この判決は、特別法の刑罰規定にいう "maliciously" の意義について判示したものであ
るが、英国では主観的無謀に関する代表的判例として理解されている。See O. Ormerod/
K. Laird, Smith and Hogan's Criminal Law, 14th ed., 130-31（2015）.

[13] しかし、特別法における無謀については、広く解釈された場合もある。例えば、1952 年
の詐欺防止法案（Prevention of Fraud Act 1939）違反事件判決（R v. Bates［1952］2 All
ER 842）、1962 年の道路交通法（Road Traffic Act 1960）違反事件判決（R v. Evans［1962］
3 All ER 1086）、1980 年の道路交通法（1972 年改正）違反事件判決（R v. Murphy［1980］
2 All ER 325）参照。

[14] C.M.V. Clarkson/H.M. Keating/S.R. Cunningham, Criminal Law : Text and Materials,
143-149（1984）; Ormerod/Laird, supra note 12, 133-35.

第2節 刑事上の過失の定義 195

この意味での無謀の判断基準は Lawrence/Caldwell テストとも呼ばれている。

このテストを採用する場合、その判断は2段階階に分けられる。まずは、行為の実行を通じ、著しく重大な危険を創出したのかという行為段階の判断である。次は、そのような危険の存在の可能性にまったく配慮を払わなかったのか、という心理状態段階の判断である。第2段階の判断では、危険の認識は問題となってこない。メンズ・レアが必要とされていないとまでは言えないが、精々「どんな配慮も払わない」という意味で主観面が捉えられている[15]。無謀の客観的テストを広く適用すべきであるとする主張もあったが[16]、道路交通事件に対する1992年の貴族院判決（R v. Reid［1992］3 All ER 673）は、その適用を交通事件のような場合に限るのが妥当である、と判示しており、現在では無謀の客観的テストは主な適用範囲として特別法で規定されている稀な状況に限定されている[17]。

第3款 重大なネグリジェンスのテスト

このような状況の下で、近時、医療過誤刑事判決の中で医療過誤の有無を判断する際に無謀の客観的テストが採用できないこと、および一定の条件が満たされれば認識のないネグリジェンスも処罰の対象になることが、控訴院が同時に下した次の2件の判決で判示されている。1994年の Prentice/Sullman 事件判決（R v. Prentice, R v. Sullman［1994］QB 302）と1994年の Adomako 事件判決（R v. Adomako［1994］QB 302）である。

まず、無謀の客観的テストが医療領域で認められるかという問題について、控訴院は、「無謀の客観的テストの適用は被告人が自ら著しく重大な危険を

---

[15] Ormerod/Laird, supra note 12, 134. 危険を行為者が知っていたかどうかの判断を主観面の判断から除外するという点では、無謀の客観的テストは、危険の認識を要しないネグリジェンスのテストに非常に近付き、外的な状況によっては両者の区別が消えることもありうるという指摘がある。この指摘について、A. McCall Smith, Criminal Negligence and the Incompetent Doctor, 1 Med. L. Rev. 341（1993）を参照。
[16] R v. Seymour［1983］2 AC 493 における Lord Roskill の発言参照。
[17] Ormerod/Laird, supra note 12, 137.

創出したことを前提とする。これは運転事件、あるいはホテル放火事件には当てはまる。……しかし、医師が関わる注意義務違反事件とは性質が異なる。というのは、多くの場合に患者の健康を害する高度の危険が存在するが、その危険は被告人によって創出されたものではないのであり、患者の健康に危険が既に存在しているからこそ、被告人は（患者の）同意を得て注意義務を果たすこととなる。……さらに、R v. Caldwell ［1982］A.C. 341……で使われた『著しい危険』という表現は、危険が『通常の慎重さを備えた人間』にとって顕著であることを意味する。マッチをつけたら何が起こるかは、誰にでもわかる。道路上での危険は実際上、運転手にも通行人にも、誰にでもわかる。しかしながら、専門職業の領域においては、医師等として……責任を負う場合の前提条件は、通常の慎重さを備えた人間の認識が形成する場合の前提条件と同じ意味で捉えることができない。」という理由で、医療過誤裁判に無謀の客観的テストを適用する余地がないと判示している。

次に、控訴院は、行為者が危険の存在を認識しながらその危険を冒したのではなく、危険に対して不注意な態度で臨んでいたような場合には、犯罪の成否が「重大なネグリジェンスのテスト」によって判断されるとしている。具体的には、重大なネグリジェンスは、「①健康を侵害する著しい危険を無視した場合、②危険を確かに予見したのに危険を冒すことを決めた場合、③危険を認識し回避する意思を持ったのに高度なネグリジェンスを犯したために危険を回避しなかった場合、④著しく重要な事情から、重大な危険を注意すべき義務が行為者に要求されたのにもかかわらず、行為者が注意を払わず、その不注意が単なる見落しを超えた場合」の４態様が認められるとされている。特に④は危険の認識・予見を要しない心理状態を示す典型的な表現である。重大なネグリジェンスが重大であるかについては、行為者の責任にかかわる「あらゆる状況」を踏まえて判断されるべきであるとも判示されている。

Prentice/Sullman 事件に対して、控訴院は、不当に無謀の客観的テストを陪審に説示したとして有罪判決を破棄したが、Adomako 事件に対して、重大なネグリジェンスのテストを適切に適用したとして、有罪判決を維持した。危険の認識がない場合も故殺罪は成立しうると示した点で、Adomako 事件の判決は画期的な意義を有している。この２つの事件に関する詳細な検討は

第3節に譲る。

2005年の Misra/Srivastava 事件（手術後の観察の怠慢による致死事件）判決（R v. Misra, R v. Srivastava [2005] 1 Cr App Rep 328）では、被告人側から故殺罪のメンズ・レアとして危険の認識を要求しなければ、重大な逸脱は処罰に値するから故殺罪が成立するという循環論法にすぎなくなり、刑事過失なのか民事過失なのかを判断する基準が明確性に欠けることになるので、ヨーロッパ人権条約7条の罪刑法定主義条項に反するとの主張がなされた。これに対して控訴院は、重大なネグリジェンスによる故殺罪の構成要件は、Adomako 事件判決で明らかにされており、犯罪の成否の判断における具体的事情の考慮は結論の不明確性につながるにすぎず、法律が明確でないわけではないと判示し、また、陪審員は、被告人の態度が重大なネグリジェンスであり、それゆえ犯罪であると言えるかどうかを判断するのであり、これは法律的な判断より事実的な認定を要する問題であるので、その回答を陪審員に委ねられるとして、罪刑法定主義違反の主張を退けている。

今日、故殺罪により問われる刑事責任の下限を設定する際には、無謀の客観的テストと重大なネグリジェンスのテストの両方が併存しているが、医療の領域においては、前者を適用する余地はないとされている。

第3節　刑事過失の類型別分析

従来からイギリスでは、知識・技術の欠如と診療における無謀さ又は不注意による医療過誤は処罰の対象とされている。医学的判断の誤りは処罰の対象からほぼ除外されているが、一瞬の間に起こった無意識的な単純ミスと医療法人に対する刑事責任追及は、最近の新しい動きとして目立っている。

第1款　医療の前提条件の欠如

第1節で説明したように、19世紀の裁判例では、医師として持たなければならない知識と技術はどのような程度のものであるかが必ずしも明らかではなかった。20世紀前半になると、医師は医業上の注意義務を果たすことが要

198　　第3章　イギリス法上の対応

求されるようになり、一般の医師の基準以下の治療が処罰の対象とされるようになった。例えば、1925年のBateman事件判決は、医師には合理的な程度の技術を示す義務があり、治療行為が医師が有すべき最低限の技術レベルを下回った場合には、犯罪の成立を認め得ると判示している。

第1項　一般的な判断規則

知識や経験の不足から、結果を惹起した行為に出た時点では、危険を認識しなかった場合には、責任の根拠がどこで求められるかについて、Adomako事件の判決で議論されている。

本件の事実は以下のようなものである。被告人であるAdomako医師は、ロシアで医師教育を受け、麻酔医資格を持たないまま、英国で15年間、代理（Locum）麻酔医として働いていたが、上級医師からは基本的な医学知識さえ持っていないと思われていた[18]。被告人が麻酔医を務めた手術の途中で、人工呼吸器の気管チューブの接続が外れ、その4分半後に患者の血圧モニター装置のアラームが鳴った。被告人は何らかの不具合が生じたことに気付いて、モニター装置を点検したり、患者の脈拍数をあげるためにアトロビンを投与したりしたが、執刀医に言われてはじめて、気管チューブの接続が外れたことを発見した。その結果、酸素供給が長時間止まったため、患者は死亡した。

本件の1994年控訴院判決（R v. Adomako [1994] QB 302）は、被告人を故殺罪で有罪とした原審判決を是認し、重大なネグリジェンスの判断について次のように判示している。手術中に患者の呼吸状態を観察し、呼吸困難のような緊急事態に対応することは、麻酔医として基本的、かつ一身専属的な義務であった。本件での呼吸困難は著しく、被告人は気管チューブの接続が外れたことを発見しえたはずである。被告人の怠慢がただの見落とし（inadvertence）を超え、故殺罪の成立に必要な程度に達する重大なネグリジェンスに当たるとの陪審評決は是認できる。

1995年の貴族院判決（R v. Adomako [1995] 1 AC 171）では、被告人に重大なネグリジェンスがあることを認めるヘワート王座首席裁判官が次のように判示

---

[18] D. Brahams, Two locum anaesthetists convicted of manslaughter, 45 Anaesthesia 981 （1990）における紹介参照。

第3節　刑事過失の類型別分析　　199

している。ある人が自らを専門的技能と知識をもつ者と自称し、そのような者として相談され、診療を求められた場合には、治療をする際に、患者に対して相当の注意を払う義務を負うことになる。どのような基準が適用されるべきかについては、一番高い、あるいは非常に高い基準であるべきではなく、非常に低い基準であるべきでもない。法律上、「相当の、合理的な、注意と能力の基準 (a fair and reasonable standard of care and competence)」が要求される。研鑽、配慮、知識・技能、注意などはいずれもこの基準に達しなければならない。被告人の怠慢、あるいは不注意によって患者を死亡させた場合には、十分な知識を持つことが示されたとしても、抗弁とならない。あるいは、彼の知識の重大な欠如と技術の未熟さによって患者を死亡させた場合には、その際の治療に十分な注意を払っていたことが証明されたとしても、抗弁とならない。前者の場合、怠慢又は不注意によって死亡を生じさせた以上の検討は必要ではないが、後者の場合、なぜ有能な医師に適用されている基準より低い基準を適用すべきではないのかを加えて説明することが必要である。知識又は技術の有無に応じて治療を無謀に引き受ける場合と治療を無謀に行う場合の両方がありうる。資格のある医師として自分の能力を超え、あるいは患者が無謀な実験の対象として扱われることを知っており、あるいは知るべきなのに、無謀に治療を引き受けた場合には、責任が問題なく認められる。……陪審員は、被告人の不注意あるいは知識・能力の欠如がただの損害賠償を根拠付けるものを超え、他人の生命と安全の無視を示し、国家にとって犯罪、つまり処罰に値する行為にあたるものと評価されるかを判断すべきである。」

　控訴審判決は注意の欠如を問題としている[19]のに対して、上記の説明から貴族院判決は、麻酔に必要な技能に欠けていることが問題となる事件として扱っていると見る余地があると思われる。つまり、能力・専門的訓練に根本

---

[19] 学説において、本件判決は、「能力の欠如 (lack of ability)」ではなく「注意の欠如 (lack of care)」を問題にするものであるという意見もある。この意見については、D. Griffiths/A. Sanders, The Road to the Dock : Prosecution Decision-Making in Medical Manslaughter Cases, in : D. Griffiths/A. Sanders (eds.), Bioethics, Medicine and the Criminal Law Volume Ⅱ : Medicine, Crime and Society, 129 (2013) を参照。

200 第3章 イギリス法上の対応

的に欠けている被告人は、指導医の監督なしで独自に患者の生命に責任を負うことが許されないと考えられている[20]。

手術に堪能でない Walker 医師の故殺事件も典型的な例である[21]。Walker 医師は 10 例の手術で 4 人の患者を死亡させ 6 人の患者に障害を負わせたことで 2001 年全国医学協議会によって職業上の重大な不正行為と判断され医師登録から除名された。そのうちの 2 例では、Walker 医師は起訴されたが取り下げられた。本件では、Walker 医師は肝臓の腫瘍摘出手術の途中で予想の 2 倍の大きさの腫瘍が重要な血管の近くにあったことを発見したにもかかわらず、手術を継続したため、重要な血管を傷つけて患者を出血死させたとして故殺罪で起訴され有罪とされた。本件の裁判官は、病院は 1995 年から 1998 年の間に Walker 医師に手術をやめさせなかったことに、「残念に思わせるシステムの欠陥（lamentable systemic failure）」があり、被告人は、「真当な人間（a decent man）」であったが、自らの制限が見えなかったとするとともに、「医療機関は国民の信頼に応えるよう取り組んでいない。」とも指摘している。

2000 年の控訴院判決（R v. Becker [2000] WL 877688）も参考になる。本件の事実は以下のようなものである。全科診療医（家庭医とも呼ばれる General Practitioner）である被告人は、急患の往診に出向き、腎結石による疝痛の鎮痛療法として、まずボルテロールを投与したが、鎮痛効果を速く出させるために 30 mg のジアセチルモルヒネを追加で筋肉注射した後、患者が死亡した。死因は致死量のジアセチルモルヒネによる中毒であった。被告人は南アフリカで教育を受けているときに、ジアセチルモルヒネの投与についての知識を教えられておらず、その投与経験もなく、行為当時、30 mg が正しい量だと思っていた。被告人は故殺罪で有罪とされた。

---

[20] 本件を無能な麻酔医による医療過誤が問題となるものと解する意見について、B. Lyons, The Sleep of Death : Anaesthesia, Mortality and the Courts from Ether to Adomako, in : Griffiths/Sanders（eds.）, ibid. 62, 64 を参照。

[21] 文献において、上記のような被告人には指導医の監督なしで独自に患者の生命に責任を負うことを要求することがそもそもできないという観点から、麻酔師の任命制度の欠陥を指摘し、さらに、基本的な知識・技術を持たない医師を有罪とする判決は、事故原因を究明して事故の再発を予防する目的を果たさせないという意見もある。Sh. Raif/J. Kirby, Doctor who Killed Patient on Operating Table Escapes Jail, The Independent, Jun. 24, 2004, at 19.

第2項　研修医による医療

イギリスにおいては、医師の経歴を開始した後、まず研修医（2005年に「医師養成の現代化」と題した新しいプログラムが開始される前に「senior house officer（SHO）」と呼ばれ、その後「foundation doctor」と呼ばれる）として上級医師の監督下に医療活動を行い専門的訓練を受け、その後、全科診療医（general practitioner）または専門医として国に登録して専門分野別研修を受け続ける。研修を終了すると専門医、全科診療医それぞれの認定証が発行され、前者は最終的に顧問専門医の地位に立ちうる。

1970年代以降、特に最近の20年間、研修医が独立して治療を行う際に、死傷事故を起こした場合に、故殺罪が成立するかが、しばしば刑事裁判で争われている。

有名なPrentice/Sullman事件判決（R v. Prentice, R v. Sullman［1994］QB 302）が重要な参考例である。本件の事実は以下のようなものである。16歳の白血病患者Aの治療に使われる化学療法として、経静脈でビンクリスチンを月に1回、髄腔内にメソトレキセートを2ヶ月に1回投与することが計画された。Prentice医師は腰椎穿刺を実施することとされたが、研修医として細胞毒性のある薬剤を投与するのが初めてであり、投与の研修を受けておらず、ビンクリスチンを髄腔内に投与すると致死的な結果となることも知らなかった。Prentice医師はSullman医師に薬剤の投与も含めて処置全体の過程を監督することを求めようとしていたが、Sullman医師は依頼されたのは穿刺の際の針の刺し方を監督することだけだと思っていた。Sullman医師も研修医であって、一度しか腰椎穿刺の経験をしたことがなく、同種の薬剤を投与する経験も僅かであった。上級看護師が医師らのために薬剤を準備した後、病室を離れて2人の看護実習生を残していた。Sullman医師はラベルの確認をせず、ビンクリスチンをPrentice医師に手渡した。Prentice医師は手渡されたビンクリスチンを髄腔内に注入し、その結果、患者は死亡した。

原審判決は、無謀の客観的テストを用いて、類似した状況に置かれた理性ある有能な人（reasonably competent person）にとって著しいと見られる危険を創出したことに無謀があると考え[22]、有罪判決を言い渡した。控訴院は、不当

に客観的テストを陪審に説示し（理由付けは第2節第2款第2項での紹介を参照）、医師らの責任を免除または減軽する事由が考慮されていないとして原審判決を破棄した。控訴院によって重大なネグリジェンスを判断する際に、医師らの責任を免除、または減刑する事由として次の諸状況が考えられるべきであるとされている。

Prentice医師の場合には、技術が未熟であったと自覚したところ、治療を引き受けるかと躊躇していたが、指導医が指定されない状況で治療の実施を命じられたこと、ビンクリスチンの脊髄内投与が致命的な結果につながることを全く知らなかったこと、上級看護師は立ち会っておらず、2名の看護実習生が残っていたこと、施術の全過程に対する監督を求める旨がSullman医師に正確に伝わっていなかったことなどの状況が存在する。

Sullman医師の場合には、穿刺の際の針の刺し方を監督することだけが依頼されたと誤解していたこと、準備されたのは脊髄内注射薬剤であったことも誤解していたこと、細胞毒性のある薬剤を投与する経験や知識に欠けていたこと、ビンクリスチンに充満された注射器と髄腔内に注射する薬剤に充満された注射器は一個の箱に並んでいたことなどの状況が存在する。

要するに、控訴院によって責任が減軽、または免除されうる事由として、研修医の個人的知識の不足のほかに、研修医指導体制の不備、治療の補助を行う看護人員の不注意と両医師間のコミュニケーション上の過誤等が考えられるべきであると判示されている。

この他にミスを犯した研修医の刑事責任が否定された事例として以下のものがある。

研修医は脳腫瘍摘出手術を受けた患者の脳室に20倍量のメソトレキセートを投与して死亡させたが、無罪が言い渡された[23]。本件の事実関係は次のような事情を前提とするものであった。血液量がおよそ脳脊髄液量の20倍であるので、静脈注入の量は脳室内注入の量と違うべきである。しかし、研修医である被告人は、血液量がおよそ脳脊髄液量の20倍であることを知らなかったため、ケースノートに記載されている静脈注入の量をとって投与し

---

[22]Smith, supra note 15, 341.

[23]Ferner, supra note 3, 1212.

た。

　また、研修医が静脈内投与薬剤（ペニシリン）を誤って脊髄内に投与して患者を死亡させた事件でも、同研修医は起訴されたが、無罪とされた[24]。同研修医が事故発生前の1週間に110時間ほど勤務しており、当日も14時間勤務していたといった状況が証明されたが、この事情が無罪の結論とどのようなつながりがあるかは不明である。

　研修医が下垂体機能障害の患者に対して、治療用のグルコース溶液を大量投与して同患者が脳浮腫で死亡した事件では[25]、研修医と指導医は故殺で正式起訴される前に陪審審理付託決定手続（committal proceedings）において訴追を取り下げられた。

　以上の研修医に関する事案では、裁判官、または陪審は責任を免除または減軽する抗弁を考慮にいれており、外的な状況と注意の能力から危険を知らなかった場合には、研修医のミスに寛大な対応をしようとする傾向が表われていると思われる。

　これに対して、2005年のMisra/Srivastava事件判決（R v. Misra, R v. Srivastava［2005］1 Cr App Rep 328）では、起訴された2名の研修医が故殺罪で有罪とされた。

　本件の事実は以下のようなものである。Misra研修医とSrivastava研修医が膝蓋腱手術を受けた患者の術後管理を担当していた。昼間勤務を担当するMisra医師は患者が体温上昇、脈拍増加、血圧低下といった感染症に典型的な症状を示し、嘔吐、下痢も出現したが、発症原因を正確に判断せず、適切な対処を講じなかった。その後、血液検査が行われ、その検査結果はコンピュータに保存された。夜勤を担当するSrivastava医師は病院に来て血液検査の結果を確認しようとしたが、コンピュータにアクセスできなかったため、コンピュータ中のデータを取り出せなかった。血液検査では、腎障害と感染症の可能性があることが示されていたが、その夜にも翌日にも結果は確認されないままであった。翌日、患者の状態によって上級の医師に対処を求めるべきなのに、Srivastava医師は自ら処置を試みた結果、適切に対応できない

---

[24] Doctor Charged over Death, The Guardian, Mar. 7, 1995, at 2.
[25] M. Halle, Doctors Charged over Child Death, Observer, Feb. 13, 1994, at 7.

まま担当を終えた。術後管理を引き継いだMisra医師は看護師から患者の訴えを告げられ診察を要請された。その際に、患者はなおも下痢が続いており、血圧も低く、脈が増加しており、体温も高かった。Misra医師は血液検査がなされたことを知っていたが、異常があった場合には検査室からの連絡があると勘違いしていた。その結果、同患者は術後に感染した黄色ブドウ球菌によるトキシンショック症候群で死亡した。

　ウィンチェスター刑事裁判所で、被告人らが感染症の診断を怠ったことは、専門界で受け入れられている医療上の基準をはるかに下回ったと認められるとして、故殺罪で有罪とされた。原審判決は控訴院により維持されている。

　本件では、患者の術後観察・診察を担当する被告人らは、2日間重病になっていることを示す兆候（warnings）を知っておらず、適切な措置をとっていないことに非難すべき点がある[26]。研修医を非難する根拠について、次の点に注意すべきであると思われる。判決理由から、問題となった怠慢の意味には、適切な診察または対応を行わなかったことの他、上級医師に報告せず自ら軽率に処置したことも含まれると思われる。ただ、後者は判決で明確には示されていない。

　判決の態度を確かめるために、もうひとつの事例をあげてみることにしたい。本件では、研修医が5週間の仕事歴しか持っておらず、細胞毒性のある薬剤の投与に関する訓練も受けていなかったので、血液科専門医の監督・指導を受けながら、白血病の治療法として、ビンクリスチンの静脈内投与を施行していたが、誤って患者の髄腔内に注入して患者を死亡させた。研修医は治療中に処置の正誤を確かめるために血液科専門医に2回問い合わせたが、同専門医から「やりつづけて」と命じられたので、そのまま投与を続けたものであった。血液学専医師だけが起訴されて有罪となった[27]。Misra/Srivastava事件と比べてみると、本件は研修医が適切に指導医に照会したという点に特徴があると思われる。

　経験のない医師が専門的な技術を使用しているときにミスを犯した事件で

---

[26] Griffiths/Sanders, in：Griffiths/Sanders（eds.）, supra note 19, 125.

[27] C. Dyer, Doctor Sentenced for Manslaughter of Leukaemia Patient, 327 BMJ. 697 （2003）；Holbrook, supra note 2, 1118.

は、専門医水準の治療を行うことのできる上級医師に助言と手伝いを求めたのであれば、必要な注意を払ったことが認められることは、1987 年の控訴院判決（Wilsher v. Essex Area Health Authority [1987] QB 730（CA）774）でより明確に示されている。本判決は、民事判決であるが参考になるものとして紹介してみることにしたい。

　本件で、研修医がカテーテルを誤って未熟児の静脈に挿入し、酸素過剰の状態に陥らせて失明させたことが、注意義務に違反したかについて、Gildewell 裁判官は、「法律上、職業訓練を受ける者は仮免許運転練習者であっても、彼より経験のある同僚者と同じ基準によって評価されるべきである。そうしないと未熟であることが専門家の過失行為を否定する理由としてたびたび主張されることとなってしまう。」とした後、このテストを適用する場合、「経験不足の人が過度な負担を強いられる」ことにならないよう、不可欠な追加要件として、「経験のない医師は専門的な技能の使用が求められた場合、指導医師の助言と手伝いが必要だと確信した、あるいは必要かもしれないと思ったときには、その助言と手伝いを求めることへの配慮が彼の注意内容に含まれている。もし研修医が上級医師に手伝いを求めたのであれば、彼自身がミスを犯したとしても、責任は問われない。」と述べている。この一般論を本件にあてはめて、Gildewell 裁判官は次のように分析している。確かに、カテーテルを誤って静脈に挿入し、また、そのミスについて X 線写真に示された兆候を正確に識別しなかった研修医には 2 つのミスがあったが、しかし、彼の目からみて正しいと思われる処置を行った後で、処置の正誤についてその確認を上級医師に求めた。残念ながら上級医師は確認作業をしたが、X 線写真に示された誤挿を識別しなかった。結論として、研修医は必要な注意を払ったためにネグリジェンスを犯していなかったとされた。上級医師に誤挿入を発見しなかったことにネグリジェンスが認められ、そのネグリジェンスについて、病院の管理者（the health authority）が代位責任[28]を問われた。

　この判決では、被害者に負担を負わせないよう専門医水準の治療を提供する義務が病院側に要求される一方、研修医に過度の義務を課さないために、研修医が指導医の助言と手伝いを適時に求めたのであれば、個人的責任が問われることはないとされ、研修医の個人的能力が考慮されている[29]。

206　第3章　イギリス法上の対応

第2款　診療中の怠慢

　早期の判決で、狩りをしに出かけてその患者をおろそかにした事件、暗闇で敢えて医薬品を投与した事件、酩酊状態下で手術を行った事件のような、疑問なく刑事事件として取り扱われている医療事件があった。それらに類似した事件は最近も見当たる。例えば、医師が眼科手術中に、モニターに設置されている警報音をミュートモードに設定していて、椅子に座ったまま寝てしまった結果、患者が心停止で死亡した事件と[30]、麻酔薬依存者である麻酔医が手術途中に麻酔薬を吸入していて、義務を果す能力を失うに至ったので、酸素ボンベから酸素が漏れたことに気付いておらず、結果、患者が酸素欠乏で死亡した事件[31]などである。

---

[28] 代位責任は、被用者が事業執行中になした不法行為について使用者が問われる責任を意味する。英米法における代位責任に関する紹介について、詳しく、上田富信「代位責任（Vicarious liability）の基礎理論——英米法における使用者責任の一側面(1)(2完)」法学論集（鹿児島大学法文学部紀要）5巻2号53頁以下（1970）、6巻1号139頁以下（1970）、石堂淳「英米刑法における代位責任㈠㈡」法経論叢18号25頁以下（1997）、総合政策1巻4号411頁以下（1999）、柴田龍「イギリスにおける代位責任と自己責任の交錯——2001年Lister v. Hesley Hall判決を契機として」法学研究論集33号187頁以下（2010）参照。

[29] 客観的注意基準を設定する際には、被告の個人的特徴を考慮に入れるべきであるかについては、医療事件以外の過失事件の民事判決においても議論があり、判決の態度は場合によっては必ずしも一致していない。例えば、1938年の高等裁判所王座部（King's Bench）の判決（Philips v. William Whiteley Ltd [1938] 1 All ER 566）では、Goddard裁判官は、宝石職人である被告と同じ「地位と訓練（position and training）」に置かれた宝石職人を基準に、過失の有無を判断すべきであるとしている。ここでは、熟練度と技能等について被告の特徴を考慮に入れて、一般の宝石職人の基準よりも低い基準とすることが許されると解されている。これに対して、1971年の控訴院判決（Nettleship v. Weston [1971] 2 QB 691）では、自動車運転手が要求される注意義務は、運転手の個人的経験により左右されていないことが判示されたが、交通事故事件で裁判官が高度の注意基準を採用した主な理由は、被害者の救済を図ることを目的とする道路交通政策に関連して考えるべきであるとされている（R. Kidner, Casebook on Torts, 12th ed., 42 (2012)）。

[30] Lyons, in：Griffiths/Sanders（eds.）, supra note 20, 46.

[31] Id.

第3節 刑事過失の類型別分析 207

第1項 重大な危険に注意を払われない事例

一部の医療刑事事件では、危険な事実を医師が認識した、あるいは認識し得たが、適切な対応措置を手遅れにならないよう講じるようにしなかったとして、起訴されている。例えば、治療計画について同僚者からの質疑、または反対意見を聞かされたが、その治療の適切さを慎重に反省しなかった場合や、患者から薬物アレルギーが起こったことを聞かされたが、薬剤の投与に何らの配慮も払わなかった場合である[32]。

下級医が上級医に病例を報告し他の診療科と連携して対応するという医療体制下において上級医師が適時に自ら対応することを怠ったことに重大なネグリジェンスが認められる場合もある。最近の2件のリーディング刑事医療過誤事件はこの場合に当たり、詳しく紹介したい。

1 Garg 医師の故殺事件

本件は、これまで診療に真剣に取り組んでいた有能な顧問医が自ら死者の診療を行い病状の進行を確認することを怠ったことによる致死事件である（R v. Garg［2012］EWCA Crim 2520）。本件の事実は以下のようなものである。

被告人Dは泌尿器科顧問医として優れた人柄と高度の専門的能力を持っている者であった。

2008年8月22日の金曜日、患者Pが急患室で初診を受けたときに、医師D1から腎臓感染と診断され、指示通りエックス線検査を受けた後、泌尿器科病棟に移送されたが、一緒に泌尿器科治療チームに移送された初診記録にエックス線検査結果が書き忘れられた。

泌尿器科病棟では、当直の泌尿器科登録医師R1がPを引き受けて、抗生薬剤の投与と腎臓、尿管、膀胱に対する超音波診断を内容とする治療計画を立て、急性腎盂腎炎と改めて診断した（初診結果と違う）。急性腎盂腎炎とは尿路感染症に起因して、悪化したら化膿性腎臓症へと進行していき、腎臓の感染を深刻化させると最終的には敗血症に至るという病気である。超音波診断

---

[32] Quick, in：Erin/Ost（eds.）, supra note 1, 45.

の目的は尿管に詰まっている結石（この結石は化膿性腎臓症を発症させるおそれがある）があるかを発見することである。

23日の土曜日、患者に感染の初期症状が現れた。

Pの担当がR1から泌尿器科登録医師R2に変わったが、R2は正午になって初めて患者を見にいって、そのときに超音波診断が計画されたことに気付かなかったので、実施しなかった。

被告人Dは午前の外科手術に入ったので、初めてPを診たのが23日の午後になった。被告人Dは急性腎盂腎炎と診断してその処置が困難なケースではないと判断した。その後、患者の観察や管理などが医師R2に任せられた。

夕方、R2はPの状況が悪化していることについて病院の微生物学者に相談したところ、新しい抗生薬に変更することを助言された。

夜間、被告人DはPの医療カルテをみて新しい抗生薬が効いたと判断し、治療を続けるようR2に指示したが、超音波診断が翌日に行われることについて看護師に何らの指示も出さなかった。法廷で、被告人DはR2から提供されていた情報を信じすぎ、本来は自ら診断すべきであって、そうしていればPの状況が現に思ったよりも悪いことを認識できた、と供述した。

24日の日曜日、看護師の記録にはPの硬直の発作、体温の一時的上昇、血圧の低下などが記録されている。

同日午前、被告人DはPの状況を聞くためにR2に電話をして抗生薬が予想したとおり効いていないとわかったが、血圧の低下は報告されなかった。被告人DはR2に超音波診断の予約をできるだけ速くとるよう指示した。これまでは、被告人Dは一度も患者の腎臓及び上部尿路の画像を見たこともなかった。R2は放射線科に超音波診断の予約を申し込みに行ったが、かなり混んでいたので早い時点で予約が取れなかった。

午後、被告人DはPを見にいったときに体温が高いと報告されたが、超音波診断の結果が出ていないので、診察をしないと返事した。放射線科医師が午後の4時頃超音波診断を行い、右腎臓の結石を発見してR2に報告して腎盂カテーテル留置手術を必要とする可能性もあると提案した。その後、被告人DはR2との打ち合わせで状況を聞いて、R2から腎盂カテーテル留置手

術を行うかと相談されたときに、行うべきだと指示したが、Pを診察しにいかず、病状進行の観察も体調検査もしなかった。被告人Dは、もしそのときに自ら診察をしていれば、排膿処置を急いでとるべきであったことが超音波診断の結果からわかった、と供述した。

　夕方、R2は放射線科顧問医師に連絡して腎盂カテーテル留置手術を必要と思う被告人Dの判断結論を伝えた。しかし、当日の夜、その手術の遂行に必要な画像下治療を専門とする医師（Interventional Radiologist）がいないので、手術予約が早い時間に取れなかった。この状況は被告人Dも知っていた。

　夜、放射線科がPのCT検査（超音波診断と別の検査）を行って、右腎臓の結石が原因であるという検査結果を被告人Dに伝えたが、被告人Dは画像下治療を専門とする医師がいない状況でその手術を行いたくなかったので、手術日の決定を翌日にした。法廷では、被告人Dは放射線科医師からその時点で画像下治療を専門とする医師の立ち会いが可能なリーズ総合診療所にPを転送するかについての相談を受けたかという問題が明らかにされていない。被告人DはPの状況に関する情報を適切に得ていない、と認めるとともに、適切に得ていれば病状が急速に深刻化していって生命に危険を及ぼす恐れのある緊急事態になっており、その状況で手術をすぐに行うことができなくても代替措置として排膿処置を当夜急いでとるべきであることを認識できた、と供述した。

　夜間、Pは心拍数が高く、熱が上がり、血圧が下がり、尿の勢いが弱く、尿液の酸素飽和度が低下するといった症状が出たことにR2は気づき、敗血症へと進行していくかもしれないと当直の看護師に話した。

　25日の月曜日、看護記録にはPの血圧が下がったことが記載されている。

　同日朝、R2は勤務を終了してPの担当を代理登録医師R3に引き継いだとき、腎臓に結石が詰まっていることを説明するとともに、午前中、被告人Dが見に来ることも伝えた。しかし、8日間勤務し続けて睡眠もよくとれていない被告人DはR3に電話して午前中病院に行かないと言った。ここでは、睡眠が取れず、ストレスがたまるという仕事体制は、もっとも知識や能力がしっかりとした医師であってもその判断に影響を及ぼす、という被告人Dに有利な証拠が認められる。

210　第3章　イギリス法上の対応

　その後、R3 は P の状況を判断して、手術室の予約を取りに行ったが、混んでいたので緊急事態がなければ正午過ぎにするしかないと言われた。R3 は被告人 D に連絡して、P に手術を待たせてもよいかと相談した。午前中、放射線科も被告人 D に連絡して、泌尿器科治療チームがほかの手術に入るので P に対して腎盂カテーテル留置手術を行うことができないと知らせた。

　正午の頃、被告人 D は病院に着き、血液検査結果も届いた。そのとき P の状況がどこまで悪くなったかを被告人 D は初めて知った。被告人 D は CT 検査結果を診たところ、結石が前の日よりも大きくなったことを発見し、その状況になると尿管ステント手術の実施ができなくなったと判断するとともに、放射線科に連絡し、P の状況が悪化したので、腎盂カテーテル留置手術の実施が必要となったと説明し、画像下治療を専門とする待機医師が病院に来てもらえると伝えられたので、手術の準備ができると答えた。

　午後、腎盂カテーテル留置手術は無事成功に終わったが、手術後のエックス線検査結果には肺内に過量の液体が溜まっていたことが示された。その後、P の脈拍数が一層多くなり、酸素飽和度が一層下がり、呼吸数も増加していた。必要な対応措置が手遅れになる前に実施されなかった。

　夕方になると、P は心停止を起し、最終的に敗血症の発症で死亡した。

　事実関係の紹介は以上である。次に、注意義務違反の内容を紹介してみたい。

　検察官によると、次の4点について被告人は注意義務に違反したとされている。第1に、患者の臨床症状に関する情報をきちんと取れたのかを確認していない。第2に、結石により閉塞されている腎臓に感染症が発症し、敗血症へと深刻化していくことの可能性があるのかを診断、あるいは確認していない。第3に、患者に腎盂カテーテル留置手術を急いで受けさせるべきなのに、それを怠った。第4に、24 日の日曜日の午前中、腎盂カテーテル留置手術の実施が可能な診療所に患者を転送すべきなのに、それも怠った。検察官の提出した専門家証言によって、次のことが明らかになった。すなわち、被告人の注意義務違反は、通常の専門的基準からの重大な逸脱に当たり、同専門分野に属する理性のある有能な顧問医として、閉塞されている腎臓内の感染症を処置することと、適時に治療に入って効果的な処置をとることを怠た

る者はどこにもいない、とされている。

　被告人も、次の3点で自分の罪を認めた。第1に、自分が患者を引き受けたことがわかっていたのに、尿道が詰まっているかを速やかに調べていない。第2に、腎臓機能が悪化していて、敗血症の発症という生命にかかわる危険があることを示す血液検査、エックス線検査、臨床診断記録と臨床症状などに相当な注意を払い確かめるべきであったのに、それを怠って患者の状況を急いで調べたり、速やかに治療を行ったりするための処置をとっていない。第3に、腎盂カテーテル留置手術を早く準備させるべきであったのに、それも怠った。

　2008年9月、被告人は重大なネグリジェンスによる故殺罪の疑いで逮捕され、罪を認めた。リーズ刑事裁判所（Leeds Crown Court）の原審判決では、故殺罪として有罪とされ2年の自由刑が言い渡された。控訴院判決である Garg v. R［2012］EWCA Crim 2520 が原審を維持し、量刑も適当だとしている。

2　Sellu 医師の故殺事件

　最近出た Sellu 医師の故殺事件（Sellu v. the Crown［2016］EWCA Crim 1716）も似た事例である。Sellu 医師は手術を含む結腸直腸医療を専門に扱っている顧問医である。本件の事実は以下のようなものである。

　患者は人工膝関節置換術手術を受け、2月10日までに順調に回復していた。しかし、11日の朝、初めて看護師に腹痛を訴えた。医師 G が検査を行ったが、血液検査の結果に基づき異常がないと判断した。だが、患者の腹痛は続いていて酷くなっていった。

　医師 G からさらなる検査を求められない状況で、患者は家庭医師に相談して、家庭医師を通じて医師 H に連絡できた。医師 H の指示で X 線検査が行われた。X 線検査を担当する医師は医師 G に X 線検査の結果によって患者の腹腔の中に空気があることを報告した上で、この症状は胃腸穿孔によって惹起されたという疑いも伝えた。この状況でのさらなる診療は医師 H の専門知識と技術を超えるので、患者は被告人である Sellu 医師に転医された。

　11日の午前9時半、被告人は患者に身体検査を行った。腹痛が14時間ほど続いていて、その他にもヘルニアがあり、体調が悪かったことを知ったに

212　第3章　イギリス法上の対応

もかかわらず、緊急措置を取らず、すでに現れた炎症に対応するための薬の処方、投与を特にしなかった（①）。

12日の朝6時半までに医師Gの指示を受けた看護師が被告人に連絡して、患者の状況が悪化して緊急手術が必要となったことを伝えた。しかし、報告を受けた被告人は検査を怠り、対応措置も講じなかった（②）。

12日の13時45分、放射線科医師は口頭でCT検査の結果に結腸穿孔が示されたことを被告人に伝えた。被告人は患者の手術に立ち会うことを麻酔科医師Vに頼んだが、他の手術に立ち会う予定があったので、19時まで（実際には、20時50分に他の手術は終わった）患者の手術に立ち会うのが不可能だと知られた。被告人は16時に病室に行って、患者から署名された手術同意書をもらい、手術時間を19時以降にした。

患者の手術は12日22時ごろ始まった（③）。手術中、患者にショックが起こったが、被告人は手術を続けていくことに決めた（④）。しかし、手術後、患者は麻酔から目覚めず、14日の午後に死亡した。

専門家証言によると、12日20時までに被告人が緊急措置を講じていれば、患者の命が助けられたが、手術が始まった時に、救命率が1％より低くなった、とされている。

検察官は、被告人の起訴理由を次のように述べた。診療において被告人の尽くした注意は認められる注意基準をはるかに下回った。注意義務に違反する行為の中で、特に①、②、③（被告人は、CT検査の結果を知られてからの8時間以内に手術を予定していなかった）の三つの状況を踏まえて、重大なネグリジェンスが犯されたと認められる。状況④について、手術における決定と手術自体は訴因とも争点ともされていない（このことは医学的判断の誤りが起訴の対象とされていないことを示したと思われる）。一審で裁判官は、次の三つの問題について陪審に説示している。まず、被告人と同じ状況に置かれている結腸直腸医療を専門に扱っている顧問医なら被告人と同じように患者を扱うか。次に、他の顧問医は同じに扱わない場合には、重大なネグリジェンスが認められるか。最後に、その重大なネグリジェンスは患者の死亡を惹起したか、あるいは患者の死亡に重大な因果的寄与を与えたか。陪審は有罪評決を下した。一審裁判所は被告人に対して2年半の監禁を言い渡した。

しかし、控訴審裁判は次の理由で有罪判決を破棄した。一つの理由は、一審裁判所はどのように専門家証言を考慮するかについて適切に陪審に説示していないことから、陪審は専門家の証言をそのまま受け止め、自ら最終的な判断を下したわけではないという恐れを生じさせたことである。もう一つの理由は、一審裁判所は重大なネグリジェンスにおいて、どの意味で「重大」を理解するかを陪審に十分に説示していないことである。

本件は、次の3点で特徴があると思われる。第1に、本件は有能な顧問医が被告人である点で、知識または技術を持っていないやぶ医者から惹起された医療事故と明らかに異なる。第2に、本件は他の医療補助者または他の診療科と連携して対応する医療体制下において被告人は適時に適切な対応措置を講じていないことに重大なネグリジェンスが認められたものである。第3に、控訴審裁判所は、問題となった行為にある過失が重大なネグリジェンスと認められるかどうかについての判断は専門家証言に頼りすぎてはいけないことを明らかにしている。専門家の証言自体は、規範的基準から評価されることが免れられない。この立場は後に紹介するBolitho（1998）事件判決に示されていた旨と共通していると思われる[33]。

第2項　基本的な診療規則または操作手順

基本的な診療規則または操作手順の怠慢による致死傷は刑事事件性が高い。典型的な例は、治療計画を正当化するための初診あるいは問診の怠慢である[34]。

最近、実務上のダブル・チェック、または点検の怠慢に起因する一瞬の間に起こった単純ミスにも刑事事件性があるかが問題されるようになっている。

その中で、まず気管チューブの誤挿入あるいは呼吸循環器の接続の切断などの設備故障による事件が数件見当たった。事例1では、麻酔医が、手術で

---

[33] 詳細なコメントは、次の文献を参考。O. Quick, Expert Evidence and Medical Manslaughter：Vagueness in Action, 38 Journal of Law and Society 496-518（2011）；P. Mcdonald, The Expert Medical Witness：The Good, The Bad and The Ugly, 8（2）Trends in Urology & Men's Health 29-31（2017）.

214 第3章 イギリス法上の対応

麻酔をかけられた患者を麻酔から速く目覚めさせるために酸素を吸い込ませようとしたが、チューブの誤接続が原因で、笑気ガスを誤投与して患者を窒息状態に陥らせ、執刀医と一緒に蘇生措置を講じたが、患者の死亡を避けられなかった[35]。検察官は、酸素と笑気ガスを間違えて接続したミスは免責事由がない基本的なミスであり、設備を使う前に点検していれば誤接続の問題を発見できたことと、本件患者が気道が狭いという稀な異常体質を持っていて、緊急状態になった場合に蘇生が困難であることを術前に病歴を聴取していればわかっていたのに、点検を怠ったことを主張して、麻酔医と執刀医を故殺罪で起訴した。1999年7月に麻酔医は有罪答弁をし、有罪判決を受けた。執刀医は訴追取下げを決定された。

　同じ種類の医療過誤であるが、刑事性が否定されたものもある。事例2では、臨時代理麻酔医 Kirit Tana が、気管内に挿入すべきチューブを誤って食道に挿入した結果、患者が長時間の酸素欠陥のため、脳に重大な損傷を受けて死亡した。本件は事故死との検視判定で済んだ[36]。事例3では、膀胱と尿管の拡張手術で後期研修麻酔医が麻酔を実施した。呼ばれてやってきた顧問医師は気管チューブを食道に誤って挿入されたことを発見して対処したが、患者の命を留めることが出来ず、酸素欠陥で死亡した。検死官は事故死と判定した[37]。

　次に、単純ミスに起因する薬剤の誤投与事件もある。事例4は、前にも紹

---

[34] 不十分な問診で計画された治療の禁忌症を発見せず投薬して患者を死亡させたとして起訴された事件もあるが、この事件で不十分な問診については無罪とされた（Doctor Jailed for Attempting to Cover up Fatal Error, The Guardian, May 7, 1994, at 8）。本件の事実は以下のようなものである。喘息にかかっている患者が心臓動悸のために開業医である被告人を訪れた。被告人は同患者の診療記録を読まなかったため、喘息患者であるという事情を知らずに心臓動悸の治療薬として喘息患者にとって致死的な副作用の可能性がある交感神経β受容体遮断薬を処方した。2日後、同患者は自宅で処方された薬を服用して死亡した。被告人は同患者の死亡を知った後、カルテの改ざん等の証拠隠滅行為を行った。被告人は故殺罪と司法妨害罪（intending to pervert the course of justice）で起訴され、カーディフ刑事法院で、前者については無罪（理由不詳）、後者については有罪とされた。

[35] D. Ward, Man Jailed over Death at Dentist's, The Guardian, Jul. 30, 1999, at 10.
[36] D. Brahams, Three Anaesthetic Deaths, 2 (8610) Lancet 581 (1988).
[37] Id.

介したダブルチェックミスによる致死事件である。血液学専医師である被告人が研修医のビンクリスチン注射を監督している間に操作が正しいかと聞かれ、その時は静脈内に注射すべき薬剤を誤って髄腔内に注入されていたことに気付いておらず、「やりつづけて」と命じて、その結果、患者が死亡した[38]。検察官は、被告人は患者の血球計数を記録するチャート図（hematology chart）をチェックせず、投与されるべき薬剤も確かめず、注射器の表面に、ビンクリスチンは静脈内にしか注射してはならない旨が書かれていたのに、それもチェックしなかったとして非難されるべきだと主張した。被告人は故殺罪で有罪とされ禁錮8月の実刑判決を言い渡された。

　本判決について、イギリスにおいて医事法と生命倫理学の権威として知られている A. McCall Smith は次のようにコメントしている[39]。注射前に注射器の表面に貼られたラベルを読むことが基本的な注意だとすると、読んで誤読した場合には重大な過失がないのではないかということが問題となり得るが、重要なことは単にラベルを読むことではなく、正しく読める程度の注意を払うことであるので、ラベルの誤読に重大な過失を認めることができる。上記のような結論が否定されるのは、読んでも正しく読めることが期待できない場合に限られる。これ対して、有罪判決の妥当性を疑問視する声もある。法廷弁護士の Holbrook は、ビンクリスチンのような強力で危険な薬を投与するときには投薬を正しく実施するための専門家の責任は当然高度なものであるが、そうだとしても、最も良心的で有能な医療従事者であっても、間違いを犯すことがあり得る以上、静脈内投与薬を誤って脊髄内に注入したようなミスに可罰性があるかは疑問である、と指摘している[40]。

　事例5は、抗がん剤の過量投与致死事件で、医師が薬剤の用量を正確に指示せず、この薬を調剤した看護師が医薬品の添付文書に記載されている注意事項と用量を確認することを怠った。警察は調査を行って、検察庁に相談したが、起訴を断られた[41]。

---

[38] Dyer, supra note 27, 697；Holbrook, supra note 2, 1118.
[39] Smith, supra note 15, 344.
[40] Holbrook, supra note 2, 1118.
[41] Griffiths/Sanders, in：Griffiths/Sanders（eds.）, supra note 19. 125-126.

216　第3章　イギリス法上の対応

　文献においては、問題となった薬剤は大量に投与すれば毒性が高い抗がん剤であるので、医師と看護師はどちらも、ミスを犯したらそれにより惹起される結果がわかったはず、あるいはわかるべきであり、この意味で、どちらにも重大なネグリジェンスが認められる、というコメントがある[42]。

　最後に、手術部位を取り間違えた医師が起訴された事例も出た。事例6では、泌尿器科顧問医の監督の下で、執刀医が腎臓手術を行う際に、病変側の腎臓のかわりに健康な腎臓を誤って摘出し、患者を死亡させた。両医師は故殺罪で起訴されたが、因果関係の立証が成立されていないので、無罪とされた。顧問医はNHS（National Health Service：イギリス政府の医療サービス事業を指し、医療ニーズに対応した公平なアクセスを理念として1948年に設立されたが、今、患者の安全を守り医療リスクをコントロールすることを目標に運営されている）から停職処分を受けた[43]。しかし、なおも文献においては、両医師は「処罰に値するほど重大なエラーを間違いなく犯した」という意見がある[44]。

　以上から挙げられている事例から見て、単純ミスについては、実務上の重大なネグリジェンスに当たるかどうかが必ずしも明らかではない。GriffithsとSandersの調査結果によれば、薬剤の誤投入、胸管を挿入しているとき誤って心臓に刺したミスのような一瞬的に起こったミスは、わずか100分の6しか占めていない[45]。これらのミスの処理について、GriffithsとSandersの論文において、検察庁は、「道徳的な非難可能性」があるのかと疑われる限界事例においては刑事事件性の有無が争われやすいと考えて、その起訴を躊躇すると指摘されている[46]。

　検察庁は、責任を減軽する事情も考慮にいれている。例えば、医師が胸部管を心臓に誤って挿入して致命的な傷害を生じさせた事件では、医療機構で人員不足のために長時間働いていたことが[47]、看護師が薬剤を取り間違って

---

[42] Id.

[43] C. Dyer, Surgeons Cleared of Manslaughter after Removing Wrong Kidney, 325 BMJ. 9 (2002).

[44] Griffiths/Sanders, in：Griffiths/Sanders（eds.), supra note 19, 152-153.

[45] Id. 147.

[46] Id. 147.

[47] Id. 143.

患者を死亡させた事件では、事故が起こるまで常に立派な仕事をしていたことが[48]、鼻腔栄養チューブを誤って肺部に挿入した事件では、ミスを犯した看護師は仕事に熱心に専念していて、これまで品行の悪い者と思わせるようなことをしたことがないことが、それぞれ考慮されている[49]。

第3款　医学的判断の誤り

　第1章と第2章で紹介したように、医学的判断の誤りが問題となって初めて医療上の注意基準の意味を裁判で議論する必要性が生じる。イギリスでは、刑事事件性が問題とされた医療過誤は、医療の前提条件の欠如と診療中の怠慢によるものであり、どちらも、客観的に医療上の注意基準を著しく下回るので、裁判で争われるのは、ネグリジェンスの有無ではなく、ネグリジェンスの程度である。その議論では、医療上の注意基準は問題となるまでもない。しかし、日本をはじめとする他の国では、医学的判断の誤りはすでに起訴、処罰の対象となっているので、比較法的研究という目的を達成するために、イギリスの裁判で医療上の注意基準がどのような標準によって設定されているかを研究することにしたい。

第1項　Bolam テストの確立

　今日の判例で広く援用されているネグリジェンスの判断基準は、熱々のお茶をこぼし火傷を生じさせた事件の貴族院民事判決である Glasgow Corporation v. Muir [1943] AC 448 において表された「理性ある人（a reasonable man）の基準」である。すなわち、「理性ある人の予見基準は、個人に関係のないテスト（impersonal test）であり、個人的差異（personal equation）を考慮にいれず、問題となった行為をしたその特定の人の個性（the idiosyncrasies of the particular person）によっては決められないものである。……特定のケースにおける状況下で理性ある人なら熟慮した上で何をしただろうか、責任ある当事者として何を予見すべきだろうか、ということを判断するのは裁判官の役目である。」

---

[48] Id. 143
[49] Id. 143.

218　第3章　イギリス法上の対応

とされている。

1　Bolam テストの内容

上記の理性ある人の基準を医療を含め専門領域においてどのように適用するかを示した著名な民事判決が、Bolam v. Friern Hospital Management Committee［1957］2 All ER 118 である[50]。

本件の事実は以下のようなものである。うつ病患者 Bolam が電気けいれん療法による治療を受けているとき、そばに1人の男性看護師が立ち会っていたが、筋弛緩薬や精神安定薬を投与されていなかったため、治療中に寛骨部の骨折が発生して重大な障害が残った。Bolam は、医師が骨折のリスクを低減させる筋弛緩薬等を投与せず、また骨折のリスクのあることを警告しなかったと主張して損害賠償を請求した。陪審は原告敗訴の評決を下した。

本件でうつ病の治療法として使われた電気けいれん療法は、頭に電気を流し全身に痙攣を起させるというものなので、痙攣から生じた外力の作用で骨折が起こるリスク（発生率は 1/1000 にとどまると証明された）がある。同治療にあたって筋弛緩薬と精神安定薬を投与することの適否については、専門家の意見は分かれている。一部の専門家は筋弛緩薬と精神安定薬の投与が通常の臨床対処であると主張しており、もう一方の一部の専門家は、それらの薬の投与に伴い致命的な副作用が生じるリスクがあるから、その投与は特別な理由がなければ正当化されず、本件はそのような場合に当たらないと主張している。治療中に骨折が発生するリスクのあることを患者に知らせる必要についても、専門家の意見は一致していない。ネグリジェンスの判断基準について、控訴院は次の2点をめぐり議論を行っている。

まず、職業上の特別な技術、または能力は、「理性ある人の基準」の定義を左右しうる。すなわち、通常の特別な技術という問題が存在しない場合において、法律上のネグリジェンスは、「その状況に置かれた理性ある人ならするであろう行為をしなかった、あるいはその状況に置かれた理性ある人ならしないであろう行為をした」場合に存在し、ここで、「やったこと、あるいはや

---

[50] 川副加奈「イギリス医療訴訟における責任基準に関する一考察—Bolam Test と BolithoTest を中心に—」東北法学 22 号（2003）107 頁以下。

らなかったことにネグリジェンスがあるかの判断は、通常のケースにおいては街を歩いている人の行動を基準になされる」のであり、これに対して、特別な技術、または能力の使用が問題となった場合において、ネグリジェンスの判断は「特別な技術をもって業務に従事する通常有能な人の基準（the standard of the ordinary skilled man exercising and professing to have that special skill）によってなされる。」と判示されている。

　次に、問題となった行為の妥当性について専門家の意見が一致していない場合には、注意義務の基準が何かについて、判決は、「医師は特定の技術に熟練している１つの信頼性がある医師の集団（a responsible body of medical men skilled in that particular art）によって適切とされる臨床慣行に従って行為をすれば、たとえそれとは異なった見解があろうともネグリジェンスはない。」とするとともに、他方で、医療情報の更新とともに、ある医療技術について「医学上の見解に重大な矛盾があることが明らかになったにもかかわらず……、医師が強情、かつ頑なにその古い技術を用いることは」許されない、としている[51]。

　本判決で形成されている注意義務の判断基準が Bolam テストと言われる。Bolam テストの核心をなすのは、注意基準にかなう治療が少なくとも１つの信頼性のある専門家の集団によって認められているものであるべきであるという論理である。この条件が満たされていれば、争点となった治療がほかの専門家の集団から妥当でないと批判されていたとしても、ネグリジェンスは認められない[52]。

　その後、貴族院は 1980 年代前半期の３つの民事判決を通じて[53]、医療にお

---

[51] 本件裁判官は上述の旨を説明する途中で、注射針の針折れ体内遺残事件に対する、1955 年の枢密院の民事判決（Hunter v. Hanley［1955］S.L.T. 213）での枢密院議長 Clyde の意見を援用している。この意見は次の通りである。診断と治療の領域においては、意見が異なることが多い。その人の判断が他の専門家の判断と違った、あるいは、ほかの医師なら用いるだろう技術と知識と比べてレベルの低い技術と知識を治療に使用した、というだけでは過失と認めるわけにはいかない。診断と治療に関するネグリジェンスが認められるのは、通常の技術を持つ医師なら診断と治療に払う通常の注意を怠った場合に限られる。

[52] M. Hartwell, Medical negligence：Can doctors and nurses still rely on the doctrine that they know best?, 7 Legal Med. 294（2005）.

220　第3章　イギリス法上の対応

けるネグリジェンスの有無を判断する基準として、Bolam テストが重要である旨を確認している[54]。

2　刑事裁判における適用

Bolam テストは刑事事件にも影響を及ぼしている。1958 年 5 月 24 日に出版された BMJ. 雑誌の 1242 頁に掲載されている、人工妊娠中絶致死事件の地方裁判所判決が参考になる[55]。

本件の事実は以下のようなものである。医師である被告人は違法に人工妊娠中絶手術を実施し、婦人を死亡させたとして、故殺罪で起訴された。故殺罪は人工妊娠中絶手術の実施それ自体が違法なものと評価され、違法な手術の結果として婦人が死亡したという場合（違法な行為の実施に伴う死亡という意味での故殺）と、同手術が重大なネグリジェンスによって実施されたことによって、あるいは術後の管理が重大なネグリジェンスによって行われたことによって婦人を死亡させたという場合（重大なネグリジェンスによる故殺）の2つの

---

[53] 事件1は、上級医師が高度の危険性のある出産を扱っているときに、難産の対応措置として鉗子を使って胎児を引き出した結果、生まれた赤坊に重大な脳障害を生じさせたというものであった。本件に対する、1981 年の貴族院判決（Whitehouse V. Jordan [1981] 1Weekly Law Reports 246）では、Edmund-Davies 裁判官は、診断と治療についてはネグリジェンスの有無を判断する基準としては、Bolam テストが妥当であるとするとともに、しかし、なお、説明義務違反の判断基準としては Bolam テストの妥当性が否定されなければならないとしている。事件2は、内科医と外科医が患者に現れた結核の症状からホジキン病（悪性リンパ腫の一種）、癌腫およびサルコイドーシスと疑って、肺の組織片を採取して癌を確認するための縦隔鏡検査を実施した結果、現に起こった結核が適時に処置されず、患者が声帯に障害を負ったというものであった。本件に対する 1984 年の貴族院判決（Maynard v. West Midland RHA [1984] 1Weekly Law Reports 634）では、Scarman 裁判官は本件症状が現れたときに医師としてどのような対応措置を講じるべきかを判断する際に、Bolam テストの適用に賛成している。事例3は、神経外科の上級専門医が手術中に脊髄神経根を損傷して患者に身体障害をしたというものであった。本件に対する 1985 年の貴族院判決（Sidaway v. Bethlem Royal Hospital [1985] Law Reports Appeal Cases 851）では、Bolam テストの適用は診断または治療の領域において争点となった対応処置にネグリジェンスがあるかを判断する場合に限られており、それ以外の医師の説明、または助言という非治療的な行為にネグリジェンスがあるかの判断においては、その適用の妥当性が否定されている。

[54] H. Teff, Standard of Care in Medical Negligence-Moving on from Bolam, 18 Oxford J. Legal Stud. 481（1998）.

[55] Medico-Legal, 1 BMJ. 1242（1958）.

場合に成立しうる。

　重大なネグリジェンスの有無の判断基準に関する裁判官の説示は次の通りである。行為者の業務上のネグリジェンスが問題となった場合には、その判断は専門家を基準になされる。業務上のネグリジェンスを認めるためには、被告人は、「特定の技術に熟練している１つの信頼性がある医師の集団（a responsible body of medical men skilled in that particular art）によって適切とされる臨床慣行に従わない方法で治療をしていたことを証明する必要がある。」どのような処置が適切であるか、また、状況によってどのような方法が最善であるかについて、医師によって意見が分かれるであろうが、それにもかかわらず、１つの信頼性がある医師の集団によって受け入れられている臨床慣行に従って行為をすれば、適法な治療が認められる。したがって、本件で問題となるのは、本件の手術の実施および手術後の管理が医師なら適切とされる慣行に従わない方法で行われたのかということである。

　陪審の評決では、被告人医師は人工妊娠中絶手術を違法に行ったとして、違法な行為による故殺については有罪、手術を実施しているときと術後の管理を行っているときの処置は、１つの責任ある医師の集団によって認められたものと評価されうるから、重大なネグリジェンスによる故殺については無罪とされている。

第２項　Bolam テストの発展

　その後の判決は、職業集団内部で医療の専門性によって注意基準が個別化されるべきであることと、一部の専門的見解が論理的に合理的なものでなければならないことの２点で Bolam テストを発展させた。

1　注意基準の個別化

　職業集団内部での注意基準の個別化が Bolam テストにカバーされていることを示したのが、手術における脊髄神経根損傷による障害事件の貴族院民事判決である Sidaway v. Board of Governors of the Bethlem Royal Hospital Governors［1985］AC 871 である。神経外科の上級専門医であった被告人の注意基準について、Bridge 裁判官は、「明らかに、Bolam テストの言葉遣い

222 第3章 イギリス法上の対応

は、自分の専門領域に属する専門家としての技術と一般開業医の技術を違う
程度で要求している。神経外科の専門領域においては、『通常の技能のない神
経外科医』という表現を……『通常の技能のない医師』という表現のかわり
に使うことが必要である。」としている。このように、Bolam テストで使われ
ている「技術」という表現は広い意味を持つものと見なされ、治療を遂行す
る技術的能力のみならず、診断と治療の専門性も含まれている[56]。

　さらに、正統医学以外の代替療法の使用も禁止されていない。漢方薬の処
方により患者が肝不全で死亡した事件に対する王座部 (Queen's Bench) 民事判
決である Shakoor v. Situ (t/a Eternal Health Co) [2000] 4 All ER 181 が参考にな
る。使用された漢方療法が正統医学文献に推奨されていないので治療にネグ
リジェンスがあるという原告側の主張に対して判決は、被告は自らを正統な
医学を熟練するものだと自称したり、それを思わせたりするようなことをし
ておらず、また、原告は代替療法を選ぶことにしており、そのような状況に
おいては、「理性ある一般開業医の基準」ではなく、「理性ある一般漢方医師
の基準」を適用すべきであると判示している。

2　合理的な少数派

　Bolam テストの利点については、1985 年の貴族院民事判決 (Sidaway v.
Bethlem Royal Hospital [1985] AC 871) で Diplock 裁判官が次のように述べてい
る。医療を、長い歴史を持ち、試しぬかれた治療方法に限るという法的原則
を採用すると、医師に治療を求める一般市民がひどい不利を受ける結果とな
り、『防衛医療』の弊害が顕著に生じる。医師の注意義務の判断を、1 つの信
頼性があり技術を持つ医師の集団により受け入れられている臨床慣行に従っ
ているかどうかという問題に帰することに、Bolam テストの利点がある。医
学知識の進歩に伴い、臨床慣行が変わりつつある。Bolam テストによってそ
れらの革新的な治療技術の適用が可能になり、それは人間の最善の利益のた
めになる。

　しかし、多くの論述においては、Bolam テストは批判の対象となっている。

---

[56] M. Stauch, The Law of Medical Negligence in England and Germany, 31 (2008).

第3節　刑事過失の類型別分析　223

批判的な意見は次のようなものである[57]。Bolam テストを適用する場合、医師の注意義務の基準がもっぱら医学専門家に決定され、その基準の妥当性を裁判官はあまり精査しない。その結果、医療過誤の判断基準とは何かという判断においては、規範的評価が重要であるにもかかわらず、争点となった治療行為を容認する信頼性がある医師の集団が存在することが証明できれば、注意義務違反がないという結論を安易に導くことになる。特に、医学の流派によって見解が一致しない場合、どちらが注意基準とされるべきかについて裁判官が自分の判断で控えると、被告医師は同じ領域に属する同僚者という医師の集団によって容認されている慣行に従って行為をしたのであれば、注意義務違反が当然に否定されることになってしまう。これらの批判的な意見は 20 世紀末に実務上重視されるようになった。

　Bolam テストの欠点を改善したことで有名になった判決が、1998 年の貴族院民事判決（Bolitho v. City and Hackney Health Authority［1998］AC 232）である。

　本件の事実は以下のようなものである。呼吸困難で入院した患者を被告である Horn 医師が適時に気管挿管を実施せず、その治療を研修医に任せた結果、同患者は合併症を発症して重大な脳障害になって死亡した。原審は医師に過失がないとした。原告の控訴は却下され、上告も却下された。

　原告側は、より早い時点で気管挿管を行うことが 1 つの信頼性がある医師の集団によって支持されていると主張し、被告側専門家証人がこれに反対する見解を示した。貴族院判決の要旨は次の通りである。Bolam テストにより決められる臨床慣行の基準は「論理的な分析から導かれるもの」でなければならない。医師は自らの医療行為を容認する一部の専門的見解があったとしても、その見解が合理的、あるいは信頼性のあるものであったことを裁判官に納得させられなかった場合には、過失の責任を負うであろう。大多数の事案では、ある特定の見解が当該領域における権威のある専門家により支持されているという事実は、その見解の合理性を示している。しかしながら、稀な事案で、専門的見解が論理的な分析から導かれ得ないことが証明されれば、

---

[57] Teff, supra note 54, 473, 476；M. Stauch, Defining the Breach of Duty and the Use of the Bolam Test, 9 Nottingham L.J. 90（2000）；K. Wheat, Best Interests and the Bolam Test, 10 Nottingham L.J. 68（2001）.

裁判官はその専門的見解が合理性も信頼性も欠いていると判断することができる。

　以上のような一般論を本件にあてはめて、貴族院は具体的に次のように分析している。確かに、原告側の専門家証人は本件リスクに対して、気管挿管が必要だったとの見解を有しているが、それに反対する見解もある。被告側の専門家証人の一人は、当時の徴候から呼吸不全に陥るリスクは低かったと考え、気管挿管は危険性がない、いつでも講じられるような対応措置ではない、と証言した。また、もう一人の被告側の専門家証人は、気管挿管は危険や侵襲性もある措置であり、本件患者のような子供は気管挿管に長く耐えられない、と認めた。これらの証言を考慮して、被告側の証言を非論理的だとして却下することはできないと判示されている。

　本判決をきっかけに、貴族院は Bolam テストを適用するときに専門的見解自体の合理性を精査しない、という従来の裁判所の態度を改め、医療専門家の証言の合理性・信頼性を調べようとする態度を示すようになっている[58]。Bolitho 判決では、従来の Bolam テストで表された、「信頼性がある」臨床慣行とは、法的見地からの「論理的分析」の精査に耐えうるものと解釈されている。Bolitho 判決は、Bolam テストを否定することなく、「専門家の証言を厳しく審査する（a hard look at the evidence）」点で従来の Bolam テストを発展させたというべきであろう。

第4節　システム・エラー

第1款　個人的答責への影響

　医療過誤は安全確保のための体制の不備に起因する場合もある。一方、システム・エラーがあるからと言って、医師が個人的責任を常に免れるわけではない。前に紹介した Walker 医師の故殺事件はその例としてあげられる。

---

[58] Teff, supra note 54, 473, 477 ; A. Samanta et al., The Role of Clinical Guidelines in Medical Negligence Litigation : a Shift from the Bolam Standard?, 14 (3) Med. L. Rev. 326f (2006).

第 4 節　システム・エラー　　225

　他方、ネグリジェンスが重大であるかについては、行為者の責任にかかわ
る「あらゆる状況」を踏まえて判断されているので、医療過誤の最終的な原
因が病院で事故防止体制が十分に整備されていないことにあると認められる
場合には、医師の個人的責任が否定されることもある。参考になるものとし
て次の例を参照する。

　本件では、静脈内に投与されるべきビンクリスチン（白血病治療薬）が誤っ
て髄腔内に投与され、患者が死亡した[59]。ビンクリスチンは細胞毒性のある
薬剤としてその投与は経験のある医師により実施されるか、その監督の下に
実施されなければならない。本件患者は T 細胞性非ホジキンリンパ腫と診
断され、ビンクリスチンの静脈内投与とメトトレキサート（免疫抑制剤）の髄
腔内投与が処方された。本来、患者に対する腰椎穿刺は血液専門医が実施す
ることが予定されていた。しかし、患者がビスケットを食べたため、処置が
やむをえず夜まで延期され、血液専門医が退勤したため、小児麻酔科専門医
Lee は血液病専門医 Murphy に電話をして腰椎穿刺を実施するかを問い合わ
せた。医師 Murphy は腰椎穿刺の実施を医師 Lee に指示した。医師 Lee は細
胞毒性のある薬剤を髄腔内に注射する経験がなかったのにもかかわらず、指
示された通りに腰椎穿刺を実施した。薬剤の準備を担当する看護師がビンク
リスチンを手術室に持込むことが病院規則により禁止されていることを知ら
ずに、2 種類の薬剤をそれぞれ 2 本の注射器に充填して一緒に持って手術室
に入った。ビンクリスチンの入った注射器の外面に貼ってあるラベルには「静
注にのみ使用する」と記載されていたが、髄腔内に投与した場合には致命的
結果となるような記載はなかった。医師 Lee は注射前にそのラベルを検討せ
ず髄腔内注射を実施した。その結果、2 日後に患者は死亡した。

　検察側の専門家鑑定人は、最初、医師らは期待される医療水準から著しく
逸脱した行為に出たとして、故殺罪で起訴されるべきであると提案した。し
かし、その後、事故の経緯に関する豊富な情報が把握された後で、鑑定人は、
システムの重大な欠陥が事故の重要な原因となったと考えた。検察庁は、患
者の死亡は病院で「偶然起こる事件・失敗（chance events and failings）」の範疇に

---

[59] C. Dyer/S. Hall, Fatal Error by Hospital has Claimed Lives Before, the Guardian, Jan. 6,
1999 ; Ferner, supra note 3, 1214.

属するものであり、医師の重大なネグリジェンスにより起こったものではないと判断して、2名の医師に対する訴追を取り下げ、ロンドン中央刑事裁判所（Old Bailey）は公訴を棄却した。裁判官も、本件患者の死亡の原因が病院で起こる「事故・思い違い（accidents and misunderstandings）」にあると認めている。

第2款　医療組織への刑事罰

従来、システム・エラーに対する病院組織の責任は、「致命的な事故法案（Fatal Accidents Act 1976）」に基づく民事上の損害賠償責任に限られていたが[60]、最近では医療事故を惹起させる最終的な責任者として病院組織が罪に問われるようになってきており、注目に値する。

第1項　法人故殺罪法の施行前

まず、イギリスにおける故殺に基づく法人の刑事罰の概況を簡潔に紹介したい[61]。

かつて故殺罪は自然人の場合にしか適用されなかった[62]。法人がコモン・ローの故殺罪で起訴されうるかが、R v. Northern Strip Mining Construction Co Ltd（The Times, 2, 4, 5 February, 1965, unreported）で議論された。1980年代に

---

[60] R. Wheeler, Medical Manslaughter：Why This Shift from Tort to Crime?, 152 NLJ. 593-594（2002）.

[61] イギリスにおける法人故殺への刑法上の対応の歩みについては、以下の文献参照。川崎友巳「企業殺人（corporate homicide）と企業の刑事責任：英米における企業への殺人罪の適用が意味するもの」同法49巻4号115頁以下（1998）、菅原正幸「故殺罪に対する法人の刑事責任（一、二完）：イギリス刑法を中心に」関法50巻2号37頁以下（2000）、50巻3号94頁以下（2000）、樋口亮介「法人処罰と刑法理論(3)」法協125巻7号1435頁以下（2008）、樋口亮介『法人処罰と刑事理論』77頁以下（東京大学出版会、2009年）、岡久慶「英国における企業の致死事件に対する刑事処罰の拡大」（http://www.ndl.go.jp/jp/data/publication/legis/234/023407.pdf2017年6月20日最終閲覧）、沼野輝彦「英国の法人故殺罪と企業事故の抑制」日本法学82巻2号241頁以下（2016）。

[62] 16、17世紀には、法人は犯罪を犯すことができないとされていた。19世紀と20世紀早期には、法人に処罰を科すのは、非暴力犯罪を犯したとして代位責任が問われる場合に限られていた。上記の内容について、N. Allen, Medical or Managerial Manslaughter?, in：Erin/Ost（eds.）, supra note 1, 55f.

入ると、実務上、故殺に基づく法人の処罰が可能であるかについて、議論がまた活発化してきた。例えば、1987 年の控訴院判決（R v. HM Coroner for East Kent, ex parte Spooner [1987] 88 Cr App R 10）での Bingham 裁判官の意見によれば、法人は自然人と同じく故殺罪で訴追することが可能であるとされた。1990 年の中央刑事裁判所判決（R v. P & O European Ferries（Dover）Ltd [1990] 93 Cr App Rep 72）では、Turner 裁判官の意見によれば、法人として組織に属する人の関連活動をコントロールすることに責任を負うのであれば、その人の関連活動により人を死亡させたことについて故殺罪で刑事責任を問われうるとされた。しかし、コモン・ローでは、原則として、故殺に基づく法人の処罰には、法人の運営者（directing mind）が法人そのものを体現していることが立証されなければならない。これは、「同一視（identification）」理論と呼ばれる。本件被告人のような大規模な組織の場合では、これは証明されにくかったので、最終的に法人に対する訴追は失敗した。なお、小規模な組織の場合は、訴追の成功例がある。例えば、4 人の生徒が郊外旅行中に溺死した事件では、旅行プランを提供した会社の取締役と会社の両方が起訴され、それぞれ故殺罪で有罪とされた（R v. Kite and OLL Ltd [1994] unreported）[63]。同一視理論によって法人へのコモン・ロー故殺罪の適用が著しく制限されている問題を解決するために、1990 年代後半期に始まった司法制度改革では制定法上の法人殺人を創設する動きが始まり、制定法によって、法人として法律上の要求事項に反する場合、直ちに刑事責任を問うことが提唱されている[64]。

　法人故殺罪法の施行前の医療の領域においては、患者の死亡を生じさせたことで医療組織の刑事責任を追及する法的根拠を、「労働安全衛生法（Health and Safety at Work Act 1974）」の 33 条 1 項に求めることが可能であった。

　2006 年の控訴院判決（R v. Southampton University Hospitals NHS Trust [2006] EWCA Crim 2971）が、システム・エラーによる医療過誤に基づく医療法人の処

---

[63] 本件をはじめとする、小規模な組織である法人が故殺罪で有罪とされた事例に関する紹介について、詳しく、M.G. Welham, Corporate Manslaughter and Corporate Homicide : A Manager's Guide to Legal Compliance, 2nd. ed., Chap. Ⅲ（2007）参照。

[64] A. Samanta, Charges of Corporate Manslaughter in the NHS–May be Brought if Patients die after Clinical Negligence, 332 BMJ. 1404（2006）; N. Allen, Medical or Managerial Manslaughter?, in : Erin/Ost（eds.）, supra note 1, 58.

228　第3章　イギリス法上の対応

罰の典型的な例である。ウィンチェスターライフル刑事法院では、（前に紹介した Misra/Srivastava 事件において故殺罪で有罪とされた）2名の研修医の勤務していたサザンプトン大学病院が、研修医に対する指導・監督を確保するために十分な態勢を整備することを怠ったことによって患者の健康に対する危険を増加させたとして、同法33条1項に違反したとして有罪とされ、£100,000の罰金が言い渡された[65]。控訴審では、有罪判決が維持されているが、過度の責任から NHS を守る必要もある見地から、罰金額が £40,000 に引き下げられている。

　本件は、マスコミで報道され注目を浴びた[66]。National Confidential Enquiry into Patient Outcomes and Death の臨床研究コーディネーターのリーダーは、本件判決についてのコメントで、組織的な問題は個々の医師においては対処できないものであり、慎重に対応策を設ける責任が医療チーム、医療法人、さらに医療当局 (strategic health authorities) にある、と説いて、本件判決を支持している[67]。

第2項　法人故殺罪法の施行後

　「法人故殺罪法 (Corporate Manslaughter and Corporate Homicide Act)」が 2008 年4月に発効した[68]。

　この法案は、まず医療以外の領域において適用され始めた。2011 年の控訴院判決 (R v. Cotswold Geotechnical Holdings Ltd [2011] All ER (D) 100 (May)) は、

---

[65] この原審の判旨は、控訴院判決で引用されている。

[66] Trust Guilty over Death Doctors, BBC News, Jan. 11, 2006；A. Harris, Don't blame me, 158 (7316) NLJ. 499-500 (2008)；A. O'Dowd, NHS chief executive denies BMA took health department "for a ride" over GP contract, 336 BMJ. 739 (2008)；G. Ruddy, R v Southampton and Fatal Medical Negligence：An Anomaly or a Sign of Things to Come?, 1 Plymouth L. Rev. 81ff (2010).

[67] C. Dyer, Hospital Trusts Prosecuted for not Supervising Junior Doctors, 332 BMJ. 135 (2006).

[68] この法律の詳細について、全国労働安全衛生センター連絡会議「企業殺人罪法の手引き（企業活動による人命喪失に『企業殺人罪』を導入）」安全センター情報 355 号 24 頁以下 (2008)、樋口・前掲注 (61) 書 77 頁以下、松田健児「イングランドにおける団体による致死罪の制定について(1)」創価法学 38 巻 1 号 183 頁以下 (2008)、今井猛嘉「イギリスにおける法人処罰」法学志林 106 巻 3 号 145 頁以下 (2009) 参照。

同法に依拠して法人故殺を処罰した初例である。穴掘り作業に関する安全規定によって深さ1.2メートルの穴を掘削する場合、支える杭を作らなければならない。被告人法人はその安全規定を遵守しなかった結果、同法人に雇われた地質学者が深さ3.8メートルの掘削した穴の中で土壌のサンプルを採集しているときに、掘削法面が崩壊し、埋められて死亡した。被告人法人は法人故殺罪で有罪となり、£385,000の罰金が科せられた。この罰金の金額は被告人法人の年間販売額（annual turnover）に相当するほど高いとされている。

次の例は、2012年5月のR v. JMW Farms Ltd.である。被告人法人は北アイルランドの最大級の養豚企業であって、その従業者が飼料工場で働いているときに、きちんとフォークリフトに付けられていなかった金属貯蔵箱が落ち、それによって圧死した。同法人は、有効な措置を適切にとっていれば惨事を防止できたのにそれを怠ったとして、法人故殺罪で起訴され、有罪とされ£187,000の罰金が言い渡された[69]。

2012年7月のR v. Lion Steel Equipment Ltd. も典型的な例である。本件は、補修工事に従事する職員が屋根の上で漏れ穴を点検するなどの仕事をしているときに、屋根が腐っていたため約30フィートの天窓を通して下の床まで落下し、致命傷を負って死亡したものであった。この職員を雇った会社法人は屋根に取り組むために十分なトレーニングを受けさせていないこと、屋根工事を引き受けるときにリスクを評価し安全を確保するための体制を構築していないこと、十分な監督を実施していないことで、法人故殺罪で起訴され、有罪とされ、£480,000の罰金が言い渡された[70]。

法人故殺罪法が発効して実務上既に適用されていることに伴い、医療法人はネグリジェンスによってシステム・エラーを起こした場合には、同法に基づき刑事責任を問われることも可能になったと考えられている[71]。

実務上は、法人故殺罪法に基づき医療法人に刑事責任が問われるかが問題

---

[69] Judicial Communications Office, Court Sets out Sentencing Guidance for the Office of Corporate Manslaughter, Tuesday, May 8, 2012.

[70] United Kingdom：Corporate Manslaughter- Are Directors the Bait? Mondaq Business Briefing, Monday, Jul. 30, 2012.

[71] Allen, in：Erin/Ost (eds.), supra note 1, 65；P. Gooderhan/B. Toft, Involuntary Automaticity and Medical Manslaughter, in：Griffiths/Sanders (eds.), supra note 19, 186.

とされた画期的的な事例は、Maidstone and Tunbridge Wells NHS trust（2016）
事件である[72]。本件は、被告人である医療機構で帝王手術を受けていた婦人
が、手術後、3時間ほどにわたって麻酔から覚めず、眠ったまま心臓が止まっ
て死亡したものである。手術の麻酔医を務めていた代理顧問医師 Errol Cor-
nish が婦人の気道を確保して酸素を送ることを怠ったことに重大なネグリ
ジェンスが認められるかが一つの争点となった。医療機構は雇った医師が麻
酔科医師の役に適任ではないことを知った、あるいは知り得たことと、麻酔
医の業務に関するトレーニングを雇った医師に受けさせなかったことについ
て、法人故殺罪で罪に問われるかがもう一つの争点となった。地方裁判所は
証拠の問題を理由に医師と医療機構の両方の行為を無罪にする旨を陪審員に
説示し、陪審は無罪評決を下した。

---

[72] P. Walker/S. Desmond/Agencies, NHS Caesarean Death：Landmark Corporate
Manslaughter Trial Collapses, Thursday 28 Jan. 2016 06.36 EST.

第４章　アメリカ法上の対応

はじめに

　アメリカにおいては、19世紀初から刑事医療過誤事件がすでに存在していたが、医療過誤事件は主に民事事件として扱われており、刑事事件は散見される程度であった。しかし、1980年代以降、刑事事件が増加傾向にある[1]。そして、医療過誤の刑事訴追は医師の生涯に大きな消極的影響を及ぼしうる。多数の州では、医師が有罪判決を受けた場合、免許が取り消され、有罪と認められない場合であっても、医療過誤の容疑とそれに関する証拠は、資格審査または懲戒処分の根拠として使われうる[2]。このような刑事医療過誤事件の増加傾向と刑事訴追の大きな影響力を背景に、どのような医療過誤が処罰の対象と認められるかが重要な問題となっている。

　犯罪にあたる医療過誤は、損害賠償責任を根拠付ける、合理ある一般人に要求される注意義務違反を超えた、重大なものでなければならないとされている。どのような意味で重大でなければならないかについて、「危険の認識」と「注意基準からの逸脱の程度」から過誤の程度を測ることが可能であるが、

---

[1] J.A. Filkins, With No Evil Intent : The Criminal Prosecution of Physicians for Medical Negligence, 22 J. Legal Med. 472（2001）の統計によると、判例集掲載の刑事医療過誤控訴審判決件数は、1809年から1981年まで約15件であり、1981年から2001年まで判例集に掲載された少数の控訴審事例のほか、新聞またはマスコミの報道により公表された事例数は約24件であるとされる。Diane E. Hoffmann, Physicians Who Break the Law, 53 St. Louis U.L.J. 1082（2009）の統計によると、1981年から2005年まで約30件であるとされる。このような医療過誤刑事事件の増加は、多くの民事事件が犯罪化されているというアメリカ法全体の傾向に合致しているという指摘がある。この指摘について、K. Mann, Punitive Civil Sanctions : The Middle ground Between Criminal and Civil Law, 101 Yale L.J. 1795（1992）参照。

[2] B. Walston-Dunham, Medical Malpractice Law and Litigation, 79（2005）.

232　第4章　アメリカ法上の対応

従来から裁判では、犯罪の成否をめぐり危険の認識がもっとも議論されていた。この現象は、学者において、次のように説明されている。医業上どのような注意義務が要求されるかは専門的な問題である。素人である陪審員は専門的な問題に頭を使うより、「被告人は配慮を示したのであろうか（Did the accused Give a Damn?）」という問題の判断に関心を向けていた[3]。

　アメリカで医療過誤の訴追に最もよく用いられる罪が殺人罪（Homicide）である。殺人罪は大きく、故意による殺人（intentional Homicide）と非故意による殺人（unintentional Homicide）に分かれている。従来は、医療過誤に対する刑事責任の追及には、非故意による殺人罪が適用されてきたが、近時、極めて悪質な医療行為が黙示の悪意による謀殺罪（murder）で有罪となった事例が見られるようになっている。非故意による殺人罪は、さらに、結果発生、またはその可能性を認識しながら危険をあえて冒すという心理状態を意味する無謀（Recklessness）によるものと、実質的で許されない危険を認識すべきなのに相当な注意の欠如のために認識しないという心理状態を意味するネグリジェンス（Negligence）によるものに分かれている。ネグリジェンスはもとから刑事制裁を用いるのに十分な前提とされていたわけではなく、20世紀半ば以降、制定法によってはじめて刑事制裁の対象とされるに至ったものである。

第1節　初期の刑事司法関与

　コモン・ローでは、刑罰はメンズ・レアに示された道徳的悪を強く非難するためにあると考えられており[4]、善意の治療にはメンズ・レアがないとされていた。この旨は、医療過誤による刑事訴追に関わるもっとも古いものとされる、1809年のマサチューセッツ州最高裁判所刑事判決（Com. v. Thompson, 6 Mass. 134）ではっきりと表明された。本件の事実は以下のようなものである。にせ医者である被告人は、自らを医師と自称し、どのような発熱も治せると公言してみぞかくしぞく（lobelia）を催吐剤として治療に使用して患者を死亡させた。

---

[3]P. Monks, Frankly My Dear, I Don't Give a Damn, 36 Med., Sci. & Law 185（1999）.
[4]F.B. Sayre, Mens Rea, 45 Harv. L. Rev. 974（1932）.

第1節　初期の刑事司法関与　　233

　故殺罪の成立条件について、判決は、「知識の欠如があろうとも、この治療を通じて患者を救治するという誠実な意図と期待でもって行為をしたのであれば、死亡という彼に期待されない結果が起こったとしても、故殺罪につき有罪ではない」旨を表明した後、治療者の犯意は、投薬の致命的な傾向について多くの知識または確かな情報を彼が持っていた場合に限り認められ、このような場合にのみ、死が無茶な、意図的な軽率さ（obstinate, willful rashness）の結果であって、被告人に治療という誠実な意図と期待が存在しなかったと、陪審によって合理的に推定されうる、と判示している。

　この理論を本件の具体的事実にあてはめて、判決は、被告人は知識を著しく欠如していたと認められるが、当該薬物を思慮なく投与した場合に致死的な結果となることは被告人にとって「自分の経験」あるいは「他人からの情報」に基づき知られていなかったこと、および同薬物が患者に使われた後一度効果が出たことの2つの理由で、故殺罪を認めた原審判決を破棄した。

　1844年のミズーリ州最高裁判所刑事判決（Rice v. State, 8 Mo. 561）も同旨である。本件では、植物療法士（botanical physician）である被告人が、妊婦の座骨神経痛を治療するために吐剤を投与して、生まれた未熟児と妊婦を死亡させた。

　判決は、医師を称した者は、「いかに医学知識を持たない者であろうとも、患者を救治する誠実な意図をもって処方をした以上、処方された薬の品質、病気の性質、またはその両方に関する知識の欠如のために、治療の結果が期待に反して患者が死亡した場合にも、謀殺罪または故殺罪につき、無罪である」。「その処方の致死的な傾向について多くの知識を持っていた場合」にのみ、「誠実な意図と期待」が否定され、「身体を害しようと思ったことは一度もないとしても、少なくとも故殺罪は成立しうる」と述べた。判決は、被告人は自分の治療が患者の健康に悪いかもしれないと知っていたが、それだけでは犯意が証明されていないとして、被告人を故殺で有罪とした原審判決を破棄した。

　このように、早期の刑事判例では、治療者の善意は犯罪の成立に必要不可欠なメンズ・レアを否定するものとしてほぼ確定的に機能していた。治療者の善意を否定するためには、本人の経験または他人からの情報によって、施

234　第4章　アメリカ法上の対応

術により起こりうる結果を治療者本人が知っていたことが立証されなければ
ならない、とされていた。

　上述した判断基準は、当時のイギリス裁判所が採用していた判断基準と比
べて、次のような差異がある[5]。イギリスの判例では、患者の救治を引き受け
た、あるいは患者に手術を行った者が質の悪い治療によって患者を死亡させ
た場合には、刑事責任が問われうる。つまり、イギリスでは、医師の資格が
あるかないかにかかわらず、人の生命または健康を取り扱うことを引き受け
た者は、相当の技能を持たなければならず、その技能が欠如していれば処罰
が根拠付けられる。これに対して、アメリカの判例では、他人を治療するこ
とは、合法的で賞賛に値することである以上、善意をもってその仕事を引き
受け、善意をもってその治療方法を採用しようとしたのであれば、その治療
方法が間違ったものであったとしても重罪の責任を問われない、とされてい
た。

　当時のアメリカの学説において、判例で形成された善意による免責の原則
を批判して、イギリスの裁判所の採用した判断基準を妥当とする意見が主張
されている[6]。実務においても、従来の判断基準を見直す意見があった[7]。

　19世紀半ばから、医師の注意義務の基準が判例で示され、確定されてきた。
そして、善意をもって治療を行うだけで責任を免れることが否定された。こ
のことは第2節と第3節で詳しく説明したい。

───────────

[5] この指摘は1881年のアイオワ州最高裁判所刑事判決（State v. Schulz, 55 Iowa 628）の
判決理由で、なされている。

[6] 例えば、1850年のマサチューセッツ州判例集に掲載されたThompson事件のエディ
ター・ノートにおいては、薬物の使用を引き受けた者として、害をもたらす目的を持っ
ていなかったとしても重大な過失、軽率さの結果として死亡が起こった場合には、故殺
罪につき有罪である、というイギリスの判決（Williamson事件判決、Long事件判決、
Speller事件判決があげられた）で示された裁判官の立場が妥当である、と述べられてい
る。また、S. Greenleaf, A treatise on the law of evidence, Vol. III, Part V, §128, 128（1883）
は、適法な行為態様であっても、「適切な注意または必要な知識が欠如していた」場合に
は、故殺罪が成立しうる、としている。

[7] Reuben H. Walworth（1828年から1847年までニューヨーク州衡平法裁判所の裁判長を
務めていた）が、Thompson事件判決に対して、「採用した治療手段は健康または生命に
かかわる危険があるものではないと思っていたとしても、……故殺罪で有罪判決を受け
ることを避けえない」と指摘している。上述した内容は1882年のアーカンソー州最高裁
判所刑事判決（State v. Hardister and Brown, 38 Ark. 605）の判決文で紹介されている。

第 2 節　医療上の注意基準　235

第 2 節　医療上の注意基準

医学の発展とともに、医学的知識・技術を実践する者には、ある程度の知識と能力で注意深く治療を行うことが要求されるようになった。

第 1 款　一般的な判断基準

「医師として、専門的な能力のある者なら知った、あるいは知るべき手段で治療を行う責任を負う」ことは、1858 年のテキサス州最高裁判所民事判決（Graham v. Gautier, 21 Tex. 111）で判示された。病気を完全に治す程度の技能ではない、「彼の専門領域において普通の業務活動を行うための合理的な技能と研鑽（reasonable skill and diligence）」が治療者に要求されることは、1872 年のアイオワ州最高裁判所民事判決（Smothers v. Hanks, 34 Iowa 286）で認められた[8]。

基本的な知識と能力さえもない者に刑事責任が問われた典型的な例として、1920 年のオクラホマ州最高裁判所（Court of Criminal Appeal）刑事判決（Barrow v. State, 17 Okla. Crim. 340）を参照する。無免許の被告人は、豚足の煮物で作られたスープを、苦痛を緩和し病気を治す効果がないことを知りながら、効果のある薬と称して、患者の四肢と体に塗り付けながら呪文を唱えて、患者を死亡させたとして、第 2 級故殺罪で起訴され有罪とされた。判決は、医者には「処方された医薬品および採用された治療法の特質を知る義務があり、そのような義務にかかる重大な無知と非難可能なネグリジェンスによって人を死亡させた場合には、刑事責任が問われる」と判示している。

しかし、技術を持たない者であっても、適任な医師の立ち会いが求められない場合には、手術の必要性を考慮した上で、患者に対する施術が許されることもある。1915 年のカリフォルニア州中間上訴裁判所刑事判決（People v.

---

[8] 竹川雅治「アメリカ『不法行為法』におけるネグリジェンスの形成過程」札幌法学 1 巻 2 号 61 頁（1990）の紹介によると、18 世紀から 19 世紀への転換期、アメリカ法では、ネグリジェンスによる責任の根拠が、主に予め設定された義務の不履行（nonfeasance）あるいは懈怠（neglect）に求められていたとされる。

236　第4章　アメリカ法上の対応

Hunt, 26 Cal. App. 514) が参考になる。

　本件の事実は以下のようなものである。被告人は免許を持つ整骨医（os-teopathic physician）であったが、外科手術を行う資格がないものであった。被告人は交通事故で怪我をした妊婦を診察した後、外科治療を要する病気で自ら対応できないと判断して外科医を呼んだが、当時は深夜であったためか、外科医がやってこなかった。その間に、重体になった妊婦に人工妊娠中絶手術を行うことを親族から頼まれた被告人は、自分でできる処置を試みたが、失敗して、外科医を呼ぶよう患者の親族に指示した。その後、患者は入院したが2日後に死亡した。入院先である病院での検査結果において、「極めて拙劣な手術（a shockingly unskillful operation）が行われた」ことと、「手術中に生命維持に必要な器官が重大な傷害を与えられた」ことが示された。原審で被告人は故殺罪で有罪となった。判決は、手術の技術面での未熟さが指摘される余地があることを認めながら、「患者の命を助けるのに必要であることを合理的に信じた上で手術を行った」場合には故殺罪は成立しないと判示して、原審判決を破棄した。

第2款　地域ルール

　一般医師基準は、地域あるいは医療機構から求められる医療のレベルによって変わりうる。このことに関して、地域ルールが示された。

第1項　地域ルールに関する民事裁判例

1　地域ルールの意味

　地域ルール（locality rule）を定義したことで有名になった判決が、1880年のマサチューセッツ州最高司法裁判所民事判決（Small v. Howard, 128 Mass. 131）である。本件では、人口2,500人の田舎町の一般開業医に多くの外科技術を必要とする重い怪我の診療を求めることができるかが争われた。裁判官は、「同様の地域における通常の能力と技能をもった内科医または外科医の有するような技能を持つべきである。大都会で仕事をしている有名な外科医がもつような高次元の手段と技能まで持たなければならないことはない」、と陪審に

第2節　医療上の注意基準　237

説示した。同様の地域とは、被告医師の所在地を指すとは限らず、類似性の
ある地域を意味することもある。同様の地域にいる医師とはどのような範囲
のものとなるかを確定する際に、「人口、医療機関、診療に使用可能な先端設
備、最新の文献と技術の獲得状況、地域にいるほかの医師の知識と技術のレ
ベル」等を考慮すべきであることが、例えば、1886年のウィスコンシン州最
高裁判所民事判決（Gates v. Fleischer, 67 Wis. 504）で示された。

　イギリスの医療過誤裁判では地域ルールが形成されていない。アメリカの
国土面積がイギリスより遥かに広いという地理的要因などが指摘されてい
る[9]。歴史上、アメリカで地域ルールが形成された原因は、主に下記2点があ
げられる[10]。第1に、ある地域で仕事をしている治療者にとって、当時は新知
見と新技術についての情報を獲得、あるいは使用するチャンスが少なかった。
第2に、一律基準を要求する場合、田舎町の治療者のやる気を失わせ、最終
的に大量の住民が医療を受けるチャンスを失う恐れがある。

2　地域ルールの見直し

　交通の発達と情報収集手段の進歩とともに、地理的な制約を超えた情報獲
得と資料提供が可能となった[11]。それよりもっと重要なのは、アメリカの医
学教育が整備され、標準化が進んだことである。20世紀末になると、ほとん
どの連邦・州の管轄区域で、基本的に同レベルの医学教育が提供されている。

　このような背景の下、地域ルールが見直され、「全国基準（national standard）」
が一般に認められるようになっている[12]。1986年のマサチューセッツ州最高
裁判所民事判決（Brune v. Belinkoff, 235 N.E. 2d 793）が、この新基準を認めたこと

---

[9] J.R. Waltz, The Rise And Gradual Fall Of The Locality Rule In Medical Malpractice Litigation, 18 DePaul L. Rev. 408（1969）.

[10] Recent Developments : Medical Specialties And The Locality Rule, 14 Stan. L. Rev. 886（1962）; M. Boumil/C.E. Elias/D.B. Moes, Medical Liability in a Nutshell, 2nd ed. 32（2003）; Walston-Dunham, supra note 2, 51.

[11] JK Johnson, An Evaluation Of Changes In The Medical Standard Of Care, 23 Vand. L. Rev. 732（1970）.

[12] Walston-Dunham, supra note 2, 4. この問題に関するアメリカの判決を紹介する日本語文献として、平野晋「アメリカ不法行為法入門第7回業界慣行と過失責任（その2：医療過誤）」国際商事法務20巻1号1410-1411頁（1992）がある。

238 第4章 アメリカ法上の対応

で有名になった。「現代の移動手段、コミュニケーション、および医学教育の
発展は、専門職の領域においてある程度の技能の標準化を促進している。
……地域ルールは現在の状況において支持できない。……医師という専門職
業の分野における進歩を考慮にいれつつ、平均的な資格のある医師の『もつ
べき』注意と技能を使ったかどうかが適切な判断基準である。この基準を適
用するにあたっては、その医師に利用可能な医学資料を、必要な技能と決定
する際の1つの要素として考慮してもよい」と判示されている。判決理由で
言及された「利用可能な医学資料」の範囲は、2001年のワシントンD.C.最高
裁判所（Court of Appeal）民事判決（Hawes v. Chua, 769 A. 2d 797）[13]で提示された。
同判決によると、全国基準と評価される治療方法は、少なくとも専門家報告
会等の会議で議論され、あるいは、専門的な文献に紹介され、また、専門家
の賛成を得られたものでなければならず、専門家の個人的な意見は全国基準
の根拠付けとして認められない、とされる。

　地域ルールから全国基準への変更を理解するとき、次の2点を注意すべき
である[14]。第1に、全国基準は採用されても、医療の質の地域格差が全く問題
とならないわけではない。地域格差が縮小しているが、今日でも、先端的知
識と技術の普及によって格差の消滅はほぼ不可能であると言わざるを得な
い。第2に、全国基準が採用されても、その際に医師にとってどのような医
療設備が利用可能であったのかが検討されなければならない。

第2項　地域ルールに関する刑事裁判例

　緊急事態を除き、必要な医療設備の重大な不完備の環境下で施術を行って
患者を死亡させた場合には、刑事責任が問われうるとされる[15]。例えば、最近
マスコミの報道で有名になったカリフォルニア州のMurray医師事件が参考
になる[16]。

---

[13] 本件の事実は以下のようなものである。妊婦が産前検査を受けた際、音響スペクトログ
ラムにおいて胎児の問題が示されたが、医師は開腹手術を実施しなかった。10日後、同
妊婦は最後の音響スペクトログラム検査を受けた後、開腹手術を実施したが、胎児は死
産になった。陪審は医師側に有利な評決をした。この原審判決は維持された。
[14] P. Keeton, Medical Negligence - The Standard of Care, 10 Tex. Tech L. Rev. 363（1979）.
[15] Filkins, supra note 1, 495-6.

第 2 節　医療上の注意基準　　239

　本件の事実は以下のようなものである。患者の専属医であった被告人は、患者の自宅で鎮静剤であるプロポフォール（propofol）を投与した後、部屋を離れた。被告人が戻ったとき、患者の呼吸が停止しており、救命措置を講じたが、意識を取り戻せなかった。死因は、プロポフォールの過剰摂取による窒息だと疑われた。被告人は、投薬に必要な注意と用心を払わなかったものとして、故殺罪で起訴された（裁判結果は不詳である）。

　プロポフォールは速効性のある鎮静剤であるため、慣行として呼吸管理等の蘇生設備の完備された病院でのみ使用が認められる。裁判では、まず患者の自宅で同鎮静剤を投与した行為は、「合理的な医療行為（reasonable medical practice）」からの逸脱にあたるかが議論された。そして、病院以外の場所でプロポフォールを投与することに伴う危険を被告人が現に認識したことの証明が必要ではないが、同危険を認識すべきであったことの証明が検察に求められた。

　小規模診療所あるいは一般開業医においては、治療に必要な知識、技術、あるいは医療設備等が具備されていない場合には、転送義務が生じる。転送遅延、あるいは転送怠慢で有罪とされた事例が最近現れた。

　カリフォルニア州の ER ドクター事件では[17]、田舎町の病院で勤務している ER ドクター（emergency room doctor）である被告人は、幼児の治療が田舎町の病院の治療能力を超えたと判断して、高次の医療機構への転送を指示したが、救急車あるいはドクターヘリを呼ばずに、その代わりに、両親に自分の運転で幼児の搬送をやらせた結果、転送途中に幼児の呼吸が止まり死亡した。ER ドクターは第 2 級謀殺罪、故殺罪と意図的に幼児を傷害する罪（willful injury to an infant）で起訴されたが、地方裁判所で証拠不十分を理由に公訴が棄却された。

　カリフォルニア州の Steir 医師事件はもう 1 つの例である[18]。Steir 医師が

---

[16] A. Duke, Doctor at Murray trial : Jackson couldn't have been revived in ER, CNN, Oct. 3, 2011 ; B. Karas and A. O'Neill, What is involuntary manslaughter?, CNN, Feb. 9, 2010.

[17] J. A. Gic, Chapter 10 : "Criminalization of Malpractice", in : The Medical Malpractice Survival Handbook（1ST）, 114（2007）.

[18] R. Smith, 2 doctors accused of murder by poor treatment face trial（http://medicalserialkillers.kaiserpapers.org/2.html, 2017 年 6 月 16 日最終閲覧）.

240 第4章 アメリカ法上の対応

人工妊娠中絶手術終了後にクリニックから離れた。手術を受けた患者が母親の車に乗って自宅に戻る途中に意識不明になり病院に搬送され到着する前に死亡した。死因は手術途中に生じた子宮穿孔により惹起された出血であった。検察は、Steir 医師は子宮に穿孔が生じたことを認識した以上、患者を病院に搬送するよう指示すべきなのにそれを怠ったと主張した。Steir 医師は謀殺罪で起訴されたが、故殺罪で有罪判決を受けた。

第3款　学派ルール

　一般医師基準は、医療従事者の属する学派によって変わることもありうる。このことに関して、学派ルールが示された。

第1項　学派ルールに関する民事裁判例

1　学派ルールの意味

　19世紀のアメリカでは、異なる科学に基づく複数の学派が存在していた。当時の判例では、医療過誤の判断基準は治療者が所属する学派によって異なり、自分の所属する学派のルールに従った治療がほかの学派から否定されたとしても、責任が問われないと解されていた[19]。これは（同一）学派ルール（School Rule）と呼ばれる。

　学派ルールを医療過誤裁判において適用した、典型的な民事判決として、1848年のアイオワ州最高裁判所民事判決（Bowman v. Woods, 1 Greene 441）を参照する。植物療法士であった被告は、強引に胎盤を剥がすことなく、胎盤を自然に娩出させるようにした結果、適切な処置を遅らせた。専門家鑑定人のうちの1人は出産を取り扱う豊かな経験を持つ医師であり、彼の立場から、剥離操作が遅くなれば産褥熱が生じるおそれがあるから早めに行われるべきであると証言した。この証言は数人の医師である専門家証人により支持された。しかし、判決は、被告の責任を否定し、次のように判示している。通常療法、植物療法、ホメオパシー療法、水治療法（hydropathy）、その他の治療方

---

[19] Boumil/Elias/Moes, supra note 10, 28.

法は、いずれもその選択および使用が禁止されていない。他の治療方法より推奨に値するようなものは存在しない。ある学派に所属する治療者には、ほかの学派のルールに基づく施術が期待され得ない。被告は植物療法士として雇われ、自分の所属する学派のルールに従って合理的な技能と注意を払って出産を取り扱っていたのであるから、ネグリジェンスによる責任を問われないと判示されている[20]。

学派ルールに対しては、患者側にそれぞれ異なる学派の療法に関する知識を持ち、その学派に所属する専門家に期待されうる技能を評価する責任が不当に押し付けられている、という批判が可能である[21]。19世紀から20世紀にかけて、伝統的な学派ルールの適用が緩やかになった。学派の如何にかかわらず、医者として最低限の医療水準を守らなければならないことは、1898年のニューヨーク州最高裁判所（Court of Appeal）民事判決（Pike v. Honsinger, 155 N.Y. 201）で認められた。医者として「通常の診療において認められている方法（approved methods in general use）」による治療を行う義務があると判示されている。一般に認められている治療方法以外の特殊療法の選択の妥当性が問題となる場合は、学派ルールを適用し療法選択の誤りをただの医学的判断の誤りとして評価するか、それとも法的責任を生じさせるネグリジェンスとして評価するかという問題について、後にもう一度検討したい。

2　学派ルールの見直し

1970年代以降になると、医学教育・資格審査システムの標準化に伴い、伝統的な学派ルールが適用される余地はほとんどなくなった[22]。一方、医学の著しい進歩に伴い、医療の分野において専門化・細分化が進み、その結果、法律上、学派に基づく注意基準は医療の専門性に基づく注意基準へと変身した。1975年のメリーランド州最高裁判所（Court of Appeal）民事判決（Shilkret v. Annapolis Emergency Hosp. Association, 276 Md. 187）で示されたように、「同じ専門

---

[20] Dent v. West Virginia, 129 U.S. 114（1889）も異なる学派に所属する医師同士を専門家鑑定人に立てることは認められないとし、同じ旨を示している。

[21] Walston-Dunham, supra note 2, 46.

[22] Boumil/Elias/Moes, supra note 10, 29.

領域に属する」合理的に有能な医師を基準にし、専門領域を確定するにあたっては、当該領域の発展、設備の利用可能性、特定の診療、または一般診療、専門知識・学科専用設備の類似性等の状況を考慮にいれるべきである。一般的には、全科診療医と専門医、整骨医（osteopath）とカイロプラクティック療法士（chiropractor）、検眼士と眼科専門医、口腔外科医と歯列矯正や歯周病治療等の専門的知識を持つ歯科医などの注意義務は、一律基準によって決められていない。

なお、このような基準には以下のような制限がある。

第1に、必要な治療が自分の専門的知識と能力を超えたこと、あるいは特定の診療が必要となったことを認識した、あるいは認識できる治療者には、患者に治療を提供できる専門家を紹介する、あるいは手伝いや助言を専門家に求める義務が生じる[23]。

参考となるものとして、全科診療医として専門的な対応を要する治療を引き受けた事件に対する1977年の連邦第5巡回区中間上訴裁判所民事判決（Pittman v Gilmore, 556 F. 2d 1259）を参照する。

本件の事実は以下のようなものである。被告は全科診療医であった。12日、患者が血を吐いて入院し被告医師の治療を受け始めた。13日の一日中、患者は吐血し続けていたが大量の吐血ではなかった。被告はこの状況を知っていたが対応措置を講じなかった。14日の朝、大量の吐血が始まって患者が死亡した。

被告は入院中の患者の症状を知っていたが、病因を誤判断し本当は深刻な病状であったことを認識しておらず、それゆえ、輸血ための血液型判定や胃管挿入等の措置を講じなかった。判決は、被告にネグリジェンスによる責任を認めて、ネグリジェンスの根拠について、全科診療医として、患者の吐血期間が長過ぎたことから、病気の重大さを認識しなかったことに一般全科診療医の水準から逸脱したネグリジェンスがあり、また、「胸部外科専門医を呼び出さなかったこと」にもネグリジェンスがあると判示している。

検眼士が眼科専門医しか許されない治療を引き受けた事件に対する、1970

---

[23] Id. 29.

第 2 節　医療上の注意基準　　243

年のメリーランド州最高裁判所（Court of Appeal）民事判決（Tempchin v. Sampson, 262 Md. 156）も参考になる。

　本件の事実は以下のようなものである。被告は経験のある検眼士（optometrist）であった。州の法律は医師、あるいは同等の知識を有する者、あるいは医師の同意または指示を受けた者のみ、目の病気に罹患している人に眼鏡を処方することが許されることを規定している。被告を訪れた患者から医師に相談する必要があるかと聞かれたとき、被告はその必要はないと答え、眼検査を行って眼鏡を処方した。その結果、患者は失明した。

　判決は、眼科専門医の治療または検査が必要であることを認識した、あるいは認識すべきだった被告検眼士は、患者に眼疾の治療を専門とする医師を紹介する義務があり、それを怠ったとしてネグリジェンスによる責任が問われる、という陪審説示を妥当と判断して、被告に責任を認めた原審判決を維持した。

　外科手術が必要な病気をカイロプラクティック療法士が引き受けた事件に対する 1980 年のワシントン州中間上訴裁判所民事判決（Mostrom v. Pettibon, 25 Wn. App. 158）も典型的な例である。

　本件の事実は以下のようなものである。患者の脊髄圧迫症が最終的に手術で治された。患者は手術を受ける前にカイロプラクティック療法士の治療を受けていた。カイロプラクティック療法士は医師による治療を受けるよう指示すべき義務を怠って自分の治療方法を続けて手術を遅らせ、病状を深刻にさせた。判決は、原審判決を破棄し、カイロプラクティック療法士に次の 3 点で注意義務違反に基づく責任が認められうると判示した。①被告は指圧療法では対応できない病気だと診断すべきである。②指圧療法では病気が治せないことと、同療法による治療を続けると状況が悪化していくことを一般のカイロプラクティック療法士なら認識すべきである場合には、指圧療法による治療を中止すべきである。③病状から特別の療法や処置が必要であることが示された場合には、相応の知識と技術を持つ医師を患者に紹介すべきである。

　第二に、患者はより豊富な知識、あるいはより優れた能力を持つと公言した医師に対して公言されたような高い水準の治療を期待することが許され

244　第4章　アメリカ法上の対応

る。治療に必要な高次の知識と能力を現に持っていない者は、高次の知識と能力を持つ医師に照会すべきであるが、照会せず自ら治療を引き受け、あるいは続けた場合には公言されたような高次の知識と能力を持つ医師を基準に注意義務が決められる。こうした論理は1976年のカンザス州最高裁判所民事判決（Simpson v. Davis, 219 Kan. 584）で示された。

　本件の事実は以下のようなものである。被告は口腔外科医であり、医学部で歯内治療（endodontics）の授業を受け歯髄に関する知識を勉強したこともある。被告は、歯根神経治療には専門的知識と技術が必要であることと、同治療を行う能力を十分に持つことを患者に説明した。被告は同治療に使われるべきラバー・ダム（rubber dam）を使っていなかったため、治療途中にリーマー（reamer）が胃内に落ちて、リーマーを取り出すために患者に手術を受けさせた。

　判決は、歯内療法による治療を行う歯科医のネグリジェンスを判断するにあたっては、歯内療法を専門とする専門家に要求される注意義務を怠ったかが、立証されるべきである、と陪審に説示している。被告はラバー・ダムの不使用が歯内療法を行う専門家に要求される注意基準から逸脱したと認められ、ネグリジェンスによる責任が問われた。

　アメリカでは、専門家に適用される注意基準は客観的なものであり、専門家の個人的な経験や訓練により決定されうるものではないとされている[24]。ただ、専門分野の細分化と深化の結果、例えば、歯科の分野においては一般の歯治療に求められる知識と技術を超える高次の知識と技術を要する歯列矯正、歯周病治療、口腔外科等の専門分野がさらに形成された。歯列矯正等を行う医師の注意義務は一般の歯科医を基準にではなく、高次の知識と技術を有する一般の専門家を基準に決められるべきである[25]。

第2項　学派ルールに関する刑事裁判例

　1914年のアイダホ州最高裁判所刑事判決（State v. Smith, 25 Idaho 541）は、学派ルールと地域ルールを直接に持ち出した典型的な刑事判決である。

---

[24] 弥永真生「アメリカにおける専門家責任（その1）」NBL539号26頁以下（1994）。
[25] Walston-Dunham, supra note 2, 96.

第 2 節　医療上の注意基準　　245

　本件の事実は以下のようなものである。被告人は整骨医の免許を持っており、公認の学派にも逆症療法の学派（regular or allopathic school）のルールにも従わずに自分の所属する学派の療法を使って患者を治療して死亡させたとして、1 審で故殺罪で有罪とされた。判決は、民事判例を引用して学派ルールと地域ルールが医療過誤の判断基準として妥当である旨を示した上で、実施された治療の当否と専門的な技能について被告人の所属する学派以外の学派に所属する専門家鑑定人を証人に立てることが間違って許されたとして、原審判決を破棄した。

　自分の熟知している療法を選択する際には、その選択の誤りがただの医学的判断の誤りとみなされることも可能であるが、重大な知識または能力の欠如の結果として評価される場合もある。このことは 1917 年のアーカンソー州最高裁判所刑事判決（Feige v. State, 128 Ark. 465）で示された。

　本件の事実は以下のようなものである。被告人は断食療法を患者に使って食事を控え水だけを摂取するよう指示した。治療開始後、患者は衰弱していったため、他の医師を呼ぼうとしたが、被告人から止められて断食治療を続けるべきだと命じられた。その後、患者は被告人を辞退させ他の医師に治療を求めたが、呼ばれた医師がやってきた時にはすでに半昏睡状態になっており、助けられず死亡した。一審で被告人は故殺罪で有罪となった。

　裁判において、被告人は断食療法に関する知識と能力を一定の程度持っており、過去に同療法で病気を治したケースがあると証明された。被告人側は科学的な根拠に基づき断食療法を合理的に選択し、熟練した技術で同療法による治療を実施し、そして患者を治せることを信じていたと主張した。この主張に対し、判決は、「収入のために医療を実践する者として、治療方法の選択・適用に関する知識または能力の重大な欠如から患者を死亡に至らしめたのであれば、故意によらない故殺で有罪である。」という基本的態度を表明した後、「知識と技能の重大な欠如」と「単なる判断の誤り」の区別が陪審に説示されていないとして、原審判決を破棄し事件を差し戻した。

　1940 年のフロリダ州最高裁判所刑事判決（State v. Heines, 144 Fla. 272）では、カイロプラクティック療法士として医療に従事する者でも、インシュリンの投与に関する禁忌事項を知らないことは許されないことが認められた。

246　第4章　アメリカ法上の対応

　本件の事実は以下のようなものである。カイロプラクティック療法士免許を持った被告人は、患者が糖尿病に罹患していることを知りながら、足部を治すためにインシュリンの投与中止が必要であると指示した。インシュリンの投与が中止された結果、患者は死亡し、それによって被告人は故殺罪で起訴された。一審裁判所は公訴の打ち切りを命じたが、この命令は州最高裁判所により取り消された。

　判決は、治療者として治療について自分の提案した内容を含め、自分の処方した薬剤と使用した治療法の性質を知る義務があり、知識の欠如から死を生じさせた場合には刑事責任が問われる、と述べた上で、「糖尿病患者であることを知っていた」被告人は能力と知識が皆無であったので「インシュリンの継続的投与を中止する助言をした」ことに重大なネグリジェンスが認められ、故殺罪で有罪となりうると判示している。

　カイロプラクティック療法士の治療が学派ルールによって正当化されるか、それとも重大な過誤として非難されるかをめぐり、争いは20世紀後半期の判例においても続いていた。その争いで判断基準が改めて確かめられた。

　1965年のフロリダ州中間上訴裁判所（Court of Appeal）刑事判決（Gian-Cursio v. State, 180 S. 2d 396）では、問題の治療が犯罪とされた。

　本件の事実は以下のようなものである。患者は医師から結核と診断されたが、入院を断り、カイロプラクティック療法士である被告人に治療を求めた。被告人はナチュラル・ハイジーン（Natural Hygiene）という治療法を使って薬を服用させず、菜食生活を行うよう指示した。患者はその指示に従った結果、症状が悪化して死亡した。被告人は非難に値する医療過誤による故殺罪で起訴され、陪審は有罪評決を下した。

　被告人はカイロプラクティック療法士の中で一般に受け入れられている施術規則に従って、善意をもって患者を助けるために治療を行っていたことと、カイロプラクティック療法士の治療を判断する際には、その判断が一般医師の証言によってなされることができないことを主張したが、判決は上述の主張を認めず、被告人の療法選択に重大なネグリジェンスがあるとして原審判決を維持した。

　また、1983年のカリフォルニア州中間上訴裁判所（Court of Appeal）刑事判

決（People v. Cabral, 141 Cal. App. 3d 148）も学派ルールを適用してカイロプラクティック療法士の責任を安易に否定することを拒否したものである。

　本件の事実は以下のようなものである。痙攣患者がカイロプラクティック療法士である被告人の治療を受けている間に医師から処方された抗痙攣薬の服用を中止していたため、頻繁に重度の痙攣発作を起こした。事件の当日、被告人は患者から往診を求められ、患者の自宅にやってきて治療を行い、その間に痙攣の先駆徴候が著しく現れた。その徴候に痙攣の発作が一旦起こったら救命措置を講じなければ死亡の恐れがあることが示されたと認められる。被告人はあん摩マッサージをして苦しみを減軽させ、発作が抑えられた。被告人が離れた後に患者に痙攣発作が起こり、翌日死亡した。痙攣発作が起こったとき、被告人は立ち会っていなかったため、緊急治療を行っていなかった。検察は抗痙攣薬を服用しないよう指示したという理由から、故殺罪と重罪にあたる違法な医業行為罪で被告人を起訴した。被告人は原審で有罪とされた。

　判決は、カイロプラクティック療法の原理の妥当性を裁判官が決めることはできないので、カイロプラクティック療法士が医療費を騙す[26]等の悪意をもって治療を行った場合を除き、カイロプラクティック療法士がその施術基準に従って治療を行った場合には、不都合な結果を招いたとしても、その結果について刑事責任が問われることはないとするとともに、他方において、カイロプラクティック療法士には薬を処方し服用に関する指示を下す権限はないため、抗痙攣薬の服用を止めることがカイロプラクティック療法に有益であると信じて善意でそう指示していたとしても、刑法上のネグリジェンスで刑事責任が問われうるとしている。原審では被告人は抗痙攣薬を服用しないよう現に指示したかどうかということが証明されていないので、原審判決は破棄され事件は差し戻された。本判決は、前に紹介した1940年のフロリダ州最高裁判所判決（State v. Heines, 144 Fla. 272）と同じ旨を示している。

248　第4章　アメリカ法上の対応

第3節　メンズ・レアの判断

第1款　医者の善意から治療の適切さへの移行

　前に紹介したように、初期の刑事司法においては、非難可能性を示すために必要なメンズ・レアの判断にあたり、善意をもって治療を行った者は寛大に扱われていた。しかし、1880年代に入ると[27]、刑事司法審査の重点が医者の善意から治療の適切さへと移行し、医療行為自体は適法なものであっても、合理的な慎重さを欠いた治療は許されないという考えが台頭していき、実務上も学説上も受け入れられるようになった。

　当時のイギリスの裁判所の立場に傾斜する姿勢を著しく示した判決が1882年のアーカンソー州最高裁判所刑事判決（State v. Hardister and Brown, 38

---

[26] 例として、Phillips 事件がある。本件の事実は以下のようなものである。癌患者が病院で手術を受ける前に、柔道整復治療師である被告人は患者の両親に対して、自分は手術以外の方法で癌を治せると説き、患者を退院させ自分の治療を受けさせた。治療を開始したとき、被告人は医療費を装った詐欺を行った。被告人は植物薬等を治療に使い、患者の状況が悪化したにもかかわらず、再度入院させなかった。その結果、患者は死亡した。患者の癌はそもそも根治できなかったと証明されたが、被告人の行為により死亡が早い時点で発生したことから、被告人の行為と死亡との因果関係が認められた。別の裁判で、被告人はすでに医療費を騙したとして詐欺罪で有罪判決を受けた。本件の医療訴訟で、原審判決は、重罪-謀殺（felony-murder）理論の適用について、「詐欺にあたる行為を実施している間に患者が死亡したのであれば、……死亡を意図しなかったとしても、第2級謀殺罪につき有罪である」と陪審に説示した。陪審は第2級謀殺罪につき有罪評決を下した。1966年のカリフォルニア州最高裁判所判決（People v. Phillips, 64 Cal. 2d 574）は、詐欺に基づいて重罪-謀殺理論の適用を認めた陪審説示は誤りであるとして原審判決を破棄した。判旨の内容は、次のとおりである。第1に、重罪-謀殺理論は本来的に命にかかわる危険な行為に対してのみ適用される。詐欺罪はそのような行為ではない。したがって、謀殺罪の成立には、自分の行為により患者を危険に晒すことを主観的に認識したのに、命に対する意識的無視を示したことが立証されなければならない。第2に、被告人が施術の能力に関し虚偽の表示をしたとしても、「自分の採用した療法による治療が、計画された手術と同じく、苦痛を緩和し生命を延ばす有効なものであること」を信じていたことが認められるのであれば、そのような確信の形成と維持には相当な慎重さと用心の欠如が立証された場合には、（謀殺罪ではなく）故殺罪に問われうる、と判示されている。

Ark. 605) である。医師である被告人は、出産を取り扱っているときにポケットナイフで出口を切って広げるような操作をした結果、胎児と産婦が死亡した。

　判決は、当時のイギリスの判例と判例に賛成した学者の意見を引用し[28]、故殺罪の成立には「治療にあたり相当な注意と用心が欠けており、その欠如が重罪にあたる程度に達すること」が立証されなければならず、治療方法と手段を選択・適用する際の単なる判断の誤りの結果として患者が死亡した場合には刑事責任が問われない」と判示した上で、本件では手術技能の重大な未熟さ、治療方法の選択または適用に関する知識の著しい不足、治療手段の異常さ・軽率さ、重大な怠慢等が十分に証明されていないとして、被告人を有罪とした原審判決を破棄して事件を差し戻した。

　単なる善意による免責を否定し、無謀（recklessness）の外的基準を打ち立てた重要な判例と評価されている[29]のが、1884年のマサチューセッツ州最高裁判所刑事判決（Com. v. Pierce, 138 Mass. 165）である。

　灯油を治療に使った結果として患者を死亡させたことに対して施術者が刑事責任を問われるかについて、被告人側は前に紹介した Thompson 事件判決を引用して誠実な意図をもって治療をしていたことと、被告人の個人的な経験によって、灯油による治療の致死的な傾向を認識できなかったことの2点を主張した。これに対して、Holmes 裁判官は、「善意のみに基づき人の生命を著しく危殆化させる行為を行なう特権は認められない」、刑事責任を基礎

---

[27] 特殊療法を選択して、そして同療法のルールに従って治療を行った場合には、最終的に人が死亡したという結果を生じさせたとしても、学派ルールの適用も考えて、善意をもって治療を行った行為者は責任を免れると認められた事例もある。例えば、1881年のアイオワ州最高裁判所刑事判決（State v. Schulz, 55 Iowa 628）は、患者を死亡に至らせた Baunscheid と呼ばれる刺鍼術による治療を犯罪と認めるかについて、Thompson 事件と Rice 事件を引用して、「医師として、善良な動機と誠実な意図をもって行為を行った場合には、知識の欠如による侵害に対して、民事上の損害賠償責任は問われるが、刑事上の責任は問われない」として、本件では、被告人の施術が Baunscheidt の学説に基づくものであったことと、使われた器具と薬剤も同療法による治療に普通使われるものであったことから重罪の意図を否定し、故殺罪で被告人を有罪とした原審判決を破棄した。

[28] 前掲注（6）を参照。

[29] G.P. Fletcher, Theory of Criminal Negligence : A Comparative Analysis, 119 U. Pa. L. Rev. 431（1971）.

250 第4章 アメリカ法上の対応

づける無謀は、「外的基準で判断されなければならず」、「理性ある人の見地から考えて、彼の行為が無謀なものであるか、つまり、通常経験から考えれば、行為者の置かれた諸状況下でその行為に出たことに伴う危険はどの程度の危険であるか」が問われると判示している。そして、灯油の使用による危険は理性ある人なら認識すべきものと認められるとして有罪判決が維持された。

　Holmes が示した外的基準の重要な意味は、犯罪の成立に「主観的な心理的状態（a subjective psychological state）」の立証が必要とされないことにある[30]。Holmes の理論においては、非難の重点は外的な状況に基づく「極めて危険で野蛮（extremely dangerous and barbarous）」と思われる行為に置かれていると解されている[31]。

　これに対して、Stephen は、犯罪の成立には行為者が危険を現に認識したことが立証されなければならないと主張しているが、Moreland が指摘しているように、2つの立場はそれほど違うわけではない[32]。すなわち、行為者が行為当時の状況を全て認識しており、この状況が理性ある人に同行為に出たら重大な危険を生じさせることを理解させるのに足りるものと認められる場合には、ほとんどの行為者は実際に危険を認識したはずであろうという結論が導き出される。そうでないのは、理性ある人の持つ判断能力を行為者が持っていないような稀な場合（例えば、酩酊によりその判断能力を失った場合）だけである。したがって、Holmes の判断基準が Stephen の判断基準と比べて客観的なものであるといっても、刑事責任を非難可能性（blameworthiness）に基盤することを否定することなく、予防論の立場から非難可能性の判断に外的基準という新しい基準を使用している[33]。

　刑事裁判では、治療者が善意で個人的な知識と能力を全て出したかどうかにかかわらず、一般の医師に要求される知識と能力の重大な欠如、あるいは重大な不注意が刑事責任を根拠付けるに十分である。このことは 1889 年のカンサス州最高裁判所刑事判決（State v. Reynolds, 42 Kan. 320）と 1905 年のフロ

---

[30] Id. 409.
[31] R. Moreland, The Law of Homicide, 41（1952）; Gic, supra note 17, 113.
[32] Id. 38-41.
[33] O.W. Holmes, The Common Law, 50（1881）.

リダ州最高裁所刑事判決（Hampton v. Florida, 50 Fla. 55）で明らかにされた。2つの判決は、ほぼ同じ言葉遣いで処罰に値する医療過誤の特徴を次のように描いている。

すなわち、犯罪の成否は資格があるかどうか、または善意をもって治療をしたかどうかによっては決められない。真の問題は刑法上のネグリジェンスの有無である。刑法上のネグリジェンスは正確な定義がなされ得ないものであり、処罰に値する程度に達しているかの判断は、陪審員の常識によりなされる。治療者への刑事罰を根拠付ける刑法上のネグリジェンスは、能力の重大な欠如、重大な怠慢、あるいは患者の安全に対する犯罪的無関心（criminal indifference）によって示される。これらの原因としては、使用される治療法に関する知識の重大な欠如、治療法を選択・適用する際の重大な不注意、設備を適切に使用する技術の欠如、医薬品の使用に関する適切な指示を患者に出さないことのいずれも考えられている。病気を扱う者が技能を有する人ならしたであろうことをしたにすぎないのであれば、判断の誤り、またはうっかりミスを犯したとしても、それだけでは刑事責任は問われない。

Reynolds 事件判決は、医師が不適切な器具を使って人工妊娠中絶手術を実施して子宮を損傷したために腹膜炎を起こし婦人が死亡したことについて、「医師は善意をもって患者を救治するために誠実に彼の最善の技能を使って手術を実施した結果、患者が死亡した場合には、故殺罪につき無罪である」という原審裁判所の裁判官の説示は、「患者を治療するにあたって、医師として彼の最善の技能を使わなければならないのみならず、その治療に相当な注意（due care）を払わなければならない」というルールを無視したものであるとして原審判決を破棄した。

Hampton 事件判決は、手術中の子宮損傷について、刑法上のネグリジェンスの判断基準が原審で適切に説示されていないとして、故殺罪を認めた原審判決を破棄し事件を差し戻した。

このように、19世紀から20世紀にかけて処罰に値する医療過誤の特徴を示すために判例では、「重大な（gross）」、「罪に値する（culpable）」、「刑法上（criminal）」、「無謀な（reckless）」等の用語が用いられている。他方において、単なる判断の誤りや危険の認識のない見落しは犯罪とならないとされてい

252　第4章　アメリカ法上の対応

た。

第2款　メンズ・レアの判断基準の変化

　犯罪となるために、医療過誤の程度は重大でなければならないが、どの意味での重大であるかについて、これからの数十年間議論された。問題となるメンズ・レアは、危険に対する認識の有無であり、危険を認識しながら敢えて冒す無謀と、重大な不注意により危険を認識しないネグリジェンスに分かれる。メンズ・レアが前者に限定されるかどうかが論争の的になった。

第1項　無謀による医療過誤

　20世紀前半期のアメリカの裁判所は、医療過誤による犯罪のメンズ・レアとして無謀を要求していた。

　1937年のアイダホ州最高裁判所刑事判決（State v. McMahan, 65 P. 2d 156）は、争点となった、婦人を死亡させた人工妊娠中絶手術を刑法上のネグリジェンスと認めるかどうかを判断する際に、損害賠償を根拠づける程度のネグリジェンスが認められることに加えて、「無慈悲さ（wantonness）、あるいは他人の安全に対する目にあまる無謀な無視（flagrant or reckless disregard）、あるいは意図的な無関心（willful indifference）」がなければならないと判示した上で、被告人がどのように故殺罪を犯したかが、立証されていないという理由から医師を故殺罪で有罪とした原審判決を破棄した。

　1947年のワイオミング州最高裁判所刑事判決（State v. Catellier, 179 P. 2d 203）は、McMahan 事件を引用して故殺罪の主観的要件としての「不注意は、結果発生に対する無関心を示す重大なものでなければならない。『重大なネグリジェンス』という用語は単なるネグリジェンスより何らかのことがあることを意味する。つまり、起こりうる結果に対する無慈悲さと無視と、刑法上の故意に等しい程度の他人の権利に対する無関心を意味する。」と判示するとともに、行為者が自分の行為によって結果が十中八九発生するということまで自覚し理解していることまでは必要ないと付言している。

　本件の事実は以下のようなものである。馬から落ちて肩を脱臼した患者が、

足の治療医である被告人を訪れ激痛を訴えた。被告人は患者に麻酔剤を注射した後に、容態を絶えず観察していた。5時30分頃から患者は酸素不足で顔面蒼白になって容体が悪化し続けたが、被告人はどのように対応すべきかがわからなかったため、電話で医師に手伝いを求めた。6時頃に医師がやってきたとき、患者は脈拍が薄くなって自発呼吸も消失し、救命治療が行われたが、死亡した。原審で被告人は故殺罪として有罪となった。

　判決は、麻酔剤を被告人が熟知していた可能性があり、死因が特定できず、治療現場に立ち会う唯一の医師として被告人が患者の兆候を観察したり、対応したりしたと認められる、といった本件の状況と、処罰に値するネグリジェンスと刑法上の不注意に関する陪審説示の誤りとを併せて考慮し、原審判決を破棄して事件を差し戻した。

　上記の判決で用いられた用語の意味を確認してみることにしたい。権威ある辞書において[34]、無慈悲さは、「配慮に欠けた無謀さ（arrogant recklessness）」と定義されている。この定義に基づき、Moreland は故意以外の非難に値する心理状態を３つの等級にわけている[35]。すなわち、民事責任を根拠付けるのが、「普通のネグリジェンス」である。暴行（Assault）、または不法身体傷害（Battery）の結果として人が死亡した場合には、故殺罪の成立に「無謀（recklessness）」が立証されなければならない。無慈悲さは無謀より一層高い程度の非難責任であり、謀殺にあたる邪悪な行為（depraved conduct）に示されるものである。故意と比べると、故意は、「傷害をほぼ間違いなく起こす行為をすること」を意味するのに対し、無慈悲さは、「邪悪な行為と評価される極めて危険で野蛮な行為をすること」を意味する。故意を持たない殺人者は無慈悲さが証明された場合には、謀殺罪で責任が問われうる。以上をまとめると、責任非難の程度によって降順に整理すれば、故意、無慈悲さ、無謀、ネグリジェンスということになるであろう。

　以上の分析から、20世紀前半期に、判例は、「無慈悲さ」、「目にあまる、無謀な無視」、「意図的な無関心」等の用語を用い、責任非難の最低限を故意に限りなく近い心理状態に設定しようとしていたと考えられる[36]。

---

[34] Webster's New Int. Dict. 2nd ed. 1938.
[35] Moreland, supra note 31, 31ff.

254　第4章　アメリカ法上の対応

第2項　ネグリジェンスによる医療過誤

　20世紀後半期に入ってから、刑事責任非難の下限を無謀以下へと設定することが許されるか、つまり、ネグリジェンスを処罰することが正当化されるかをめぐり議論がなされるようになった。

　理論上、刑罰を科すための最低限の責任非難が前者に限定されるかどうかが争われていたが[37]、模範刑法典は処罰の対象とするネグリジェンスを規定し[38]、過失致死罪を最も軽い3級重罪に位置づけた[39]。すなわち、行為者が実質的で許されない危険を認識すべきであったのに認識せず、その不認識が行為者の状況に置かれた理性ある人が守るだろう注意基準からの重大な逸脱に当たる場合には、ネグリジェンスにつき有罪となる。このネグリジェンスは責任非難の程度が無謀より低いものであると解されている[40]。

　「実質的で許されない危険」の判断においては、まず危険を知らせた外的な状況と、予見されるべき危険の性質または重大さの検討が重要である。

　理性ある人の経験から危険への注意を喚起するに足りる外的な状況があれば、危険の不認識は許されない。したがって、外的な状況の検討が重要であるという点で、ネグリジェンスは無謀と比べて主観的側面が弱くなり、客観的側面が強くなる[41]。そして、危険の認識可能性を判断する際には、行為者の特別の経験も考慮に入れるべきである。この点を説明するために、LaFaveは次の設例をあげている[42]。行為者は弾丸が込められた銃をXに手渡した。

---

[36] R.A. Anderson/F. Wharton, Wharton's Criminal Law and Procedure, 611（1957）.

[37] J. Hall, Negligent Behavior Should Be Excluded From Penal Liability, 63 Colum. L. Rev. 632（1963）; K.W. Simons, Culpability and Retributive Theory : The Problem of Criminal Negligence, 5 J. Contemp. Legal Issues 365ff（1994）; 井上祐司「過失における道義的非難—J・ホール教授とH・A・L・ハート教授—」同『行為無価値と過失犯論』305頁以下（成文堂、1977年）。

[38] Model Penal Code, §2.02（2）（d）.

[39] Model Penal Code, §210.4.

[40] P.H. Robinson, A Brief History of Distinctions in Criminal Culpability, 31 Hastings L.J. 850（1980）; P.W. Low, The Model Penal Code, the Common Law, and Mistakes of Fact : Recklessness, Negligence, or Strict Liability, 19 Rutgers L.J. 552（1987）.

[41] Eg. Low, id. 555f（1987）; Fletcher, supra note 29, 423ff ; Simons, supra note 37, 375.

[42] W.R. LaFave, Substantive Criminal Law, 2nd ed., Vol. 1, 367（2003）.

Xは普通の人が見たらノーマルに見える人であったが、実は気のふれた人であった。行為者がXの本当の性格を知っていた場合には、銃を渡した行為を通じて許されない危険を創出したと認められる。しかし、行為者がXの性格を知らなかった場合には、同じ行為をして同じ危険を現に創出したにもかかわらず、法律上は許されない危険を創出したと認められない。

　次に、普通、殺人罪の成立には、結果発生の立証の他に、結果の発生率または蓋然性も問題となりうる[43]。多くの場合は結果の発生率または蓋然性が高ければ高いほど、危険を認識しなかった行為者の責任非難の程度が高まる[44]。

　以下において、具体的事例において問題となったネグリジェンスの可罰性を検討する。

1　危険の認識可能性

　州によって模範刑法典の影響を受けた程度は異なるが、大多数の州が刑罰法規を改正して刑法上の（criminal）[45]、処罰に値する（culpable）[46]、重大な[47]ネグ

---

[43]医療過誤だけでなく、ほかの種類の過失の重大性を判断する際にも、裁判所は結果の発生率あるいは蓋然性を考慮に入れている。大塚直「不法行為における『過失』の結果回避義務」アメリカ法1号19-20、26-27頁（1992）は、次のことを紹介している。アメリカでは、職業環境の安全に関する基準に適う行為は、労働者に障害の重大な危険（significant risk）を与えないものでなければならない。裁判所はどの程度になると「重大」になるかを判断する際に、行為の社会的価値と被害の性質および規模以外に、結果の発生率も「重大」さの判断の重要な条件の一つとして考慮に入れている。

[44]行為の有用性のなさを併せて考えると、結果の蓋然性が低ければ低いほど、被告人は責任を免れやすいとは断言できない。このことを説明するために、LaFave, supra note 42, 367.は次の例を用いている。テーブルの上にあるピストルの総数が1000であるが、一つしか弾丸が装填されていない。このことを知っていたAが、当てずっぽに一つのピストルを選んでBに発砲した。選ばれたピストには弾丸が装填されており、Bは射殺された。この設例では、命に関わる危険がAの行為により創出され、結果発生の蓋然性が低い（1000分の1）と認められるにもかかわらず、Aの行為は社会的有用性が全くないから、許されない危険と評価されるべきであるとされる。

[45]E.g. Ariz. Rev. Stat. Ann. §13-131 (1956)；Idaho Code Ann. §18-114 (1947)；Nev. Rev. Stat. §193.190 (1961).

[46]E.g., Minn. Stat. Ann. §619.18 (3) (Supp. 1961)；N.Y. Pen. Law §1052 (3)；N.D. Cent. Code Ann. §12-27-19 (1959).

[47]E.g., Cal. Penal Code §192.

256　第4章　アメリカ法上の対応

リジェンスによる罪を設けたことに伴い、無謀が責任非難の最低限であるという従来のルールを改めて検討することが必要になった。アメリカの裁判所はネグリジェンスの可罰性を常に否定していたわけではない[48]。最初、ネグリジェンスの可罰性は、社会生活上定型的に強度の危険性を持つ行為が不注意で行われて人を死亡させた場合に限り例外的に認められた[49]。例外的な場合として、危険な武器の使用、毒物の取扱、爆発性物質の管理、自動車の運転が主である。問題は、このような例外的な事例に医療過誤事例も含まれるのかである。模範刑法典の影響を受けたアメリカ各州の状況は大きく3つに分かれているので、以下では例をあげてみることにしたい。

(1)　下限を無謀に定める州

　法律、または判例で刑事責任非難の下限を無謀に設定する州がある。故殺の主観面を表現する言葉として刑法上のネグリジェンスが使われているのにもかかわらず、無謀という意味でネグリジェンスは解釈されている。1963年のニュージャージー州最高裁判所刑事判決（State v. Weiner, 41 N.J. 21）が参考になる。

　事案は、医師である被告人が患者の肝炎ウィルスに汚染された注射器を不注意で他の患者に使用して15人の患者に肝炎を感染させ死亡させたとして、15件の故殺罪で起訴され、そのうちの12件は1審で有罪となったものである。

　判決は、「ネグリジェンスは無謀で無慈悲で、死を惹起する可能性のある状況において他人の安全の完全な無視を示すような性質のものでなければならない」とした上で、本件における具体的状況を踏まえ、次の3点で刑法上のネグリジェンスが認められるかを検討している。

　第1に、溶液を詰めるビンの多重使用の危険が認識されるべきかについて、判決は、「瓶の多重使用による肝炎ウィルス感染は、事実によって証明された

---

[48] R.M. Perkins, Rationale of Mens Rea, 52 Harv. L. Rev. 914 (1939).同問題に関するアメリカの理論または判例を紹介する日本語文献として、佐伯仁志・制裁論230-231頁（有斐閣、2009年）以下、門田成人「アメリカ刑法理論に関する文献紹介(4)：過失論(1)」島法43巻4号121頁以下（2000）がある。

[49] この内容を紹介する日本語文献として、藤木英雄「過失犯の考察（三・完）」法協74巻4号459頁（1957）がある。

のか、それともその蓋然性、あるいは可能性のあることが恐れられるに過ぎないのか。いずれの場合にせよ、なぜそう思われるのか。申し立てられた危険は、一般に専門家に警戒心を持たせているのか。」といった問題点が立証されなければならない、としている。

　第2に、消毒が十分に行われていないことが認識されるべきかについて、判決は、消毒を専門的な訓練を受けた看護師が担当していたとしても、被告人は医師として消毒手順に欠如がないかを確認する責任を負うべきであり、その義務を怠ったかを判断するにあたっては、「ウィルス感染を防止するための消毒に関する知見が被告人に知られ得たものであるか」が、検討されなければならない、と判示している。専門家鑑定人によって、肝炎ウィルスの消毒に関する知識は1957年に発表された肝臓治療の論文の中に簡潔に紹介されたにすぎず、また、その紹介は臨床経験に基づくものではないと思われている。そして、消毒のために消毒装置製造者の規定した手順が十分ではないと認められる。このような状況下で、消毒がネグリジェンスによって実施されたことを認めるためには、正確な消毒方法が看護学校と医学部ですでに教えられたことがまず立証されなければならず、このことが証明されたことを前提として、この職業訓練について看護師と医師の重大な無知が立証されなければならない、と判示している。

　第3に、数人の感染者が出た状況が被告人に警戒心を持たせたかについて、判決は、この問題を判断するにあたって、初期症状から病気が特定されうることが重要であるとしている。被告人は最初発症した患者らに黄疸の症状が現れたとき、処方された薬物（発生率が低いが確かに慢性中毒性肝炎を惹起しうる薬物）に起因する中毒により起こった慢性中毒性肝炎と診断して、同病気を治療する薬を投与し、そして、多くの患者によく効いた、と主張していた。

　判決は、以上の3点の立証が十分でないとして、被告人を有罪とした原審判決を破棄し、裁判のやり直しを命じた。

(2)　下限の解釈を判例に任せる州

　伝統的な故殺罪の規定に基づき、無謀とネグリジェンスを故殺罪の主観的要素として同列に規定した州がある。それらの州はネグリジェンスの解釈を判例に任せている。

(a) カリフォリニア州

カリフォリニア州の刑法典は、「相当な注意・慎重さの欠如」を主観的要素とする故殺罪も規定している[50]。この刑罰規定によって医療過誤を犯罪と認めた判決として、1955 年のカリフォルニア州最高裁判所刑事判決（People v. Penny, 44 Cal. 2d 861）を参照する。

本件の事実は以下のようなものである。被告人は患者に対してしわとあばたを取り除く治療をするにあたり、石炭酸等の危険な物質を含んでいる溶解物を顔と頚の上に乗せ、その結果、アレルギー反応を生じさせ患者を死亡させたとして、相当な注意・慎重さの欠如による故殺罪で起訴された。

原審判決は、使った物質が毒性のあるものであることと、慎重に使わないと危険になることを被告人が知っていたという状況に鑑み、犯罪の成立条件について、陪審に「行為者が本来的に危険なもの、あるいは使用で危険になるものを扱うにあたって、普通慎重な人がその状況において同じものを扱うとき喚起されたであろう適切な用心を払っておらず、その結果、人を死に至らせた場合には」刑事責任が問われる、と説示した。被告人は有罪判決を受けて控訴した。

被告人側は、陪審説示で示された判断基準の適用は民事裁判におけるネグリジェンスの判断、あるいは、同州の道路交通法に基づくネグリジェンスの判断に限られるべきであり、本件のような事件において、故殺罪の成立には、「無慈悲さまたは無謀」という意味で捉えられる注意・用心の欠如が立証されなければならない、と主張した。

本判決は、被告人側の主張を否定しながら、故殺罪の成立に必要な主観的要素に関する陪審説示が誤ってなされたとして、原審判決を破棄して事件を差し戻した。相当な注意と慎重さの欠如の正確な定義について、判決は次のように判示している。従来の判例は、自動車運転中の過失致死事件では、無慈悲さ、または無謀に到達する程度の心理状態を例外的に要求していない。同じ基準は、拳銃に弾が入っているのかを確認せず同拳銃を頭等に付き向けている間に不注意で引き金を引いて死亡を惹起させた場合やストーブの排気

---

[50] California Penal Code § 192 (2).

第3節　メンズ・レアの判断　259

装置の故障により一酸化炭素が漏れて人を死に至らせたような場合にも適用される。注意すべきなのは、これらの例外的な事件における処罰を根拠付けるネグリジェンスは民事裁判におけるネグリジェンスと全く同じものではないことである。例外的な事件では、ネグリジェンスの程度を表すものとして、「本来的に危険なもの、あるいは使用で危険になるものという要素」が考えられなければならないからである（同要素は民事裁判では特に考えられていない）。したがって、例外を本件のような事件まで拡張することは許されない。しかし、そうだとしても、本件のような例外ではない場合の相当な注意・慎重さの欠如による故殺罪の成立には、従来の判例で要求されていた無慈悲さ、または無謀に達する程度のものとしての主観的要素までは必要ない。刑法上のネグリジェンスは、理性ある人の予見可能な範囲内で死亡が偶発的な事故の結果ではなく、「無謀な、あるいは罪に値するネグリジェンス行為により自然的に起こりうる結果 (the natural and probable result of a reckless or culpably negligent act)」であればよい。

　このように、判決において、無慈悲さ、または無謀の程度に達しないネグリジェンスの処罰は２つの場合に限られている。自動車運転、または銃器使用のような、「本来的に危険な行為、あるいは使用で危険になる行為」が問題となった場合と、結果が問題となったネグリジェンス行為から自然的に起こりうるようなものである場合である。後者について、結果が自然的に起こり得るという制限を設ける意味は、罪に値するネグリジェンス行為を、医学上の根拠を持つような危険な治療の範疇から排除して、それで単純な身体傷害行為となされるネグリジェンスによる自動車運転または銃器使用に匹敵できるものにさせることにあると思われる。

　制定法上、ネグリジェンスに関する処罰規定を設けられていない州においては、判例において、意識的無視という意味でネグリジェンスが解される場合があり、無謀以下に危険を認識しないという意味でネグリジェンスが解される場合もある。カリフォルニア州の判例は、道路交通事故と銃器使用事故などの場合以外の、医療過誤を含め一般の過失事件に対応する際にも、無慈悲さまたは無謀に達する程度のメンズ・レアを要求しない旨を示している。

260 第4章 アメリカ法上の対応

(b) ペンシルベニア州

ペンシルベニア州の刑法典は、意識的に無視し、あるいは、合理的な注意基準からの重大な逸脱のために、自分の行為が死亡または重大な身体傷害を惹起するという実質的で許されない危険を認識しなかった場合には、無謀または刑法上のネグリジェンスによる故殺罪が成立することを規定している[51]。

1981年のペンシルベニア州中間上訴裁判所 (Superior Court) 刑事判決 (Com. v. Youngkin, 285 Pa. Super. 417) では、催眠剤を過量処方したことがこの条文にあたる犯罪と認められるかについて議論された。

判決は、処方された薬の用量および処方の頻度から見て、その処方が当時の状況においてはまったく適切ではないと思われ、処方箋への記載事項が患者の薬剤乱用を示し、薬剤師が被告人に患者の身体状況を気づかせたにもかかわらず、被告人がそれらの事情を無視することを選択し、催眠薬を処方し続けていた、といった状況を考慮して、被告人は実質的で許されない危険を意識的に無視し、それによって「理性ある人の行為基準からの重大な逸脱」に当たると認められるとして、故殺罪[52]が成立するとした原審判決を維持した[53]。

本判決が最終的に刑事非難の重点を、「理性ある人の行為基準からの重大な逸脱」に帰している点では、本件判決は、模範刑法典に規定されている重大なネグリジェンスの判断方法を採用しているように思える。しかし、他方において、判決は被告人の心理状態を説明する際に、「意識的に無視した」という表現を使っており、この点では判決で採用された判断方法は、早期のPiece事件判決で採用された判断方法と同じ無謀の判断方法が採用されているようにも思える。結局、ペンシルベニア州の判例の態度はこの判決からは明らかではないといわざるをえない。

---

[51] 18 Pa. C.S. § 2504.

[52] 18 Pa. Cons. Stat. § 2504 によって、行為は適法な行為態様であったが、無謀な手段あるいは重大なネグリジェンスの手段により実施されて他人の死亡を惹起した場合には、故殺罪にあたるとされる。

[53] 本判決に賛成する評釈として、G.J. Annas, Medicine, Death, and the Criminal Law, 333 (8) N Engl J Med. 529 (1995) がある。

(3) 下限を無謀以下に定める州

模範刑法典に従って、無謀による故殺罪と、ネグリジェンスによる刑事過失致死罪（criminally negligent homicide）を区別して刑法典に規定した州もある。

(a) ニューヨーク州

ニューヨーク州の1967年刑法典は、「刑法上のネグリジェンス」によって他人の死亡を惹起した者が刑事過失致死罪で有罪となること[54]と、実質的で許されない危険を認識しなかったために、その危険が実現された、あるいは、その危険な状況になった場合には、刑法上のネグリジェンスが認められること[55]を規定している。1974年のニューヨーク州最高裁判所（Court of Appeal）刑事判決（People v. Ketchum, 35 N.Y. 2d 740）が、この刑罰規定によって医師を有罪とした第1例目である。

本件の事実は以下のようなものである。医師である被告人は帝王切開を行うにあたり、子宮頸管を切開し手動式吸引器を使って胎児を娩出させ、婦人の命に危険な状態になっているにもかかわらず、必要な医療措置を講じなかったために、同婦人は子宮体部と子宮頸部が引き裂かれたところからの大量の出血で死亡した。被告人は州裁判所で有罪判決を受けた後、獄中からニューヨーク州西部地区連邦地方裁判所に人身保護令状の発布を求めたが否定された。

刑法上のネグリジェンスの判断基準について、判例集に掲載された州最高裁判所判決には詳細な解釈がない。1976年の連邦地方裁判所判決（Ketchum v. Ward, 422 F. Supp. 934）における解釈は州裁判所の解釈と同一視できないが、参考までに以下で紹介したい。

ニューヨーク州の1909年刑法典は、「刑法上のネグリジェンス」という用語を用いており、ここでの刑法上のネグリジェンスは、「罪に値するネグリジェンス」と同じく、「違法な、不注意な、あるいは無謀な行為」という意味で理解されていた[56]。

1920年代の判例は、行為により傷害が起こるかもしれないことを意識した

---

[54] New York Penal Law §125.10.
[55] New York Penal Law §15.05（4）.
[56] New York Penal Law §1052（3）（1909）.

262　第4章　アメリカ法上の対応

が、結果発生を無視した場合に、刑事責任が問われるとしていた[57]。1930年代初頭に、ネグリジェンスの処罰の厳格化を避けるために、「無謀に匹敵する行為（the conduct to approach recklessness）」を要求した判決も出た[58]。

　1936年の「ネグリジェンス殺人法」には自動車運転中の過失殺人の規定が設けられた[59]。同規定によって自動車運転中の過失殺人は、無謀による殺人でなくとも、罪に値するネグリジェンスによる殺人にあたるとされた。しかし、それ以外の場合には、判例は、無謀を刑事責任が問われる最下限に画定していた[60]。

　このような背景下で、ネグリジェンスを処罰の対象にするために、1967年の新刑法典は無謀による殺人とネグリジェンスによる殺人[61]を区別し、それぞれ異なる条文に規定したため、後者の成立には認識要素を必要とせず、実質的で正当化されない危険であったのに認識しなかったことで足りる。しかし、刑罰を根拠付けるネグリジェンスは、民事裁判におけるネグリジェンスと同じ程度のものではない。後者について、認識の対象とされるのは、実質的で許されない危険でなければならず、このような危険を認識しなかったことに注意基準からの著しい逸脱が認められる。

　以上のように、従来の判例と立法を検討した上で、連邦地方裁判所は州裁判所が危険を認識しなかった行為者に非難に値する心理状態を間違って認めたという被告人側の主張を否定した。

(b)　ユタ州

　ユタ州の刑法典は、「刑法上のネグリジェンスにより他人を死亡させた者」をA級軽罪である過失致死罪[62]として処罰することを規定している。実質的で許されない危険を認識すべきなのに、認識しなかった場合には、過失致死罪が成立する。実質的で許されない危険の性質と程度について、同危険を認

---

[57]People v. Angelo, 246 N.Y. 451 (1927).

[58]People v. Waxman, 249 N.Y.S. 180 (1st Dept. 1931).

[59]New York Penal Law §1053-a (1909).

[60]People v. Decina, 2 N.Y. 2d 133 (N.Y. 1956) と People v. Gardner, 8 N.Y.S. 2d 917 (4th Dept. 1939).

[61]Penal Law §125.10；§15.05 (4).

[62]Utah Code Ann. §76-5-206 (1).

第3節 メンズ・レアの判断 263

識しないことは、行為者の位置に置かれた理性ある人が、あらゆる状況において払うだろう注意の基準からの重大な逸脱となる[63]。

　参考になるものとして、自宅出産に立ち会うベテランの産婦人科医が出産前後の対応措置を適切に講じなかったため、新生児を死亡させた事件に対する、1991年のユタ州最高裁判所刑事判決（Utah v. Warden, 813 P. 2d 1146）を参照する。

　まず、判決は、入院させなかったため、死亡の蓋然性が20倍ほど高くなったこと、適切な注意基準に従って胎児を取り扱っていれば生存の可能性が99％以上になったこと、そして、そのような危険を認識しなかったことが被告人により供述されたことから、「実質的で許されない、死亡の危険が存在したことと、その危険を被告人が認識しなかったこと」を陪審が合理的な疑いを持たずに信じることができる、としている。

　次に、上述した危険の性質と程度について同危険を被告人が認識しなかったことが合理的な注意基準からの逸脱にあたるかについて、判決は、「医療専門家」の目から状況を検討する必要があるとして、専門家鑑定人の証言に基づき、被告人が出産開始前に産婦を診察せず、出産後に新生児を速やかに入院させなかったことは、「医師が出産と新生児を取り扱うとき通常払う注意の基準」から逸脱したことを認めている。被告人のネグリジェンスに関して、専門家鑑定人の証言した次の状況が特に考慮されている。①陣痛が始まった状況から被告人としては、産婦を検査して早期分娩の傾向を発見し分娩を延期させる措置を講じ、あるいは、早期分娩と予想された産婦を入院させるべきであった。それにもかかわらず、被告人は産前検査を怠った。②未熟児だと認識した以上、大変未熟なことを認識すべきであり、また、未熟児で出生した新生児に呼吸不全症候群の症状が著しく現れたことを知った以上、生まれて直ぐに集中治療を受けさせ、その状態が悪化したときに入院させるべきであった。それにもかかわらず、被告人は医師の手当が必要ではないと産婦に告げ、未熟児の扱い方を知らない産婦に任せて帰宅して、その後に新生児の状態をチェックするための連絡もしなかった。

---

[63] Utah Code Ann. §76-2-103.

264　第4章　アメリカ法上の対応

2　危険の性質・程度

危険を生じさせた状況が同じ状況に置かれた理性ある人に対して、同状況に注意を払う必要性があることを気付かせたと認められただけでは、刑事責任が十分に根拠付けられるとは必ずしも言えない[64]。実務上、処罰を正当化するために問題となった行為が不法行為法に違反した行為より危険性が高いである[65]。

(1)　結果発生の高度の蓋然性

行為の危険性を判断する際には、結果発生の蓋然性がよく考慮される。例えば、上述の1991年のユタ州最高裁判所刑事判決（Utah v. Warden, 813 P. 2d 1146）は、義務付けられた対応措置を怠ったから、新生児の死亡の蓋然性が20倍ほど高くなったことと、同措置を講じていれば、生存の蓋然性が99％以上になったことから、「新生児が死亡するだろう、という実質的で正当化されない危険」の存在が認められていた。また、前に紹介した1955年のカリフォルニア州最高裁判所刑事判決（People v. Penny, 44 Cal. 2d 861）は、車の運転や武器の使用から人の死が生じた場合にはネグリジェンスを処罰することができるが、それ以外のネグリジェンスを処罰することが許されるのは、問題となった行為によって結果が自然的に生じうる場合に限られる、としている。行為により結果が自然的に生じうるという表現は、結果発生の蓋然性が高いことの言い換えであろう。

行為の危険性がそれほど高いものではないので、ネグリジェンスによる犯罪は成立しないとされた事例もある。1985年のフロリダ州中間上訴裁判所（Court of Appeal）刑事判決（Azima v. State, 480 So. 2d 184）が参考になる。

本件の事実は以下のようなものである。被告人は産科婦人科医師であった。妊娠を疑った患者が被告人に妊娠の確定診断を求めた。6月11日、第1回の検査を行った際、被告人は妊娠していないと誤診して対処をしなかった。翌年の2月23日、第2回の検査を行った際、被告人は2分を要する尿検査と骨盤検査の両方を行って陰性を示した検査結果によって妊娠していないと診断し、こうした診断結果を得た上で、IUD（Intrauterine device 的略語）を患者の体

---

[64] Low, supra note 40, 555.
[65] W.R. Lafave, Criminal Law, 5th ed., 281（2010）.

第3節　メンズ・レアの判断　　265

内に挿入した。3月5日、第3回の検査を行った際、被告人は同じ検査方法を使って、また妊娠していないと診断した。数日後に患者は流産した。流産の原因は IUC が不当に体内に挿入されたことである。フロリダ州の法律は、「罪に値するネグリジェンス」によって他人を身体傷害の危険に晒した者に対して軽罪を適用することを規定している[66]。被告人は罪に値するネグリジェンスの罪で起訴された。被告人は一審で有罪とされ、州中間上訴裁判所に人身保護請求をした。

　被告人は、妊娠の事実を知っていれば、IUC を体内に挿入するようなことをしなかったと供述した。ここでの問題は、被告人が妊娠を認識しなかったことに罪に値するネグリジェンスが認められるかである。妊娠の確定診断のための尿検査は2種類があり、2分を要する検査の正確さが85％であり、2時間を要する検査の正確さが95％以上である。血液検査も2種類があり、1つの正確さが95％であり、もう一つの正確さが99％である。被告人が血液検査を行わなかったことについて、専門家鑑定人は、妊娠の症状が現れたのに尿検査の結果において陰性が示された場合には、一般の慎重な医師なら血液検査を行うだろうと証言した。そして、被告人が IUC を体内に挿入したことについて、専門家鑑定人は、妊娠の症状が現れた以上、尿検査の結果において陰性が示されたとしても、IUC を体内に挿入してはいけないと証言した。判決は、上記の状況によって民事責任を根拠付けるネグリジェンスが認められるが、刑事処罰を正当化するためには、ネグリジェンスによって IUD を挿入すると、死亡または重大な身体傷害が生じるであろう（would likely result in death or great bodily harm）ことが立証されなければならないが、本件での IUD の挿入により創出された危険は、「命を脅かすかもしれない、重大な身体傷害を生じさせる可能性があるぐらい（a possibility of great bodily harm which could potentially threaten the patient's life）」の危険にすぎず、そのような危険は、要求される程度に達しないとして、被告人の人身保護請求を認め、原審判決を取り消した。

---

[66] Florida Statutes（1979），sec. 784.05（1）.

266　第4章　アメリカ法上の対応

(2)　結果の発生を必要としない犯罪

　州の刑罰法規によって、構成要件に結果の発生が含まれていない比較的軽い罪が設けられる場合もある。

　例えば、ニューヨーク州の法律によって、無謀な危殆化の罪の成立には、死亡あるいは身体傷害の実現が必要とされず、命に関わる危険、あるいは身体傷害の危険が創出されたことが立証されれば足りるとされる[67]。1994年のニューヨーク州中間上訴裁判所（Appellate Division of the Supreme Court）刑事判決（People v. Einaugler, 208 A.D. 2d 946）は、医師である被告人は腹膜感染症が発症した患者を適時に病院に搬送することを怠って死亡させたとして無謀な危殆化（reckless endangerment）の罪で有罪とした。検察から、患者が早めに病院に転送されていれば生き残ったことが合理的疑いを超える程度に証明できないおそれがあるため、故殺罪でではなく無謀な危殆化の罪で医師を起訴することにしたと説明されている[68]。

　また、コロラド州の法律に定められている第2級軽罪である刑事医療過誤罪は、規則違反を構成要件にする罪である[69]。1999年のコロラド州中間上訴裁判所（Court of Appeal）刑事判決（People v. Verbrugge, 998 P. 2d 43）では、麻酔実施中に居眠りしていて、麻酔事故を惹起した麻酔医師がこの罪に問われるかが問題とされた[70]。

　本件では、麻酔医である被告人は耳の皮膚組織の除去という比較的複雑でない手術を受ける子供に全身麻酔を施して手術中の観察や対応等の怠慢により死亡させたとして、第4級重罪である無謀による故殺罪で起訴された[71]。検察は、被告人は手術途中に20分から30分ほど断続的に居眠りをしていて、体温が急激に上昇したことを観察せず、気管内チューブが詰まったことも確

---

[67] N.Y Penal Law §120.20；§120.25.

[68] Annas, supra note 53, 528.

[69] C.R.S.（1998）, 12-36-129（1）.

[70] Annas, supra note 53, 528；S. Lindsay, Jurors Will Hear How Doctor Fell Asleep During Four Surgeries, Rocky Mountain News, May 17, 1996, at 20A；Filkins, supra note 1, 476；M.A Shiffman, Law and Medicine, Is It a Crime to Be Medically Negligent?, 4（4）Int J Cosmet Surg Aesthetic Dermatol. 351（2002）.

[71] C.R.S.（1998）, 18-3-104.

認せず、その結果、二酸化炭素を体内から排出されなかったため、子供が死亡したと主張した。

　第1次事実審では、検察は、第5級重罪である刑事過失致死罪[72]に関する陪審説示を裁判所に求め、弁護側は、刑事医療過誤罪（criminal medical negligence）に関する陪審説示を裁判所に求め、上記3つの罪が陪審に説示された。第1次事実審では、12人の陪審のうちの10人は、手術に立ち会う麻酔医として被告人の行為がアメリカ麻酔協会に要求されている基本的な注意基準からはるかに逸脱したと認めたが、ほかの2人は、死因が悪性高熱症にあった疑いを持っていた。最終的な結果として、陪審は、刑事医療過誤罪につき有罪評決をしたが、故殺罪と刑事過失致死罪につき評決に至らなかった。そのため、裁判所は、審理無効（mistrial）を認めた。1997年9月に同医師は再度起訴され、第2次事実審の審理結果も同じであった。被告人を刑事医療過誤罪で有罪とした判決は、純粋な手続上の問題で中間上訴裁判所により破棄された。

第3款　謀殺罪の適用

　無謀は、故意責任と過失責任の中間領域に位置付けられ、だいたい日本刑法における「未必の故意」と「認識ある過失」の両者を包摂するものとみなされている[73]。アメリカ法においては、無謀による殺人は、黙示の悪意（implied malice）による謀殺罪[74]、または故殺罪に該当しうる。無謀による謀殺と無謀による故殺は併存し、心理状態を表示する無謀の程度によってわかれている。ここでの程度は、法律上の問題として、危険の認識と（または）行為の危険性という2つの要素から判断される[75]が、最終的には個々のケースにお

---

[72] C.R.S. (1998), 18-3-105.
[73] 木下毅「日米比較不法行為法序説（二・完）」立法29号52頁（1987）、大塚裕史「アメリカ刑法における過失責任論と刑事制裁の限界」鈴木義男古稀祝賀・アメリカ刑事法の諸相45頁（成文堂、1996年）、鈴木茂嗣「Recklessnessと故意・過失」前掲書442頁以下。
[74] アメリカ法において、謀殺罪の成立には少なくとも極端な無謀が必要とされ、この種類の謀殺は黙示の悪意による謀殺と呼ばれ、第2級謀殺罪または第3級謀殺罪に該当しうる（Lafave, supra note 65, 765f）。

268　第4章　アメリカ法上の対応

ける具体的な状況に基づき陪審により判断される。

　アメリカでは、極めて悪質な医療行為が黙示の悪意による謀殺罪で有罪となった事例もある[76]。以下では、謀殺罪で有罪とされた典型的な事例をあげてみたい。

　第1は、1988年のカリフォルニア州中間上訴裁判所刑事判決（People v. Protopappas, 201 Cal. App. 3d 152）である。

　本件の事実は以下のようなものである。被告人はクリニックの唯一の歯科医であり、無免許の助手が被告人の指示に従い仕事をしていた。被告人は麻酔剤の過量投与により3人の患者を死亡させたとして3件の第2級謀殺罪で起訴され有罪となった。

　1人目の患者について、黙示の悪意を示すものとして次の状況があった。①患者は狼瘡に罹患しており、血液凝固阻止薬、高血圧治療薬と鎮静剤を服用していた。患者の家庭医師から、健康状況が悪い患者にとって全身麻酔が

---

[75] 例えば、1988年のカリフォルニア州中間上訴裁判所第4控訴地区第3部の判決（People v. Protopappas, 201 Cal. App. 3d 152）は「危険の高度な可能性の認識が両者を区別する鍵となる」としている。2000年の連邦第10巡回区中間上訴裁判所判決（United States v. Wood, 207 F. 3d 1222）は「非故意故殺と第2級謀殺は、無謀で無茶な行為の重大性により区別される」としている。2001年のカリフォルニア州中間上訴裁判所第4控訴地区第1部の判決（People v. Brown, 91 Cal. App. 4th 256）は、「行為者がその危険を認識してかつ危険に晒される命を全く無視しその行為に出た場合には、人を殺す意図が暗示される」として、二つの要素を同時に示唆している。

[76] J.M. Thunder, Quiet Killings in Medical Facilities: Detection & Prevention, 18 Issues L. & Med. 211（2003）に次の統計結果が掲載されている。統計時点までの25年間に少なくとも18人が殺人罪で起訴された。そのうちの12人は謀殺未遂罪（2件）と謀殺罪または故殺罪（併せて66件）で有罪となった。3人以上が謀殺罪または故殺罪（20件）で有罪となった。この18人は起訴された事件で合計85人の患者を殺害したとされており、それ以外に370人以上の患者を殺したと疑われている。

	罪名	人数
起訴	殺人罪	＝18
有罪宣告	謀殺未遂罪	
	謀殺罪	＝12
	故殺罪	＞3

　調べたところ、これらの事例のほとんどは安楽死あるいは末期患者治療に関するもので、本研究の対象内のものではない。以下では、故意殺人と非故意殺人との中間区域に存在する、極端な無謀に基づく殺人を対象とする研究をすることにする。

命にかかわる危険を意味すると伝えられた。したがって、被告人は大量麻酔剤を患者に投与する場合、致死的な結果となることを知っていたと認められる。②手術途中に、患者の唇色や顔色が変わって脈拍が不規則になり、被告人は酸素投入を行い患者の唇色を正常に戻らせた。その後、患者は浅促呼吸が起きた。助手から浅促呼吸を知らされた被告人は、「この患者にとっては通常だろう。病気にかかっている人だから」と返答した。③手術後に、患者の呼吸数も深さも不規則になり、脈拍が弱々しくなり、顔が青白くなった。クリニックには加圧供気設備がなかった。被告人は酸素マスクを適当に患者にかぶせたり、心臓に刺激をあたえる薬を服用させただけで、速やかに救急隊員を呼んでおらず、必要と思われる心肺蘇生法も講じなかった。

　２人目の患者について黙示の悪意を示すものとして次の状況があった。①手術前の検査結果において、患者が扁桃腺がはれていることが示された。そのために、麻酔を行っている間に気道が詰まり窒息の深刻な危険が生じた。②被告人は１回麻酔剤注射をした後、ほかの患者の治療も同時に行うために、患者を麻酔医資格のない助手に任せ、自分が戻る前に患者が麻酔から目覚めたらすぐに麻酔剤を追加投与し麻酔状態を続けるよう指示して離れた。その後、患者は数回麻酔から目覚めた。助手が被告人の指示通り繰り返し麻酔剤を追加投与したが同時に酸素を吸わせなかった。この間に被告人は患者の状況を確認しに戻ることは一度もなかった。③被告人は麻酔で意識がない患者に手術を行った。そして、手術後に被告人は患者を麻酔から目覚めさせる試みをしたが、患者は何らの反応もしなかった。被告人は患者の母に対して、患者が深い麻酔状態になっているため、目覚めるまで少なくとも１時間が必要であると言って、患者の状況を検査せず帰宅させた。

　３人目の患者について、黙示の悪意を示すものとして次の状況があった。①患者は数ヶ月前に下垂体癌を摘出する手術を受けた。内科医から大量鎮静剤の使用が呼吸困難を起こすと忠告されたにもかかわらず、被告人は患者に全身麻酔を実施した。②手術途中に助手から患者の顔が真っ赤になり指が真っ赤になり手が冷たくなり脈拍が弱くなったといった症状が３回報告されたにもかかわらず、被告人は異常を示した症状を無視し、患者の状況を検査せず酸素を吸わせる措置も講じなかった。③呼吸ができなくなったとき、被

270　第 4 章　アメリカ法上の対応

告人ははじめて酸素投入が必要と思い、酸素マスクを患者に被せて酸素を吸わせたが、患者は何も反応をみせなかった。被告人は心肺蘇生法を試みながら心臓に刺激をあたえる薬を服用させたが、速やかに救急隊員を呼んでいなかった。

　判決は、3 件をまとめて、主に黙示の悪意が次の状況に示されたと判示している。全身麻酔に適していない患者に全身麻酔を行った、あるいは患者の状況に応じ麻酔剤の投与量を削減しなかった。患者の麻酔管理を無免許の助手に任せた。ほかの患者に同時に治療を行うために長時間離れて患者状態を監視しておらず、麻酔状態に陥らせ続けるために麻酔剤を追加投与するような不当な指示を助手に下した。麻酔剤の過量投与により起こった異常な症状を助手から知らされた被告人は、速やかにするべき対応を行わなかった。これらの状況を踏まえて、被告人は「自分の行為が他人の生命を危殆化させることを知っており、生命を意識的に無視し行為に出た」と認められ、これには重大なネグリジェンスを超えた黙示の悪意が示されたと判示されている。

　第 2 は、1992 年のカリフォルニア州中間上訴裁判所刑事判決 (People v. Klvana, 11Cal. App. 4th 1679) である。

　本件の事実は以下のようなものである。被告人はニューヨーク州の産科研修医の試験に不合格になり、研修の終了を待たずに産科医資格の取得を諦めた。その後、麻酔医になるための研修を始めたが、素質がないと教員から指摘され途中で研修を止めた。病院で勤務する（非常勤）医師に応募するため数回産科医免許を偽造した。本件事件発生時、被告人は自分の買った診療所で助産師の業務に従事していた。被告人は出産取扱に関する知識と能力の重大な欠如があったため、手術中に母体の状態検査や分娩促進薬剤投与などの際、最も基本的な処置を行わず、また、新生児の著しく危険な症状を知ったにもかかわらず対応措置を取らず、医師が専門書で禁止されている処置を採用した、といった一連の不作為または作為によって、9 人の新生児を出産中あるいは出産後に死亡させたとして、9 件の第 2 級謀殺罪で有罪となり、アメリカ連邦地方裁判所に人身保護令状を求めたが否定された[77]。

---

[77] Klvana v. California, 911 F. Supp. 1288 (C.D. Cal., 1995)；Klvana v. California, 2010 U.S. Dist. LEXIS 35749 (C.D. Cal., Apr. 7, 2010).

第3節　メンズ・レアの判断　271

　第3は、2000年のニューヨーク州中間上訴裁判所（Appellate Division of the Supreme Court）刑事判決（People v. Benjamin, 705 N.Y.S. 2d 386）である。

　本件の事実は以下のようなものである。医師である被告人は患者に人工妊娠中絶手術を行うにあたり、胎児を娩出させるための子宮頸拡張術を十分に行わず、穿孔を子宮頸部と膣に生じさせた。この穿孔によって大量出血という重大な危険が創出されたと認められる。手術後、患者は回復室に収容され大量出血が1ないし2時間続いていた。この間に被告人は他の患者に人工妊娠中絶手術を実施していたので、患者の状態を観察していなかった。その結果、患者は死亡した。1審での陪審は、第2級謀殺につき有罪評決を下した。被告人は25年以上の終身禁錮が宣告された。

　判決は、穿孔により致命的な危険を創出して術後の観察を怠ったことには、「人命に対する邪悪なまでの無関心」、「非常に重大で実質的な、致死的な危険の意識的な無視」が認められるとして、原審判決を是認した。

　第4は、2001年のカリフォルニア州中間上訴裁判所刑事判決（People v. Brown, 91 Cal. App. 4th 256）である。

　本件の事実は以下のようなものである。被告人は医学学位を取ったが、総合外科医や形成外科医の資格試験にたびたび不合格になっており、重大なネグリジェンスによる治療でカリフォルニア州での医師免許が取り消された後、メキシコで性転換手術を行い始めた。本件事件発生前に、被告人の執刀した性転換手術により2人の患者に重傷を負わせたことがあった。本件被害者は四肢切断愛者（apotemnophilia）であり、脚の切断手術を被告人に求めた。被告人は不衛生な環境下で手術を実施し、手術後に創傷管理を適切に行わなかった結果、被害者は手術後数日でガス壊疽により死亡した。本判決は被告人を第2級謀殺罪で有罪とした原審判決を是認した。

　判決理由の中で、謀殺罪の成立を裏付けるものとして次のような状況が指摘されている。被告人は手術後に通常必要な術後指示書や術後アイテムを被害者に渡さなかった。被害者が痛みと出血を訴えたとき、被告人は創傷を検査し創傷からの出血を発見したが過度ではないと判断し、その上、すでにガス壊疽の症状に気が付いていたが救急隊員を呼ばず、対応措置として薬物の投与量を増加した。健康な脚を切断する手術は、「医学的根拠に基づくもの」

272 第4章 アメリカ法上の対応

ではない。被害者のような心臓疾患の病歴がある高齢者 (79歳) は手術には適していない。

上述の他に看護師である被告人が謀殺罪で有罪とされた事案として、以下のものがある。

1996年のニューヨーク州最高裁判所 (Court of Appeal) 刑事判決 (People v. Angelo, 666 N.E. 2d 1333) は、看護師である被告人を、7人の患者に不当な注射を実施して6人を死亡させたとして2件の第2級謀殺、1件の故殺、1件の過失致死と6件の暴行でそれぞれ有罪とした原審判決を維持した。行為の動機は、患者らを瀕死状態に陥らせ、その際に英雄のように患者らを助けようと努力することによって、自分が駄目だという感情を克服し自己評価を取り戻すつもりであった。

看護師 Gilbert は、緊急状態に陥っていた患者を取り扱うときに普通ではない措置をとることを手段として好きな男の注目を集める目的を達成するため、患者らにアドレナリンを過量注射して4人を死亡させたとして、3件の第1級謀殺、1件の第2級謀殺と4件の暴行でそれぞれ有罪となり、2001年3月15日に死刑が宣告された[78]。

黙示の悪意は、行為者が行為の実行により他人の生命を危殆化させることを明知したのに意識的に無視し故意にその行為を行い、その自然な結果、人を死亡させたときに認められるとされている (Brown事件)。以上にあげた事例は、いずれも悪質な医療の行為類型に該当したものであり、謀殺罪にまで至った悪質な医療を裏づける状況の中には、治療を安全に遂行するための基本的な知識・能力 (Klvana事件、Brown事件)、または人的・物的設備 (Protopappas事件、Benjamin事件、Brown事件) の重大な欠如、危険を知らせた著しい状況の意識的無視 (Protopappas事件、Klvana事件、Brown事件)、基本的な技術事項違反 (Klvana事件、Angelo事件、Gilbert事件)、結果発生の高度の蓋然性

---

[78] Associated Press, Former Nurse Convicted in 4 Deaths, Wash. Post, Mar. 15, 2001, at A2. この事件はマサチューセッツ州のノーサンプトンにある退役軍人局医療センター (Veterans Affairs Medical Center) で起こった。マサチューセッツ州では1984年に死刑制度が廃止されたが、Northampton Veterans Affairs Medical Center は連邦所有財産であるので、本件は連邦裁判所で審理された。連邦は死刑制度を存置している。

（Protopappas 事件、Brown 事件）等の故殺罪を裏付ける典型的な事情のほかに、堕落した動機（Klvana 事件、Angelo 事件、Gilbert 事件）、医学的根拠がない医的侵襲（Brown 事件）[79]、死傷事件の発生の頻繁性（Protopappas 事件、Klvana 事件、Brown 事件、Angelo 事件、Gilbert 事件）等の行為者の悪意による施術を一層重大視させる事情も含まれている。

第4節　医学的判断の誤り

ここ 20 年間、医学的判断の誤りが正面から問題となった刑事事件が本格

---

[79] 問題となった治療行為がある意味で医学的根拠をもつという事情を、謀殺罪を否定する理由として認めた判決もある。2000 年の連邦第 10 巡回区中間上訴裁判所判決（United States v. Wood, 207 F. 3d 1222）が参考になる。

　本件の事実は以下のようなものである。医師である被告人は手術後に血中カリウム濃度が低下し重篤な状態になった患者に対して鼻腔チューブを通じ 40 mg の塩化カリウムを胃に投与するよう指示したが、投与された塩化カリウムが吸収されなかったので、同量の同薬剤を急速に静脈注入した。注入途中に患者は心肺停止になった。その際に、被告人は適時に蘇生措置を講じたが失敗した。専門家鑑定人によって短時間で高濃度の塩化カリウムが投与される場合、致命的な結果となる。したがって、極めて例外的な場合を除き、同薬剤の静脈注入が許されないと証明された。

　法廷では被告人に謀殺罪が認められるかが争われた。判決は、謀殺罪で起訴するには十分な証拠がないとして、理由について次のように判示している。第 2 級謀殺罪の成立には主観的に、「極端な無謀や無思慮」があったことが立証されなければならないが、本件で相当量の塩化カリウムを静脈注射するというのは異常であり、「死または重大な身体傷害の重大な危険」を示すものであるが、考えられるいくつかの治療方法の一つであること、誠実な結果防止努力（蘇生を試みた）を行ったことから、必要な主観的要素は存在しない。被告人にとって、「いくつかの治療方法が考えられ」、現にとった治療行為は、「より危険であるがより効果的であるかもしれず」、「医学的にベネフィットがない行為」ではなく、「まったく適切な医療水準からの逸脱にあたる行為」でもなく、重篤な患者の「生命を延長するために」危険な治療方案に決めたのであるから、この判断に落ち度があったとしても、第 2 級謀殺罪の成立に必要な主観的要素は認められない、とされた。

　判決は、故殺罪で有罪にするには十分な証拠があると判示したが、手続上の瑕疵を理由に原審の有罪判決を破棄した。判決理由の中で塩化カリウムの投与に重大なネグリジェンスがあるかについては、次のような説明がある。被告人は看護師から 1 回の投与量が多すぎ注射速度が速すぎると危ない旨、および病院の規則に規定された塩化カリウムの投与量の上限を告げられたにもかかわらず、これを検討せず危険な治療を意識的に行ったことに、故殺罪の成立に必要な「相当な注意や慎重さ」の欠如が認められうる、と判示されている。

274 第4章 アメリカ法上の対応

的に登場した。このような動きに反対して、米国医師会（AMA：American Medical Association）は、1993年に善意に基づく医学的判断が刑法違反の行為にされないことを確保するための決議、1995年に医療過誤の犯罪化に反対するための決議を採択している[80]。

医学的判断の誤りに重大なネグリジェンスが認められるかの判断において真っ先に問題となるのは危険の認識ではなく、重大な危険が許されたものかということである。この問題を解決するためには、客観的に適切な治療行為の判断基準が検討されなければならない。客観的な注意基準を判断する際に、同じ状況に置かれた理性ある医師ならどのような行動をとっただろう、あるいはどのような行動をとらなかっただろうという問題が問われる。客観的な注意基準は法律の条文等に定められたものではなく、具体的な状況に基づきケースバイケースで裁判官により認定されたものであるので[81]、よく論争点になっている。

第1款　自由裁量に関する民事裁判例

第1項　慣行遵守の法的な意味

医療上の注意基準は、医療慣行と一致するものであるかどうかが、真っ先に問題となった。

1　慣行遵守が重要視された時代

早期の医療裁判において、裁判官は医療過誤の判断基準を陪審に説示するにあたって、「同じ地域において同じ学派に属する医師から慣行として取られている処置」を怠ったという表現を頻繁に使っていた[82]。ここで、解釈を要する用語が「慣行」である。慣行とは、どのように定義されるか、ネグリジェンスによる責任の画定にどのような役割を果たすかが慎重に検討されなけれ

---

[80] Shiffman, supra note 70, 352.
[81] Fletcher, supra note 29, 418.
[82] C. Morris, Custom and Negligence, 42 Colum. L. Rev. 1155 (1942).

第4節　医学的判断の誤り　275

ばならない[83]。

　慣行は、知らないうちに形成された集団の合意（an unconscious collective agreement）」を示すものである[84]。すなわち、慣行は類似した状況において危険に対応するためにどのような保護措置を講じるかについての合意を示すものと解されており、こうした理解を前提として、慣行違反は、ある保護措置が周知されている以上被告人も知るべきであったのに不注意で同措置を無視した、という意味に捉えられている[85]。アメリカの医療の領域においては、医療慣行の遵守が治療者のネグリジェンスの存否を判断するための有力な考慮要素となるという点に争いがない[86]。

　早期に、医療慣行が「受け入れられる行為の基準（benchmark of acceptable behavior）」と評価されていた理由は主として2つが考えられていた[87]。第1に、専門的な判断を必要とする場合、医療慣行の遵守は、素人である裁判官と陪審にとって唯一の利用可能な基準（workable test）と見なされていた。第2に、陪審は患者側に同情しやすいので、患者に不当に有利な評決が出ることを防止するためには、陪審の判断を医療慣行に拘束する必要があると考えられていた。

2　医療慣行の法的な意味の見直し

　1960年代にはいると、慣行遵守の欠点が見られるようになった[88]。第1に、病気の多様性・複雑性、患者の個体性、利用可能な医療資源などの具体的な状況によって、慣行以外の措置が取られたが、それが許されることもある。

---

[83] アメリカの医療訴訟における「慣行」の意味と役割を紹介・検討する日本語文献として、峯川浩子「注意義務論と医療慣行―日米比較の視点から―」甲斐克則編・医療事故と医事法127頁（信山社、2012年）がある。

[84] J. A. Henderson, Universal Health Care and the Continued Reliance on Custom in Determining Medical Malpractice, 79 Cornell L. Rev. 1385（1994）.

[85] Morris, supra note 82, 1163-7（1942）.

[86] A.H. McCoid, The Care Required of Medical Practitioners, 12 Vand. L. Rev. 558-9, 605-13（1959）; Comment, Professional Negligence, 121 U. Pa. L. Rev. 627, 633-34（1973）; S.L. Wessler, The Role of Custom in Medical Malpractice Litigation, 55 B.U.L. Rev. 650（1975）.

[87] McCoid, id. 549; R.N. Pearson, The Role of Custom in Medical Malpractice Cases, 51 Ind. L.J. 528（1976）.

[88] Henderson, supra note 84, 1390; Keeton, supra note 14, 359.

276　第4章　アメリカ法上の対応

第2に、医学知識と医療技術の日進月歩とともに、どのような医療措置が妥当であるかについて、共通意見の形成が難しくなっているとも考えられている。第3に、陪審の役割は問題となった治療が慣行から逸脱したかを判断することになるが、大多数の場合には、専門家鑑定人が自分と同じ学派に所属し同じ地域で仕事をしている同僚医師の治療方法を批判することを控えるために、医師が容易に責任を逃れてしまう不都合がある、と批判されている。

　医療慣行自体が合理的なものと評価されない場合もある。このような場合には、慣行の遵守は患者保護の目標から外れることとなる、という認識を前提として、裁判官は伝統的な判断規則を見直し始め、医療慣行の遵守から注意義務が果たされたという結論を直ちに導くことを拒否し、危険を生じさせる具体的状況、治療者の実際にもつ知見・技能および諸状況に基づく裁量の余地等を考慮した上で合理的な注意義務を要求する態度をとるようになった[89]。

　従来の医療慣行論を拒否したことで有名になった判決が、1974年のワシントン州最高裁判所民事判決（Helling v. Carey, 83 Wn. 2d 514）である。

　本件の事実は以下のようなものである。眼科医である被告は原告の近視を治療するためにコンタクトレンズを処方した。4年後、目に刺激を感じた原告は、被告に治療を求め、コンタクトレンズによる症状だと診断されたが、その後、眼圧検査を受けて緑内障が発見され、最終的に32歳という若さで失明した。検査が早期に実施されていれば緑内障を発見でき、視力障害を回避できたと認められる。

　裁判で早期の段階で緑内障を疑っていなかったことに医療過誤が認められるかが争われた。専門家鑑定人によると、症状が現れた場合を除き、40歳以下の緑内障の罹患率は非常に低く（25000人に1人）、眼科医は普通、40歳以下の患者に対して緑内障の検査をルーテインとしては実施していないとされている。これが当時の医療慣行と見なされている。しかし、判決は、眼科専門基準により要求されていなくとも、40歳未満の患者を緑内障から守るためにどのような処置が要求されるかという問題に答える義務が裁判所にはある、

---

[89] Wessler, supra note 86, 653；K. S. Abraham, Custom, Noncustomary Practice, and Negligence, 109 Colum. L. Rev. 1784（2009）.

第4節 医学的判断の誤り　　277

とした後、危険性と有用性との比較衡量の上、眼圧検査は、「簡単」「危険性がない」「比較的に安い」「裁量の余地がない」故に、40歳以下の人に対しても当該検査を行うべきであるとして、医師が慣行処置に従ったからといって、医療過誤による責任を免れるわけではないと判示している。

　この判決に関して議論が活発に展開され、本件判決は例外的な事例判決に過ぎないとする意見と、医療慣行の遵守にとってかわった新しい基準を提示した判決であるとする意見が対立していたが[90]、1983年の同州最高裁判所判決（Harris v. Groth, 99 Wn. 2d 438）がこの議論に終止符を打った。判決は、修正後のワシントン州法典における医療過誤の認定条件に関する新条文を、修正前の旧条文と対照して、法改正に伴い、「医療慣行の遵守」の準則にとってかわって、「合理的に慎重な医師（reasonably prudent practitioner）」の基準が一般に認められるようになっていると判示している。判旨の内容は次の通りである。旧条文は、「ほかの専門家により持たれる技能、注意と知識」を、新条文は、「合理的に慎重な治療者に期待される注意、技能と知識」を基準に医療過誤の存否を判断することを規定している。条文中の用語変更は重要な意味を有する。旧条文では、「現実にとられている慣行」たる注意基準が示唆されていた。新条文では、用語変更を通じ「合理的な慎重さという基準（a standard of reasonable prudence）」が確立されている。新条文に示されている立場は、Helling事件判決のとっている立場に一致している。当該問題に関する法改正の歴史は、「合理的に慎重な医師」という基準の採用を強く示唆している、とされる。

　他の州にも、医療慣行の遵守から合理的な慎重さへの転換を明確にした判決がある。例えば、1962年のルイジアナ州中間上訴裁判所民事判決（Favalora v. Aetna Casualty & Surety Co., 144 So. 2d 544）が、「合理的に予見可能な非常事態（a reasonably foreseeable contingency）により起こる傷害から患者を守ることを怠った」場合には、ネグリジェンスが認められ医療慣行の遵守が抗弁とはならないと判示している。また、1963年のオハイオ州中間上訴裁判所民事判決（Morgan v. Sheppard, 188 N.E. 2d 808）が、医療慣行あるいは診療に一般に採用する治療方法は、「医療過誤の判断に対する支配力のある基準」ではなく、「い

---

[90] A.C. Bohrnsen/J.E. Ryan, Tort Law in Washington：A Legal Chameleon, 11 Gonz. L. Rev. 87-88（1975）；Wessler, supra note 86, 650.

278　第4章　アメリカ法上の対応

かに長期にわたって適用され続けていたとしても」、同慣行によって法律上
の医療過誤を間違いなく確定することはできない、とするとともに、医療慣
行の遵守をほかの状況と併せて陪審によって考慮される証拠として位置付け
ている。Illinois 州でも、1965 年のイリノイ州最高裁判所民事判決（Darling v.
Charleston Community Memorial Hosp., 33 Ill. 2d 326）が、医療慣行の遵守は考えら
れる1つの要素にすぎず、ギブスで固定されている折れた足の血液循環の状
況を確認しなかった看護師の対応が病院の慣行に反するものではなかったに
もかかわらず、有能な看護師なら危険を認識して医師等に報告しただろうと
認められれば、本件看護師にはできる限り頻繁に血液循環の状況を確認する
義務が要求される、としている。

　今日、学者も「合理的な慎重さ」という基準の採用が趨勢になっていると
認めている[91]。医療慣行の遵守を理由に、認識可能な被害を防止する安全措
置を怠った医師が責任を免れることは許されないとされる[92]。

第2項　尊敬に値する少数派の基準

　合理的な慎重さは理性ある医師を基準に判断される。しかし、専門家の間
で共通の認識が常にあるわけではない。ある医師が特殊な病気を取り扱うに
あたって、一般に認められている治療措置以外の治療措置を妥当と判断して
適用した場合には、当初の期待に反する結果が生じたとしても、その結果か
ら治療措置の選択・適用に医療過誤があるという結論が直ちに導かれるわけ
ではない。このような場合には、当該治療措置の適切さは、「尊敬に値する少
数派の基準（respectable minority test）」によって判断されるべきであるとされ
る[93]。すなわち、当該治療措置の選択・適用は、尊敬に値する少数派により受
け入れられていると認められるのであれば、多数派により推奨されていない

---

[91] M.M. Mello/D.M. Studdert, The Medical Malpractice System：Structure and Perform-
ance, in：W.M. Sage/R. Kersh（eds.）, Medical Malpractice and the U.S. Health Care
System, 12（2007）；Keeton, supra note 14, 354.

[92] Keeton, supra note 14, 353.

[93] 同問題を言及する日本語文献として、手嶋豊「医療事故における被害者救済と事故法の
役割—アメリカの医療過誤危機とその立法的対応・提案を中心として—」判タ 563 号 40
頁（1985）がある。

第4節　医学的判断の誤り　279

としても、客観的に適切な医療行為と評価されうる。

　尊敬に値する少数派の基準は、主に、十分な専門的知識と能力を持つより優れた治療措置を知っている医師が具体的な状況において一般に認められている治療措置が許されない危険を起こすと判断したとき、この医師にとって最善の判断力をいかし、一般に認められている治療措施以外の措置を講じることが許されるか、という問題を解決する機能を果たす[94]。

　「尊重に値する少数派」という用語は使われていないが、同旨を示したことで有名な判決が、1968年のニューヨーク州最高裁判所（Court of Appeal）民事判決（Toth v. Community Hospital at Glen Cove, 22 N.Y. 2d 255）である[95]。

　本件の事実は以下のようなものである。原告双生児が未熟児で出生した。小児科医が未熟児で脳障害が発症する危険を防止するために酸素投与を指示した。小児科医の指示通りであれば、最初の12時間は毎分6l、その後は毎分4lの割合の酸素がそれぞれ投与されるべきであった。しかし、看護師が指示通り投与せず、30日以上の間、連続して毎分6lの酸素を投与した。その結果、未熟児網膜症発症のために、姉は片目の視力が減退し、妹は失明した。原告らは、過量の酸素投与が「適切な医療行為（good medical practice）」から逸脱したことと、看護師が命ぜられた酸素の減量を怠っていることに気付かなかったことに小児科医師のネグリジェンスが認められると主張した。

　毎分6lの酸素の連続的投与が、行為当時に大多数の病院・産院で受け入れられている治療と認められている、と証明された。こうした状況に鑑み、被告側は、たとえ被告が6lの酸素の連続的投与を命じても責任を問われることはないから、過量投与を理由に医療過誤による責任を認めるのが妥当ではないと主張した。

　判決は次のように判示して被告の主張を退けた。医師がその地域で承認された医療水準に従っているとの証拠は、医師を不法行為責任から隔離するのが通例である。しかしながら、医療過誤訴訟には理性ある人の基準に起源をもつ第2の原理が存在しており、この原理は、医師に最善の判断力と、彼の

---

[94] Boumil/Elias/Moes, supra note 10, 35.
[95] 本件を詳しく紹介した日本語文献として、平林勝政「アメリカにおける未熟児網膜症判決(上)」ジュリスト724号29頁（1980）がある。

280　第4章　アメリカ法上の対応

持っている全ての優れた知識・能力および理知とを用いるべきであると要求する。第2の原理は、被告が慣行的処置に従っていたという証拠は、医療過誤についての唯一の基準ではないということを必然的に含意する。医師が自らの専門的知識・能力もしくは最善の判断力を用いそこない、かつその懈怠が傷害を惹き起こしたなら、実際に医師が診療慣行を固守していたからといって、自動的に責任を免れるということはならない、とされる。

　この理論を本件の具体的事実にあてはめて、判決は次のように判示している。すなわち、行為の時点では酸素の使用が未熟児網膜症の危険を伴うことはよく知られており、また、小児科医もその事実を知っていた。この点について小児科医は「患児が重態の場合には6lの酸素を投与し、ほぼ平静にもどれば4lを維持するというのが承認された手順である」と供述した。指示通りの酸素投与によって得られるべき利益と、失明となりうるという危険との比較衡量を小児科医が考えていた、と認められたならば、その認定を前提として看護師が命ぜられていた酸素の減量を怠った事実に気付かなかったことに対する小児科医の責任を合理的にも認め得た。

　ただの行為者の独自の知見が、尊重に値する少数派の意見と認められないことは、1982年のニューヨーク州中間上訴裁判所（Appellate Division of the Supreme Court）民事判決（Burton v. Brooklyn Doctors Hosp., 88 A.D. 2d 217）で示されている。

　本件の事実は以下のようなものである。原告は未熟児で出生した。最初、原告の手当をしていた医師が、従来の基準に従って酸素を投与していた。そのために、原告の状態は安定していた。しかし、小児科の指導医師である被告が未熟児に酸素を使う効果に関する研究を行うために、3人の胎児のうちの2人に増量の酸素を投与する命令を下し、その結果、原告は視力を喪失した。

　判決は、被告にネグリジェンスを認めた。その理由として次の状況が考慮された。第1に、被告自身の研究も含め大量の研究において、特に健康な胎児に増量の酸素を投与する措置が「不必要で危険である」ことが示唆されていた。第2に、最初原告の手当をしていた医師は、被告の指示した対応措置に異議を述べて、酸素量を削減するよう被告に助言した。第3に、増量の酸

素投与は当時被告の働く病院で行われた研究によりある程度許容されていた措置にすぎず、言い換えれば、同措置の妥当性を認めている尊敬に値する機関が他になかった。

　一般に認められている治療措置以外の代替療法の使用は、患者に危険をもたらすおそれがある。それゆえ、代替療法をあえて選択・適用する医師は、期待に反する結果を起こした場合に、法的責任を問われるリスクが高い。尊重に値する少数派の基準はそのような場合に医師の法的責任を否定するために機能する。すなわち、この基準によって、医師は必要な知識と能力を持ち、最善の判断力をもって代替療法を選択し、同療法の適用によって治療の危険性を高くさせない場合には、たとえ期待に反する結果を起こしたとしても、法的責任を免れるという結論が得られる[96]。

第2款　自由裁量に関する刑事裁判例

　上記の判断規則に基づき、重大な医療過誤として起訴されたが、診療における自由裁量が問題にされるべきだと指摘された、典型的な刑事裁判例を検討してみたい。

第1項　外科心臓手術致死事件

　本件の事実は以下のようなものである。海軍病院の心臓外科医である被告人は、1983年から1984年にかけて手術を受けた3人の患者を死亡させた。1988年の海軍中間上訴裁判所（U.S. Navy-Marine Corps Court of Criminal Appeals）の刑事判決（United States v. Billig, 26 M.J. 744）において、手術行為に対する訴訟が棄却された。

　判決理由の中で、まず3件の手術で被告人の担当した仕事が彼の個人的な知識と能力を超えたものではないと認められた。これを前提として手術中の具体的な対処措置についての被告人の判断には犯罪にあたるネグリジェンスがあるかという問題が重点的に議論された。

---

[96] Boumil/Elias/Moes, supra note 10, 37.

282 第4章 アメリカ法上の対応

　1人目の患者の心臓手術については、採用された術式である、左心室の心尖部に穴を開ける術式（the apex vent）と代替術式である、上部肺側切開法（the superior pulmonary vent）のどちらが使われるべきかが争われた（以下、前者を「争点となった術式」、後者を「代替術式」と呼ぶ）。争点となった術式を使う場合、出血がコントロールできない危険性があり、また、縫合がより困難となることから、同術式を選択した被告人には有責なネグリジェンスがあるという検察の主張について、判決は次のように判示している。争点となった術式に危険性が認められるからといって、「当然に同方法の選択・採用が妥当でないわけではない」。被告人は危険性が比較的低い代替療法を採用する可能性のあることを知っていたが、手術の進んだ段階で代替療法の実施は困難であろうと思っていたため、争点となった術式を選択した。また、過去に被告人は争点となった術式を百度も使ったことがあり、3件のバチスタ心臓手術で成功した経験がある。被告人は、「必要な情報に基づく判断」を下して、採用した術式を、「最善の措置」で、「諸状況下で最も都合がよい」術式と感じていた。このような場合には、「医学的知見から受け入れられる手術技術を選択した外科医師の判断」の代わり裁判所が判断することはできない、と判示されている。

　2人目の患者の心臓手術については、冠動脈結紮の採用が適切な術式として認められるかが争われた。検察は、被告人は冠動脈結紮の後に伏在静脈を冠動脈に吻合しバイパスとした結果、大伏在静脈は冠動脈に比べて径が太いために、血栓が生じて心臓に運ばれる血液量が足りなくなって患者を死亡に至らせたと主張した。専門家鑑定人によって、被告人は終始適切な手術を行っており、当時の状況下では冠動脈結紮は、「唯一の合理的な処置」であり、被告人の静脈を冠動脈に吻合した処置は、「適切な医療水準の範囲内（within the "standards of good practice"）」であったと証言された。上記の証言に基づき、判決は、術式の選択にネグリジェンスがないとしている。

　3人目の患者の心臓手術については、検察は、大動脈と伏在静脈との縫合方法が間違っていたと主張した。判決は、被告人の処置方法が死亡の近因であったことが証明できないとして被告人にネグリジェンスを認めていない。

　以上を踏まえて、被告人の行為はただのネグリジェンス（simple negligence）

第 4 節　医学的判断の誤り　　283

にすらあたらず、罪に値するネグリジェンス（culpable negliegence）の存否は問題となってこないと判示されている。

第 2 項　患者転送遅延致死事件

危険を認識したときどのように対応するかについての判断の誤りが重大なネグリジェンスにあたるか、それとも単なる医学的判断の誤りにすぎないかをめぐる論争は、上述した Einaugler 転院遅延致死事件でピークに達した。

本件の事実は以下のようなものである。老人ホームの医師である被告人は、腎臓透析の管を胃瘻栄養チューブと間違え、腎臓透析の管から栄養液を与えるように看護婦に指示した。その結果、腎臓透析の管を通じ大量の栄養液が腹膜腔内に送られた。2 日後の午前 6 時、患者の異常に気付いた看護婦から知らせを受けた被告人は、病院の腎臓専門医に電話で異常を説明し、直ちに病院の救急救命室に移送することを薦められた。しかし、被告人はこれを怠り、午後 4 時 30 分になって病院に移送させた。移送の遅れのため、腹膜炎が起き、患者は 4 日後に死亡した。被告人は、無謀による危殆化（reckless endangerment）の罪と意図的な不保護（willful patient neglect）の罪で起訴され州裁判所で有罪と認められ[97]、連邦裁判所に人身保護令状の発布を求めたが、否定された。

1994 年のニューヨーク州中間上訴裁判所刑事判決（People v. Einaugler, 208 A. D. 2d 946）は、医師が腹膜内の異常に気づき、腎臓専門医からの転院の助言を受けたにもかかわらず、転院を遅らせた事実を踏まえて、「被告人は転院遅延が患者の身体に傷害を及ぼすという実質的な危険を認識したのに、それを意識的に無視し、また、彼の行為はその状況において理性ある人の行為基準からの重大な逸脱に当たる」と判示し、医師の刑事責任を認めた。

栄養液が腎臓透析の管を通じ腹腔内に誤って送り届けられた、と証明されたが、上記の判旨に示されたように、この誤った操作は被告人を非難する根拠とされていない。この点については、1996 年の連邦地方裁判所判決（Ei-

---

[97] 1996 年のニューヨーク州東部地区連邦地方裁判所判決（Einaugler v. Supreme Court of New York, 918 F. Supp. 619）と 1997 年の連邦第 2 巡回区中間上訴裁判所判決（Einaugler v. Supreme Court of New York, 109 F. 3d 836）参照。

284 第4章 アメリカ法上の対応

naugler v. Supreme Court of New York, 918 F. Supp. 619）も参考になる。すなわち、裁判の中核をなすミスは、腎臓透析の管を挿入したとき起きたミスではない。このミスがいかに恐ろしい無能さであろうとも、被告人が「明確な犯意（apparent criminal intent)」をもって犯したものとは認められない。しかしながら、栄養剤が誤って腹腔内に送り届けられたことに伴う状況への対応が必要とされたことを認識したにもかかわらず、適時に患者を入院させなかったことでは、有罪判決の妥当性が認められる。

判決の立場に賛成する意見として、栄養液投与時のミスは「うっかりしたエラー（inadvertent error)」として、処罰の対象から除外されているが、このエラーを認識した被告人には「エラーを正す義務」が生じ、これを怠った場合には、「医学的な根拠を持たないものの、生命を危険にさらすと意識的に決定したこと」が認められ、罪に問われうるという意見がある[98]。

これに対して、医療関係者の中には、早めに病院に転送するかは医師の裁量に委ねられる事項であり、医学的裁量のオネスト・エラーを処罰するのは妥当でないという批判がある[99]。本判決に医療関係者は強く抵抗しており、ニューヨーク州健康局（Department of Health）はこれを考慮して、被告人の医師免許を取り消さない決定をしている[100]。

第3項 検査怠慢致死事件

本件は、適切な診療行為について専門家の意見が一致せず、問題となった行為が注意基準から逸脱したものであったかが必ずしも明らかではないが、ただの事故ではなく事件性も疑われたものである。

本件の事実は以下のようなものである。40歳の患者に対し行われた尿検査で軽微の血尿が発見され、レントゲン撮影の検査結果で軽度の麻痺性イレウスが示され、尿管結石が疑われた。泌尿器科専門医が尿管結石の確定診断が

---

[98] Annas, supra note 53, 529；L. Oberman, Defining Clinical Crime, Am. Med. News, Sept. 6, 1993, at 2；Filkins, supra note 1, 481.

[99] P.R. Van Grunsven, Criminal Prosecution of Health Care Providers for Clinical Mistakes and Fatal Errors：Is "Bad Medicine" a Crime?, 29（2）J. Health & Hosp. L. 114（1996).

[100] Id.

第 4 節　医学的判断の誤り　　285

必要だと判断して、検査方法として排泄性尿路造影検査を指示した。検査担当者である放射線技師は泌尿器科専門医に電話をし、放射線科検査の注意基準によって、排泄性尿路造影検査と比べ、造影剤を使用しないヘリカル CT（unenhanced CT scan）は患部の詳細な情報を出し検査の危険性を減らすという利点があるから使用されるべきである、と説明した。しかし、泌尿器科専門医はこれまでの 40 年間に尿管結石の確定診断が必要なとき、いつも排泄性尿路造影検査を指示し、正確な診断結果を得られたと主張して、最初の指示を変更せず排泄性尿路造影検査を命じた。放射線技師は泌尿器科専門医の妥協しない口調を感じて、ここで屈しないと将来の仕事チャンスを失うかもしれないと思い、余儀なく指示通り検査を行った。その結果、患者は造影剤を注射された後、アナフィラキシーショックが起こった。速やかに救命治療が行われたが、患者は死亡した。検察は、故殺罪で放射線技師を起訴することを大陪審に求めたが、大陪審は起訴の評決をしなかった。

　検査手段の選択について放射線技師に重大なネグリジェンスがあるかについて、学者は次のような分析を行っている[101]。まず、造影剤を使用しないヘリカル CT は優れた検査効果と低い危険性のために、行為当時には多数の医療センターにおいて排泄性尿路造影検査にとってかわって臨床診療に使用されるようになっていた。しかし、アメリカ全国のあらゆる医療センターで CT が尿路結石の検査手段として認められていたわけではない。また、本件のような血尿の症状が現れた場合には、排泄性尿路造影検査の採用がアメリカ泌尿器科学会とアメリカ放射線医学協会により推奨されている。このような諸状況によって、泌尿器科専門医に指示された検査方法を選択したことことにネグリジェンスがあるとは必ずしも言えない。次に、造影剤注射後のショック反応は予測できなかったと考えられている。類似した事故は非常に稀であり、死亡の蓋然性が推測され難い。そして、ショック反応が起こったときにとられた対応措置に落ち度があることを証明する証拠はない。結論として、学者は本件の諸状況に基づき、検査手段の選択・適用について放射線技師のネグリジェンスが否定されるべきであるとするとともに、放射線技師

---

[101] R.L. Eisenberg/L. Berlin, When Does Malpractice Become Manslaughter?, 179（2）AJR. 334（2002）.

は放射線科の医療水準に従って独立して医療活動を行うべきであり、それが医師の指示に反するような場合には、医師の指示を遵守できないこととその理由を告げるべきであると指摘している。

上記の事件は、どちらも医師の能力と知識の欠如、あるいは医療資源の不足に起因するものではない。三つの事件で、被告人は危険な事実を認識していないわけではないが、問題となる治療を意識的に選んだ。したがって、共通の問題点は、その意識的な選択について、診療における自由裁量の動いた結果として評価するか、それとも許されない危険を無謀に冒した結果として評価するか、ということである。

外科心臓手術致死事件では、1人目と2人目の患者の死亡に対して、被告人は刑事責任が問われていない理由を次の3点にまとめることができる。①問題となる措置は適切な医療行為の範囲を外れていない。②問題となる措置を講じるための医学的根拠が用意されていた。③行為の時点で問題となる措置より安全性が高くて効果が期待されうるような代替的措置が存在したことが証明されにくい。したがって、被告人の意識的な選択について、診療における自由裁量が認められ、事件性がそもそもないと思われる。

これに対して、患者転送遅延致死事件では、少なくとも上記の理由①と②は使えない。しかし、理由③に関しては、被告人は腎臓専門医からの転院の助言を受けたことから、適切な措置は何か、また、その措置を取るべきかということがわかっていたはずなのに、意識的に怠ったという結論を導き出すことができると思われる。そこに重大なネグリジェンスがあるというべきである。

検査怠慢致死事件は、問題となる措置の他に、代替的措置も特定できることでは外科心臓手術致死事件の状況と少々違いがあると思われるかもしれないが、問題となる措置も当時の医療水準を下廻るものとは言えないし、後者は一般論として安全性が高いと認められていても、本件の患者の個体性から見て、前者より優れた治療措置だとも言えないことを考えると、外科心臓手術致死事件での被告人の状況と実は同じものであると思われる。したがって、被告人の行為を犯罪として扱われるべきではないとする結論に賛成する。

第5節　システム・エラー

　19世紀および20世紀の早期、アメリカの病院は純粋な慈善団体として社会福祉を目的に運用され、患者の治療から利益を得ていなかったので、医師の過失行為による事故に対しも損害賠償責任を負わなかった[102]。診療に関する決定はほぼ全面的に医師によりなされていて、それゆえに、「病院は医師の仕事場としかみられない」と言われていた[103]。このような背景下で、医療過誤による訴訟では、医師の責任追及だけが問題となった。

　1950年代末から、病院は企業法人と同じく、患者に医療というサービスの提供を業としてそれから金銭上の利益をもうけることが一般化するとともに、ほかの企業法人と同じく自分の過失とそれによる結果について法的責任を問われるようになっており、とりわけ、次の2つの領域においては、病院の組織的責任が問われている。1つは、患者の転倒等を防ぐ安全な建物を維持することであり、もう1つは、最新の医療機器を設置・維持し、適切な人員を配置して、安全基準に準拠することである[104]。

　1980年代以降、病院は医療の質を向上させ地域医療の水準を発展させるために一層大きな役割を果たすようになっている。組織はただ個人より安全な医業活動を促進する能力を持つと思われている。また、大多数のミスが人の不注意により起こるものではないことも認識されている。人間である限り、いくら努力してもプロセスに本来的に付随する危険を回避することはできない。したがって、最も良い解決策は、人に責任を負わせることではなく、本来の原因を究明することであり、システムの欠陥は個人的責任を追及する根拠となるべきではないと主張されている[105]。

　医療安全対策に多大な影響を与えている、1999年12月にアメリカ米国医

---

[102] Walston-Dunham, supra note 2, 100.

[103] R. R. Bovbjerg/R. Berenson, Enterprise liability in the 21st century, in：Medical Malpractice and the U.S. Health Care System, 222（2007）.

[104] Id. 222.

[105] Id. 226.

288 第4章 アメリカ法上の対応

学研究所（IOM：the Institute of Medicine）が公表した『人は誰でも間違える』と題するレポートは、医療行為に伴う有害事象の防止策と再発防止策として、組織的な医療事故防止への取り組みを提唱している[106]。

刑事の領域においては、1960年代末までの判例のほとんどが企業への殺人罪の適用を否定しようとしていた[107]。しかし、企業犯罪への社会的関心が次第に高まるとともに、1970年代半ばから、判例で、殺人罪に基づき法人を対象とする刑事追訴の可能性が認められるようになった[108]。医療の領域においては、ここ数年間に、医療過誤を惹起させる最終的な責任者としての医療法人、または医療機構の管理者が故殺罪で有罪とされた事例がそれぞれ出て注目に値する。

まず、医療法人が故殺罪に問われた第1例目となったのが、Chem.-Bio社事件である。本件被告人であるウィスコシン州の医療法人Chem.-Bio社は、同社従業員である細胞診検査技師がパップテスト（子宮癌検査法）を行っているときに、塗抹標本を読み間違えて子宮頸癌を発見せず、2名の女性を死亡させたとして、無謀による殺人で起訴され有罪判決を受け、罰金1万ドルの支払いを命じられた[109]。

検察は次のことを主張した。Chem.-Bio社では、「出来高払い（piece-rate）」という給与計算の方法が採用されていた。この状況で、細胞診検査技師は年間2万ないし4万件の塗抹標本を解析するようにしていた。専門分野で推奨されている年間の最大数は、1万2千件である。Chem.-Bio社は塗抹標本解析の質の管理を十分に行っておらず、それによって専門家の水準に適う医療

---

[106] 米国医療の質委員会・医学研究所（医学ジャーナリスト協会訳）『人は誰でも間違える』（日本評論社、2000年）。

[107] ニュージャージー州においては故殺罪に基づく企業の刑罰を積極的に認める姿勢を示した State v. Lehigh Valley Railroad Co. et al., 90 N.J.L. 372（1917）が例外的に存在する。

[108] アメリカにおける法人犯罪の歩みについては、川崎友己「企業殺人（corporate homicide）と企業の刑事責任」同法49巻4号72頁以下（1998）、石堂功卓「アメリカの法人犯罪論」中京法学34巻3＝4号253頁以下（2000）参照。アメリカにおける組織過失の限界については、樋口亮介・法人処罰と刑法理論90頁以下（東京大学出版会、2009年）参照。

[109] Homicide Charges are Recommended in Misread Pap Tests, NYT, Apr. 11, 1995, Sec. C, at 5；J.A. Carlson, Lab Fined $20,000 for Deadly Mistakes, The Star-Ledger（Newark, New Jersey）, Feb. 23, 1996.

第5節　システム・エラー　289

の質と継続的職業訓練の必要性を考慮しない態度が示された。Annas は、本件で病院組織に故殺罪を認めるためには経費削減の目的で採用した給与計算法が患者の命に危険を晒させることを知っていたのに、この危険を意識的に無視したことが立証されなければならないと強調している[110]。

　次に、医療機構の管理者が組織的欠陥を未然に防止する義務を怠ったとして有罪とされた事例もある。例えば、アリゾナ州の手術後観察・ケア怠慢による致死事件[111]である。

　本件の事実は以下のようなものである。医師がクリニックで患者に人工妊娠中絶手術を行っているときに、子宮が傷付いたことに気付かないまま、いつもどおり手術を終了させた。手術後に患者は一般病棟に戻る前に回復室に収容されていた。当日は、看護師がいなかったため、資格のない医療補助者が回復室の当直職員に任命されていた。3時間たったが、患者は未だ回復室に収容されていた。その際に、医師は麻酔からの覚醒に普通要する時間より異常に長いことに気付き、その他に患者の性器出血も発見したが、異常出血ではないと思っていた。その後、医師は患者を回復室に置いたまま私用で外出し、その間にクリニックの管理者が医師に電話をして患者の脈拍が感じられなくなり呼吸困難になったことを告げたが、医師は直ちに戻らなかった。管理者は救急医療隊員を呼んだが、救急医療隊員が着いた時にはすでに手遅れになり、患者は子宮穿孔により起こった出血で死亡した。

　医師は故殺罪で有罪判決を受けた。クリニックの管理者も起訴され、刑事過失致死罪で有罪とされた。処罰根拠として、クリニックの管理者が患者の手術日に回復室で看護師が務めるよう予定を立てず、また適時に救急医療隊員を呼ぶことを怠ったことと認められている[112]。

　最後に、医療分野での単純ミスが深刻な安全問題を招いているが、アメリカでは単純ミスのほとんどは誰でも犯し得るヒューマン・エラーであるから、犯罪とはならないとされている。しかし、このような背景下で、最近、ヒュー

---

[110] Annas, supra note 53, 530.

[111] Gic, supra note 17, 112-113；Associated Press, Abortion doctor sentenced to 5 years in death of patient, Arizona Republic, May 4, 2001.

[112] Gic, supra note 17, 114.

290　第4章　アメリカ法上の対応

マン・エラーを防止するための組織的な取り組みが行われている場合、例えば、日常の医療活動を的確、かつ安全に実施するための安全規則がすでに定められている場合には、その安全規則を無視した結果の単純ミスが重大なネグリジェンスと認められる動きが目につく。このような動きを示すものとして、ウィスコンシン州の看護師薬剤誤投致死事件を参照する[113]。

　本件の事実は以下のようなものである。ペニシリンの注射が処方されたが、看護師が硬膜外麻酔薬剤をペニシリンと取り間違えた。硬膜外麻酔薬剤のラベルは華やかなピンク色であり、その上に「硬膜外配剤用のみ」と書かれていたにもかかわらず、看護師は硬膜外麻酔薬剤の静脈注射を実施して患者を死亡させたとして、ネグリジェンスにより患者に重大な身体傷害をもたらした罪で起訴された結果、罪状取引（plea bargain）によって免許なしに薬剤を所持し調剤する罪で有罪となり、保護観察3年と看護師免許停止3年の処分を受けた。

　検察は、看護師を重大なネグリジェンスで起訴した理由について次のように主張している。病院は薬剤を投与する前のラベル確認を確保するために、「ブリッジシステム（bridge-system）」と言われる手順を規定している。この手順に従って、「正しい患者、正しい投与部位、正しい用量、正しいタイミング、正しい投与手段」が確認・検討されなければならない。本件看護師は投薬の手順に関する規定を無視し、ラベルを読まずにロッカーから致死的な危険のある薬剤をとり、間違った部位に注射した。このようなネグリジェンスはただのミスを超えたものである。

---

[113] St. Mary's Nurse Case Spurs Proposal To Halt Health Care Worker Prosecution, The Capital Times（Madison, Wisconsin）Jan. 26, 2007 ; D. Wahlberg/Ed Treleven, Nurse is Charged in Death of Patient Legal Action Upsets Staff at St. Mary's, Wisconsin State Journal, Nov. 3, 2006.

第5章　医療過誤の処罰のあり方

　医療過誤の刑事罰は長い歴史を持っている。公表された判例から見る限り、英米ではすでに 19 世紀の初頭に、日独では 19 世紀から 20 世紀にかけて医療過誤が刑事事件として扱われるようになった。早期には医療過誤刑事事件が散見されただけであったが、ほぼ同時期、つまり 1970 年代から 1980 年代にかけて 4 つの国で医療過誤刑事事件の数が増え始め、その傾向は日本以外の国では続いている。日本では近時減少傾向が見られるが今後の趨勢は予断を許さない。

　処罰範囲の拡大は、事件数の増加だけでなく、これまでに起訴、処罰されていなかった医療過誤の類型がここ最近の 2、30 年間にわたって処罰の対象とされるようになったことにも見られる。この状況は 4 つの国において同様である。医療過誤に対する刑事責任の追及には、従来、過失犯が適用されてきたが、近時極めて悪質な医療行為について故意殺人罪の成否が争われた事例がドイツとアメリカで見られるようになっている。

　従来処罰の対象とされてきたのは、治療の前提条件の欠如と診療中の怠慢が原因となる二種類の医療過誤事件である。医学的判断の誤りが起訴対象となったのは、刑事司法介入の程度が高まった結果である。医療過誤の類型によって議論されている争点が違うので、類別化に基づく分析が医療過誤の処罰範囲を明らかにする上で有益であると思われる。

第1節　医療の前提条件の欠如

　治療の前提条件の欠如に起因する医療過誤は行為時の医療水準をはるかに下回るものなので、客観的に適切でないと疑問なく認められる。争点となりうるのは、治療の前提条件の欠如という客観的な状況が存在するために結果が避けられないことを理由に、過失責任が免れられるかということである。

第1款　知識と能力の欠如

　医師の専門性、個人的経験、研鑽能力などには差があるので、「一般」、あるいは「平均的な」医師基準を言うだけでは、医療上の注意義務の内容が明らかにされ得ない。これに関して、注意義務の標準、あるいは過失の標準に関する議論がなされている。この議論においては、次の三点について問題なく共通意見が得られる。

　第1に、医療の専門性に応じて注意義務が客観的に類型化されている。

　第2に、意識的に自分の知識、または能力を超える治療を引き受けた場合には、引き受け過失（責任）が認められうる。

　第3に、危険な事実を認識した場合には、この危険を排除するための措置を講じる義務が命じられる。

　論争を巻き起こす問題も次の3点がある。

　第1に、普通、医師には自分の専門領域において一般に認められている治療措置を講じる義務が命じられている。しかし、この要請は問題となる治療措置が病気の治療方法としてその有効性が認められうることを前提とすべきである。言い換えれば、自分の専門領域において一般に認められている治療措置であっても、それが特定の病気の治療に有効でないのであれば、それを選択することは許されない。その場合には、患者を適切な治療を提供できる医師に転送する義務が命じられる。このことに関して、ドイツでは診療における自由裁量の制限の問題として、アメリカでは学派ルールの適用の制限の問題として議論されている。

　第2に、過失の標準は、行為者の能力が一般通常人よりも劣っている場合の、「下」に向かっての個別化が認められるかについて、「下」に向かっての個別化を認めない見解（ドイツの2段階説）とそれを認める見解（ドイツの個別化説）が対立しているが、どちらからも引き受け責任（前者の呼び方）または引き受け過失（後者の呼び方）が認められるので、見解の対立は実際上の結論にほとんど影響しない。「下」に向かっての個別化についての議論はその結論に止まるのが普通である。

第1節　医療の前提条件の欠如　　293

　なお、医療の領域において、研修医の注意基準に関する議論は「下」に向かっての個別化を裏付ける上で格好の素材であると思われる。ドイツの民事裁判ではっきりと示されたように、研修医という身分で働いていても、研修履歴により決まる知識と能力のレベルに応じて、内容が異なる注意義務を命じられることも可能である。逆に、もし一般医師基準によって研修医という身分で形式的に注意義務を命じられれば、有能な研修医が診療に従事する行動の自由が過度に制限される可能性がある。この可能性を避けて、新米医師の後期研修を進めさせる意味で、個別化の方が優れた立場であると思われる。

　第3に、行為者の能力が一般人よりも優れている場合の、「上」に向かっての個別化が認められるかについての議論は、帝京大薬害エイズ事件をきっかけに盛んになっているが、後に分析するように、本件での真の問題は、問題となる療法とその代替療法はその有効性、危険性、投与の必要性などを総合的に検討した結果、どちらが優れていたかが、一般専門医にも被告人にも判断できないような場合には、どちらを選ぶかを医師の自由裁量に任せるべきだということにある。

　ドイツでの議論に基づき、次の4つの理由で個別化の立場をとることにしたい。①まず、一般人よりも優れている能力の持ち主にとっては、その特別な能力はすでに身についている道具のようなものであり、必要なときにその道具を取り出して使うのは過大な負担にはならない。②次に、優れている能力の持ち主は常にその特別な能力の使用を命じられるわけではない。その特別な能力の使用以外に結果を避ける手段がどこにもない場合に限り、そう命じられる。したがって、持ち主に多少負担をかけても、重大な法益を保護するために最低限必要な負担として許容されうる。③また、個別化の立場をとると、優れている能力の持ち主はその特別な能力に応じる危険な治療を挑戦する行動の自由を与えられる。これは持ち主にとってのメリットである。要するに、個別化の立場は優れている能力の持ち主に過度の負担をかけず、より広い範囲で行動をとる自由を与えるので、優れた立場であると言える。④最後に、知識・能力に応じる個別化と医療資源の分配に応じる個別化は知識・能力、あるいは医療技術が治療の道具として医師に利用される可能性があることを前提とするという点で違いがないと思われる。ドイツにおいては、医

294　第5章　医療過誤の処罰のあり方

療資源の分配に関する注意基準の個別化の問題は行為者の特別能力に関する個別化の問題と同様に取り扱われている。このことから日本に次のような示唆が得られる。日本では地理的・社会的・経済的要素による医療レベルの格差およびそれによる医療水準の相対化が認められている以上、医療の専門性、または教育の程度等により生じた知識、または能力の格差およびそれによる注意基準の個別化（下に向けての個別化と上に向けての個別化）も同様に考えられるべきである。

第2款　人的・物的条件の欠如

人的・物的条件の欠如は時間的にも空間的にも問題となりうる。

第1項　時間的に問題となりうる場合

夜間・休日・祝日医療は平日の昼間医療よりレベルが下がることがあり得る。夜間・休日・祝日医療に従事する医師の注意基準についての議論は、医療過誤の犯罪化が進んでいる日本とドイツでなされている。この議論において、当直医療従事者（当直看護師あるいは当直医師）とオンコール医師の義務が存在する。

まず、当直医療従事者には自分の能力の範囲で患者に対応して、その上で対応できない状況が生じたことを疑った時には、オンコール医師に連絡、報告し、後者の指示通り措置を講じる義務が命じられた。また、当直医療従事者の提供できる医療のレベルは理想的な専門医水準に達せないのが当たり前のことであり、それだけで生じた結果のために刑事責任を問われるわけにはいけない。

次に、当直医療従事者からの報告を受けたオンコール医師に命じられる注意義務の内容はより困難な問題である。当直医療従事者からの報告を受けてはじめてオンコール医師の注意義務が問題となる。このとき、オンコール医師は常に患者の病室にやってきて自ら検査を行うべきであろうか。もしそうであれば、オンコール医師に過度な負担を負わせる恐れがある。ドイツの刑事裁判において、当直医療従事者からの報告に基づき比較的高度な予見可

第1節　医療の前提条件の欠如　　295

能性が認められる場合には、上記の注意義務が命じられる旨が示唆されている。これはオンコール医師の負担と患者の利益を兼ねて配慮する妥当な立場だと思われる。

第2項　空間的に問題となりうる場合

　地域と病院のレベルによって人的・物的条件の整備に差がある。この現実に基づき、医療上の注意義務を判断するときは三つの場合に分けて検討すべきだと思われる。

　第1は、必要な人的・物的条件が医療機構に求められる場合である。筆者は、この場合を整備が常に期待される場合と呼ぶ。どの国においても医療の安全を確保するために最低限必要とされる前提条件が満たされることが法律上命じられている。これに関してドイツは、「不可欠な基準線」に関する問題、アメリカでは、「全国基準」に関する問題として議論されている。最低限必要とされる前提条件を備えるかどうかを医師が慎重に洞察することが可能であるので、そのような前提条件を備えていない場合には、引き受け過失がほぼ常に問題となる。

　第2は、医療レベルの地域格差が確実に存在する場合である。筆者は、この場合を人的・物的条件の充実が相対的に期待される場合と呼ぶ。ここで適用される医療水準のレベルは、「不可欠な基準線」、あるいは「全国基準」より高い。これに関してドイツでは、患者のために実際に提供可能な医療の実態に応じる「修正」が問題となる。その意味での医療水準は最善ではなくとも充分な水準であり、行為者でも実現しうるものである。同じくアメリカでは、「全国基準」が一般に認められるようになっていても、先端的知識と技術の普及によって地域間または医療機構間の医療格差の消滅はほぼ不可能であるので、その際に医師にとって利用可能な医療資源に鑑み、地域ルールが適用される余地も認められている。

　第3は、理想的な医療が最先端医療機構でも特に緊急医療が必要とされる場合には求められるわけではない場合である。筆者は、この場合を必要な人的・物的条件が国または地域レベルで財政的・経済的限界を超える場合と呼ぶ。これに関してドイツでは、最近の民事裁判で詳しく議論されている。法

296　第5章　医療過誤の処罰のあり方

律上の注意基準を判断する際に考慮されるべき医療水準の中には財政的・経済的限界も含まれており、資源配置から生じる制約の外側で理想的な治療を求めるとき、その治療行為が提供され得ないというリスクは病気に伴うリスクに含まれ、患者のほうがそのリスクを負うしかない、という立場は妥当だと思われる。

　要するに、上記の三つの場合の中で、場合3に限り、行為時に必要な人的・物的条件の欠如は過失責任を減軽、免除する理由となりうる。場合1と場合2には医師として意識的に危険な治療を引き受けてはいけないので、その代わりに転医・転送義務が命じられる。転医・転送義務は、従来民事裁判で取り扱われていたが、最近は日本とイギリスで処罰の対象となっている。ただ、今まで出た刑事事件から処罰の対象とされるのは、地元の診療所、あるいは開業医から一般病院への転医・転送を怠った場合に限られているようであり、一般病院から全国の医療最先端に立っている医療機構、あるいは医療センターへの転医・転送を怠ったことに過失が認められていても、基本的に民事事件として解決されている（連邦通常裁判所1984年2月28日民事判決（NJW 1984, 1810）を参照）、という実務上の対応の傾向が感じられる。

第2節　診療中の怠慢

　診療中の怠慢は、客観的に医療上の注意基準から逸脱することに疑問がない。争点となるのは、診療中の怠慢は罪に値するほどの過失が認められるかということである。この議論は予見可能性要件の充足をめぐり展開されている。

第1款　予見可能性の程度

　予見可能性の程度について、次の4点を検討したい。

　第1に、日本では、医療過誤の処罰を故意や認識ある過失に限るべきであるとの主張が医療側からなされているが[1]、比較法的にも支持できない。

　英米では、歴史上、刑事責任非難の下限が無謀または危険の意識的無視に

設定されていたが、今日では重大なネグリジェンスが処罰されている。ドイツでは、認識のない過失より認識ある過失の方が重大であることがそもそも認められておらず、刑事過失が重大な過失に限られない立場が一般にとられているので、認識のない過失が起訴、処罰の範囲から排除されていない。

　第２に、医療過誤の処罰を故意や認識ある過失に限るという意見は、注意義務の捉え方という視点からも支持できない。注意義務の捉え方は２種類がある。危険の認識、または予見を前提として、この危険を防止するための措置を講じる義務が命じられる。そして、実定法に注意義務が定められている場合には、危険の認識または予見を前提とせず、それらの注意義務が行為者に課される。医療上の職業規範は法的義務より経験則という形で存在することが多い。後にもう一度検討するが、医療水準の流動性と患者の個別性を考えれば、経験則は医療上の注意義務と必ずしも一致しない。そうは言っても、Kunstfehlerreduktion 理論を提出したドイツの法学者 Deutsch が分析したように、診療における危険を未然に防止するために、基本の診療規範、あるいは操作手順を内容とする医療に従事する者として誰でも知るべき基本中の基本の行為準則は要求される。それらの行為準則に対する違反は法律に対する違反と同じく取り扱って良い、と論じられている。最近、日本の横浜病院患者取り間違え事件をきっかけに、本件に対する最高裁判所の判決を対象とする樋口亮介の解説においても、危険の防止という規範的見地に立脚し注意義務を命じることが主張されている。基本的にこの立場に賛成するが、強調したいのはそれらの基本的な診療規範と操作手順の内容は、かなり限定的に設定されるべきであり、つまり、医師の裁量があまり働かない領域に属する、医療の進歩とともにあまり変わらないようなものでなければならないことである。

　第３に、予見可能性要件の充足には「契機」が必要であるかについて、契機がある場合には予見可能性の要件が充足されやすいとしても、このことから予見可能性要件の充足に「契機」の存在が不可欠であるという結論は導き出され得ない。そもそも、契機とはどのようなものであるかが必ずしも明ら

---

[1] この主張は、前田雅英「医療過誤と重過失」都法 49 巻 1 号 83 頁以下（2008）で言及されている。

298　　第 5 章　医療過誤の処罰のあり方

かではない。日本と外国の刑事事例を検討した上で、患者に起こった異常な症状、親族や看護職員から報告された情報、同僚医者から伝えられた検査結果などの危険を知らせる外的な状況がある場合にはもちろん、上記のような事実がなくてもミスを犯しやすい環境に置かれていることを認識できる場合、問題となる治療手段自体には重大な危険が伴う場合、初診時の所見から特に重大な病気が疑われた場合にも、結果を回避するためにより高度な注意を払うよう医師に命じることができると思われる。もし文献において議論されている「契機」とは危険を知らせる外的な状況に限られているのであれば、処罰範囲が狭すぎるという問題がある。次に、上記のような意味での外的な契機を必要せず、注意義務を命じる場合もある。第 2 に検討したように、注意義務の捉え方は 2 種類あり、その中で法的義務に違反する場合には法律の認識以外に外的な契機が必要とされない。医療の領域においても明文化されていないが、職業規範として明文化されているルールと同じように機能している経験則があり、予見可能性要件の充足を考える場合には、それらの経験則に対する違反は法的義務に対する違反と同じように扱われてもよいと思われる。

　第 4 に、結果の予見を可能にするための情報収集が義務化される傾向にある。この現象は、日本ではドイツでも最近の医療刑事裁判例に見られる。情報収集が義務化された結果、予見可能性要件は処罰の範囲を制限する機能を失うようになってしまう。そのため、処罰の範囲を制限するために他の手段が採用され始めた。

　一つは、情報収集の怠慢と結果の発生との間の因果関係、あるいは帰属関係が厳格に立証されなければならないという手段である。この手段はドイツで現れた診療怠慢が問題となった刑事裁判によく使われている。日本では、従来この手段が適用される事例数が少ない。おそらく、日本では因果関係が疑われる事件は起訴されないため、医療刑事裁判における因果関係に関する議論が少ないのであろう。

　もう一つは、情報収集が法的義務として命じられるかは、予見可能性の程度、危険の性質、結果発生の蓋然性、問題となる措置をとる必要性などを総合的に考えて、患者の生命・健康利益と医師の行動の自由とのバランスがと

れているかを慎重に検討した上で、決められるべきである。これはかなり規範的な分析方法である。ドイツのB型肝炎に感染された外科医の手術事故に対する2003年3月14日の連邦通常裁判所刑事判決に関する解説においては、比例原則を適用して外科医師に健康診断を定期的に受ける義務を命じられるかを判断する意見が傾聴に値する。そして、遠隔診療と精神病医療に関する刑事事件においても、医師の注意義務を判断する際の比較衡量の仕方が使われている。日本では、橋爪隆を代表とする学者がこのような規範的な分析方法を注意義務の認定に適用している。

第2款　単純ミスの可罰性

単純ミスに対する刑法上の対応は国によって随分違うように見える。日本では、単純ミスが医師の業務上過失致死傷罪で処罰される事例が大きな部分を占めている。比較法的に見れば、これは日本特有の現象のように思われている。

英米では、従来単純ミスはネグリジェンスであっても、重大ではないので、犯罪とされていなかった。最近になって英米でも単純ミスについて刑事責任を問う動きが出てきてはいるが、刑事司法の介入は未だに相当限定されている。

アメリカでは、単純ミスの起因であるシステム・エラーを防止するための組織的な取り組みが重視されており、調べたところ最近出た唯一の単純ミスが問題となった刑事事件は、薬剤使用における単純ミスを防止するための院内安全規則が明文化されているにもかかわらず、被告人である看護師がそれを遵守していなかったことに特徴がある。

イギリスでは、一瞬の間に起こった単純ミスが問題となる刑事事件は数件出てきたが、実務上、道徳的な非難可能性があるかどうかが争われやすいので、刑事司法の介入が控えられる傾向がみられる。病院での事故防止体制が十分に整備されていないことに起因する単純ミスであれば、そのミスを犯した医療従事者の個人的責任が否定されることもある。システム・エラーに起因すれば個人的責任が一切否定されるわけでもない

300　第5章　医療過誤の処罰のあり方

　ドイツでは、判例集、または文献に公表された裁判例からみる限り、単純ミスは複数の医療関係者の協同作業を背景に起こったコミュニケーション上の過誤が主である。まず、「契機」についての検討において言ったように、複数の医療関係者が協同作業をミスを犯しやすい環境とみなすと、それらの事件は、「契機」があるので、より高度な注意を払うべきであり、それを怠ったことにより惹起されたものである。この意味では、単純ミスであっても、刑事事件として扱われるのは過酷な対応ではないと思われる。起訴・処罰対象はただの見落としのような単純ミスではないとも言えると思われる。次に、単純ミスは略式命令により処理されることが多いという日本の経験を参考にして考えると、ドイツにおいても単純ミスによる刑事事件は実際に少なくはないが、判例集等の文献に公表されていないだけであるという可能性も排除できない。ただ、前に紹介したように、ドイツでは刑事事件の嫌疑があって捜査手続きが開始された数が決して少なくないが、そのうちの大多数の事件が手続打切りないし無罪となり、もう一部の事件が刑事訴訟法153条aに基づき処理されている。このことから考えると、裁判で争われて有罪とされた単純ミスの数はそれほど多くないはずであると筆者は推測している。

　以上のような外国法の知見を参考にすれば、単純ミスを基本的に処罰するという日本の現状は改められるべきであると思われる。

第3節　医学的判断の誤り

第1款　外国での対応状況とその示唆

　医学的判断の誤りは危険な治療を意識的に選んだことで無謀な過失ないし未必の故意と似ており、もし危険の認識という点だけを責めれば、刑事事件になりそうに見える。しかし、医学的判断の誤りはどこの国においても医療刑事事件の主な対象とはなっていない。

第1項　外国での対応状況

イギリスでは、医学的判断の誤りに触れて、Bolam ルールが適用された刑事事件は下級審判決の1件しか見当たらない。基本的には医学的判断の誤りは刑事事件として扱われていない。

アメリカでは、単なる医学的判断の誤りは処罰の範囲から排除されてきた。しかし、ここ最近の20年間では、単なる医学的判断の誤りは犯罪ではないという裁判例の基本的な立場が変わったわけではないが、問題となった医学的判断が医師の裁量を超えて重大なネグリジェンスにあたるのではないかという問題が裁判で争われるようになっている。重大なネグリジェンスとして起訴されたが、単なる医学的判断の誤りとして認められ、無罪とされた事例もあり、重大なネグリジェンスと認められ起訴、有罪とされて、医療側から強い批判を受けた事例もある。今日では、医学的判断の誤りの刑事罰化という点でアメリカにおいても日本と同じ問題に取り組む必要が生じてきている。

他の国で医学的判断の誤りが刑事事件化された時期とは異なり、ドイツにおいては、1930年代から1960年代末まで診療についての自由裁量とその制限が刑事判例で議論されている。この間に出た刑事事件のほとんどは、必要な治療は自分の専門と能力を超えたことを知りながら、頑なに自分の馴染んだ治療方法を選択したため、結果を生じさせたものである。その中には、問題となった療法が依拠した医学的知見に科学的根拠がなく、信頼性を欠く独自の知見にすぎないとされたものもある。いずれにしても、それらの刑事事件は問題となった治療方法と代替治療方法の有効性と危険性を比較した結果、どちらが優れたかが決められないようなものではない。言い換えれば、大野病院事件と帝京大薬害エイズ事件と類似した事件はドイツで刑事事件として処理されたことがないと思われる。この点について後にもう一度触れたい。1970年代から医学的判断の誤りを取り扱う刑事判決は調べたところ見当たらない。

第2項　外国法からの示唆

医学的判断の誤りについて、過失の判断より客観的に適切な医療行為とは

何かが、真っ先に問題とされるべきである。歴史上の医療上の注意基準の発展は概ね三つの段階に分けられる。

医療上の注意基準は、行為当時の客観的存在としての通常の医師にとっての行動基準として解されている。その意味での医療上の注意基準は、歴史上、圧倒的多数の医師に受け入れられている診療上の準則、正統医療、医療慣行などに表現されることが多かった。医学知識と医療技術が発展しておらず、医療に従事する者向けの教育制度と研修制度も十分に整備されていなかった時代には、患者をやぶ医者による危険な診療から守るために上記のような注意基準に当てはまる診療を行う義務が医療に従事する者に命じられるのは理解できることだと思われる。また、上記の注意基準は素人である裁判官と陪審員にとって使用しやすいものであった。

医学知識と医療技術の進歩により、医学流派が現れ、病気を扱うときに使われうる治療手段が多様化した。それに伴い、医療慣行をはじめとする、従来医療上の注意基準として使われていた基準は、欠陥を持つようになった。まず、医学の進歩とともに、医療慣行が次第に時代遅れとなり、悪しき慣行となって、より妥当なものと取り替えられる場合がある。そのような場合には医療慣行からの逸脱こそが注意義務を果す行為と認められる。次に、医療慣行に従って治療を行うのは医師なら誰でも払うべき最低限必要な注意ということだけが言える。使用可能な治療方法の有効性を患者の個別性からも考える上で、具体的な状況を踏まえて医療慣行以外により良い効果が期待される、あるいはより低い危険性を持つ代替療法がある場合には、医療慣行に従って治療を行うからこそ注意義務を怠ったと認められる。最後に、問題となる療法と代替療法は一長一短であり、優劣をつけられない場合もある。このような場合には医療慣行自体が確定され得ないので、医療上の注意基準として使えないのは当たり前であろう。ドイツの裁判所は、1930年代の刑事裁判例で、一般的に認められた医療上の準則がセラピストなどの医師ではない者の採用する特殊療法に常に優先するわけではないと判示し、診療における自由裁量を認めるようになっている。さらに、ドイツの裁判所は、1980年代の民事判決で、「最も安全な道」という原則を放棄して、具体的な事件でリスクの比較的高い療法を適用することの事実に即した正当化事由は「特別のやむを

えない事情」あるいは「回復の予測」に求められると示している。イギリスでは、1950 年代の民事裁判で Bolam テストが示された。このテストによって医師は特定の技術に熟練している、1 つの信頼性のある、医師の集団によって適切とされる臨床慣行に従って行為をすれば、たとえそれとは異なった見解があろうともネグリジェンスはないと認められるようになっている。アメリカでは、1960 年代にはいると慣行遵守の欠点が意識されるようになり、1970 年代に出た判決では、慣行遵守は医療上の注意義務を果たすことと必ずしも一致しないことが明らかにされた。ほぼ同時代に尊敬に値する少数派の基準も実務上適用されるようになった。この基準によって、具体的な状況を踏まえて、慎重に、一般に認められている治療措置以外の治療措置を選択、使用した医師は、その治療に失敗したとしても責任を問われないこととされた。この発展段階を通じて、「合理的に慎重な医師基準」が医療上の注意基準として確立されるようになっている。

　それから、合理的に慎重な医師なら被告または被告人と同じ立場に置かれているときにどのような措置を取るかを裁判で判断する際に、専門家の証言をそのまま基準にして過失の有無を検討するのかという問題がさらに提起された。ドイツでは、1960 年代以降、Kunstfehler という概念を捨てるかについての議論において、医療上の判断は法律上の判断にとって代わってはいけないという態度が明確に示された。イギリスでは、貴族院は 1998 年の Bolitho 判決において、従来の Bolam テストで表された、「信頼性がある」臨床慣行とは法的見地からの「論理的分析」の精査に耐えうるものと解釈して、「専門家の証言を厳しく審査する」点で従来の Bolam テストを発展させた。この立場は刑事裁判にも採用されている。2017 年の Sellu 事件判決はその典型的な例である。

　要するに、医療上の注意基準は三つの発展段階を経て規範的性格をもつ基準になっている。

第 2 款　日本の刑事事例の再検討

　日本で医学的判断の誤りが刑事事件として扱われるのは、1970 年代に入っ

304　第5章　医療過誤の処罰のあり方

て以降のことである。その種類の刑事事件は数件しかない。

　フォルクマン阻血性拘縮事件、帝京大薬害エイズ事件、福島県立大野病院事件は医学的判断の誤りが問題となった事例である。フォルクマン阻血性拘縮事件において裁判所は、被告人の対応について、「大多数の医師における現実の治療方法である。仮に被告人の判断や処置に多少の遺憾な点があったとしても、なお医師としての裁量と技術の範囲内のことであ」ると判示して、無罪判決を言い渡した。帝京大薬害エイズ事件に対して裁判所は、「通常の血友病専門医が本件当時の被告人の立場に置かれれば、およそ非加熱製剤の投与を継続する」ので、同じことをした被告人には結果回避義務違反がないとしている。福島県立大野病院事件において裁判所は、「刑罰を科す基準となり得る医学的準則は、当該科目の臨床に携わる医師が、当該場面に直面した場合に、ほとんどの者がその基準に従った医療措置を講じていると言える程度の、一般性あるいは通有性を具備したもので」あり、被告人の採用した術法は上記のような準則に違反したことが立証されていないという理由から、無罪判決を言い渡した。

　上で引用した内容だけを見ると、どの事件においても裁判所は医療慣行に基づき被告人の刑事責任を安易に免除したのではないかという疑問が生じるかもしれない。しかし、決してそうではない。

第1項　フォルクマン阻血性拘縮事件

　この事件においては、療法の期待されうる効果、採用に伴う危険と、その性質、採用の必要性などを総合的に考えた結果、合理的に慎重な医師の目から見ても、垂直牽引療法が骨折に対する治療にとって代わる十分な理由があるわけではない。従って、本件は診療についての自由裁量が認められる事件として扱われるべきである。このような事件においては、垂直牽引療法と骨折に対する治療のどちらを採用するかを医師の裁量に任せてよい。言い換えれば、被告人は骨折に対する治療を採用したために責任を問われるべきではないし、仮に垂直牽引療法を取ったとしても、同様に許されるべきである。

第2項　帝京大薬害エイズ事件

　この事件も診療における自由裁量が働いている事件である。確かに、本件は被告人が普通の血友病専門医より高い能力を持っていることに特徴があるが、名医である被告人を基準にする場合にも、期待されうる効果、投与に伴う危険の性質、投与の必要性などを総合的に考えた結果、非加熱製剤の投与より、代替療法の方が必ずしも優れた選択肢であるとは言えない。したがって、上に向けての個別化という筆者の立場から見て、フォルクマン阻血性拘縮事件は、並みの医師の自由裁量に任せて解決する事件であり、帝京大薬害エイズ事件は名医の自由裁量に任せて解決する事件である。両件は問題の核心が同じなので、解決方法も違うはずがない。本件では、被告人は名医として通常の血友病専門医なら投与するであろう薬剤（非加熱製剤）と代替薬剤（クリオ製剤）、どちらに決めても自由裁量の範囲を超えてない。従って、前者に決めた被告人は非難を受けるべきではない。

　本件を、診療における自由裁量が働く事件として扱う以上、被告人の特別知見が認められるかどうかは判断結果に影響しないことを強調したい。井田説・林説のように、被告人の特別知見に基づく危険の予見可能性判断は認められないという立場をとる場合、危険性と有用性の比較衡量を行った結果として、危険性が有用性を上回ることを裏付ける事実がないので、非加熱製剤投与の継続が許容される。これに対して、行為者を基準とする注意義務の個別化を一般的に認める筆者の立場からすると、被告人の知見に科学的根拠がある以上、被告人の知見が定説となっているかどうかにかかわらず、それに基づく危険の予見能力が認められ、これに基づいて危険性と有用性の比較衡量が行われるべきことになる。仮に本件における具体的事実を踏まえてそのような比較衡量を行った結果として、危険性が有用性を上回るかが必ずしも明らかではないのであれば、非加熱製剤投与の継続についての判断は被告人の裁量の範囲を超えていないということができると思われる。この結論は、井田説・林説の結論と同じである。しかし、仮に被告人の知見を前提とする比較衡量によって危険性が有用性を上回ることが明らかな場合であったとすれば、非加熱製剤の投与を中止して加熱製剤を投与することが被告人の法的

義務となる点で、異なった結論となる。

筆者の判断において、最終的に決定的なことは行為者の危険予見ではなく、比較衡量の結果としての危険判断である。本人の予見可能な危険の性質と程度は比較衡量の結果に影響を与えうるが、危険性が有用性を上回る判断と、危険性が有用性を上回らない判断の間に比較衡量の結果が明確ではないという中間地域がありうる。その中間地域において、医療慣行に従う治療をすることについての判断は、医師の裁量の範囲内であるので、違法ではない。つまり、被告人の高い能力を持ちより高い危険性を予見できたことを前提としても、比較衡量の結果として危険が有用性を上回るかが通常の血友病専門医にとってもちらん、被告人にとっても必ずしも明らかではないような場合もあり得る。このような場合には、被告人の自由裁量の結果として、非加熱製剤という通常の血友病専門医ならとった治療方法を採用するのであれば、それは許されるべきであるし、新規療法としての代替療法を採用するのであれば、それも許されるべきである。もう一度強調したいのは、被告人は通常の血友病専門医ならとったであろう行動をとったので、責任を免れたわけではなく、通常の血友病専門医ならとったであろう行動をとったことが彼の裁量の範囲内であるので、責任を免れたのである。

残っている問題は、致命的な危険を伴う治療措置をとるのが許されうるかである。日本の学者においては、刑事責任を肯定する意見と否定する意見が対立している。ドイツでの議論はこの問題について参考になる。歴史上、Issels 事件に対する連邦通常裁判所 1962 年判決では、効果のある代替療法がない場合には、問題となった療法は僅かな効果しかないとしても、その療法を採用してよいかについての検討が有意義であると示されている。その後、危険増加禁止を理由に最も安全な道の原則を提唱する意見も出たが、1987 年の連邦通常裁判所民事判決は、具体的な事件でリスクの比較的高い療法を適用することを事実に即した正当化事由の存在を条件として、最も安全な道の原則を放棄してよいことを示して以来、この立場が大方の学者からの支持を得て、実務上も維持されている。本件においては、問題となった治療方法は致命的な危険があるが、堪能な医師の決めた治療方法として医学的根拠があり、治療方法の危険性と有用性を比較した結果、それ以外のより優れた治療

方法がない場合には、患者の同意を得たのであれば、その適用が許されるべきである。

第3項　福島県立大野病院事件

本件をめぐり第1章（4節2款3項）で議論し尽くされているが、ここでもう一度結論を述べることにしたい。無罪判決を言い渡した裁判所は、無罪判決の理由付けとして、争点となった治療は臨床実践において通用性・一般性を有する、いわゆる医療慣行であることを示しただけでなく、争点となった治療より危険性の低い、あるいは効果のよい代替術法の存在は証明されてないとも指摘している。従って、被告人はより優れた術式がないという判断を前提として、その場で利用可能な術式に決めた。その判断は合理的に慎重な医師の裁量の範囲を超えていないといえよう。

第4節　システム・エラー

第1款　日本の現状

日本では、2005月4月25日のJR福知山線塚口～尼崎間で列車が脱線・転覆し、乗客・運転士107名が死亡した「JR福知山線の脱線事故」を契機として、業務上過失に基づく組織体処罰についての議論が盛んになった。JR西日本の山崎前社長が事故防止対策を怠ったとして業務上過失致死傷の罪で起訴されたが、神戸地方裁判所は「予見可能性の程度は相当低い」ので結果回避義務が命じられないとして、無罪を言い渡した[2]。この事件では、現場の工事が行われた当時の社長であったI元会長、副社長であったN前会長、取締役であったK元社長について、検察による不起訴処分の後、改正検察審査会法に基づく強制起訴がなされて、2013年9月27日、神戸地裁は3人に対し無罪判決を言い渡した。2015年3月27日、大阪高裁は3人の控訴を棄却した。

---

[2] 神戸地判平成24・1・11裁判所ウェブサイト。

308 第5章 医療過誤の処罰のあり方

2017年6月13日、最高裁は事故を予見できなかったとして、「一、二審の無罪判決は相当」と結論付けた[3]。JR鉄道のような管理職が重層的に設けられた大規模組織の内部では、最高責任者が事故防止に対してどこまで責任を負うかが必ずしも明らかではないので、最高責任者の責任の証明が容易ではないことは無理も無いであろう。他方、鉄道事業者の注意義務違反は認められるとしても、それは個人の注意義務には結び付かない。鉄道事業者の組織としての責任が認められたとしても、個人の過失責任しか追及できない現行法の限界がある。本件の無罪判決が出た後、遺族からは企業に罰金などの刑事責任を負わせる法人処罰の創設を求める声が上がり、法人犯罪の立法化に関する議論も活発化している[4]。

　医療の領域においては、医療事故が起こりやすい環境を作り出すことに責任を負う医療組織の責任も同様に問題となりうる。日本の医療訴訟では、システム・エラーについて組織の管理者の刑事責任が問われた事例も数件出たが、特に大規模な病院でシステム・エラーにより起こる医療事故では、組織の管理者個人の過失責任の範囲をどこまでとらえるかという困難な問題が存在するので、法人処罰の可能性が考えられてよいのではないかと思われる。この点について外国法から次のような示唆を得られる。

---

[3] 神戸地判平成25・9・27判例次補2292号128頁（一審）、大阪高判平成27・3・27判例時報2292号112頁（控訴審）、最小決平成29・6・12裁判所時報1678号3頁（上告審）。
[4] 例えば、平成24年1月26日神戸新聞では、「尼崎JR脱線事故をめぐり、JR西日本の山崎正夫前社長（68）の無罪が確定した。個人の過失責任しか追及できない現行法の限界があらわになり、遺族からは企業に罰金などの刑事責任を負わせる『法人罰』の創設を求める声が上がる」と報道された。平成29年4月9日東京新聞朝刊では、「尼崎JR脱線事故から四月二十五日で十二年になるのを前に、事故を起こした法人の罪を問う『組織罰』の実現を目指すシンポジウムが八日、東京都内で開かれ、元検事の郷原信郎（のぶお）弁護士が『業務上過失致死罪に両罰規定を導入した特別法を創設すべきだ』と提案した」と報道された。

第2款　外国法からの示唆

第1項　システム・エラーへの対応

　ドイツ法では、システム・エラーが医療安全を脅かすと考えられて、ミスを犯した医師個人ではなく、その医師を任命した組織上位者としての医局長の刑事責任だけが問われた事例が出た。病院管理者は医師の任命に直ちに責任を負わなかったので、起訴されていない。ドイツ法は日本法と同じく、個人の過失責任しか追及できないので、日本と同じ問題が生じている。

　イギリスでは、組織事故が起きたときコモン・ローの故殺罪で組織を処罰することが可能であったが、同一視理論が処罰範囲の確定に適用されていたので、大規模な法人組織の訴追に失敗した例があった。今日、この問題は、制定法上の法人故殺罪の創設によって解決され、医療組織が故殺罪で有罪とされた事例も出た。

　アメリカでも、医療過誤を惹起させる最終的な責任者としての医療組織が州の法律によって故殺罪で有罪とされた事例が現れた。アメリカにおいては、次の2つの領域において病院の組織的責任が考えられている。1つは、患者の転倒等を防ぐ安全な建物を維持することであり、もう1つは、最新の医療機器を設置・維持し、適切な人員を配置して安全基準に準拠することである。

　組織自体の刑事責任を問う方向へ立法論的検討を進める意味で、システム・エラーに対する英米法上の対応は参考になると思われる。

第2項　個人の責任

　組織上位者の責任、または法人責任が問われたからといって個人の責任が免除されるわけではない。本書で検討した各国でも同様である。医師個人は事故を未然に防止する注意義務があるので、組織的な欠陥の存在だけを理由に責任を逃れることはできないであろう。

　他方で、問題となった行為は過失犯罪の成立に必要とされる条件を満たさないので、犯罪とならない場合はある。そして、システム・エラーのために、

310　第5章　医療過誤の処罰のあり方

治療者個人が注意を払い尽くしたとしても、事故を有効に防止できない場合も決して少なくないであろう。このような場合には、外国で個人が責任を免れることもある。その理由付けは国によってまたは事件によって異なる。例えば、ドイツでは最近、アウクスブルク地方裁判所2004年9月30日刑事判決に関する事件で医長だけが起訴され処罰された。本件の検察官は、当直医または待機医への任命を指示または提案することは、病院の経営者でなく医長の役目であると説明している。イギリスでも、静脈投与薬剤であるビンクリスチンの髄腔内誤投与致死事件で、組織的な欠陥を含めて事件における医師の責任免除または減軽に影響しうるあらゆる状況を考えた上で、単純ミスを犯した医師の責任は追求されていない。アメリカでも、Chem.-Bio社事件では法人だけが起訴され故殺罪で有罪とされている。アメリカでは単純ミスのほとんどは誰でも犯し得るヒューマン・エラーであるから、犯罪とはならないとされているが、最近、ウィスコンシン州の看護師薬剤誤投致死事件から、日常の医療活動を的確、かつ安全に実施するための安全規則がすでに定められている場合には、その安全規則を無視し単純ミスを犯した個人の刑事責任追及が問題となりうることが示唆されている。以上のような外国法での対応を見ると、個人の責任が追及されるかどうかは理論的な刑事責任の有無の問題と刑事責任を追及する刑事政策的必要性の問題の両方が存在すると思われる。

　残る課題は、両者の線がどこに引かれるかである。この問題は、組織責任のあり方や、組織上位者個人の管理監督責任と現場で仕事をする従業員の責任がそれぞれどのように確定されるか等の問題にかかわっているので、ここでは問題の所在を示すにとどめ、その検討は今後の課題としたい。

著者紹介

于　佳佳（YU, JIAJIA）

現　職
上海交通大学ロー・スクール専任講師（2014年4月から）
学　歴
2006年7月　山東大学法学部卒業　法学・英語ダブル学士
2008年7月　北京大学ロー・スクール修士課程修了　修士
2010年3月　東京大学大学院法学政治学研究科修士課程修了　修士
2013年7月　東京大学大学院法学政治学研究科博士課程修了　博士（論文特別優秀賞）
他の経歴
2011年7月　マックス・プランク外国・国際刑法研究所客員研究員（同年10月まで）
2012年4月　学術振興会特別研究員 DC2（2013年7月まで）
2013年8月　同特別研究員 PD（2014年3月まで）
2015年7月　ワシントン大学ロー・スクール客員研究員（同年9月まで）

医療過誤の処罰とその制限

2017年10月20日　初版第1刷発行

著　者　于　　佳　佳

発行者　阿　部　成　一

〒 162-0041　東京都新宿区早稲田鶴巻町514番地

発行所　　株式会社　成　文　堂

電話 03（3203）9201（代）　Fax 03（3203）9206
http://www.seibundoh.co.jp

製版・印刷　三報社印刷　　　　　製本　弘伸製本
ⓒ2017 于佳佳　　Printed in Japan
☆乱丁・落丁本はおとりかえいたします☆　**検印省略**
ISBN 978-4-7923-5220-2　C3032

定価（本体7500円＋税）